인간의 영원한 화두

인간이란 무엇인가

이대희 지음

정림사

머리말

인간은 자기 자신의 본성에 대해서 묻고 자기 자신을 문제로 삼는다는 점에서 생명계에 있어서 특이하고 탁월한 존재이다. 어떤 면에서 본다면 인간은 여러 동물들 중의 하나의 동물일 뿐이다. 인간은 포유동물의 생물학적 특징을 모두 가지고 있다. 인간은 적어도 현재까지는 동물 진화의 최종 단계에 위치하고 있는 것 같다. 그러나 또 다른 면에서 본다면 인간은 동물과는 근본적으로 다른 것 같다. 먼저 인간은 기술적인 동물, 도구를 제작하는 동물이다. 수십만 년 전 구석기 시대의 손도끼로부터 현대 과학기술 시대의 최첨단 제품에 이르기까지의 역사를 통해 볼 때, 도구를 제작하는 것은 인류의 보편적 특징이다. 그리고 인간은 언어를 사용하고 기호를 만들어 내는 동물이다. 어떠한 미개민족도 분절이 있는 언어를 사용한다. 선사시대의 인간은 동굴의 벽에다 그림을 그려 놓았다. 그리고 인간은 법을 지키며 해도 될 것과 해서는 안 될 것을 구별하는 사회적 동물이다. 그러나 이러한 도구제작과 언어, 사회라는 세 가지의 특징만으로는 인간과 동물의 결정적인 차이를 설명할 수 없는 것이 사실이다.

기술과 언어는 환경에 적응하기 위하여 만들어진 수단에 지나지 않는다. 이것들은 살아가는데 사용되는 도구일 뿐이다. 동물들은 도구를 제작하지는 않지만 도구를 사용한다. 침팬지는 막대기를 아주 능숙하게 사용한다. 벌들은 특별한 춤을 통하여 먹이가 있는 곳을 다른 벌들에게 알려준다. 벌과 개미들은 인간과 마찬가지로 조직된 사회 속에서 살아간다. 그런데 동물의 세계에서는 사회적 규칙이 자연법칙이며 이런 자연법칙은 본능적 필요에 의해서 부과되는 것 같다. 그러나 인간 사회에서는 이와는 달리 끊임없이 규칙이 어겨지고 있다. 베르그송에 의하면 이기적인 지성은 사회적 본능의 요청을 방해하며 인간의 규칙은 그 기원부터 사회적 본능과는 다른 것이라고 한다.

아무튼 인간은 이해관계를 떠난 공평무사의 감정을 가질 수도 있고, 고상한 행동을 할 수도 있다. 그리고 인간은 성의 법칙과 죽음의 법칙에 따라서, 생물학적으로는 아무 소용이 없지만 문화적으로는 의미가 있는 결혼식과 장례식을 창안하였다. 그리고 인간은 오랫동안 이러한 인간의 독창성을 찬양하여 왔다. 종교에서는 인간이 신의 모습을 본따서 창조되었으며, 불멸하는 영혼을 소유하였다고 설파하며, 철학에서는 데카르트의 코기토(cogito)와 같이, 나는 사유한다는 것을 긍정함으로써, 인간은 자신을 육체로부터 독립된 정신적인 실체로 의식하는 존재임을 역설해 왔다.

하지만 오늘날에 와서 인간은 "인간의 죽음"을 알리는 세 차례의 큰 충격을 경험하였다. 즉 인간이 인간자신에 대해 가졌던 관념에 가해진 삼중의 충격－우주론적 충격, 생물학적 충격, 심리학적 충격－이 그것이다. 우주론적 충격이란 갈릴레오가 지구는 우주의 중심이 아니라 광막한 우주 속을 떠다니는 한 알의 먼지와 같다고 말하였을 때 가해진 충격이고, 생물학적 충격이란 다윈이 인간은 동물과 근본적으로 다른 존재가 아니라 여러 생물의 종들을 연속적으로 거치면서 느리게 변형되어서 생겨난 "진화한 동물"에 지나지 않는다고 말했을 때 가해진 충격이며, 심리학적 충격이란 프로이트 자신이 인간의 의식적인 사유는 우리도 모르는 사이에 무의식적인 감정에 의해서 결정된다고 말하였을 때 가해진 충격이다.

그렇다면 이제 우리는 인간의 본성을 어떻게 이해해야 할 것인가? 세 차례의 충격을 경험한 20세기의 인간은 자신의 본성에 대하여 새로운 접근을 모색하게 된다. 그것은 바로 실존철학과 철학적 인간학의 새로운 인간이해 이다. 주지하다시피 실존철학에서는 인간의 본질과 같은 보편적인 관념의 존재를 인정하지 않는다. 있는 것은 개개의 인간 즉 실존이 있을 뿐이고, 따라서 중요한 것은 "인간이란 무엇인가"가 아니라 실존으로서 "내가 어떻게 살 것인가", "어떻게 행위할 것인가"가 된다. 20세기 현대 산업사회, 과학기술사회의 특징인 대량화, 기계화, 집단화, 수평화는 결국 인간의 평균화와 몰개성화 및 심각한 소외 문제를 발생시켰다. 그리하여 실존철학에서는 "실존을 회복하자!", "잃어버린 본래의 나를 찾자!"고 외친다. 요컨대 개성과 창의성을 갖춘 진정한 자유인으로서 진지하게 결단하고 책임지는 성실한 삶의 자세를 역설함으로써 불성실한 현대인에게 경종을 울린 것이 실존철학이었다. 그러나 인간의 본질이나 행동의 보편적 원리와 같은 것을 부정함으로써 결국 추상적인 입장에 머물고 말았다.

한편 철학적 인간학에서는 인간에 관한 다른 특수과학들이 자명한 것으로 전제한 인간의 본질을 문제 삼기 시작하면서 인간의 본질에 대한 체계적인 연구에 착수하였다. 인간의 본질의 징표는 무엇이며 그것이 사회와 역사 안에서 어떻게 나타나는가? 인간의 삶의 문화 속에서 본질적인 형태는 어떤 것이며 사회와 역사 속에서의 연관구조는 어떠한 것인가? 그리고 인간 존재가 기성물이 아니라 미완성의 존재라면 그 최고의 가능성은 무엇인가? 인간이 실현하고자 하는 최고의 이념은 무엇인가? 이러한 문제들이 철학적 인간학의 직접적인 관심사들이다.

아무튼 인간의 영원한 화두인 "인간이란 무엇인가"라는 물음은 우리 모두에게 근본적인 중요한 물음이다. 그리고 이 물음에 대한 우리의 대답이 어떤 것이냐에 따라 우리의 삶의 방식이 달라질 수 있다. 따라서 우리가 이 문제와 진지하게 씨름할 가치는 충분히 있다고 생각된다. 인간의 본질에 대한 우리의 이해가 깊어지면 질수록 과연 인간답게 산다는 것이 어떤 것인지 더욱 분명하게 밝혀질 것이다. 따라서 모든 인간의 삶에 있어서 제1의 근본물음인 "어떻게 살 것인가"를 고민하고 있는 21세기의 젊은 지성인들에게 이 책이 작은 나침반의 역할을 할 수 있기를 기대하면서 독자 여러분의 많은 지도와 편달을 바라는 바이다.

2009년 정월 솔뫼골 연구실에서

저자 씀

[차 례]

제 1 장

이성적 인간관

이성적 인간관이란 "인간은 이성적 동물이다"라고 정의하는 입장으로서 희랍철학에서 시작하여 서양 철학사에서 상당히 오랜 역사를 가진 인간관이다. 고대 희랍인들은 인간의 본질을 신으로부터가 아니라 인간 그 자체로부터 파악하려고 했다. 그들에 의하면 인간은 그 정신적 능력에 있어서 뛰어난 특징을 가지고 있으며 그리고 이것을 통해서 인간은 다른 동물과 구별된다고 생각하였다. 즉 인간의 진정한 본질은 인간이 **이성**을 가진 점에 있다는 것이다. 그리하여 희랍의 서정 시인인 아나크레온(Anakreon)은 "자연은 황소에겐 뿔을 주었고, 말에겐 말굽을 주었고, 토끼에겐 날쌤을 주었으나, 인간에게는 이성을 주었다"고 노래하고 있다. 플라톤과 아리스토텔레스 그리고 스토아학파에 있어서도 이성은 영혼의 최고 부분이었다. 그런데 희랍인들에 의하면 이러한 이성의 가치는 그것이 **자율성**을 가진다는 데 있었다. 이성은 어떤 외적인 조건에 의해 좌우됨이 없이 작용한다는 것이다. 따라서 희랍인들에 의해서 처음으로 학문을 위한 학문이 나타나고 진리를 위한 진리가 추구된 것은 우연한 일이 아니었다. 그 당시 이미 동방에는 상당히 발전된 천문학이 있었지만 그것은 단지 생활에 필요한 항해술을 위한 실제적인 목적에 이용하려는 것이었다. 그런데 희랍인들에 의하면 이성적 인식은 그 자체로서 독자적 가치를 갖고 있었다.

소피스트 이전의 희랍철학자들은 일반적으로 **자연철학자**로 불려진다. 그들의 철학은 자연현상의 **원질**이 무엇인가를 탐구하는 우주론적 형이상학이었다. 그러나 소피스트들은 철학의 관심을 자연으로부터 인간 자신에로 돌려놓았다. 이것을 고대철학의 **인간학적 전환**이라고 한다. 그런 의미에서 소피스트의 전통을 이어 받고 있는 **소크라테스**는 철학을 하늘로부터 땅으로 끌어 내렸다고 말해진다. 그는 델피의 아폴로 신전에 기록되어 있는 "너 자신을 알라"라는 말을 새롭게 이해했다. 즉 인간은 자기 자신의 내적인 세계를 바라보고 그 깊은 보고(寶庫)를 더듬어야 한다는 것이다.

소크라테스의 이러한 경향은 그의 제자 **플라톤**을 통하여 완전히 철학사적인 의의를 갖게 되었다. 플라톤의 영혼과 육체의 이원론, 인간의 영혼에 있어서의 이성적 부분의 지배적인 위치, 이성을 통한 본성적인 욕망의 극복 등과 같은 그의 사상은 그 이후의 서양철학사에 결정적인 영향을 미쳤다. 그런데 소크라테스와 다른 소피스트들 사이에 차이점이 있다면 소피스트들이 인간을 **문화의 창조자**로 파악한 데 비하여 그는 인간을 주로 **윤리적 관점**에서 파악했다는 점이다. 그러나 앞에서 말한 바와 같이 희랍인들은 인간을 이성적 존재로 생각했기 때문에 소크라테스와 플라톤 그리고 소피스트들은 모두가 인간을 또한 **인식적 주체**로서 파악하였다. 특히 **프로타고라스**의 **인간중심적 인식론**은 이런 관점에서 주목할 만하다. 이렇게 볼 때 우리는 고대철학의 **인간학적 전환**에 있어서 이미 인간은 인식적 주체로서 뿐만 아니라 자기의 삶을 스스로 형성하는 **윤리적 주체**로서 그리고 **문화창조자**로서 나타난다는 것을 알 수 있다. 그리고 인간이 이처럼 인식적 주체, 윤리적 주체, 그리고 문화창조자로서 파악될 수 있는 것은 인간이 **자율적 이성**의 소유자이기 때문이다.

이러한 이성적 인간관은 중세를 거쳐 근세에 까지 지속되지만 19세기에 와서 등장한 비합리주의적 철학에 의하여 도전을 받게 된다. 우리는 이 장에서 이성적 인간관을 대표하는 일곱 명의 철학자들의 인간관을 살펴볼 것이다.

1. 플라톤의 인간관

1) 사상적 배경

최초의 철학자들은 세계의 끊임없는 변화와 다양성의 배후에 놓인 **본질**을 찾고자 하였다. 그리하여 그들은 만물은 본질적으로 물이거나 공기 또는 불이거나 아니면 이런 것들의 혼합이라고 주장하였다. 그들은 현상 세계에 만족할 수 없었다. 사물의 참된 본성은 겉으로 드러나지 않을 수도 있기 때문이다. 그러나 그들은 물질세계에 적용되는 설명이 **인간의 본성**에 대해서도 똑 같이 적용된다고 전제하였다. 예컨대 인간에게 생명을 불어넣는 영혼을 호흡, 즉 공기나 불과 같은 것으로 간주하였던 것이다. 그러나 그들이 **물질**로 구성된 것만이 존재하는 것으로 믿었다고 해서 그들을 **유물론자**라고 부르는 것은 옳지 않다. 그 당시에는 물질 아닌 것에 대한 개념은 등장하지 않았기 때문이다. 따라서 물질에 대한 설명만 이루어졌고 **목적**에 대한 논의는 이루어지지 않았던 것이다. 인간의 생명을 포함하여 만물은 일련의 **기계론적 원인**에 의해 설명되었다. 소크라테스 이전의 철학자들 중의 한 사람인 **아낙사고라스**가 운동의 단초로서 정신의 존재에 대해 언급을 했지만 그것 역시 물질과 관련된 개념이었다. 훗날 플라톤과 아리스토텔레스가 이러한 견해에 대해 비판적이었던 까닭은 그러한 견해에 따르면 정신을 목적의 원천으로서 설명할 수 없기 때문이었다.

플라톤 (B.C.428/427-B.C.348/347)

철학적 사유가 진행되면서, 세계의 진리를 밝히기 위해서는 우리의 **감각**에 의존해서는 안 된다는 사실이 분명해졌다. **원자론자**들은 만물이 눈에 보이지 않는 원자들과 그 원자들 사이의 공간으로 구성된다고 믿었으며, 원자의 공간만이 참된 실재라고 가르쳤다. 맛, 온도, 색깔도 관습이나 **노모스**(nomos)의 문제일 뿐이었다. 우리의 감각에 대한 이러한 불신은 사람들로 하여금 무엇이 참된 것인가에 대하여 의문을 불러일으켰다. 바야흐로 그 무엇도 참이 아니라고 하는 자기 모순적인 신념으로서 니힐리즘이 등장할 조짐이 보였다. 기원전 5세기에 이르러 점차 있는 그대로의 참된 것 혹은 **피지스**(physis)의 문제를 인간의 관습이나 규범인 **노모스**의 문제와 대비시키게 되었다. 그 무렵 그리스인들은 다른 지역의 관습들 사이에 존재하는 다양성을 점차 의식해 가고 있었다. 페르시아인들을 비롯하여 이집트인들과 같은 이방인들과 자주 접촉할수록 법률과 관습이 국가마다 다를 수 있음을 더욱 실감하게 되었다. 그때까지 인간 삶의 변하지 않는 부분으로 생각되던 것들이 어디에 살고 있느냐에 따라 달라지는 인위적인 것으로 보이게 되었다.

역사학자 **헤로도투스**는 사회에 따라 생활양식이 다양하다는 사실, 즉 각 사회는 그 사회의 법을 최선으로 여긴다는 사실에 대해 주목했다. 그는 페르시아의 왕 다리우스(Darius)가 그리스인들을 심문하면서, 얼마나 많은 돈을 주어야 그대들의 아버지 육신을 먹겠느냐는 질문을 하고 있는 장면을 언급한다. 그리스인들은 도저히 그런 일을 할 수 없다고 대들었다. 그런데 이번에는 인도인들이 부모의 시신을 먹는 관습을 갖고 있다는 것을 알고서 그들을 불러다가 얼마나 많은 돈을 주어야 화장을 하겠느냐고 물었을 때, 그들은 크게 화를 내면서 그런 일은 입에도 올리지 말라고 애원하였다. 그리하여 헤르도투스는 "**노모스**가 만물의 왕"이라는 격언을 인용하면서 그것이 옳다고 수긍하였다.

그리스 도시국가들의 관습도 상당히 다양했다. 여성이 나체로 군

사훈련을 하는 것이 스파르타와 같은 군국주의 국가에서는 허용되었지만 다른 국가에서는 그렇지 않았다. 이러한 문화적 다양성에 대한 지식이 혼란을 일으키는 경우가 적지 않았으며, 기원전 5세기의 아테네는 그것을 입증한다. **소피스트**라고 일컬어지는 전문 교사들은 폭넓은 사유를 포기한 채 수사학과 같은 실용적인 기술을 가르치는 데 여념이 없었다. **상대주의**는 각광받는 이론이 되었다. 상대주의의 극단적 형태는 누가 무엇을 판단하든 그것은 판단하는 사람에게만 참이라는 견해로서, 그것은 **피지스**와 **노모스**를 구별하려는 시도와 결부됨으로써 더욱 위세를 떨쳤다. 법률이나 관습은 어떤 지역에서만 타당성을 갖는 것으로 생각되었다. 오늘날 차량의 좌측통행이 영국에서는 옳아도 미국에서 그른 것처럼, 도덕 원칙까지도 특정 시대와 장소를 떠나서는 생각될 수 없는 것으로 여겨졌다. 스파르타에서 옳은 것이 아테네에서는 그른 것이 될 수 있었다. 우리가 마땅히 따르면서 살아야 하는 삶의 방식은 이 세계의 자연적 질서에 토대를 둔 것이 아니라 특정한 정치체제에로 소급될 수 있을 뿐이다. 인생의 궁극목적이란 존재하지 않는다. 그리고 당연시 해왔던 많은 것들이 실은 착각이었던 것이다.

그리스인들 중에는 자신들의 법률이 신들에 의해 제정된다고 생각하는 사람들도 있었지만, **회의주의**가 만연함에 따라 소피스트들은 노모스와 피지스의 구별을 이용하여 관습을 따르지 말 것을 종용하였다. 우리는 도덕적 제약에 구애받지 않고, 우리가 하고 싶은 일을 하면서 우리의 자연스런 성향에 따라야 한다는 것이다. 개인의 판단이 타당하다는 이러한 주장이 민주주의 사회에서 형성되어 왔던 것은 불가피한 일이었다. 당시 아테네에는 여러 가지 사상이 들끓었고, 설득의 기술을 가진 시민들은 빠른 출세를 할 수 있었다. 시민들의 모임을 장악할 수 있었던 사람만이 아테네를 통치할 수 있었다. 사람이 많이 모인 집회에서 뛰어난 웅변가는 사람들의 감정을 재빨리 장악할 수 있었다. 결단은 빨리 이루어졌지만 곧바로 후회가 찾아들었다. 기원전 5세기말에 비로소 아테네 민주주의는 비극을 맞이하였다.

독단은 그 자체가 진실된 지혜를 결여하는 까닭에 사람들을 혼란으로 몰아넣었다. 이것이 플라톤이 파악했던 상황이다. 그는 아테네 민주주의의 종말과 함께 아테네가 스파르타의 지배하에 놓이는 것을 목격하였다. 그는 자신의 존경하는 스승 소크라테스가 젊은이들을 타락시킨다는 죄목으로 기원전 399년 사형에 처해지는 것을 지켜보았다. 플라톤 사상의 전체계가 누구나 각자의 판단에 따라야 한다는 견해에 대한 반박으로 구성되고 있음은 놀라운 일이 아니다. 그는 대화형식으로 저술했고, 이 대화의 주인공은 소크라테스였다. 따라서 초기 대화편에서 플라톤이 얼마나 사실로서 역사적 인물 소크라테스의 견해를 기록하고 있는지를 가늠하기는 쉽지 않다. 나중에는 입장이 조금씩 변해가고 있다. 초기 대화편이 전형적으로 **덕의 본성**이나 **옳음**과 같은 문제를 다루고 있는 데 반해, 『국가』로 대표되는 중기 대화편에서는 일반적으로 플라톤적 요소가 가미된 견해를 보여준다. 『테아이테투스』와 『소피스트』같은 후기 저작에서 플라톤의 관심은 **언어**가 어떻게 의미를 갖게 되느냐와 같은 전문적인 철학 문제를 다루는데 집중된다. 이러한 대화편에서도 상대주의에 대한 그의 반대 입장은 확고하다.

소크라테스는 단어의 **정의**를 내린 것으로 유명하다. 예를 들어, 『메논』의 초두에서 그는 덕이란 무엇인가를 알고자 한다. 메논은 덕의 전체 목록을 제시함으로써 확신에 찬 답변을 하고 있다. 메논은 남자라면 자기의 친구에게 이익을 주고 적에게 해를 주는 방식으로 국가를 통치하는 방법을 알아야 하지만, 여자에게는 가정을 꾸리고 남편에 복종해야 하는 의무가 있다고 주장한다. 그러나 소크라테스는 사례들을 묶는 목록보다는 그 공통점이 무엇이냐에 더 관심이 있었다. 그는 이 모든 사례들이 덕을 덕으로 만드는 공통의 **형상** 혹은 **본질**을 가지고 있다고 생각하였다. 플라톤은 일반 명사의 정의를 찾는 이러한 기술을 발전시켰고, 일반 명사를 옳음이나 좋음과 같은 추상적 존재의 이름이라고 생각했다. 이러한 전제 위에서 그는 형이상학적 체계를 세웠다.

2) 세계에서의 인간의 위치

플라톤은 소크라테스 이전의 철학자들처럼 안정되고 영속적인 존재를 추구했다. 그렇지만 끊임없이 변하는 물질계에서는 그것을 찾을 수 없었다. 그래서 그는 이전의 일부 철학자들이 가졌던 맹목적 **유물론**으로부터 벗어나 우리에게 판단기준을 제공할 또 다른 세계에로 눈을 돌렸다. 이러한 세계는 특히 도덕 개념이나 수학 개념과 잘 맞아 떨어졌다. 플라톤은 우리가 유사한 동일성만을 파악할 수 있을 뿐이라는 데 동의했다. 동일성의 절대적 기준은 우리의 감각을 초월하는 세계 속에 존재해야 하며, 그러한 기준에 호소할 때에만 우리는 약간의 자이가 나는 두개의 잣대라도 똑같다고 판단할 수 있다는 것이다. 마찬가지로 우리의 **도덕기준**은 우리가 살고 있는 세계에서의 모양이나 소리를 초월한 다른 세계로부터 나온다. **선**이란 독립적으로 존재하는 **형상**(Form)의 이름이다. 그것은 모든 사물이 공통으로 갖는 그 무엇으로, 사물들은 모두 그 공통된 성질을 나누어 갖고 있으며, 어떤 방식으로든 그것을 반영하고 있다. **선 그 자체**란 우리의 일상 세계의 특징과는 구별되며, 분명한 것은 그것의 타당성이 인간 판단에 좌우되지 않는다는 것이다. 다른 형상들처럼 그것은 객관적으로 실재하며, 그에 대한 인간의 믿음에 영향받지 않는다.

절대 기준인 **형상의 세계**를 요청함으로써, 플라톤은 지식과 믿음을 나누는 중요한 구별을 할 수 있었다. 형상은 지식의 대상이 될 수 있다. 대부분의 사람들은 본성상 불완전한 믿음을 갖는다. 우리는 수시로 마음을 바꾸며 잘못을 범한다. 그렇지만 플라톤은 참된 지식은 사물의 본성에 의거해야 하며 어떤 방식으로든 그것과 연계되야 한다고 생각한다. 지식을 소유한 사람이라면 누구나 정의상 언제나 올바르게 행위하려고 하며, 따라서 플라톤은 자신의 도덕철학과 정치철학을 자신의 형이상학 위에 세우고자 한다. 민주주의가 최선의 정치형태가 아니었던 까닭은 그것이 대중의 변덕스런 믿음에 좌우되었기 때문이다. 오히려 플라톤은 통치자라면 실재(본질)에 대한 지식을 소유해야 한다고 믿었으며, 『국가』에서 그는 **철학자 왕**이라는 엘리트를 만드는 교육 프로그램을 제시하였다. 철학자 왕만이 정의의 본질을 알고 올바른 기준에 의해 모든 일을 판단할 수 있기 때문에 그들은 보편적 관심을 갖고 통치하게 된다.

플라톤의 체계는 **이원론적**이다. 그는 두 개의 세계, 즉 **감각의 세계**와 불변의 객관적 진리를 보증하는 참된 **형상의 세계**가 있다고 믿었다. 이렇듯 현실을 초월하는 비물질적인 형상의 세계를 강조하는 것은 신비롭기까지 하지만 우리의 일상 세계를 초라하게 만든다. 플라톤은 영혼을 눈에 비유하고 진리를 빛에 비유한다. 그는 다음과 같이 말한다.

> 진리와 존재가 비추는 곳, 이곳에 머물러 있을 때 영혼은 이해를 하고 지각을 하게 되어, 지성을 지닌 것처럼 보이네. 그러나 어두운 곳에, 즉 생성되고 소멸되는 곳에 영혼이 머물게 될 때는 의견을 가질 뿐이며, 이 의견들을 자주 바꾸면서 어두운 상태에 놓이기 되어, 이번에는 지성을 갖지 못한 것처럼 보이네.(『국가』, 508d)

플라톤은 선의 형상(the Form of Good)을 태양에 비유하면서, 『국가』 제 7권에서 인간의 조건을 어린 시절부터 동굴에 갇혀 있는 사람들의 처지에 비유한다. 이 구절은 유명하기도 하지만 영향력도 큰 부분이다. 플라톤은 이들이 어떻게 주위를 돌아보지 못하고 오로지 벽만 볼 수 있는가에 관해 말한다.

> 그들 배후에는 불이 타오르고 있으며, 그들과 불 사이에서 사람들은

> 동물의 형태와 모습을 한 물건들을 끌고서 왔다 갔다 하고 있다. 마치 무대 뒤에서 조명을 받는 꼭두각시 쇼에 나오는 꼭두각시처럼, 사물의 그림자가 동굴의 벽에 드리워진다. 죄수들은 물건을 끌고 다니는 사람들의 목소리가 울리는 것도 듣는다. 문제는 그림자와 울림이 원본에 대한 복사본과 같은 것임에도 불구하고 죄수들에게 참된 존재로 생각된다는 것이다. 결과적으로 그들은 말이 어떤 모습을 하고 있는지에 대해 흐릿한 개념을 가질 뿐이다. 왜냐하면 그들은 살아 있는 말의 아물거리는 그림자만을 볼 뿐, 말 그 자체를 보지 못하기 때문이다.

플라톤은 말 자체를 본다는 것이 사슬 풀린 죄수에게 얼마나 어려운 일인가를 보여준다. 불쪽을 향해 쳐다볼 때, 강렬한 불빛이 그를 당황하게 할 것이고, 처음에는 무엇이 그림자이고 아닌지를 제대로 분별할 수 없게 된다. 그러다가 동굴에서 밝은 태양 아래로 이끌려 나올 때 그는 더욱 당황하게 될 것이다. 그는 먼저 물에 비춰진 모습들을 보고 나중에 그것들의 본 모습을 볼 수 있을 뿐이다. 그렇지만 마침내 그는 빛의 원천인 태양 그 자체를 보게 된다. 플라톤에게 있어 일상세계의 태양은 이성적으로만 이해 가능한 가지적 세계의 선의 형상에 비유될 수 있는 것이다. 그리고 사슬 풀린 죄수가 동굴로 되돌아가 그의 눈을 다시 어둠에 적응시키는 데는 상당한 시간이 걸리기 때문에 조롱을 받게 된다고 플라톤은 지적한다. 사람들은 이구동성으로 그의 눈이 잘못되었고 동굴 바깥쪽의 일을 생각하지 않는 게 차라리 좋겠다고 말할 것이다. 플라톤에 의하면 이것이 "신성한 명상을 저버리고 인간의 사악한 상태"로 전락하는 사람이 겪게 되는 상황이다. 법정 투쟁을 벌여야 하는 상황이라면, 그는 정의의 그림자나 이미지를 갖고 있을 뿐 "참된 정의를 아직까지 조금도 이해하지 못한" 사람들에게 꺾이지 않을 수 없다. 플라톤은 소크라테스의 운명을 똑똑히 기억하고 있었다.

무지몽매에서 깨어나려면 영원한 **형상**에 대한 지식을 가져야 한다. 형상에 대한 비전이야말로 인간이 염원하는 최상의 것이며, 어떠한 교육이든지 그 목표를 형상에 대한 비전을 만들어내는 데 두어야 한다. 그런데 현실세계와는 다른 초월세계를 제시하는 이론이라면, 반드시 그런 초월세계와의 감응이 어떻게 가능해지는가를 설명해야 한다. 이러한 문제에 대한 플라톤의 해결방안은 우리가 이미 소유하고 있는 지식을 다시 확인하는 데 있다. 이것이 바로 그리어로 **아남네시스**(anamnesis), 이른바 **상기**이다. 그에 따르면 모든 학습은 타고난 지식에 대한 의식의 되살림이다. 플라톤은 『메논』에서 소크라테스에 의해 어떤 노예소년이 정답을 확인해 가는 과정을 예로 든다. 이 이야기는 소크라테스가 사용하는 논증술을 축약된 형태로 보여주고 있다.

> 그 노예소년은 기하학 문제를 풀어보라는 제안을 받고 금방 확신에 찬 답변을 내린다. 그렇지만 계속되는 질문에 그 소년은 혼란에 빠지고 마침내 자신의 무지를 깨닫는다. 몇 가지의 질문을 더 받고서야 비로소 그 소년은 정답에 이른다. 소크라테스의 질문이 선도적인 역할을 하고, 그 소년은 각 단계를 이해하면서 자신이 합리적이라고 생각하는 것에 대해 동의하게 된다. 새로운 지식의 원천은 이미 그 자신의 내면에 있는 것처럼 보이며, 그것은 그가 지금 갖고 있는 믿음의 근거가 되는 것처럼 보인다. 소크라테스가 주장하는 바는 그 소년이 이미 그가 갖고 있던 지식을 다시 획득한다는 점이다. 그러한 지식은 생활하면서 획득한 것이 결코 아니므로, 그는 그것을 갖고 태어났다는 결론에 이르지 않을 수 없다.[1)]

소크라테스는 “만물에 대한 진리가 영혼 속에 존재한다면, 영혼은 영원불멸하다”고 결론짓는다. 영혼은 현실세계에 속하기 전에 형상과 관련되지 않을 수 없다는 것이다.

---

1) 로저 트리그, 최용철 역, 『인간 본성에 관한 10가지 철학적 성찰』, 자작나무, 1997, p. 174.

상기의 과정은 구리판에 붙은 종이를 조금씩 벗겨내 새겨진 모양을 차츰 드러내게 하는 구리판 벗기기의 과정에 비유되어 왔다. 구리판에 새겨진 모양은 처음에는 분간하기 어렵지만, 점차 구체적인 모양으로 확연하게 나타난다. 소유하고 있지만 아직 깨닫지 못한 잠재적 지식을, 우리의 마음 전면에 나타난 지식과 구별함으로써 인간 정신의 무의식적인 측면의 중요성을 일깨울 수 있다. 플라톤의 통찰과 프로이트의 무의식과의 상관관계를 지적하는 사람도 있다. 분명히 플라톤이 제기한 문제는 많은 측면에서 막대한 역향력을 행사해 왔다. **영혼불멸**의 개념과 관련하여 서양사상사에서 플라톤을 추종한 사람이 많지는 않았지만, 우리가 물질세계의 제약에서 벗어날 수 있다는 주장은 지속적으로 매력을 발휘하고 있다.

플라톤은 **물질세계**의 비영속성에 대해 신랄히 비판하였고, 자신의 『국가』에서 물질세계에 참된 존재가 있음을 인정하기를 거부했다. 오로지 **형상**만이 정말로 참되며 타당한 지식의 대상이 될 수 있다. 대부분의 사람들이 갖고 있는 믿음은 쉽게 변하는 것으로서, 그것은 **존재**와 **비존재** 사이를 왔다 갔다 하는 불안정한 것이다. 플라톤은 일상세계의 실재성에 대한 전면부정으로부터 한 걸음 물러서긴 했지만, 일상세계가 영원불변하는 형상의 세계에 비하여 거의 무가치하다고 주장한 것만은 분명하다. 여기서부터 인간의 영혼이 그것을 구속하는 육체에 비해 훨씬 더 가치가 있다는 결론에 이른다. 『파이돈』에서 플라톤은 육체가 영혼의 진리추구를 방해한다고 주장한다. 육체적 감각과 욕구로부터 자유로운 영혼이야말로 진지(眞知)를 염원할 수 있기 때문에 육신을 경멸하는 것은 플라톤만의 고유한 특색이 된다.

그러나 후기 대화편에서 플라톤 자신은 이러한 이론의 몇 가지에 대해 의문을 품기 시작한다. 그는 우리가 주변세계의 지식을 가질 수 있다든가, 그러한 세계에 대해 실재성을 부여할 수 있다고 하는 견해를 받아들이는데 대해 더 이상 주저하지 않았다. 그는 이러한 세계와 형상이 어떻게 관련되는가를 비롯하여, 무엇을 형상으로 보아야 하는가를 입증하는 데 어려움을 느꼈다. 그럼에도 불구하고 그의 형상론은 **플라톤주의**의 전형을 보여주고 있다. 그리고 그가 동시대의 회의주의와 상대주의의 위협에 맞서 객관적 진리를 찾는데 열정적으로 헌신했다는 것에도 의심의 여지가 없다. 그에게는 지식추구만이 여전히 인간 고유의 임무로 남아 있었던 것이다.

3) 인간의 본성

플라톤이 이론적 지식만을 강조한 것처럼 보일지 모르나, 소크라테스나 플라톤에게 있어서 지식은 모든 것을 포용하는 것이었다. 소크라테스가 **지식**과 **덕**을 동일시했던 것은, 우리는 우리가 옳다고 알고 있는 것을 언제나 실행에 옮긴다고 낙관적으로 생각했기 때문이다. 우리가 그렇게 행위하는 것을 방해하는 것은 다름 아닌 **무지**이다. 플라톤이 형상론을 제시하게 된 주된 이유 중의 하나는 우리에게 객관적인 **도덕기준**을 제시하기 위함이었다. 비록 현실세계에서는 정의와 선의 절대적 기준이 제대로 반영되지 않더라도, 우리는 그러한 기준에 대한 지식을 되찾아야 한다는 것이다. 플라톤이 물질계를 참된 실재로 보지 않은 것은 우리의 관심이 다른 영역에로 돌려져야 한다는 것을 뜻한다. 우리가 사물의 존재방식과 일치된 삶을 살고자 한다면, 우리는 도덕적으로나 지적으로 실체와 조화를 이루어야 한다.

플라톤은 인간의 이성이 우리 인격의 다른 부분과 자주 충돌한다는 사실을 깨달았다. 그는 우리가 덕을 추구한다는 것이 어렵다는 것을 알고 있었으며, 그것을 설명하기 위해 인간의 정신 혹은 **영혼**을 저마다 독특한 욕구를 지닌 세 부분으로 나누었다. **이성**은 영혼전체를 관장해야 하고, 감성적 요소를 통제해야 한다. 감성적 요인은 누 부분으로 나누어진다. 즉 식욕, 성욕과 같은 **육체적 욕구**와 분노나 야망 같은 열정이 포함되는 소위 **기개**라고 명명되는 욕구가 그것이다. 이성은 고유한 욕구(예컨대 지식에 대한 것)를 가지며, 우리로 하여금 행동을 하도록 만든다. 그러나 이 모든 논의는 출발부터 이성과 욕구를 가르는 중요한 구별을 하고 있다. 플라톤은 인간본성의 동물적 부분을 희생시키면서 인간의 이성 소유를 특징적으로 앞세운다.

『파이드로스』(*Phaidros*)에서 플라톤은 영혼의 세 부분을 두 마리의 못된 말과 그 말들을 통제하고자 하는 어떤 사람에 비유한다. 하나는 영혼의 기개적 부분에 해당하는 것으로서 태생이 고귀하여 비교적 다루기가 쉽지만, 다른 하나는 육체적 욕구로 묘사되는 것으로서 태생이 미천하여 "채찍에도 결코 말을 듣지 않는"것으로 묘사된다. 이성은 마부로서 이 둘을 통제할, 특히 육체적 욕구로 묘사된 것을 통제할 막중한 의무를 갖는다. 플라톤은 이성이 각 부분을 지배해야 한다고 믿지만, 그 각 부분이 본질적으로는 평등하다고 믿는다. 이성은 이 말들을 풀어줄 수는 없으며, 그 말들을 계속해서 인도해야 한다. 여기서 목적은 조화와 화합에 있어야 하며, 다른 모든 것을 희생시키면서 이성을 추구하는 것이어서는 안 된다.

인간의 특질 중에서 합리적인 부분과 비합리적인 부분의 관련성은 플라톤류의 이론이 언제나 직면하는 문제이다. 이성을 앞세우며 진리를 어떤 다른 차원에 자리잡게 하면 현실세계와 현실세계에서의 욕구를 무시하는 경향이 생긴다. 플라톤은 이러한 경향이 인간 심리라는 측면을 고려해 볼 때 매우 불공평하다는 것을 인정한다. 그리고 성적 욕구가 우리 욕구에서 주요한 역할을 담당함을 인정한다. 마부의 이미지는 그것을 통제하기가 얼마나 어려운가를 보여준다. 그럼에도 불구하고 플라톤은 이성을 순수성과 연결시키기도 하며, 이성의 참된 고향을 형상의 세계로 묘사하기도 한다. 그래서 영혼의 이성부분은 다른 부분들의 인도자일 뿐만 아니라 실제로 영혼 자체이기도 하다. 만일 영혼이 육체적 욕구로만 채워진다면 영혼의 불멸에 문제가 생기게 된다. 영혼이 육체와 분리될 수 있어야 동물과 공통되는 부분이 없어질 것이다.

육체를 영혼의 감옥으로 보는 플라톤의 견해로부터 반복적으로 나오는 하나의 이미지가 있다. 플라톤의 **이원론**은 분명히 비물질적인 것과 물질적인 것을 대비시키고 있는데, 물질적인 것에다 세상의 모든 악을 결부시키는 것은 자연스럽게 보인다. 물질의 일시성과 가변성 때문에 플라톤은 진리의 원천을 다른 곳에서 찾았던 것이다.

그러나 영혼이 파멸될 수 없는 것이라고 해서 본래적으로 선한 것은 아니다. 비물질적인 영혼이 말 그대로 여러 부분들로 이루어진다고 생각하는 것은 이상할 수도 있다. 그러나 플라톤의 영혼삼분설은 수시로 발생하는 내면의 갈등에 대한 관심에서 나온다. 우리의 선택이 어김없이 도덕적으로 옳은 것은 아니다. 그래서 플라톤이 주장하는 내용의 전반적인 핵심은 무엇이 정말로 선하고 정당한가를 파악할 수 있게 하는 적절한 교육을 받지 않고서는 우리가 옳게 되는 것이 우연에 불과하다는 것이다. 우리는 수시로 구제불능의 그른 길로 빠지기도 한다. 인간의 영혼은 악과 절연될 수 있는 것이 아니라 오히려 지식을 소유하지 못함으로써 악의 온상이 될 수 있는 것이다. 인간에 대한 판단은 우리 자신의 밖에 있는 어떤 기준에 따라야 한다. 우리가 어쩌다가 무엇이 옳다거나 좋다고 믿게 되었다는 이유만으로 그 무엇이 옳거나 좋게 되는 것은 아니다.

플라톤은 우리의 내면에서 발생하는 갈등을 심각하게 생각하지만 그의 관점은 피안의 세계에 있다. 우리의 참된 본성은 궁극적 **실체**에 대한 지식으로부터 나오는 **이성적 생활**에 있다. 기독교인들은 선의 형상 속에서 기독교적인 신에 해당되는 무엇인가를 찾으려는 경향이 있지만 선의 형상은 비인격적인 형식이자 기준으로서 인격적인 창조자가 아니다. 형상은 서로 다른 수많은 대상들이 서로 공유하는 **보편자**이다. 우리는 모두 선해질 수 있으며, 이 말은 우리가 서로 선의 형상을 분유한다는 의미이다. 우리가 형상에 대해 개인적으로 보다 많은 지식을 체득하고자 염원하면 할수록 우리는 우리의 참된 본성을 더 많이 성취한다. 그렇지만 모든 신비주의가 그렇듯이, 개체가 그보다 더 큰 전체에 삼켜지게 되는 순간이 등장 한다. 실재는 보편자들에 의해 소유되지만 보편자들을 반영하는 특수자들에 의해서는 소유되지 않는다. 이것은 우리의 **개체성**에 관한 문제를 제기하게 된다. 플라톤은 영혼의 **윤회**에 대한 피타고라스식의 믿음에 영향을 받았다. 그는 영혼을 이성의 보편적 불꽃으로 생각하여 모든 지식의 원천과 이성과의 긴밀한 관계를 복원시키려고 하였다. 그러나 그렇게 할수록 한 인간의 개체성과 관련된 구체적 특징들을 무시하는 경향은 더 많이 생기게 된다. 그래서 철학적 사유는 우리에게 열려 있는 가장 높고도, 가장 고귀한 삶의 방식으로 나타날 수 있었던 것이다.

4) 인간과 사회

『국가』는 완벽한 국가의 청사진으로 의도된 것이기 때문에 플라톤의 관심은 단순히 피안의 세계에만 있지 않았다. 그가 바라던 것은 만인의 이익을 위해 지혜롭게 통치할 수 있는 이상국가의 한 계급 전체를 교육시키는 것이다. 그들의 영혼이 이미 정의의 참된 본성을 파악하고 있기 때문에 그들은 정의가 무엇인지 알고 있다. 플라톤은 다음과 같이 주장한다.

> 철학자가 왕이 되거나, 아니면 왕과 통치자들이 철학적 정신과 능력을 갖추지 않는 한, 그 국가 및 인류 전체는 사악한 행위를 그치지 않을 것이다. 철인왕이 나올 때라야 비로소 이상국가는 실현되어 광명을 볼 것이다.(『국가』 475 c)

플라톤의 견해에 대한 한 가지 반론은 "누가 지배자들을 감시할 것인가?"라는 말로 요약된다. 즉 **철인왕**이나 통치자들과 같은 엘리트들이 권력 때문에 부패하지 않을 거라고 어떻게 장담할 수 있느냐는 것이다. 사람이 결코 완전할 수 없다면 이러한 반박은 물리치기 어렵다. 그렇지만 플라톤이 말하는 지배자 계급은 올바른 **교육**을 통해 배출될 수 있다. 그들은 그들 영혼의 분별없는 부분에 의해서가 아니라 이성에 의해 통제되는 사람들이다. 이것이 바로 『국가』가 왜 교육문제에 큰 비중을 두고 있는가에 대한 이유이다. 플라톤은 국가를 통치할 때 필요한 구체적인 규제사항들을 제시하는 것보다 올바른 사람을 배출하는 것이 훨씬 더 중요하다고 생각한다. 그는 국가의 시민들이 제대로 교육을 받으면 그들은 어떤 규제사항이 필요한가를 스스로 깨닫게 되리라고 생각한다. 좋은 국가는 좋은 사람들에 의해 이루어진다는 것이다.

인간 영혼의 세 부분에 상응해서 플라톤은 국가에 통치자, 군인, 서민의 **세 계급**이 있다고 생각했다. 정의로운 사람이라면 자신의 영혼의 서로 다른 부분들 사이에서 조화를 이루어야 하는 것처럼, 국가의 정의는 계급들 사이에서 생기는 불화의 제거를 함축한다. 플라톤은 **국가**와 **개인** 사이의 유비추리를 전개하는 데 그치지 않는다. 그는 개인이 계급을 만들어 가는 형태로부터 여러 계급들이 그들의 특성을 획득하게 된다고 믿는다. 플라톤은 매우 단호하게 "우리 각자에게는 국가에 있는 것과 똑같은 윤리와 습관이 있다. 국가가 그것들을 도출해내는 것은 다름 아닌 개인으로부터이다"라고 주장한다. 그는 소크라테스가 만족스러워 하면서 주장한 것처럼, "세계에서 그리스만의 특성이라고 할 수 있는" 지식에 대한 사랑이든 아니면 페니키아인과 이집트인의 특성인 돈에 관한 사랑이든 간에 한 국가의 특성은 개인들로부터 나온다고 주장한다.

그 같은 입장에 서서 그는 이상 국가의 미래 세대에 대한 이야기를 한다. 황금의 핏줄을 타고나 명령을 할 수 있는 권한을 갖는 사람이 있고, 은의 핏줄을 타고나 보조자가 되어야 하는 사람이 있는가 하면, 구리와 쇠의 핏줄을 타고나는 여타의 사람들은 수공업사나 농부가 되어야 한다. 황금의 핏줄을 타고나는 사람들은 통상 황금의 자손을 갖게 되지만, 플라톤은 언제나 그런 것은 아님을 인정한다. 경우에 따라서 지배자들에게 영혼에 구리나 쇠가 섞인 자식들이 태어나 그 자식들이 수공업자가 되어야 할지도 모른다. 마찬가지로 수공업자의 자식이 출세를 할 수도 있다. **공적**(merit)이 국가의 선을 위해서 출생보다 우선해야 한다.

플라톤은 교육이 성취할 수 있는 정도에 **한계**가 있음을 인정한다. 사람들이 무제한적으로 교육될 수 있는 것은 아니기 때문이다. 플라톤의 엄격한 계급구조는 개인들 사이의 차이를 반영하려는 것이지 그러한 차이를 의도적으로 만들려는 것은 아니었다. 플라톤은 교육이 국가 지도자로서의 엘리트를 골라서 배출하는 역할을 해야 한다는 영향력 있는 이론을 제시한 최초의 사람이었다. 천부적 능력과 성향이 무척 다양하다고 생각했기 때문에 그는 이 점이 국가의 본성에 반영되어야 한다고 믿었던 것이다.

문제는 서로 다른 계급이 그리스 도시국가들의 특질로 알려진 갈등을 피하면서 조화롭게 함께 살아가는 것을 보장할 수 있느냐는 것이다. 개인의 윤리적인 미덕이 영혼의 한 부분의 통제에 의해 성취되듯이 정의도 한 계급의 통치에 의해 성취되어야 한다. 플라톤은 선에 대한 지식을 획득할 수 있는 사람의 수는 극히 적다고 믿으면서 권위를 가진 그들을 신뢰하라고 권유한다. 그럼에도 그들이 곧 국가임을 보증하기 위해 플라톤은 그들이 **사유재산**을 소유해서 안 되며 **가족**을 국가에 대한 충성보다 앞세워서도 안 된다고 규정한다. 부인과 자식들은 공동 소유가 되어야 하며 일시적인 결혼생활이 이루어지더라도 부모들은 그들 자식이 누구인지를 알려고 해서는 안 된다는 것이다.

플라톤은 **전체주의자**의 혐의를 받아왔으며 마치 공동체의 복지를 위해서라면 기꺼이 개인의 복지를 희생시키려는 듯 보인다. 하나의 전체로서 국가의 목표를 구성원 개개의 욕구보다 우위에 놓았다. 플라톤은 국가를 **유기체적 통일**로 파악하였다. 물론 공동체의 복지가 어느 정도까지 그 구성원들의 복지와 분리되어 판단될 수 있는가는 결코 분명치 않다. 분명한 것은 그 자신이 바람직하다고 여기는 목적을 추구하는 데 있어 플라톤이 놀라울 정도로 무모했다는 점이다. 심지어 그는 통치자가 "국민들의 이익을 위해서라면 거짓과 술수라는 처방도 필요하다는 것을 알게 된다"고 주장한다. 예를 들어 능력 있는 사람들이 미천한 능력의 사람들과 결혼을 하지 못하도록 교묘한 제비뽑기 방법을 고안하여 미천한 사람들이 그들끼리의 결혼을 운수소관으로 돌리게 하는 방법을 그는 권유한다.

개인과 국가 사이의 관계는 여전히 당혹스런 문제로 남는다. 플라톤의 국가 **유기체** 개념은 여전히 개인의 중요성을 강조할 수 있는 여지를 남겨 놓았다. 그는 개인이 그들의 정체성을 단순히 국가 내에서의 그들의 역할 때문에 얻게 되는 것으로는 생각하지 않았다. 매우 엄격한 계급 체계에도 불구하고, 그는 어떤 계급의 성원이 된다는 것이 한 개인에 관한 가장 중요한 사실이라고는 생각하지 않았던 것이다. 반대로 그는 사람들이 그들 자신이 본래 어떤 종류의 사람이냐에 따라 어떤 계급에 속한다고 보았다. 마찬가지로 국가도 그 구성원이 얼마나 훌륭한가에 달렸다. 최종적으로 모든 것은 개인의 영혼 상태로 귀결되지 않을 수 없다. 모든 사람들이 전체의 선을 위해 합심하여 조화롭게 일하는 것이 중요하기는 하지만, 그것은 개인적인 도덕을 배제하기보다는 차라리 강화하는 것이다. 플라톤은 분명 민주주의자가 아니었으며, 오로지 소수의 사람만이 국가 수호에 필요한 윤리적인 덕을 성취할 수 있다고 믿는 **냉소주의자** 혹은 **현실주의자**였다. 그럼에도 불구하고 국가가 목적 그 자체는 아니다. 그 보다 더 높은 권위가 존재하거나 객관적 기준이 존재하거나 아니면 형상이 존재하며 바로 그것이 전 우주의 구조 속에 반영된다고 보았다.

정의에 관한 플라톤의 전체 견해는 **도덕**의 중요성을 강조함으로써 시작된다. 플라톤과 소크라테스는 사람들의 덕은 그들 내면으로부터 나와야지, 외부의 우연적인 사태로부터 나와서는 안 된다고 믿었다. 사람들은 자신의 내면을 잘 조절하여 내면의 평화를 얻어야 한다. 플라톤은 음악적 메타포에 관심을 갖고 인간 영혼의 세 부분을 서로 다른 음계에다 비유하였다. 조화를 추구하고 불화를 제거하여 정의로운 행동과 선한 행위를 할 수 있도록 하는데 그 목적이 있음이 분명하다. 영혼불멸에 대한 그의 믿음으로 말미암아 순간적인 이익보다는 내면의 상태에 더욱 많은 가치가 부여되고 있다. 그가 바라는 것은 영원한 가치를 지니는 것과의 상호 교제이다. 사물의 참된 본성과 일치하는 삶을 살아갈 때 비로소 개인으로서의 우리 그리고 전체로서의 국가는 번영한다는 것이다.

자연(nature)과 관습(custom), 즉 **피지스**(physis)와 **노모스**(nomos)를 대비시키려고 했던 사람들에 대한 플라톤의 답변은 우리의 모든 관습 즉 개인으로서의 삶의 양식과 국가 내에서 제도화된 법률, 이 모든 것이 실체를 반영해야 한다는 것이다. **자연**은 단순히 물리적인 세계에 불과한 것이 아니라 목적과 가치를 포함하는 것이 되어야 한다. 플라톤은 과학적 세계와 도덕적 세계의 구별 곧 **사실**과 **가치**의 구별을 하지 않으려고 했다. 그의 견해에 따르면 마땅히 존재해야 하는 사태는 현재 존재하는 사태와 결코 분리될 수 없다. 국가와 그 구성원인 시민은 선 그 자체가 개인적인 선호나 관습의 문제가 되지 않는 세계에 자리 잡고 있음을 인식하고 있어야 한다. 그것이 바로 존재의 핵심으로 이해되어야 한다.

5) 현대적 의의

플라톤 이후의 모든 서양철학은 그의 저작에 대한 일련의 주석에 지나지 않는다고 말하는 이도 있다. 분명한 것은 플라톤이 깊은 관심을 가졌던 문제들에 대해 어떤 견해도 취하지 않는다면 인간본성에 대한 어떤 결론도 내리기 어렵다는 사실이다. 가장 근본적인 문제는 인간이 **가치**의 자율적인 창조자인가 아닌가의 여부, 혹은 가치가 충만된 세계에 사는 까닭에 우리는 가치에 부합하는 삶을 통해 행복을 성취하게 되고 우리의 본성과 어긋나면 불행을 자초하게 된다는 것의 진위 여부이다. 플라톤에게 있어서 불의가 생겨나는 것은 "자연적 질서와 모순되는 사태가 빚어질 때"이다. 정의가 개인의 영혼과 국가체제와 관련되는 것은 건강이 인간의 신체와 관련되는 것과도 같다. 정의로부터의 이탈은 타락이다. 도덕판단은 참 아니면 거짓으로서, 세계의 본성과 그 세계에서의 우리의 위치에 대한 올바른 이해에 근거해야 한다. 진리를 부정함으로써 위험스럽게도 진리가 존재하지 않는다는 진리를 말하게 되는 부정합적 결론에 이르는 상대주의자를 플라톤은 결코 인정하지 않았다. 이러한 논쟁은 여전히 현대에서도 똑같이 재현되고 있다.

플라톤이 **인간**에 대해 오늘날과 같은 개념을 가지고 있었는지는 분명치 않다. 그는 **영혼**을 유일하고 특별한 존재, 혹은 궁극적인 존재로 생각하지 않았다. 그는 우주의 중심에 **인간성**이 아니라 **선 그 자체**와 같은 추상적 개념을 배치하였다. 영원한 이성의 빛이 나의 내면에 자리잡고 있다 해도 그러한 상태를 진정으로 나라고 보기는 힘들다. 나의 관심과 감정을 통제하는 것은 보편적인 원리임이 분명하다. 국가에 대한 한 개인의 헌신은 국가를 재발견할 수 있게 하는 **형상**에 대한 지식을 통해야 비로소 가능해진다. 지식과 진리는 국가라는 유기체적 통일체 전체에 스며들어야 한다. 그럼에도 불구하고 이렇게 하기 위한 방법으로서 개인의 도덕적 성품에 대한 강조는 각 개인의 책임에 초점을 맞추고 있다. 국가의 번영은 각 구성원에 달려 있다. 플라톤이 국가 구성원의 일부가 다른 구성원에 비해 중요한 역할을 수행한다고 보았다는 것은 그가 **민주주의**에 대해 **편견**을 가지고 있었음을 뜻한다. 진리가 언제나 다수결에 의해 얻어질 수 있는 것은 아니다. 그렇지만 진리에 높은 가치를 두는 이론은 개인들로 하여금 잘못된 결정을 내리도록 내버려두지 않는다. 관용을 바라는 마음과 진리에 대한 사랑은 서로 끌릴 때가 있다.

도덕의 수행자로서의 개인의 중요성을 인정한 까닭에 플라톤은 인간의 영혼이 일으키는 갈등에 특히 관심을 기울인다. 이성과 욕구

사이의 투쟁은 철학의 영원한 문제이고, 대부분의 사람들은 비이성적인 욕구의 역할에 훨씬 더 공감한다. 내면의 갈등이 인간의 삶에 있어서 불가피한 것인가라는 문제는 여전히 남아 있으며, 그 같은 문제는 공동체의 차원에서도 발생한다. 계급들 사이에 명확한 구분선을 그어놓음으로써, 플라톤은 공동체 내에서 심각한 갈등이 빚어질 확률을 한층 더 높여 놓은 듯하다. 그렇지만 이러한 결과는 그가 피하고 싶어한 것이기도 하다. 그가 권위주의적 체제의 해결책을 제안한 까닭은 바로 이러한 위험성을 알고 있었기 때문이다. 그렇게 함으로써 그는 적어도 갈등의 두 가지 원천을 처리하였다. 무엇보다도 먼저 생각해야 할 것은, 어떤 사회에서든 **선의 내용**에 대해 서로 상충하는 개념이 있게 마련이라는 점이다. 이른바 **자유주의적** 사회는 개인들 사이에 상충하는 개념들의 우위를 판정하려고 하지 않을 것이며, 가능하면 각 개인들이 그들 자신의 이상에 따라서 살 수 있게 하는 매커니즘을 제시하려고 할 것이다. 그러나 플라톤은 전혀 그렇게 하지 않았다. 오로지 하나의 선이 존재하며 국가의 생활은 그러한 선을 반영해야 한다는 것이다. 통치자의 지식으로 국가의 정부를 관장해야 한다는 것뿐이다.

또 다른 정치적 갈등의 원천은 자기 이외의 다른 모든 사람을 무시하고 무리하게 자기 자신의 이익만을 추구하는 개인들의 **이기주의**에서 비롯된다. 이것은 불가피하게 힘있는 자가 언제나 승리한다는 것을 뜻하며, 정의란 "강자의 이익"에 지나지 않는다는 『국가』의 초두에 언급된 트라시마쿠스의 냉소적인 신념의 배후에 놓인 견해이다. 플라톤은 인간본성은 권력의 유혹을 극복할 수 있다고 생각하였다. 자신의 영혼을 합리적으로 통제하는 통치자들은 어떠한 사심도 없이 국가를 통제한다는 것이다. 그렇지만 통치자들을 국가와 일치시키는 데에는 엄청난 부담이 따른다. 가정생활과 사유재산이 없다면 통치자들의 개체성은 소멸되고 만다. 그들의 삶의 양식은 지독히 부자연스러운 것처럼 보인다.

이기주의 혹은 이기성의 문제는 **자아의 본성**에 관한 문제를 야기한다. 자신의 이익만을 위하여 다른 자아를 무시하는 자아의 정체는 무엇인가? 인간의 본성에 대한 어떠한 이론이라도 인간성 일반에 초점을 맞추는 것에 그칠 수는 없다. 인간본성에 관한 이론이라면 반드시 인간들 사이의 차이와 그들 각자의 내면적 갈등에 주목하여야 한다. 그리하여 그것들이 인간 상호간의 관계에 어떻게 영향을 미치는가를 확인해 보아야 한다. 인간 개개의 특성이 인간본성 문제의 핵심임을 플라톤의 저작은 입증하고 있다.

2. 아리스토텔레스의 인간관

1) 사상적 배경

플라톤의 시대는 아리스토텔레스의 시대이기도 했다. 기원전 384년에 태어난 아리스토텔레스는 플라톤이 창설한 철학학교 아카데미아의 학생이었다. 그곳에서 20여 년을 머물다 플라톤이 세상을 떠나자 그는 거기서 나왔다. 그는 나중에 리케움 혹은 페리파토스라는 자기 학교를 세우기 위해 돌아왔다. 그 사이 얼마동안 그는 마케도니아의 필립 왕의 아들 가정교사로 활동하였다. 그 소년이 나중에 위대한 역사적 인물인 알렉산더 대왕이 되었던 까닭에 이것은 중요한 의미를 지니는 것으로 지적되곤 한다. 그러나 철학적 관점에서 더욱 중요한 것은 아리스토텔레스가 플라톤의 사상을 더욱 성숙시켰으며 중요한 몇 가지 점에서 플라톤의 사상을 벗어났다는 사실이다.

아리스토텔레스는 여러 가지 방대한 저작을 남겼다. 그는 이론적 주제뿐만 아니라 과학적 주제와 비교 정치학에 대해서도 저술하였다. 우리가 받아들이고 있는 학문의 분류는 많은 부분 아리스토텔레스의 덕택이다. 그의 저서 『형이상학』은 순서상 물리학 다음에 오기 때문에 그렇게 명명되었다(meta라는 말은 '다음'이라는 뜻이다). 그럼에도 불구하고 그 책의 주제는 여전히 **형이상학**으로 알려져 있다. 거의 상식처럼 되어버린 사유의 기본 범주도 그 기원이 아리스토텔레스에게서 찾아지곤 한다. 범

아리스토텔레스 (B.C. 384-B.C.322)

주라는 개념 자체가 아리스토텔레스의 개념이었고 **실체**의 중요성을 강조한 사람도 바로 그였다. 그의 선배들의 관심사였던 변화하는 세계에 관한 문제에 직면하여, 그는 조심스럽게 변화의 주체를 동일한 사물로 존속하는 가운데 변화하는 방식과 구별하였다. 예를 들어 어떤 사물의 색깔이 변할 수는 있지만 그렇다고 그것의 존재가 없어지는 것은 아니다. 실체는 여전히 존속한다.

아리스토텔레스의 연구방법은 플라톤의 그것과 비교하면 좀 더 현실적이고 좀 덜 신비적이다. 그는 **형상**이 고차원적인 존재의 영역으로 분리될 수 없다고 주장하면서 형상을 현실 세계 밖이 아닌 그 안에 놓았다. 어떤 조각의 형상은 모종의 초월적 세계 속에 있는 것이 아니라 그 조각 안에 있다. 그리고 사물의 **질료**는 바로 이 형상에 따라 모양을 갖추게 된다. 그럼에도 불구하고 어떤 한 조각에 대해 여러 복제품이 있을 수 있는 것처럼, 상이한 사례들이 있을 수 있다는 점에서 여전히 형상은 보편적이다. 형상은 그 조각을 조각이게끔 하며, 형상이 없다면 조각은 구리덩어리에 지나지 않게 된다. 아리스토텔레스는 형상들이 서로 겹칠 수 있음을 인정한다. 그는 조각의 재료가 되는 구리 자체가 이미 모양을 갖추고 있다고 여겼던 것이다. 그렇지만 원칙적으로 그 근저에는 조금도 모양을 갖추지 않은 최초의 질료가 놓여 있다. 우리가 보는 만물은 질료와 형상의 결합이다. 각각의 실체는 이 두 가지의 산물이다.

아리스토텔레스 사상의 핵심은 **인과론**이며[2] 이것은 현대적 인과개념보다 더 포괄적이다. 그는 사물 본성의 근거 즉 사물이 존재하기 위한 필요조건에 주목한다. 그는 **질료인**-사물의 재료가 되는 것-과 **형상인**-사물이 모양을 갖추는 방식-모두를 강조한다. 뿐만 아니라 그는 **운동인**도 제시하는데 그것은 변화의 원천과 관련하여 우리가 원인이라고 명명한 것과 일치한다. 수공업자는 만들어진 물건의 운동인이며 이러한 의미에서 아버지는 자식의 원인이 된다고 아

2) Aristoteles, *Physics*, 194b.

리스토텔레스는 주장한다. 아리스토텔레스에게 가장 중요한 원인은 **목적인**이다. 이것은 그 무엇 때문에 어떤 일이 이루어진다고 할 때의 그 무엇을 가리킨다. 아리스토텔레스는 건강해지기 위한 산보를 예로 드는데 여기서 건강은 산보의 목적인이다. 목적 즉 텔로스(telos)라는 개념을 통해 아리스토텔레스는 사람의 의도적 행위뿐만 아니라 만물이 목적을 추구한다는 **목적론적 견해**를 적극적으로 입증하려고 한다. 아리스토텔레스는 인간의 목적을 묻는 것은 타당하다고 생각한다. 그는 소피스트의 견해를 반박하는 소크라테스와 플라톤의 견해에 동조한다. 정신과 목적은 플라톤에게 있어서처럼 아리스토텔레스에게 있어서도 중요하다. 물론 그는 플라톤의 유기체적 국가관이 지나치게 획일적이라는 근거에서 비판하고 다양성과 개별성의 사실을 강조한다. 그는 국민이 서로 다른 여러 종류의 사람들로 구성된다는 점을 지적하면서 "국가가 더 이상 국가가 아니면서 어느 정도의 통일성을 유지할 수 있는 지점이 존재하는데, 그 지점에서 국가는 여전히 존재하면서도 합창이 조화를 이루는 것과 같이 작은 공동체가 된다"고 주장한다. 국가는 사실상 교육을 통해 결합됨으로써 공동체를 이루어야 하는 다원적인 것이다.

아리스토텔레스의 비전은 플라톤에 비해 현실세계에 훨씬 더 많은 기반을 두고 있으며, 이러한 현실세계는 시작도 끝도 갖고 있지 않다고 생각한다. 그것은 창조되는 것도 아니며, 어떤 완벽한 상태로 이행 중에 있는 것도 아니다. 그러나 그는 어떤 궁극적 원인, 즉 **부동의 원동자**의 개념을 받아들이며 이것은 "영원하면서도 움직이지 않으며, 감각적인 사물과는 독립적인 존재"[3]라고 말한다.

그는 분명히 선의 형상과 같은 개념을 논박하면서, 특히 그것이 현실의 실천적 관심과 무관하다고 논증하였다. 그는 의사가 **선 그 자체**에 대한 비전으로부터 어떤 도움도 받을 수 없다고 주장한다. 의사는 건강 자체에 대해 연구를 하는 것이 결코 아니며 인간의 건

---

3) Aristoteles, *Metaphysics*, 1073b.

강에 대해 특히 개인의 건강에 대해 관심을 기울인다. 결국 의사는 개인들을 치료하는 것이다.

분명한 것은 영원에 대한 비전이 아리스토텔레스를 플라톤보다는 덜 고무시켰다는 점이다. 플라톤은 가장 가치 있는 것을 가장 오래 지속하는 것과 연관지었다. 그러나 아리스토텔레스는 이것을 무시하면서, **선**에 대해 영원하다고 하여 더 선한 것은 아니라고 말한다. 그는 영원히 존재하는 것이 순간적으로 소멸하는 것보다 더 순수한 것은 아니라고 덧붙인다.

그럼에도 불구하고 영원에 대한 열망과 지속되지 않는 것이란 무가치하다는 느낌이 인간에게 늘 남아 있다. 인생이란 빠른 속도로 밀물이 닥치는 해변가의 모래 위에 글을 쓰는 것과도 같다는 생각은 언제나 사람들을 두렵게 한다. 우리 존재의 발자취는 조만간 씻겨지게 된다. 끊임없는 변화, 가족과의 사별, 죽음을 엄청난 부담으로 느끼는 사람도 있다. 조만간 닥칠 죽음에 대한 지식과 그에 따라 모든 것이 결국에는 부질없다는 믿음은 인간의 기본적 경험이다. 인간본성에 관한 이론이라면 예외없이 이 같은 경험을 매우 심각하게 생각한다. 그러나 그들 나름의 투철한 목적의식에도 불구하고, 이러한 문제에 있어서 플라톤과 아리스토텔레스는 서로 다른 길로 접어들었다. 아리스토텔레스는 현실세계에서 변화의 문제를 다루면서도 의미와 가치의 원천이 되는 영원한 기준을 지적해야 할 필요성을 느끼지 않았다. 그에게 있어 진리란 영원을 필요로 하는 것이 아니었다.

2) 세계에서의 인간의 위치

국가이거나 국가의 구성원인 국민이거나 간에, 그것이 현실 세계에서 서로 다르다는 점을 아리스토텔레스가 중요하게 생각했다고 해서 상대주의에 이르게 된 것은 아니다. 그가 주목한 것은 만물에 내재하는 **목적**이었다. 그는 먼저 가족이 어떻게 한 마을의 가족 연합체를 이루게 되는가를 고려한다. 몇 개의 마을은 자급자족이 충분할 정도의 하나의 공동체로 결합된다. 아리스토텔레스는 사회의 원시적 형태가 자연적이라면, 국가의 **목적**이 그렇듯이 국가 역시 자연적이라고 논증한다. 그는 사물의 본성이 그것의 목적이라고 덧붙인다(피지스는 곧 텔로스이다). 그는 계속해서 다음과 같이 말한다.

> 우리가 말하는 것이 인간이든 가정이든 가족이든, 그것이 완전히 계발되었을 때의 그 무엇을 우리는 그것의 본성이라고 부른다. 목적인과 목적은 최선의 상태일 뿐만 아니라, 목적과 최선의 상태는 자기 충족적이기도 하다. 따라서 국가는 자연의 산물이며, 또 인간이 본성상 정치적 동물이라는 것은 분명하다.(『정치학』 1252b)

아리스토텔레스는 인간과 군집동물인 벌을 구별함으로써 위의 마지막 문구를 강조한다. 그는 철학자들이 언제나 도달한 중요한 사실, 말하자면 동물 중에서 유일하게 인간만이 **언어능력**을 갖는다는 핵심적인 사실에 주목한다. 아리스토텔레스의 사상 중에서 이것이 특히 중요한 것은, 우리가 다른 동물들처럼 쾌락과 고통을 그대로 받아들이지 않기 때문이다. 이러한 언어능력은 우리로 하여금 도덕에 관하여, 정의와 불의에 관하여, 선악에 관하여 말을 할 수 있도록 한다. 아리스토텔레스가 보기에 이러한 능력은 가족이든 국가이든, 공동체의 종류에 관계없이 중요한 사항이다. 그는 유기체의 의도나 기능 혹은 본능을 그 유기체의 목적과 결부시킨다. 자연은 유기체를 그러한 방식으로 만들었으며, 그러한 유기체에 적합한 것이 무엇인가를 발견할 수 있는 것은 이성이다. 따라서 정치학과 법률에 대한 연구는 그러한 연구의 도덕적 목적에 대한 이해와 분리될 수 있다. 그는 도덕에 관한 유명한 저서 『니코마코스 윤리학』의 초두에서, 자신의 탐구가 정치학의 한 분야인 까닭은 정치학의 목적이 인간의 선에 있기 때문이라고 말하고 있다. 아리스토텔레스는 일반적으로 도덕 판단에 오염된 사회학과 정치학을 제거하려는 목적에서 **사실**로부터 **가치**를 분리시키고자 하는 근대적 열망을 결코 이해할 수 없었을 것이다. 그에게 있어 공동체의 본성은 공동체의 이익과 불가분의 관계를 맺는 것이었다.

개인은 그 스스로 존재할 수 없으며, 따라서 자연이 노동의 분화, 따라서 계급의 분화가 존재하는 정치체제를 산출한다. **사회** 없이도 살 수 있는 존재는 신과 짐승뿐이라고 아리스토텔레스는 말한다. 공동체적 삶을 영위하려는 본능이 우리에게 주입되어 있긴 하지만, 그렇다고 사람들이 언제나 함께 연합하게 된다는 뜻은 아니다. 아리스토텔레스는 사물의 가능성을 그것의 현실성과 구별한다. 도토리는 참나무가 아직 못됐지만 참나무의 **가능태**이다. 어떤 사물이 잠재적으로 무엇인가가 될 수 있다는 것이 그 사물의 본성이다. 그러나 도토리는 말이나 사과는 물론이고, 사과나무의 가능태는 되지 못한다. 또 도토리가 저절로 크고 울창한 나무로 성장하는 것은 아니다. 그렇게 되기까지는 적절한 조건이 필요하다. 마찬가지로 인간이 본성상 사회적이기 때문에 언제나 인간이 사회적이 되는 것은 아니다. 사람들이 본성을 발휘하는 데에는 적절한 조건이 필요하다. 바로 이러한 이유 때문에 아리스토텔레스는 "**국가**를 가장 먼저 세웠던 사람이야말로 가장 위대한 공로자다"라고 말한다. 국가는 사람들이 본성을 발휘하는 데에 적절한 여건을 제공한다. 아리스토텔레스는 "자연은 아무 것도 헛되이 하지 않는다"라는 말을 자주 반복한다. 인간과 인간이 사는 공동체는 적절한 **목적**을 갖지만, 우리의 이성을 통해 이러한 목적을 추구하는 것은 우리의 문제이다. 아리스토텔레스는 인간이 그들의 적절한 목적을 실현하는 경우에는 최상의 동물이 되지만 규범과 정의로부터 벗어날 때에는 최악의 상태에 놓이게 된다고 주장한다. 역사는 이것이 사실임을 자주 입증하고 있다.

자연(피지스)과 규범, 이 두 개념의 병렬은 아리스토텔레스의 의도가 이 두 개념을 분리시킨 소피스트를 논박하려는 데 있음을 보여준다. 우리가 부여받은 사회적 본능을 강조함으로써, 그는 규범이나 관습이 어떠한 의미에서도 비자연적이고 인위적이라는 점을 인정하지 않는다. 규범이나 관습은 우리의 본성에 위배되기보다는 우리의 본성을 완성시킨다. 우리의 본성은 그것을 필요로 한다. 그는 인간을 선하고 덕이 있는 존재로 만드는 세 가지 사항이 있다고 생각한다.[4] 그 세 가지는 **자연**, **관습** 그리고 **이성**이다. 그는 이 세 가지가 서로 조화를 이뤄야 하며 이를 위해 시민들은 공동의 이익을 생각하도록 교육되어야 한다고 주장한다. 아리스토텔레스에 따르면 정부에 참여하고 있는 시민들이 덕을 갖출 때에만 국가가 덕을 갖출 수 있다. 이것이 바로 그가 정치학과 윤리학을 연계시킨 이유이다.

아리스토텔레스는 도시국가가 적절한 환경을 창출하려면 습관이나 관습에 의거해야 한다고 생각했다. 개인은 덕이 있는 생활에 길들여질 수 있도록 교육을 통하여 적절한 성품을 길러야 하며, 한편 합리적 근거로부터 도출되는 정당한 법률을 국가가 소유하고 있음을 보증해 주어야 한다. 아리스토텔레스는 법의 지배가 중요하다는 점을 결코 의심하지 않았다. 그는 사람들이 다른 사람들에 의해서 위축되는 것을 혐오할 수 있으나 법은 옳은 일을 시행함으로써 거부감을 주지 않는다고 주장한다. 몰개성적인 보편적 규칙의 체계가 특정인의 의지에 따른 강제보다는 더 효과적이다. 그러한 강제는 분노를 불러일으킬 뿐이다.

아리스토텔레스는 **자연**과 **정의** 그리고 **법률**이 서로 미묘하게 내적으로 작용한다고 보았다. 그는 서로 다른 장소에서 서로 다른 법률을 가진 서로 다른 체제들이 실제로 엄청나게 차이가 난다는 것을 인정한다. 따라서 그는 자연적 정의와 합법적 정의를 구별했고, 법률이 어디에서나 일치해야 하는 것은 아님도 알았다. 상황은 저마다 다양하며 법률의 현실적 형태가 문제되지 않는 경우도 있다. 어떤 법률은 두 마리의 양을 희생물로 요구하지만, 어떤 법률의 경우에는

4) Aristoteles, *Politics*, 1332a.

한 마리의 양을 요구한다. 현대적인 예로서 차량통행을 생각해 보면, 누구든지 같은 규칙을 따라야 한다는 것이 중요하지만, 우측보다는 좌측의 통행이 더 타당하고 정의롭다는 주장은 어처구니가 없다. 모든 법률이 통행의 규칙처럼 관습에 지나지 않는다고 믿는 사람이 있을 정도로, 그것은 매우 다양하다는 것을 아리스토텔레스는 인정한다. 그는 "불은 여기에서도 그리고 페르시아에서도 타고 있다"는 물리학 법칙을 예로 든다. 불은 어디에서나 같은 효력을 갖지만, 정의의 법칙은 그렇지 않다는 것이다. 불의 성질을 바꿀 수는 없지만, 우리는 아리스토텔레스가 주장하는 인간본성에 거역할 수 있을 정도로 자유로운 것처럼 보이기도 한다. 그러면서도 여전히 그는 각각의 조직과 제도에 대해서 좋은 것, 즉 자연적인 것을 내세우려 한다. 체제는 다양하지만, "어디서든 본성상 최상의 것은 하나"만 존재한다고 아리스토텔레스는 주장한다. 사람들은 비합리적이고 무원칙한 방법에 의거해 개인적으로 행동할 수 있고 집단적으로 행동할 수도 있다. 아리스토텔레스는 이러한 개별적 의견에서 비롯된 형태는 노예근성을 가진 사람과 동물의 전형이라고 주장한다. 인간이 취해야 할 방식이 아니라는 것이다. 누구라도 저열한 행동을 할 수 있지만, 자연이 인간에게 그렇게 하라고 하지는 않았다. 자연에 거역하는 것은 행위자 자신에게 해가 될 뿐이지만, 자연에의 순응은 인간의 복리나 행복에 기여하게 된다는 것이다.

이 세계 내에서 우리의 지위는 인간 사회에서의 우리의 역할에 의해 좌우된다. 아리스토텔레스는 인간의 존재는 정치적 맥락에 의해 조건지어 진다고 보았다. 이것은 사람들이 사회에 의해 규정됨을 말하는 것이 아니라, 각 개인의 복지가 폴리스 곧 국가의 복지와 분리될 수 없음을 말하는 것이다. 그러한 **정치적 환경**은 **도덕적 환경**이기도 하다. 각 국가는 공동의 목표와 공동의 도덕적 목적을 가진 공동체이다. 개인들간에 상당한 차이가 있음을 인정하면서도, 아리스토텔레스는 각 개인이 그들의 목표를 결단할 수 있음을 인정하는 현대

자유주의의 이념에 동의하지 않았다. 이러한 근본적인 자유를 아리스토텔레스는 공동체의 이념을 파괴하는 것으로 보았을 뿐만 아니라 이성 자체에 대한 위배라고 보았다. 공동체라면 그 구성원들이 공유하는 선의 개념을 가져야 한다. **선한 삶**은 고립된 개인에 의해서는 달성될 수 없기 때문이다.

3) 인간의 본성

아리스토텔레스는 노예와 짐승이 자유롭고 합리적인 선택의 능력을 갖지 못하기 때문에 본성상 국가를 구성하기에 부적합하다고 믿었다. 사람은 자유인으로 태어나기도 하며 이성을 이해할 수는 있지만 그것을 사용 못하는 노예로 태어나기도 한다.[5] 후자가 그래도 짐승과 구별되는 까닭은 아무리 길들여진 짐승이라도 이성을 이해하지 못하며 본능을 따르는데 그치기 때문이다. 이성능력, 이것은 지성적 기능일 뿐만 아니라 도덕적 기능으로서 인간을 짐승과 구별해 주는 특성이다. 그것은 문명을 가능하게 하며 인간이 문명을 필요로 한다는 생각은 곧바로 정치체제가 무엇보다 중요하다는 생각으로 이어진다. 우리 각자가 공동선에 기여하려면 서로 협동할 필요가 있기 때문이다. 그리스인에게 인간의 선과 긴밀히 연관되는 국가의 구성은 불가피한 일이었다. 국가의 법률을 기꺼이 준수하는 시민들의 자유로운 연합 그리고 공동선의 지향은 짐승과 인간을 구별 짓게 하는 본질적 요소처럼 보이기 때문이다.

이성은 추악한 정념을 제어할 수 있고, 그 결과 균형과 조화를 이룰 수 있다는 것이다. 아리스토텔레스에게 있어서 덕은 두 극단의 **중용**이다. 예컨대 용감한 삶은 비겁과 만용의 두 극단을 피하려 한다. 같은 이유로 아리스토텔레스는 국가 내의 중산층의 확대를 지지한다. 그럼에도 불구하고 그는 그 시대의 사람으로서 노예제도를 지

---

5) Aristoteles, *Politics*, 1254b.

지했으며 여성에게 종속적 지위만을 인정했다. 그러한 모든 것에도 불구하고 그 구성원들의 자기 이익과 시민적 덕으로 뒷받침되는 국가에 대한 그의 비전은 아직도 우리에게 많은 교훈을 주고 있다. 그는 오늘날 세계를 구성하는 거대 국가들과 비교하여 상대적으로 작은 공동체를 염두에 두고 저술했지만, 정의와 공동선을 지향하는 시민들의 욕구를 강조한 것은 아직도 타당할지 모른다.

아리스토텔레스의 입장이 모호한 열망이라든가 경건한 희망에 근거하지 않는 까닭은 그의 철학 전체가 인간이 그의 본성을 따르려면 합리적으로 행위해야 한다는 것을 전제하기 때문이다. 인간다운 인간이 되려면 인간 본연의 능력을 사용해야 한다. 그는 인간이 가지고 있는 것으로서 식물과 동물에는 없는 것이 무엇인가를 물었다. 식물도 영양을 섭취하고 성장활동을 한다. 동물도 사물을 감각하고 그에 따라 활동한다. 그러나 이성을 소유하는 존재는 오로지 인간뿐이다. 여기서 나오는 결론은 "인간의 기능은 이성을 따르거나 이성을 함축하는 영혼의 활동에 있다"[6]라는 것이다. 특히 인간의 선은 덕과 일치하는 영혼의 활동이다. 이성과 도덕적 선은 불가분의 관계를 지닌다.

다른 생물체의 상이한 기능들은 아리스토텔레스에 의하면 영혼의 본성과 관련된다. 식물은 영양과 관련된 영혼을 갖는다. 동물의 영혼은 욕구 및 욕정과 관련된다. 한편 인간의 영혼은 식물과 동물의 본성을 포함하고 있지만 합리적 기능도 소유한다. 그리고 식물, 동물 그리고 인간이 완전히 성숙했을 때 가장 자연스런 움직임은 **생식**이다. 이것은 번식을 하는 기능으로서 모든 영혼의 기본적 기능이기 때문이다. 그러나 감각은 욕정을 느끼는 기능으로서 동물에 귀속되는 기능이다. 아리스토텔레스는 동물이 감각을 소유하여 쾌락과 고통을 느낄 때 쾌락을 얻고자 하고 고통을 피하려 한다고 지적한다. 그렇지만 생각을 하고 계산을 하는 능력은 이성에서 비롯되므로 인간에게만 주어진다. 어떤 것의 영혼에 대해서 말한다는 것은 어떤

6) Aristoteles, *Nicomachean Ethics*, 1098a.

유기체의 능력을 지시하는 것으로, 육체 속에 감추어져 있는 **그 무엇**을 지시하는 것이 아니다. 아리스토텔레스는 어떤 식물의 영혼을 그 식물의 나머지 부분과 분리시킬 수 있다고 생각하지 않는다. 영혼은 신체에 목적을 부여하고 육체를 육체이도록 한다는 점에서 육체의 목적인이다. 그는 동물의 눈에 대한 유비추리를 통해 이를 입증하려 한다. 곧 눈의 영혼은 그것의 볼 수 있는 능력 곧 시력이라는 것이다.

영혼이 육체와 분리될 수 있다고 생각하는 데에는 분명히 커다란 난점이 있다. 이것은 식물의 경우에는 문제가 되지 않는 것처럼 보이지만 인간의 경우에는 무척 중요해진다. 플라톤은 **영혼의 불멸**을 크게 강조했었다. 그러나 아리스토텔레스는 형상이 사물과 분리되기보다는 사물 속에 내재한다고 주장함으로써 영혼을 육체와 불가분의 관계를 맺는 육체의 형상으로 만들었다. 그 결과로 나온 **심신동일체**의 개념은 오늘날 마음을 연구하는 많은 철학자들로부터 시지를 받고 있다. 아리스토텔레스는 영혼의 모든 기능이 육체와 정신의 결합과 연관된다고 생각하였다. 식물과 동물의 기능은 현실의 육체와 불가분의 관계를 맺는다. 아리스토텔레스가 지적하듯이 분노, 용기, 기쁨, 사랑, 증오 그리고 여타의 모든 영혼의 드러남은 육체를 통하지 않을 수 없다. 육체를 필요로 하지 않는 영혼의 적합한 행동방식이 있어야만 그 영혼은 독립적으로 실재할 수 있는 능력을 가진 영혼으로 파악될 것이다.

아리스토텔레스는 사유한다는 것이 육체와 분리되는 능력의 한 사례가 될 수 있는지 없는지를 문제시하지만 그런 능력을 가설로만 언급한다. 유물론자는 아니지만 그가 주로 강조하는 것은 **육화**(embodiment)이다. 그는 영혼에 대한 기술이 물질적 용어로 환원될 수 있다고 믿지 않는다. 그는 정신을 물질과 구별하는 이원론자는 아니다. 그에게 인간은 육화된 영혼이거나 아니면 영혼화된 육체이다. 영혼이 하나의 형상인 한 그것이 근대적 의미에서 실체적인 것은 아니지만 실재하기에 충분한 **실체**라고 아리스토텔레스는 생각한다. 이것이 바로 유기체의 조직원리이다. 그러나 그는 영혼과 육체가 하나인지 아닌지를 묻는 것까지도 불필요하다고 단호하게 주장한다. 이러한 물음은 어떤 모형에 따르는 밀랍의 형태가 밀랍과 구별되는지를 묻는 것과도 같다. 우리가 문장(紋章)과 그것을 찍어낸 봉랍인(封蠟印)을 분리할 수 없듯이 영혼을 육체로부터 분리할 수 없다고 그는 믿었다.

인간이 국가의 문명화와 더불어 자신들에게 합당한 지위를 발견해 나가는 방식에 대한 강조, 이에 따르는 실천적 지혜와 덕의 역할에 대한 강조, 뿐만 아니라 우리가 경험하는 세계에 대한 강조 그리고 여타의 형이상학적 세계에 대한 배제 등에도 불구하고, 아리스토텔레스의 저작에는 여전히 풀리지 않는 긴장이 남아 있다. 그는 국가의 실천적 문제를 적극적으로 거론하면서도 인간의 특성에 관한 자신의 정의를 더 중요시했기 때문이다. 그는 다음과 같이 말한다.

> 각 사물에 적합한 것이 본성상 최선의 것이며 각 사물에게 가장 즐거운 것이다. 따라서 인간에게 이성에 따르는 삶이 최선이며 즐거운 것이 되는 까닭은, 이성이 오직 인간에게만 있기 때문이다. 따라서 이러한 삶은 가장 행복한 삶이기도 하다.(『니코마코스 윤리학』, 1178a)

아리스토텔레스는 여전히 **철학적 사유**라는 자기 충족적 삶을 가장 매력적인 것으로 생각하고, **신적인 사유**의 차원에 도달하고자 노력하는 것이 중요하다고 생각하였다. 그는 단순히 인간 삶의 조건에 대해서 생각하는 것만으로 만족하지 않았다. 그는 우리가 "우리 자신을 영원불멸의 존재로 만들어야 하고, 우리 안의 최선의 것들에 맞추어 살아가도록 전심전력을 다해야 한다"고 말한다. 아리스토텔레스는 무로부터의 창조를 인정할 수 없었지만 모든 사유와 욕구의 궁극적 대상인 **부동의 원동자**는 있다고 생각하였다. 신적인 사유의 대상이 될 수 있는 것은 오로지 그것 자체뿐이며, 아리스토텔레스는 이러한 신성을 파악할 수 있기를 열망하였다. 어쩌면 플라톤의 영향력이 계속해서 남아 있는 것인지도 모른다. 왜냐하면 아리스토텔레스도 알고 있었듯이, 다른 모든 존재의 선이 그 자체의 본성에서 비롯되듯이 인간의 선을 인간본성과 결부시키면 곤란함이 생기기 때문이다. 그렇다고 인간을 초월하여 신성을 인식하려는 것은 어느 정도 모순적인 것처럼 보인다. 선은 인간과 독립적이면서 인간과 신이 공유할 수 있는 것이거나 아니면 인간본성의 결과이거나 둘 중의 하나이다. 인간본성의 결과라고 하면 우리에게 좋은 것이 신에게는 좋은 것이 못될 수도 있다.

분명히 우리 내면에 있는 이성의 불꽃은 근본적으로 신적인 것이든 아니든 간에 지극히 몰개성적인 것이다. 인간의 최고목적이 이론적 사유라면 나를 유지시켜 주는 모든 것들을 배제하여야 한다. 신에게나 걸맞는 이성적 생활에로의 몰입은 자아를 서의 상실케 한다. 아리스토텔레스식의 영혼은 매우 몰개성적이다. 나를 나와 같은 인간으로 만들어 주는 것은 영혼의 이론으로는 설명할 수 없다. 육체는 개체화의 수단이 되어야 한다. 그럼에도 불구하고 다른 존재와 구별되면서도 독특한 개체가 된다는 것이 여전히 인간의 중요한 일면이다. 내가 된다는 것과 인간이 된다는 것은 도저히 분리될 수 없다. 이처럼 인간 개개의 특성이 인간본성과 관련하여 중요한 문제가 된다.

4) 인간과 사회

강제적으로 규합된 국가가 아닌 한 어떠한 국가이든 어떤 형태의 헌신을 국민들에게 요구한다. 분명히 공동체적 삶의 근거는 자기 이익에 있지만 국민의 배타적인 자기 이익의 추구에 바탕을 둔 국가의 토대는 매우 불안정할 수밖에 없다. 이러한 국가에서 타인의 이익이나 공동이익에 대해 관심을 보이는 국민은 있을 수 없다. 인간본성을 숙고함에 있어 가장 중요한 것은 공동체의 존재와 자기 이익에 대한 관심을 연계시키는 문제로서 인간본성에 관한 대부분의 이론이 다루는 문제이다. 이것과 관련된 문제의 하나가 바로 **도덕**의 역할과 그 기능이다. "정직이 최선의 정책이다"라는 준칙처럼, 도덕을 자각된 자기 이익의 한 형태로 생각하는 사람도 있다. 도로 안전 규칙은 "조심해서 운전하시오. 당신의 생명은 당신이 구하는 겁니다"라는 구호를 내건다. 이러한 구호가 호소하는 것은 **타산적 배려**이다.

아리스토텔레스는 생명에 대한 근본적 욕구와 선한 삶의 근거를 마련하기 위해서 가족이나 작은 마을보다 규모가 큰 **공동체**를 규합해야 할 필요성이 우리에게 생긴다고 여겼다. 정치학의 일부로서 도덕을 인식했을 뿐만 아니라 국민들은 정의나 명예와는 다른 무엇을 중심으로 규합되어야 한다고 보기도 했다. 독립된 개인들은 가족 성원들이 서로 자연스런 유대를 맺는 것처럼 서로에 대한 애정과 관심이 없을 때에는 함께 살 수 없다. 국가는 가족들로 구성된다. 아리스토텔레스는 주인과 노예조차도 **공동이익**을 추구하는 친구가 되어야 한다고 믿었다. 가족간의 애정이 국가에서 중요하다는 이러한 확신 때문에 아리스토텔레스는 수호자 계급이 부인들과 자식들을 공동 소유해야 한다는 플라톤의 견해를 공격한다. 아리스토텔레스는 구성원들의 일부가 행복하지 못하면 그 전체도 행복할 수 없기 때문에 플라톤의 견해는 문제가 심각하다고 주장하면서 플라톤이 통치자들에게서 행복을 빼앗고 있다고 비판한다. "통치자들이 행복하지 않다면 도대체 누가 행복하겠는가?"[7] 부인들과 자식들이 공동 소유된다면, "사랑은 무미건조할 것이다."[8] 규모가 큰 집단에서 사람들에게 주어지는 애정은 산만해지며 또 인간관계의 친밀성은 상실될 것이다. 아리스토텔레스가 보는 바와 같이 아버지는 '내 아들'이라는 말을 할 수 없고, 자식은 '내 아버지'라는 말을 할 수 없을 것이다. 그는 계속

7) Aristoteles, *Politics*, 1264b.
8) ibid., 1262b.

해서 주장한다. “관심과 애정을 갖게 하는 주된 특성 두 가지는 어떤 것이 자기 자신의 소유라는 것 그리고 그것이 자기만의 것이라는 사실이다−부인들과 자식들을 공동 소유하는 국가에서는 이러한 특성들 중 어느 것도 찾아 볼 수 없다.”

사유재산에 대해서도 아리스토텔레스는 유사한 입장을 취한다. 그가 지적하는 것은 누구나 자기 자신의 소유물로부터 즐거움을 취한다는 것, 사람들은 공동소유물에 대해서보다는 개인적인 이익의 대상에 대해 훨씬 더 많이 헌신하게 된다는 것이다. 그는 현명하게도 “가장 많은 사람들이 공유하는 것은 가장 적은 사랑을 받게 된다”고 지적한다. 따라서 그는 사유재산제를 옹호한다. 그러나 그는 특히 친구들 같은 타인들과는 재산을 공동 소유해야 한다고 주장한다. 그는 “재산은 개인적으로 소유되더라도 공동으로 사용되어야 한다”고 말한다. 근본적으로 그는 우리 모두가 스스로를 사랑한다는 것을 인정하면서 “자신에 대한 사랑은 자연이 부여한 감정으로서 헛되게 부여된 것이 아니다”라는 점을 받아들이다. 그렇지만 그는 우리에게 가장 권위적인 요소 즉 **이성**에 복종한 결과로 생기는 자아에 대한 사랑을 단순히 욕구만족을 추구하는 이기성과 구별한다. 모든 사람이 그들 내부의 가장 고귀한 것을 위해 전력을 다할 때 공동이익은 성취되는 것이다.

아리스토텔레스가 **친애**라는 주제에 대해 『니코마코스 윤리학』 전체 중 두 권 가량을 할애하고 있다는 것은 상당히 주목할 만한 사실이다. 도덕적 의무에 관한 위엄있는 철학들은 추상적 원리의 중요성만을 강조하는 경향이 있으며, 경우에 따라서는 공동체에서 사람들을 결속시키는 혈연과 친애라는 유대관계를 무시하기도 한다. 실제로 우리는 가족이라든가 친구라는 이유만으로 다른 사람들을 좋아하는 것이 도덕적으로 문제가 될 수 있다고 들어 왔다. 어떤 상황에서는 분명히 문제가 될 수 있음에도 아리스토텔레스는 개인들 사이의 이러한 기본적 관계가 갖는 도덕적 중요성을 전혀 의심하지 않았다.

그는 친애 혹은 **우의**가 국가의 **최고선**이라고 믿었다. 공동의 이익에 대해 위협이 되기는커녕 그것은 사람들을 결속시키고 혁명으로부터 국가를 보존하는 데 도움이 된다는 것이다.

공동이익에 대한 관심 때문에 그는 **교육**이 법률에 의해 규제되는 국가사업이 되어야 한다고 주장한다. 국가 전체에 하나의 목적이 있으므로 개개의 국민들은 훈련과 습관을 통해 같은 내용을 학습해야 한다. 덕을 기르는 것은 결코 개인적인 관심사가 아니며 개인의 기분에 맡겨둘 수 없을 만큼 너무나 중요한 것이다. 그렇다고 아리스토텔레스가 덕을 획득할 때의 어려움을 과장했던 것은 아니다. 영혼의 상이한 기능들은 언제나 서로 갈등하는 상태에 놓여 있다. 자연은 이성이 권위를 갖도록 만들었을지 모르나 이성이 언제나 권위를 갖게 된다고는 말할 수 없다. 우리는 덕이 있는 행위를 하는 데 익숙해질 때에만 덕이 있는 사람이 될 수 있다. 예컨대 용기 있는 사람은 용기 있는 행위를 해봐야 비로소 용기를 배우게 된다. 덕이란 **후천적**으로 획득되어야 하는 성품이다. 참된 본성에 따라 최선의 방식으로 행위하는 것을 우리가 배워야 한다는 것은 일종의 패러독스일지 모른다. 우리가 가장 쉽게 할 수 있다고 생각하는 것이라든가 우리가 가장 많이 욕구하는 것이라고 해서 반드시 자연스러운 것이라고는 할 수 없다. 우리의 복지에 가장 많은 기여를 하는 것이 자연스러운 것이다. 국가는 우리의 본성을 실현하도록 도와주어야 하기 때문에 아리스토텔레스는 관습이나 전통의 권위를 결코 과소평가하지 않는다. 국가가 정당한 근거를 마련하지 못한다면 인간도 결코 복지를 누릴 수가 없다.

아리스토텔레스에게 있어서는 우리가 추구하는 목적을 결정해 주는 것은 욕구가 아니라 이성이다. 우리가 무엇을 욕구한다고 해서 그것이 곧 우리가 원하는 것은 아니다. 그의 **목적론적** 접근 방식은 우리가 서로 다른 근본적 목적을 가질 수 있다는 중요한 가능성을 인정할 수 없었음을 의미한다. 인간본성은 우리에게 주어진 것이지 우리가 선택한 것이 아니다. 우리는 인간본성에 거역해서 행위할 수는 있지만 인간의 본성을 파괴할 수는 없다. 그가 믿는 바에 따르면, 우리의 참된 본성에 따라 행위하도록 우리를 도와주는 것이 국가의 **기능**이며 바로 이러한 이유 때문에 국가의 목적은 **도덕적**이어야 한다.

5) 현대적 의의

다윈이 주장한 진화론적 생물학은 아리스토텔레스가 그의 형이상학적 **목적론**을 통하여 논증하려던 내용이 진리임을 입증한다고 말해지기도 한다. 흔히 주장되는 것처럼, 생물학은 인간이 어떻게 **도덕감**을 가질 수 있도록 진화되어 왔는가를 보여준다. 생물학적 적자생존에 대한 주장은 인간이 도덕적 본성을 갖는다는 점을 보증해 왔다. 이 점은 그 자체로 논란의 여지가 있기 때문에 우리는 다윈의 저작과 관련시켜 그러한 주장을 검토해보기로 하자.

아리스토텔레스와 다윈이 모두 도덕을 인간의 본성과 결부시켰다는 점에서 이 두 사람의 이름을 함께 거론하는 것이 매력적일 수는 있으나 그것은 잘못이다. 진화가 자연도태를 통해 모종의 인간적인 **도덕감**을 산출해 왔더라도, 진화는 아리스토텔레스의 개념에 따를 때 **운동인**으로 생각된다. 진화가 우리의 본성을 만들었지만 진화가 우리의 목적이 된다거나 진화 그 자체 때문에 우리가 존재하는 것은 아니다. 아리스토텔레스는 우리가 태어나면서부터 덕이 있는 존재는 아니었기 때문에, 덕을 획득하는 방법을 배워야 한다고 믿었다. 진화의 과정이 우리와 같은 존재에로 귀결될 수 있었을지라도, 그것은 목적이나 목적인과 아무 관계도 없다고 할 수 있다. 다윈의 생물학은 아리스토텔레스의 견해가 목적론적인 까닭에 그것은 엄밀한 의미에서 비과학적이라고 주장하면서, 목적에 대한 논의의 여지를 남겨두지 않았다. 통일체로서의 유기체는 본래적 선을 소유해야 한다는 견해 그리고 그것의 진화는 모종의 타당한 목적과 결부된다는 견해는 엄밀한 과학적 사유에 위배되는 것처럼 보인다. 그럼에도 불구하고 한 유기체의 전체 선이 유기체의 본성에 대한 과학적 설명에서 어떤 역할을 할 수 있으리라는 생각은 생산적일 수 있다.

아리스토텔레스의 도덕이론은 자유롭고 합리적인 선택을 대단히 강조한다. 인간 심리의 복잡성에 대해 잘 알고 있긴 했지만, 그는 이성에 철저히 복종해야 하는 것이 인간본성이라고 생각했었다. 이성과 욕구를 대비시켰던 철학자들의 오랜 전통 속에서, 이성의 역할을 이처럼 강하게 내세웠던 사람은 아무도 없다. 그에게 이성은 현대의 경제학자들이 생각하는 것처럼 상이한 선호들 가운데, 우선적인 것과 부정합적인 것을 분류해내는 능력에 불과한 것이 아니었다. 선호 그 자체가 문제시되어야 하며, 그에 따라 해악을 끼치는 선호는 버려지고 이익을 주는 선호는 남게 된다.

국가에 대한 아리스토텔레스의 견해는 현대의 여러 국가론과도 다르다. 그는 국가가 서로 상충하는 이익과 요구를 화해시키는 공정한 심판자가 되어야 한다고 생각하지 않았다. 그는 우리가 비록 어떤 공동의 관심사도 갖지 않는 잡다한 사적 개인들의 집합에 지나지 않는다 해도, 개인의 욕망이 가장 근본적이라고 보지 않는다. 개인의 이익과 공동의 선이 완전히 양립가능할 수는 없지만, 국민들은 공동의 선을 성취하기 위해 자연적으로 결합한다는 것이 아리스토텔레스의 견해이다. 그는 전통의 중요성에 대해 익히 알고 있었지만 플라톤이 주장했던 국가 **유기체** 개념은 받아들이길 거부하며, 이것을 주장했다는 점에서 플라톤을 비난한다. 그는 경제적, 사회적, 문화적 차이를 인정하였고, 각 개인은 행복을 추구해야 한다는 것을 강조하면서, 한 사회에서의 개체성과 상이성에 대해 많은 관심을 두었다. 그렇지만 이러한 관심은 한 개인의 이익이 타인의 희생을 대가로 치르면서 추구되어서는 안 된다고 하는 도덕적 배경 속에서 성립한 것이었다. 아리스토텔레스의 세계는 도덕적 세계였으며, 존재와 당위의 근본적인 구별이 없었던 세계였다. 우리가 반드시 참된 본성에 따라 살아야 하는 것은 아니지만, 참된 본성을 외면할 때 우리는 본성을 실현할 수 없거나 행복을 얻을 수 없게 된다. 우리가 본성을 거역한다면 반드시 어떤 대가를 치르게 된다. 우리의 천부적 잠재력을 실현할 때 우리는 잘살게 된다. **가치**는 독립된 개인이 선택하여 창조한 것이 아니라, 우주를 구성하고 있는 것으로서 발견되어야 하는 것이다. **피지스**와 **노모스**를 결합시키는 자연법의 개념은 아리스토텔레스에서부터 비로소 정교화되기 시작하며 이것은 지금까지도 막강한 영향력을 행사하며 여전히 논쟁거리로 남아 있다.

아리스토텔레스는 공동체와 관습을 강조함으로써 자유분방한 **개인주의**의 범람을 피하려 했다. 법과 도덕에 대한 그의 강조는 그가 여전히 개인의 자유에 관심을 두고 있음을 보여준다. 그의 **국가론**의 근거는 각 개인의 도덕적 책임에 있으며 집단의 강제력에 있지 않다. 모든 사람을 결집시키는 바탕은 가족간의 자연스런 애정이며 국민들 간의 친애이다. 남은 대안이 진세주의적 통치 아니면 타인을 희생시키면서 자신의 이익을 추구하는 개인들 간의 갈등상태뿐인 것처럼 보인다. 그렇지만 그의 견해를 수천 명의 시민들로 구성된 그리스 도시국가의 맥락으로부터 수백만 명으로 구성된 근대국가로 옮겨 놓을 때 분명히 많은 문제점이 생긴다.

그러나 일반적인 것보다는 특수한 것을, 보편보다는 개체에 주목하는 그의 일반적 전략에도 불구하고 그리스 개인들 간의 진정한 차이가 국가 때문에 상실되지 않도록 하려는 그의 결단에도 불구하고, 개인을 다루는 그의 방식에는 몇 가지 문제점이 있다. **자아의 본성**은 무엇인가? 아리스토텔레스식의 **영혼 개념**은 자신들을 육체 이상의 존재라고 믿는 사람들에게는 부당한 것처럼 보인다. 그러한 개념은 이성의 한 일반원리 그리고 여타 기능의 일반원리에 지나지 않는 것으로서, **내**가 누구인가를 그 자체로는 설명하지 못하는 것 같다. 많은 사람들이 주장하듯이, **나**는 유일무이한 존재이다. 그러나 아리스토텔레스는 인간이 특별히 중요한 존재라고는 생각하지 않았다.

그는 “인간이 이 세계에서 최선의 존재는 아니기” 때문에 정치학이 지식의 최고 형태라는 것을 부정한다. 그는 본성상 인간보다 더 신적인 존재들이 있다고 생각하며, 하나의 예로서 “천체를 구성하는 체계들”을 제시한다. 그것들은 본래 우연적 존재들이 아니라 필연적 존재를 소유하고 있어야만 했다. 아리스토텔레스에게 인간은 우주의 핵심이 아니다. 훨씬 더 중요한 것은 추상적인 이성과 그 대상이다. 언뜻 보아도 그렇듯이, 어떤 문제에 있어서 그는 플라톤과 크게 다르지 않다.

3. 홉스의 인간관

1) 사상적 배경

토마스 홉스(T. Hobbes, 1588-1679)의 시대는 그 이전 아퀴나스의 시대(중세시대)와는 눈에 띄게 달랐다. 카톨릭과 프로테스탄트 사이의 끊임없는 갈등 속에서 종교개혁은 개인의 역할을 크게 강조하는 결과를 낳았다. 이로 말미암아 교회와 국가라는 공동체의 성격에 관한 여러 가지 견해가 나오게 되었다. 홉스는 영국 시민전쟁(Civil War)을 겪었으며, 그가 살았던 시기는 근대 과학 및 과학적 방법이 동트던 때였다. 현미경과 망원경이 발명된 갈릴레오와 데카르트의 시대이기도 했다. 그래서 그의 국가철학은 갈릴레오의 역학적 방법에 따라 국가를 단순한 요소들의 복합체로써 제시하려고 시도한 것이다. 이러한 영향력이 모두 홉스의 저작에 분명히 나타나고 있다. 저서로는 『물체론』, 『인간론』, 『시민론』, 『리바이던』, 『법학개론』 등이 있다.

홉스 (1588-1679)

홉스는 인간 사회에 대해 **원자론**적 견해를 취한다. 그는 인간 사회가 그것을 구성하는 개인과 관련하여 설명될 수 있다고 믿었다. 정치의 본질을 이해하려면, 먼저 인간을 이해해야 한다는 것이다. "국가의 속성을 알려면 먼저 인간의 경향, 특성, 생활양식을 아는 것이 필요하다."[9] 인간이 사회적 맥락에서 먼저 이해되어서는 안 된다.

9) W. Molesworth 편, 『영국철학대계』(English Works) 1권, 『철학의 기초』(The Elements of Philosophy) p. 11.

사회 그 자체는 인간 행동방식과 관련하여 설명되어야 하기 때문이다. 그는 서로 다른 많은 사물에 적용되는 하나의 명칭이 있으므로, 그 명칭을 뽑아낼 수 있다고 생각하는 사람들을 비판한다. **인간**이라는 일반명사가 지시하는 구체적인 대상이 있다는 것을 거부한다. 그는 "보편적 속성은 존재하지 않으며 명칭만 존재한다"고 결론 내린다. **유명론**(Nominalism)이라고 불리는 이러한 견해는 플라톤의 형상론처럼 공통성을 강조하는 견해에 대한 직접적인 반론이 된다. 이러한 홉스의 견해를 계속 밀고 나가면 엄밀한 의미에서의 **인간의 본성**과 같은 것은 존재하지 않는다는 패러독스에 이르게 된다. 홉스는 육체와 분리되어 존재할 수 있는 육체 없는 영혼의 개념을 비판한다. 그는 본질에 대한 개념을 반박하며 본질이 따로 존재한다는 생각을 일체 용인하지 않는다. 그에게 "인간은 살아 움직이는 육체이다."[10] **육체**와 **인간**은 같은 대상에 붙여진 명칭이다. 홉스는 명백히 **유물론적 관점**을 취하고 있다.

2) 세계에서의 인간의 위치

홉스의 기계론적 유물론은 그의 유명론 그리고 개인주의와 결합하여 상당히 매력적인 이론을 구성한다. 그는 인간의 행위가 개인의 신체 행태 및 신체에 가해지는 원인과 관련하여 설명되어야 한다고 믿는다. 심지어 인간의 사회까지도 개인에 미치는 영향력과 관련하여 이해될 수밖에 없으며, 바로 이러한 이유 때문에 홉스의 이론은 인간 생태학과 관련된다. 홉스는 **결정론자**이며 인간과 동물을 엄격히 구별하지 않는다. 그는 인간이 의지하거나 의지하지 않음에 있어서 다른 생물체에 비해 더 자유로운 것이 아님을 단호히 주장한다. 홉스는 우리가 자유롭다는 것을 부정하지는 않지만, 일부 현대 철학자들처럼 우리가 원하는 것을 하거나, 우리가 의지한대로 행위하는

10) 『영국철학대계』 3권, 『리바이던』(Leviathan) 4부 46장, p. 674.

능력으로 **자유**를 정의한다. 그러나 어떤 결단이나 선택을 행위로 옮기는 자유를 일차적인 선택의 자유로 간주할 수는 없다. 묶이지 않은 개가 원하는 것을 얻을 수 있다고 해서 아퀴나스가 강조한 숙고의 자유를 가지게 되는 것은 아니다. 언덕 아래로 구르는 돌이 자유롭듯이 우리가 그렇게 자유롭다고 생각하는 것이다. 홉스는 그의 결정론 때문에 당대의 사람들에게 강력한 비판을 받았다. 모든 사람들이 그들의 통제범위를 벗어난 강제에 의해 어떤 것을 원하거나 선택한다면, 처벌은 정당화될 수 없는 것처럼 보인다. 충고를 구하고, 무엇인가를 찾는 일이 무슨 소용이 있을 것인가? 홉스는 사람들이 응분의 처벌을 받을 만하다(deserve)는 것을 결코 인정할 수는 없었지만, 적어도 처벌에 대한 두려움이 그 자체로 사람들의 행동에 영향을 미치는 잠재적 원인으로 작용할 수 있다는 것을 인정한다. 홉스는 법이 "정의의 근거"라고 결론지으면서, 숙고와 협의가 그 자체로 선택의 원인일 수 있다고 주장한다. 숙고가 어떤 원인에 의해 촉발된 것이라 해도 결정론이 숙고를 무의미하게 만들지 않는다는 것이다. 홉스는 신이 "이해 불가능한 존재"라고 주장하면서 **자연법**이라는 용어를 사용한다. 홉스는 특히 사후 세계의 삶에 관한 논의를 경멸하면서, "현세의 삶"을 초월하여 "사후의 영원한 은총"을 찬양하는 사람들과 절연하게 된다. 왜 홉스를 당대의 사람들이 **무신론자**로 생각했는가를 이해하기란 어렵지 않다. 세계를 물질세계에 국한시키면서 인간을 기계로 묘사하는 것이 이른바 그가 역설하는 과학이었던 것이다.

3) 인간의 본성

홉스가 인간 행태에 대한 자신의 핵심 주장을 확증하기 위하여 곧바로 끌어들인 것은 일상의 경험이었으며, 그것은 다름 아니라 우리 모두 전적으로 **이기적**이고 우리 자신의 이득을 위해서 타인을 이용하려 한다는 아주 단순한 사실이었다. 자연상태에서 인간은 대체로 평등하며 어떤 특정 사회의 법률에 의해 구속되지 않으며, 살아남기 위해 노력한다고 홉스는 생각한다. **자기보존**이 그 무엇보다 우선하며, 우리의 자연적 욕구 그 자체는 선악판단의 대상이 될 수 없다. 도덕은 어떠한 역할도 하지 못한다. 인류의 **자연상태**는 각 개인이 다른 모든 사람과 충돌하게 되는 상황이며, 각자가 안전해지고자 노력하는 상황이다. 자연상태에서의 불행의 목록은 "인생은 고독하고, 가난하며, 추악하고, 야만스러우며, 짧다"는 저 유명한 구절로 끝난다. 홉스는 우리 자신, 더 나아가 우리 자신의 이익을 보호하고자 하는 충동이 잘못이라고는 생각하지 않는다. 그는 인간의 이기성이나 자기 집착을 좀처럼 비난하지 않는다. 그는 그것이 본래의 모습이며, 모든 사회체제는 그러한 사실을 반영해야 한다고 주장한다. 우리가 사회적 관계를 맺고자 하는 유일한 이유는 그렇게 하는 것이 바로 우리 자신에게 이익이 되기 때문이다. 합리적 자기이익의 일관된 추구가 바로 홉스 정치 이론의 근간이다. 홉스의 두 번째 비유는 인생이 하나의 **경쟁**이라는 것이다. 그는 우리가 이 경쟁에서 "오로지 최고가 되려는 것 이외에 다른 어떤 목적이나 목표를 갖는다고는 생각할 수 없다"[11]고 주장한다. 경쟁은 우리 인생의 핵심적인 요체이다. 그는 오로지 우리 자신의 이익에 대한 우리의 관심만을 강조하고 있다. 타인에 대한 배려가 가능하다 해도 그것은 결코 핵심이 아니며, 기껏해야 우리 자신의 근본적 이익과 결부되는 부차적인 것일 수밖에 없는 것처럼 보인다. 홉스는 바로 이러한 사실에 기초하여 인간사회가 수립되어야 한다고 생각한다. 인간의 가장 근본적인 욕구는 자기 보존이기 때문에 사회는 인간의 안전에 기여 할 수 있다는 근거 위에서 정당화될 수 있는 것이다.

---

11) 『영국철학대계』 4권, 「인간본성」 p. 53.

4) 인간과 사회

사회와 그 구성원으로서 인간의 위치에 대한 홉스의 관점은 소극적인 편이다. 그의 의도는 자연 상태의 고통과 위험을 피하는 데 있다. 예를 들어 그는 가족의 적극적인 역할에 대해서는 거의 언급하지 않는다. 공포감으로 말미암아 우리는 다른 사람들과 협력하게 된다. 우리는 다른 사람들과 계약이나 약속을 통해 서로간의 합의에 도달해야 하고, 그렇게 함으로써 우리는 서로간의 투쟁 상태에서 벗어난 평화를 획득할 수 있다. 홉스에 따르면, 이성이 우리의 감정이나 욕구를 좌우할 수 없으며, 오히려 이성이 감정이나 욕구를 위해 사용될 수 있다. 가장 기본적인 **자연법**은 우리가 평화를 추구하기에 그것을 따르게 된다는 것이다. 국가는 우리의 안전과 평화를 유지해야 하지만, 홉스는 우리가 본성상 갖게 되는 우리 자신의 보존에 대한 권리가 언제나 엄존한다는 점을 인정한다. 따라서 국가에 대한 우리의 충성에는 조건이 따른다. 그는 말한다. "주권자에 대한 신민의 의무는 그가 신민들을 보호할 수 있는 권력을 행사할 때, 오로지 그럴 때에만 효력을 갖는 것으로 이해된다." 군대가 패배하면 곧바로 군기와 명령은 잊혀지고 군인들은 오합지졸이 되어 도망갈 궁리를 하는 것처럼, 국가가 붕괴되면 개인들은 저마다 자신의 안녕을 도모하게 된다. 충성과 성실이 홉스에게는 미덕이 아니다. 홉스는 이처럼 국가가 신민들의 충성을 가장 필요로 하는 순간, 신민들이 국가에 충성을 철회할 수 있다는 사실로도 악명 높다. 이러한 논의의 결론은 정치권력이 일단 성공적으로 수립되어 안정을 확보할 수 있을 때에만 그것에 복종해야 한다는 것이다. 여기서 강조하고 있는 것은 합법적 권력이 아니라 현 상태의 권력이며, 합헌적 통치권이 아니라 현실적 권력이다.

5) 현대적 의의

홉스의 사회철학은 인간이란 자신에게 이익이 되지 않는 한, 남과 협동한다든지 남을 도와주는 경향을 전혀 갖지 않는, 자기 이익만을 추구하는 개체에 불과하다는 인간관에서 직접적으로 비롯된다. 그의 **사회계약론**은 비록 그 누구도 타인의 이익을 통해 자신의 이익을 얻지는 못하지만, 만인의 이익을 위해서 사회가 어떻게 구성될 수 있는가를 보여 주려는 시도이다. 타산성이 도덕성을 대신하며, 이성은 이미 존재하는 욕구를 충족시켜 줄뿐이다. 여기서 우려할 만한 패러독스는 우리 자신에게 가장 많은 이익과 가장 적은 피해를 줄 것으로 여겨지는 선택을 가장 합리적인 선택으로 생각할 때 생긴다. 예를 들어서, 공장 소유주로서 비용절감 때문에 정제되지 않은 폐수를 강으로 흘려보내려 한다고 가정할 때, 그는 깨끗한 강을 원하고 있으며, 법이 공해를 규제해야 한다는 데에는 동의한다. 그러나 그는 이윤과 비용을 생각할 때 폐수를 강으로 흘려보낼 가능성이 크다. 즉, 공장주의 생각에는 자신이 만든 공해의 양은 대단한 것이 아니어서 전혀 문제가 되지 않을 수도 있다. 한편으로 이미 다른 모든 사람들이 강을 오염시키고 있다면, 오염은 이미 되어 있는 상태이므로 새삼 문제될 것도 없다. 그럼에도 불구하고 다른 모든 사람들이 그와 같은 방식으로 논의할 수 있고, 또 논의하려고 한다면, 그 때의 결과는 참혹해질 것이다. 그 밖에도 목축에 의한 공유지의 황폐화, 함부로 자기 이익을 추구하는 국가들 사이의 군축합의, 가능한 한 많은 양의 어획을 포획하려는 어부들 사이에서 이루어지는 과잉조업 금지에 대한 합의 등도 예가 될 수 있다. 처음에는 합의를 이끌어 낼 수 있었던 지속적인 자기 이익의 추구가 결국에는 그러한 합의를 무너뜨리기도 하는 것이다. 우리가 계약 당사자라는 단 하나의 이유 때문에 계약을 준수하는 것은 어떻게든 경쟁자를 물리치려고 하는 사람에게는 사치로 보일 것이다. 은밀하게 계약이 파기될 수 있다면 그것은 곧바로 파기되고야 말 것이다. 성실, 신뢰, 충성, 정직은 이기주의자들의 사회에서는 제한된 가치를 지닐 수밖에 없는 것이다.

자기 이익을 추구하는 인간의 내면에는 많은 요소가 있지만 그것은 크게 보면 보상에 대한 반응이거나 처벌에 대한 공포에 불과하다. 정치가들은 이러한 점을 고려해야 한다. 그러나 많은 사상가들은 인간본성에는 훨씬 더 고귀한 일면이 있다고 주장한다. 인간은 자기 이익을 추구할 뿐만 아니라 자기를 희생시킬 수도 있다. 인간은 자신의 이익만큼이나 타인의 이익에 대해서도 관심을 가질 수 있는 것이다. 만약 실제로 그러하다면 홉스류의 정치이론은 인간본성을 부당하게 경멸하는 견해가 된다. 시민들의 충성과 헌신을 고무시킴으로써 비이기적 성향을 이끌어낼 수 없는 국가는 단순히 빈곤해지는데 그치지 않는다. 이러한 본래적 불안이 결국에는 국가체제의 붕괴로 이어질 것은 확실한 것이다.

4. 흄의 인간관

1) 사상적 배경

흄(D. Hume, 1711-1776)의 철학은 로크(J. Locke)와 버클리(G. Berkeley)의 영국 경험론 전통을 따르면서도, 과학의 시대와 많은 조화를 이루고 있다. 그는 우리의 천부적 능력을 바탕으로 지식을 형성해 가는 과정에서 경험이 중심 역할을 한다고 강조한다. 인간본성에 대한 그의 생각이 그의 철학의 바탕이 되고 있다는 것은 틀림없는 사실이다. 통상적으로 경험론자들이 주장하는 바란 우리의 지식이 우리의 감각 경험에 의해 형성된다는 것이다. 이성 그 자체는 있는 그대로의 사실을 우리에게 말해줄 수 없는 만큼, 우리는 사물의 본성을 경험을 통해 찾아야 한다는 것이다.

과학의 근본 목적은 자연에 내재한 규칙성을 찾아내고 그것을 설명하는 데 있다. 흄은 인과성이란 언제나 함께 발생하는 두 사건의 문제로서, 그 두 사건을 연계시키려는 우리의 심리적 경향과 관련된다고 주장한다. 이 두 사건 사이에는 어떠한 필연적 관계도 성립하지 않는다는 것이다. "원인과 결과에 대한 우리의 모든 추리는 오로지 습관으로부터 나온다"[12]고 그는 말한다. 흄은 "인간에 관한 학문이 다른 학문들의 유일한 근거이다"라고 주장하며, 인간성의 연구에서도 경험과 관찰이 중요하

흄 (1711-1776)

12) W. Molesworth 편, 『영국철학대계』(English Works) 1권, 『철학의 기초』 p. 11.

다는 것을 강조한다. 오직 경험을 통해서 우리는 인간행위와 물리적 세계의 운행과정에서 규칙성을 찾아낼 수 있으며 그러한 규칙성을 기대할 수 있다는 것이다. 흄은 홉스와 같은 유물론자는 아니었으며, 인간 정신의 지각을 물질의 운동과 동일시하지 않았다. 그렇지만 그는 인간 행위에서 관찰되는 규칙성과 물리적 대상의 규칙성을 엄밀하게 구별하는 것에는 반대한다. 정신은 언제나 함께 발견되는 것을 연관시키는 기능을 하며, 우리가 **인간본성**(human nature)이라 부르는 것은 우리의 동족에 대한 우리의 경험으로부터 기대하게 되는 그 무엇이다. 그렇지만 역설적이게도 언제나 함께 발생하는 것을 연결시키고자 하는 우리의 경향은 근본적으로 자아가 동일성을 유지할 때만 가능하다.

2) 세계에서의 인간의 위치

물리적 대상의 운동과 인간 행위를 같은 방식으로 취급하고자 하는 흄의 결의는 당구공들이 서로 부딪힐 때의 인과적 필연성과 같은 종류의 인과적 필연성을 인간본성에 부여하고 있음을 뜻한다. 흄은 홉스를 따라 자유를 강제와 대비시킨다. 아무렇게나 구르는 돌이 자유로운 것만큼이나 인간은 자유롭게 행위할 수 있다. 물론 돌이나 사람이 움직일 때에는 그에 따르는 원인이 있다. 이러한 논증을 통해 흄은 자유와 인과성의 양립가능성을 입증하고자 한다. 사실 비정상적이며 예측 불가능한 행동이 도덕에 대한 위협으로 보이는 까닭은 도덕적 행위가 임의적인 것도 자의적인 아니기 때문이다. 그렇지만 흄에 따르면 도덕적 행위가 이성에 의해 인도되는 것은 결코 아니다. 오로지 **욕구**와 **감정**만이 우리의 행위를 이끌 수 있다고 그는 믿는다. 어떤 욕구도 없는 단순한 지적 이해만으로 우리의 행위를 유발시킬 수는 없다. 따라서 우리가 무엇을 원할 때 생기는 동기가 원인이 되어야만 인간의 행위는 설명 될 수 있다. 동기 없는 인간

행위가 가능할지라도 그것이 합리적일 수는 없다. 자유의지가 신성한 것으로 정의된다고 믿고 있는 사람은 이성적 행위를 모델로 삼아서 행위의 원인을 설명하려고 한다. 그러나 흄은 그러한 일체의 시도를 배격한다.

흄은 **인간본성**을 우리의 일상 경험의 문제로 간주한다. 우리 모두는 인간의 행태에서 어떤 보편적 경향을 인식한다. 흄은 사회가 개인의 욕구 및 필요에 의해 구성되는 것으로 생각하는 개인주의자였기 때문에 인간본성에 관한 문제는 나와 당신의 문제로 환원된다. **자아**의 본성은 어떤 경험론으로는 결코 충분히 이해될 수 없다는 것과, 어떤 경험도 자아의 미묘함을 충분히 밝힐 수 없다는 것이 많은 철학자들의 생각이었다. 자아에 대한 연구는 원천적으로 경험론자에게는 금기일 수밖에 없으며, 흄은 자아의 개념이 이해 가능하려면 자아가 경험을 통해 드러나야 한다고 주장한다. 경험의 주체를 이해하고자 하는 경험의 개념은 역설적인 것처럼 보일 가능성이 있으나 그러한 가능성이 그 자신의 경험 속에서 자아를 찾고자 하는 흄을 곤란하게 했던 것은 아니다. "나에 관한 한 내가 나 자신이라고 부르는 것과 직접적으로 관계를 맺는 순간 나는 언제나 뜨거움이나 차가움, 사랑이나 증오, 고통이나 쾌락과 같은 이러저러한 지각을 발견한다. 어떤 지각도 없이 내가 나 자신을 이해하는 때란 결코 없다"[13] 고 적고 있다. 흄은 인간에 관해 다음과 같이 말한다. "**인간**이란 서로 다른 지각들의 다발이거나 집합에 불과한 것으로, 그것은 생각할 수 없는 빠른 속도로 서로를 결합시키며, 상호운동을 하는 항구적인 유동상태에 있다." 인간 내면의 본성에 대한 탐구는 경험론자들을 끊임없이 좌절케 한다. 철학적으로 인간의 경험에 기울어지면 질수록 경험의 주체는 소홀해지게 마련이다.

---

13) L. A. Selby-Bigge 편, 『인간 본성론』(*A Treatise of Human Nature*) (P. H. Nidditch 개정판, Oxford, 1978), p. 252.

3) 인간의 본성

흄은 이성을 통해 우리가 사물들의 관계를 인식할 수 있는 반면 행동의 원동력은 욕구라고 생각한다. 이성은 우리에게 목적을 정해 줄 수 없고 다만 우리가 이미 욕구하는 것을 달성하는 방법을 가르쳐 줄 수 있기 때문에 그는 이성은 "감정의 노예"라고 주장한다.[14) 그는 실천 이성의 개념을 완전히 부정했으며 일반적 의미에 비해 **이성**을 협소하게, 그리고 **감정**을 폭넓게 정의한다. 이렇듯 이성의 역할을 격하시킴으로써 인간과 짐승 사이에 중요한 구별이 사라지게 되며 짐승의 삶이나 인간의 삶에서 **본능**이 거의 같은 역할을 한다고 흄은 강조한다. 흄은 **습관**이란 "자연의 여러 원리 중의 하나에 지나지 않는다"고 결론 내린다. 이것은 주목할 만한 양보이다. 왜냐하면 경험의 우위를 지나치게 강조하다 보면 생래적인 경향이나 선천적 경향을 배제하는 위험을 안게 되기 때문이다. 습관이 자연의 여러 원리 중의 하나라는 주장은, 인간이 여러 방식으로 변형될 수 있으며 **인간의 본성**과 같은 것이 없다는 뜻이다. 그러나 동물적 본능의 작용이 **자연**을 따른다는 것을 깨닫는 순간 과학적 탐구의 새로운 가능성이 열리게 된다.

흄은 **도덕**이 이성에 의해 수립되지 않음을 주장한 점에서 한결같고 철저하며 일관된다. 우리가 선의를 베푸는 범위가 넓든 아니면 좁든 간에, 이제 도덕은 인간에게 내려지는 명령이나 요구가 아니라 인간의 근본적 특성의 결과일 뿐이다. 흄에 있어서 도덕은 인간본성을 이해하는 것만으로는 성립될 수 없다. 도덕은 인간본성의 표출이기 때문이다.

---

14) ibid., p. 45.

4) 인간과 사회

흄은 사회란 인간본성이라는 불변의 사실을 염두에 두어야 한다고 생각한다. 모든 사람은 사회를 매개로 서로 협동함으로써 이익을 얻지만, 본래부터 사람이 정의로운 존재는 아니다. 인간본성의 허약함과 고약함에 관해 흄은 "인간은 그들이 치유할 수 없는 특성을 완화하는 데 진력해야 한다"고 말한다. 사회는 인간본성에서 나오는 일부 나쁜 결과를 최소화하는 체제를 마련할 뿐이다. 우리는 감정을 변화시킬 수 없지만 적절한 방향으로 유도할 수는 있다. 그는 자연상태의 개념을 **철학적 허구**(philosophical fiction)[15]에 지나지 않는다고 여겼으며, 사회계약의 개념에는 전혀 관심이 없었다. 그는 **여론**에 의해서만 문제가 해결될 수 있다고 믿으며, 우리가 정부에 복종하지 않으면 사회가 존립할 수 없기 때문에 그렇게 해야 하는 것이 누가 봐도 분명하다고 생각한다. 우리가 전적으로 사회에 의존적인 까닭은 서로 협력함으로써 우리의 허약함을 보상받을 수 있으며, 강력함을 증대시킬 수 있기 때문이다.

소수라면 법으로 규제할 수 있지만 다수를 통제하려면 국가라는 강압적인 체제가 있어야 한다. 이러한 문제를 흄은 습관과 관습의 중요성을 강조함으로써 해결한다. 흄이 주의를 기울이는 **인간본성**의 한 가지 원리는 "인간은 일반 규칙에 강하게 집착한다"는 것이다. 우리는 심지어 독재 정부에도 충성을 바쳐야 한다고 느낄지도 모른다. 그러나 흄은 단호하게 인간본성의 비정상성으로 말미암아 통치자가 자신의 감정을 주체하지 못하기 시작할 때, 우리는 그러한 비정상성에 대해서 관용해서는 안 된다고 말한다. 흄에 의하면 정부는 일반적 합의보다는 일반적 이익에 근거하여 세워지며, 결국에는 우리의 충성을 철회하는 것도 같은 이유에서 정당화될 수 있다.

---

15) ibid., p. 493.

5) 현대적 의의

흄은 인간의 경험에 벗어난 것에 대한 논증을 배제하였기 때문에 제2차 세계대전 전후의 논리실증주의자들은 흄에게서 자신들과 유사한 정신을 확인할 수 있었다. 그렇지만 흄의 철학은 극단으로 흐를 위험을 안고 있다. 세계의 내적 질서와 규칙적인 인과적 과정에 대한 극단의 회의는 과학적 활동을 무의미하게 만들 수 있다. 흄은 현대철학에 심대한 영향을 미쳤다. 실체로서의 자아의 개념에 대한 그의 논박에서 그의 급진적 철학이 분명히 드러난다. 우리는 서로 개인적 인격체임을 느낀다. 나는 나이고 당신은 당신이다. 우리는 중첩되는 경험의 행렬에 불과한 것이 아니다. 자아를 경험의 소유자로 생각하는 것은 자연스러운 것처럼 보이고, 그렇게 생각하는 것은 도덕적 관념에서 매우 중요하다. 내가 5년 전 이러저러한 경험을 했던 바로 그 사람이 아니라면 나는 그때 일어난 일에 대해 도덕적 책임을 감수할 필요가 전혀 없다. 책임은 인간이라는 존재와 연관된다. 도덕은 내가 나의 행위를 나의 것으로 인식할 것을 요구한다. 그렇지만 흄이 옳다면 무엇보다도 먼저 **나**는 도대체 누구인가라는 문제가 생긴다. 경험들은 서로 중첩될 수 있지만 주체로서 실체가 없다면 도대체 누가 경험을 소유하는지를 결정할 수 없게 된다.

최근 철학자들은 자아동일성의 물리적 기준에 매료되어 동일성을 시간과 공간을 통한 신체의 연속성과 연관시키고 있다. 그러나 철학자들의 사유실험은 일반적인 신체에 위치하는 특수한 두뇌라는 개념이 인간의 정체성 논의를 결정짓는 타당한 개념인가를 회의할 수 있는 단서를 제공하고 있다. 나의 두뇌가 점차 다른 두뇌로 대체된다고 가정해보자. 결국에 가서는 완전히 새로운 두뇌가 될 것이다. 그것은 내가 어떤 특정한 시점에서 존재하기를 그친다는 것을 의미하지 않을까? 그리고 두뇌가 점차 다른 신체에로 이식된다고 가정해보자. 내가 신체를 바꾸는 어떠한 시점이 존재하는가 아니면 나는 동시에 두 개의 신체로 존재하는가?

많은 철학자들은 이러한 문제에 대해 명확한 답변이 있어야 한다는 생각을 거부할지도 모른다. 사실 이러한 문제는 자아가 유물론적 방식으로 두뇌와 동일시되고 있긴 하지만 자아에 해당하는 그 무엇이 있음을 여전히 전제하고 있다.

흄은 유물론자가 아니었으며, 마음의 작용을 다루는 데 있어서 데카르트식의 이원론보다 시사하는 바가 많다. 그렇지만 그는 두뇌를 교묘하게 이식하는 외과수술에서 생기는 곤란함을 우리가 실제로 늘 겪게 되는지의 여부에 대해서 문제를 제기하였다. 흄의 지지자라면 누구나 일상생활에서의 우리의 처지가 공상 과학소설에 등장하는 경우만큼이나 나쁘다는 것을 인정해야 한다. 경험을 연결해 주는 어떤 실마리도 없으며, 우리의 생존은 서로 교차하는 일시적 경험들의 연속이라는 단순한 사실 이외의 그 어떤 것도 포함하지 않는다. 이러한 경험들을 나의 것이나 당신의 것으로 만들어 주는 어떤 특별한 요인도 없다. 이러한 견해에 따르면 우리가 죽음을 두려워하는 것은 원래부터 존재하지 않았던 그 무엇이 연장되기를 바라고 있다는 사실을 깨닫지 못하기 때문이다. 경험이 나의 것이 아니며 실제로 그 누구의 것도 아니라고 한다면 계속되는 경험, 심지어 영원한 경험을 원한다는 것은 별 의미가 없다.

인간본성에 관한 문제는 개인의 본성에 관한 문제와 분리 될 수 없다. 자아의 개념은 도덕적 책임, 개인의 자유, 그리고 합리성의 개념과 밀접하게 관련되어 있다. 의지의 자유에 대한 흄의 개념이 결정론과 양립 가능했던 것도 결코 우연의 일치가 아니다. 이성이 감정 다음에 위치하는 것도 결코 우연이 아니다. 지속적인 자아의 개념에 대한 무조건적인 거부는 광범위한 결과를 낳는다. 자유, 책임, 이성, 심지어 인간의 개념은 심각한 위기에 직면한다. 흄은 사회제도의 변혁에 대해 보수적이었는지 모른다. 그러나 그는 더 극단적인 것을 상상할 수 없을 정도로 서구문명의 가장 근본적인 전제들을 배격해 버렸다.

5. 스피노자의 인간관

1) 사상적 배경

유대인 철학자 베네딕트 스피노자는, 스스로가 히브리어로나 라틴어로도 마찬가지로 축복받은 자라고 생각하여, 1656년 유대인 교회로부터 파문 당하자 그의 이름을 바루흐로부터 라틴어인 베니딕투스로 바꾸었다. 스피노자의 양친은 위트레히트 동맹이 종교의 자유를 선포하자 포르투갈로부터 스피노자가 태어난 네덜란드로 피신해 온 비밀 유대교인들이었다. 유대인들은 스페인의 종교 재판이 진행되는 동안 공권력에 의해 마지못해 기독교로 개종해야 했으나 그 정신은 여전히 유대교적이었다.

스피노자는 유대인 학교에서 랍비들로부터 교육받았는데, 여기에서 그는 유대인 공동체의 가장 저명한 학자인 사울 모르테이라와 마나세 벤 이스라엘의 후견하에 있었다. 스피노자는1670년까지 린스부르크에서 살다가 죽기 이전 몇 년 동안 헤이그에서 살았다. 그의 사상으로 상당한 명성을 얻게 되자 그는 1673년에 하이델베르크 대학교의 철학 교수직을 권고받게 되었으나, 철학적 진리를 나름대로 추구함에 있어서 사상의 절대적인 자유를 소중히 여긴 까닭에 거절하였다. 그는 렌즈를 깎고 개인 교수로서 사적인 지도를 하면서 생계를 꾸려나갔다.

스피노자 (1632-1677)

스피노자의 저술들 중에서 오직 두 권의 책만이 살아생전에 출간되었는데, 『데카르트 철학의 여러 원리』(1663년)와 『신학-정치론』(1670년)이 그것이다. 나머지 세 책은 그의 사후에 빛을 보게 되었다. 즉 그에게 철학계에서 폭넓은 명성을 가져다 준 『윤리학』, 그의 학술 논문인 「지성 개선론」, 그리고 「국가론」이 그것이다.

스피노자는 방법론에 있어서는 베이컨과 데카르트의 영향을 받았다. 베이컨의 『신기관론』에서 그는 자연 과정을 지배하는 법칙들에는 물론 인간 행위의 법칙들에도 적용될 수 있는 새로운 분석 방법에 대한 영감을 얻었다. 또한 그는 데카르트의 연역적·수학적 방법에 자극받아서 기하학적 원리를 본뜬, 그리고 인간본성과 자연 세계는 기하학적 도형과 마찬가지의 방식으로 확정된 과학 법칙들에 의해서 지배된다는 그의 테제에 기초한 철학 체계를 구성하게 되었다. "그러므로 나는 마치 내가 선과 면과 입방체에 관심을 두고 있는 양 인간에 관해 글을 쓰겠다"고 그는 말하였다. 게다가 그는 실상 그렇게 글을 썼다. 왜냐하면 그의 대저 『윤리학』이 수학 논문이나 유클리드 기하학과 같이 씌어졌기 때문이다. 요컨대 정의와 공리(公理)의 기반으로부터 그는 적절한 보주(補註)와 추론이 담긴 정리(定理)들을 주의깊게 연역해 냈으며, 마지막에 가서는 각각의 정리를 Q.E.D.(증명되었다는 뜻)로 결론 맺었다. 기하학적 방법과 수학적 논증에 의하여 스피노자는 그의 철학 사상의 아무런 결점 없는 정확성과 절대적 증명을 구축하게 되기를 기대하였다.

2) 세계에서의 인간의 위치

논리적-수학적 의미에서 신은 우주의 원인이다. **능산적 자연**(natura naturans)으로서 신은 자연 세계를 존재하게끔 하는 바의 보편적인 원리인 한편, 우리들 주변에서 일어나는 자연의 특정한 일시적인 현상적 구현태가 바로 **소산적 자연**(natura naturata)이다. 스피노자는 절대적 실재를 완전성과 동일시했으며, 또 그는 개별 대상들을 유한한 사물들로 간주하였다. 그래서 궁극적으로는 오류와 악은 존재하지 않으며 또 필시 존재할 수조차도 없는 것이다. 왜냐하면 궁극적 실재가 신이고, 신이 궁극적 실재이기 때문이다(범신론). 신에게는 오류나 악이 있을 수 없다. 오류는 전체와 논리적으로 통합되지 못했거나 그 전체와 논리적으로 관련되지 못한 혼동된 관념이다. 다시 말해서 오류는 전체에 대한 편파적인 견해, 즉 **영원의 상 아래에서** 주시되지 못한 견해인 것이다. 이와 똑같은 오해는, 궁극적인 실재가 신이고 신이 선한 이상 악의 본성에 대해서도 생기게 된다. 자연의 총체가 신이고 선한 까닭에 악은 존재하지 않으며, 사람들이 악이라고 명명한 것은 단순히 무지 때문에, 즉 실재의 각 구성 요소들이 그것의 필연적인 부분임에도 불구하고 그 실재를 그것의 전체성에서 하나의 통일된 선한 실체로서 보지 못하기 때문에 그렇게 명명된 것이다. 자연의 논리적인 과정들의 일탈로 정의되는 **기적**은 존재하지 않는다. 이를테면 그러한 무질서는 선한 신의 존재를 함축하지 못하지만, 그 무질서에 대한 해명이 엉망진창으로 난잡하게 행해질 때 족히 그 속에 사악한 존재가 있는 것처럼 생각된다.

스피노자는 **신**을 절대적으로 무한하며 필연적으로 현존하는 존재로 정의할 뿐만 아니라(존재론적 논증), 세계의 궁극적인 질료나 실체와 동일한 존재로도 정의하였다. 그는 **실체**를 "그 자체로 존재하며 그 자체를 통해서 인식되는 것, 즉 그 개념이 형성될 수 있기 위해 다른 어떤 개념의 도움도 필요로 하지 않는 그러한 것"으로 기술하였다. 그러나 신 또는 실체의 이같은 무한한 **속성**(attribute)들 중에서 우리는 오직 두 가지의 속성, 즉 **정신**과 **물질**에 관해서만 알고 있을 뿐이다. 인간이 인식하고 있는 바대로 궁극적 실재(실체)는 사유이자 연장이기 때문에, 신은 사유하는 것인 동시에 또한 연장된 것이다. 왜냐하면 사유와 연장은 신의 무한성에 대해 무지할 수밖에 없는 인간에게 알려져 있는 유일한 신의 속성들이기 때문이다.

"어떤 것이 존재하는가?"라는 물음에 긍정의 답변을 내릴 경우 그것은 신의 존재를 증명하는 격이 된다고 스피노자는 생각하였다. 왜냐하면 정의상 신은 존재하는 모든 것으로 이루어져 있고 존재하는 모든 것이 바로 신이기 때문이다. 다름 아니라 신이야말로 그의 존재와 권능을 통하여 사물들의 본질을 창조하고, 그로써 그것들을 일시적인 현상으로서가 아니라 영원한 신적 실체의 영역 내에서 무한한 궁극의 실재로서 존재하게끔 하는 것이다. 인간에 관해서 말하자면, 신의 무한한 지성의 일부로서, 영원의 상 아래에서 사물들을 이해하는 그의 지성을 비롯하여 그의 본질(인간성)이야말로 불사적인 것이다. 요컨대 신에 대한 지적 사랑을 통하여 인간은 불사적이 된다. "인간 정신은 신체와 더불어 완전하게는 파괴될 수 없다. 오히려 인간 정신에는 영원한 어떤 것이 깃들어 있다."

그리하여 스피노자의 경우, 신은 영원하며 무한한 실체이자 실재의 본질이다. 신 이외의 다른 어떠한 실체도 생각조차 될 수 없다. "존재하는 일체의 것은 신 안에서 존재할 뿐이어서, 신 없이는 아무것도 존재하지 못하거니와 신 없이는 어떠한 것도 생각될 수 없다." 따라서 스피노자의 **범신론**과 **형이상학적 일원론**은 철두철미한 것이다. 어떠한 것도 신을 떠나서는 존재하지 못하기 때문에 신은 사물들의 일시적이거나 외재적인 원인이 아니라 내재적인 원인이 되는 것이다. 만물은 신의 속성들의 유한한 변양태들 및 그 속성들 사이에서의 무한한 관계들과 더불어 신의 영원하며 무한한 속성들로 이루어져 있다.

3) 인간의 본성

데카르트는 판이하게 다른 두 실체들로서 사유하는 실체(정신)와 연장된 실체(육체) 사이를 가른 결과, 정신과 육체 사이에서 일어나는 상호 작용을 어떻게 설명해야 할 것인가 하는 난제에 부딪쳤다. 스피노자가 보기에는 닮은 것이 닮은 것에만 영향을 미칠 수 있어서, 판이하게 다른 두 궁극의 실체들은 서로 영향을 주고받지 못하는 것이다. 결과적으로 그는 그 양자를 하나의 동일한 실체로 통일시킴으로써 정신-육체 문제를 해결하고자 하였다. 정신은 정신대로, 육체는 육체대로 실체의 한 속성 내지 한 부면에 지나지 않는 것이다. 실체는 궁극의 존재론적인 실재이다. 그리하여 어떤 결과가 정신이나 육체 안에서 발생하고 있을 때 실제로 영향을 받고 있는 것은 하나의 동일한 실체 자체일 따름이며, 그리고 나서야 비로소 이 동일한 실체가 자기 자신의 모든 속성들 그 하나하나에 영향을 미치게 되는 것이다. 관념과 사물은 기본적인 실체의 부면들이 됨으로써 비로소 서로 간에 병행하게 된다. "관념의 질서 및 결합은 사물의 질서 및 결합과 동일한"것이다. 그 둘은 모든 면에서 서로 병행하는 것이다. 그렇지만 "육체가 정신으로 하여금 사유하게 할 수는 없으며, 역시 정신이 육체로 하여금 움직이거나 정지하게끔 할 수는 없다." 육체가 있는 곳이라면 그 어디든지 간에 정신이 항상 육체와 동반하게 마련이다. 만물은 정신적 부면이 있으며(범심리주의), 정신과 육체는 한쪽에 영향을 미치는 것이 무엇이든지간에 역시 자동적으로 다른 쪽에도 영향을 미칠 수 있도록 서로 간에 병행하여 작용한다(심신병행론). 스피노자가 관념과 물질(정신과 육체)이 일련의 동일한 원인들을 따른다고 언명한 것은, 무려 3세기나 앞서 오늘날의 정신신체 의학(psychosomatic medicine)의 개념을 예견한 것이며, 마찬가지로 모든 사물들이, 심지어 정신 나간 사람들의 발작도 이성과 필연적인 원인들에 의해서 설명될 수 있다고 주장함으로써 그는 오늘날의 이상 심리학(abnormal psychology)의 동향에 그 기초를 마련해 주었던 것이다.

4) 인간과 사회

스피노자는 신을 **최고선**으로 간주하였으며, 신에 대한 현실적인 인식이나 이해를 최상의 덕으로 간주하였다. 이같은 최상의 덕을 갖춘 사람에게는 그 이상의 보상은 불필요한 것이다. 그러한 신에 대한 이해가 바로 그의 보상인 셈이다. 왜냐하면 덕과 지복은 동일한 하나이기 때문이다. 지복은 신에 대한 사랑 안에서 얻어지는데, 그 사랑은 감정적인 사랑이 아니라, 인간의 최고의 인지 양식, 즉 인간의 직관적 지식이나 과학적 직관에서 우러나오는 지적 사랑인 것이다. 스피노자의 경우 속견(또는 상상)과 이성은, 우주 전체에 대한 이해를 포괄하고 있는 신에 대한 지적 직관지와 비교해 볼 때 저급한 지식의 형태들이다. 지성은 정체되어 있는 것이 아니라 역동적인 것이다. 이를테면 인간이 그의 인격성의 법칙들을 이해하게 될 때 그는 그의 감정을 직접적으로 통제할 수 있는 것이다. 의지 작용은 사유 작용의 한 형태에 지나지 않으며, 사유는 동기 유발적인 행위의 유일한 수단이 되는 것이다. 심지어 신도 의지의 자유에 따라서 역사(役事)하는 것이 아니라 그의 지성의 지시에 따라서 역사하는 것이다. 결론적으로 신의 무한한 정신은 지금의 세상과 다른 세상을 만들 수는 없는 일이다. 왜냐하면 신도 자신의 무한한 지성의 인도를 받아서 지금 있는 그대로의 세상을 창조하였기 때문이다.

우리의 지성이 우리를 올바른 길로 인도할 때, 이 경우 우리의 지성은 자연과 합일되어 있는 것이며 우리의 행동은 사물들의 실재와 조화되어 있는 것이다. 자연과 신이 하나인 이상도덕적인 것과 자연적인 것은 동일한 것이다. 그리하여 인간은 스스로의 자기보존을 위해 행동해야 할 것이다. 그것은 자기보존이 일종의 자연법칙이기 때문이다. 우리가 실재에 대해 더 많이 이해하면 할수록, 우리는 신을 더 많이 이해하게 되는 것이다. 따라서 **신에 대한 지적 사랑**은 인간의 목적이 되는 것이다. 인간은 도리어 자신의 마음을 자연의 필연성에 복속시킴으로써 완전한 평화를 얻게 되는 것이다.

스피노자는 비록 신의 존재를 철저하게 믿지만 그것은 유태교나 기독교의 신과는 전혀 다른 것이다. 한 가지 분명한 것은 그의 신이 아우구스티누스의 신처럼 초월적인 **인격신**이 아니며 인간에게 도덕적 계율을 제시하여 이것을 기준으로 하여 은총을 주거나 징벌을 내리는 신이 아니라는 사실이다. 이러한 신은 모두 인간의 상상력이나 원망의 소산에 지나지 않는다는 것이 그의 입장이다. 그럼에도 불구하고 그가 유별나게 신의 사랑이나 구원을 강조하는 이유는 무엇일까?

아우구스티누스와 마찬가지로 스피노자에게도 신의 사랑을 얻어내고 신으로부터 구원을 받는 것이 우리 모두가 추구해야 하는 가장 바람직한 삶이다. 그러나 이들의 신관이 서로 다른 만큼이나 이 **바람직한 삶**을 추구하는 방법도 상당한 차이를 보여준다. 스피노자에 의하면 모든 것은 **인과법칙**에 의해 엄격히 규정되어 있다. 여기서 **모든 것**이란 단순히 계절의 변화라든가 돌이 움직이는 것 등을 뜻하는 것이 아니라 그가 말하는 자연이나 신 혹은 실체 그 자체를 의미한다.

그에 의하면 "변화하는 모든 것은 영원한 질서와 자연의 법칙에 따라 변화한다"는 것이다. 이 법칙이 인간의 심성 혹은 자유의지에까지 적용되는 것임은 물론이다. 그리고 윤리적인 관점에서 볼 때 스피노자가 인간의 자유의지까지 자연의 법칙에 의해 결정되어 있다고 주장하는 것은 매우 중요한 점이다. 만약 이것이 사실이라면 우리가 무엇을 결정할 때 의지를 자유롭게 구사하여 다른 선택을 할 수도 있었다고 믿는 것은 일종의 착각이며 따라서 도덕적 책임을 진다는 것도 이 착각의 소산에 지나지 않기 때문이다.

그렇다면 우리는 왜 자유의지가 있다고 생각하는 것일까? 그에 의하면 그것은 인간의 정신력이 인과의 과정을 모두 파악할 수 없기 때문이다. 예를 들면 우리가 돌을 던질 때 그것이 어떤 식으로 날아가다가 어디쯤 떨어질지를 쉽게 알 수 있다. 그러나 생각의 수준이 낮은 돌로서는 자기 자신의 선택에 의해 그렇게 날아서 바로 거기에 떨어진 것이라고 믿을 수 있다. 이처럼 인간도 복잡한 문제에 부딪쳐서 심사숙고하다가 결단을 내릴 때 자유의지를 발동한 줄 알지만 실은 이미 그러한 결단을 내리도록 자연의 법칙과 주위의 상황에 의해서 결정되어 있었다는 것이 그의 입장인 것이다.

이러한 입장에서 볼 때 선과 악의 문제는 필연적으로 상대적인 관점의 차이로 나타난다. 다시 말해서 사물이나 현상 자체에는 좋은 것도 없고 나쁜 것도 없지만 우리의 주관에 따라 그렇게 볼뿐이라는 것이다. 스피노자는 그의 『윤리학』에서 이렇게 말한다.

> 자연 상태에서는 일반적 동의에 의해 선 또는 악이라고 부를 수 있는 것은 존재할 수 없다. 자연 상태에 있는 것은 각기 자신의 이익만을 도모하고 자신의 기호에 따라 자신의 이익만을 고려하면서 무엇이 선이고 무엇이 악인가를 결정하고 어떠한 법률에 의해서도 자기 자신 이외의 어느 누구에게도 책임을 지지 않기 때문이다. 따라서 자연 상태에서는 죄는 생각될 수 없고 오직 국가적 상태에서만 생각될 수 있다. 국가적 상태에서는 일반적 동의에 의해 무엇이 선이고 무엇이 악인가 하는 것이 결정되고 각자는 국가에 대해 책임을 진다.

요컨대 자연 상태에서는 자연의 법칙인 인과율만이 통용될 뿐 선과 악을 규정하는 것은 인간들의 인위적인 집단인 국가적 상태에서만 있을 수 있다는 것이다. 스피노자는 좀더 구체적으로 다음과 같이 말한다.

> 선과 악이라는 말은 그 자체에 있어서 고찰된 아무 것도 적극적으로 지칭하지 않는다… 왜냐하면 동일한 사물이 동시에 선이 되고 악도 되며, 선도 악도 아닌 것이 될 수도 있다. 예를 들면 음악은 우울증에는 선이 되고 애도자에게는 악이 되며 죽은 사람에게는 선도 악도 아니다. (『윤리학』)

그는 또한 "우리는 어떤 것을 선이라고 판단하기 때문에 그것을 위해 노력하고 의욕하고 욕구하며 욕망 하는 것이 아니라 오히려 반대로 우리가 어떤 것을 위해 노력하고 의욕하고 욕망하기 때문에 그것을 선하다고 판단하는 것이다"라고 주장한다.

이제 선악에 관한 스피노자의 입장이 분명해졌다. 그에 의하면 그 어느 것도 그 자체로서 선하거나 악하지 않다. 다만 어느 누구와의 관계 속에서만 그렇게 나타날 뿐이다. 가령 칼 같은 것도 도둑에 의해서 쓰였는지 혹은 의사에 의해서 쓰였는지에 따라 좋은 것이 될 수도 있고 나쁜 것이 될 수도 있다는 것이다.

스피노자는 이러한 입장을 근거로 하여 부귀나 명예 혹은 쾌락이나 권력이 그 자체로서는 좋은 것도 아니고 나쁜 것도 아니라는 결론에 이른다. 이러한 것들은 모두 인생을 좀더 행복하게 하기 위한 수단으로서만 가치가 있다는 것이다. 그렇다면 참다운 선 혹은 바람직한 삶은 무엇인가. 그는 다음과 같이 말한다.

> 경험이 말해 주는 바와 같이 일상생활에서 나타나는 사실들은 모두 허망한 것뿐이어서 나로 하여금 두려움이나 스스로에 대한 불안을 느끼게 하는 일체의 것은 오직 그것이 마음으로부터 감동을 안겨 주어야 비로소 선하거나 악할 수 있음을 깨닫고 나서부터 마침내 나는 다음과 같은 것을 규명하기로 결심하였다. 즉, 다른 어떤 문제와도 관련됨이 없이 오직 그 자체의 선함을 정신에 전달할 수 있는 참다운 선이 과연 있을 수 있는지, 더구나 만약 내가 그 한 가지만을 찾아내어 획득할 수만 있다면 더 없이 큰 기쁨을 영구히 누릴 수도 있을 바로 그러한 것이 도대체 있을 수 있는지 하는 것이다. (『윤리학』)

스피노자는 참다운 **선** 혹은 **행복**이 무엇이라고 지적하는 대신에 어떻게 사는 것이 **바람직한 삶**인지를 제시한다. 이러한 삶은 우리가 어떠한 종류의 **세계관**을 가지고 있는지에 달려 있다. 다시 말해서 우리가 **신**이나 **자연** 혹은 **실체**를 무엇이라고 보는지의 태도에 달려 있다는 것이다. 그리고 이 태도는 우리의 **이성**과 **감성**의 협동에 의해서 형성된다고 한다. 여기서 이성의 역할은 인간의 심성과 의지를 포함한 모든 사물이 자연법에 의해서 엄격히 결정되어 있고 모든 현상은 그 자체로서 좋고 나쁜 것이 아니라는 사실을 정확히 이해하는

데 있다. 또한 감성은 이성이 이해한 것을 태도로서 받아들이는 역할을 해야 한다. 이러한 작업이 원활하게 수행될 때 다시 말해서 우리에게는 분명히 능력의 한계가 있고 무슨 일이 일어나든 그것은 필연적으로 일어난다는 사실을 절감할 때 우리는 비로소 행복해질 수 있으며, 또한 이러한 현상에 대항해서 불필요한 노력을 쏟지 않기 때문에 진정으로 자유로울 수 있다는 것이다.

이러한 경지에 이르는 것을 그는 **영원의 상 아래에서** 현상을 바라보는 태도라고 말하며 **신에 대한 지적 사랑**이라고도 표현한다. 모든 현상이 무한한 실체의 일부이며 인간의 삶도 영원의 한 조각으로서 운행되고 있다는 사실을 알면 나 자신과 신 즉 자연과의 구별이 없어지고 신에 대한 나의 사랑이 곧 나에 대한 신의 사랑으로 나타난다는 뜻이다.

5) 현대적 의의

스피노자가 생각하는 **바람직한 삶**을 한 마디로 요약하면 **자연의 섭리**가 무엇인지 알고 그것을 삶의 태도로 받아들일 때 우리는 행복해질 수 있다는 가르침이다. 이러한 가르침은 우리에게 새삼스러운 것이 아니다. 동양의 노장사상이나 스토아학파의 입장이 이와 매우 흡사하다는 것은 주지의 사실이다. 그러나 스피노자의 사상이 유달리 감동을 주는 이유는 그 자신이 어떠한 억압과 유혹에도 굴하지 않고 자기의 이론에 따라 철저하게 일관된 삶을 살다 갔다는 점과 이 이론이 유클리드의 기하학을 연상할 정도로 정교하고 치밀하게 짜여져 있다는 점일 것이다.

스피노자의 사상은 최근 생태학의 철학적 기초로, 새로운 정치철학으로, 새로운 영성의 원천으로 떠오르고 있다. 과학적 지식을 중시하면서도 직관적 체험을 중시하고, 선제론석 사고들을 가지면서도 개체 생명을 소중히 여기며, 매우 종교적인 심성을 지녔으면서 동시에 탈종교적인 태도를 보인 것이 많은 사람들의 관심을 끄는 이유가 아닐까 생각된다.

6. 칸트의 인간관

1) 사상적 배경

칸트는 인간의 존엄성을 특히 강조하고 있는데 그것은 그가 살고 있던 당시의 역사적 상황과 사회적 여건에 영향을 입은 것 같다. 칸트는 그 당시 서민들이 인권을 무시당한 채 거의 농노의 취급을 받으며 살아가고 있는 것을 목격했던 것이다. 그런데 인간을 존중하기 위해서는 우선 인간이 무엇인가를 정확히 규정할 필요가 있었다. 그리하여 칸트는 자신의 인간관을 제시하기에 앞서 그 당시 유럽을 지배하고 있던 **자연주의 인간관**에 대해 반기를 들었다. 자연주의 인간관에 의하면 인간의 본질은 우리가 자연현상을 설명하는 방식으로 어느 정도 규정될 수 있다는 것이다. 즉 인간은 자연의 일부이기 때문에 자연의 법칙에 따라 지배를 받으며 따라서 이 법칙이 인간에게 어떻게 적용되는지를 규명하면 인간의 정체를 파악할 수 있다는 것이다. 칸트가 그의 윤리학에서 인간의 존엄성을 강조하는 근거는 바로 이러한 인간관을 부정하는 데 있다.

칸트 (1724-1804)

칸트는 1724년 4월 22일 동프로이센의 쾨니히스베르크(지금의 러시아의 칼리닌그라드)에서 태어났다. 가정과 학교에서 그 당시 독일 전역에 강한 영향을 미치고 있던 경건주의의 영향을 크게 받았다. 하나님이 지으신 창조세계의 아름다움에 대한 깊은 사랑의 감정을 경건한 신앙인이었던 어머니로부터 일깨움을 받았다. 1740년 고향 쾨니히스베르크 대학에 입학하여 46년 졸업할 때까지 철학, 수학, 자연과학 등을 공부하였다. 그 후 9년 동안 가정교사 생활을 하다가 1755년 박사 학위를 받고 강사 생활을 시작하였다. 1765년부터 왕립 도서관의 사서직을 맡은 다음 1770년 비로소 쾨니히스베르크 대학의 논리학과 형이상학 정교수로 취임하였다. 이 때 「감성계와 예지계의 형식과 원리」(1770)를 발표하였다. 그 후 약 10년간 각고의 노력 끝에 57세가 되던 해인 1781년 주저 『순수이성비판』을 완성하여 발표하였다. 이 때부터 그의 이른바 **비판철학**이 알려지게 된다. 『미래의 모든 형이상학을 위한 서론』(1783), 『도덕형이상학의 기초』(1785), 『자연과학의 형이상학적 원리』(1786), 『실천이성비판』(1788), 『판단력비판』(1790), 『순수한 이성의 한계 안에서의 종교』(1793), 『도덕형이상학』(1797), 『실천적 관점에서 본 인간학』(1798) 등이 단행본으로 출간되었다. 칸트는 근대 과학적 세계관에 철학적 기초를 제공해 주는 한편, 도덕적 세계관의 정당성을 확보하고자 노력한 철학자였다. 종교와 신앙을 구별하면서 신앙은 구체적인 제도의 모습으로 다양하게 표현될 수 있으나 궁극적으로 하나의 종교, 곧 도덕적 삶을 내용으로 하는 **이성신앙**의 종교로 귀결한다고 보았다. 종교적인 것은 도덕적이고, 도덕적인 것이야말로 진정으로 종교적인 것이라는 생각을 바탕으로 예수 그리스도는 인간이 닮아 가야 할 도덕적 모범이며, 교회는 윤리적 공동체의 이상을 지상에서 구체적으로 실현하는 공동체라는 사실을 강조하였다.

2) 세계에서의 인간의 위치

칸트는 "인간이란 무엇인가"에 대하여 어떻게 답할까? 한마디로 말하면 인간은 결국 **이중적 존재**라는 것이 그의 대답이다. 인간은 두 개의 세계에 속한 존재라는 것이다. 인간은 **현상계** 또는 **자연계**에 속한 감성적 존재이며 **예지계**에 속한 존재로는 도덕적 명령의 입법자이다. 존재의 이중성으로 인해 의식도 두 가지로 구별된다. 인간은 한편으로 자신이 경험적 주체임을 의식한다. 경험적 주체는 자연의 한 부분이며, 그 자체로 하나의 **현상**이다. 따라서 경험적 주체로서의 인간은 시간에 종속된다. 그러나 동시에 자신이 자연 세계를 뛰어넘는 예지적 주체임을 의식한다. 그리고 예지적 주체로서의 인간은 시간을 초월한다.

그런데 무시간적이고 눈에 보이지 않는, 그러면서도 진정한 자신의 모습에 대한 의식을 어떻게 이해할 수 있을까? 우리는 분명히 먹고 마시고 일하며 타인과 함께 살아가는 존재이다. 이러한 일상적 주체는 몸으로 살고 있다. 몸은 공간과 시간을 가로지르지만 그럼에도 시공의 제약을 받는 그런 의미에서 당연히 시간적이며 눈에 보이는 존재이다. 그런데 진정한 나를 무시간적이며 눈에 보이지 않는 의식으로 보려는 것은 무엇 때문일까? 칸트에 따르면 예지계에 속한 주체로서 나 자신에 대한 의식은 곧 자유에 대한 의식이다. 그리고 자유에 대한 의식은 도덕법칙에 관한 의식이다. 그러므로 "너는 해야 한다"라는 도덕법칙에 대한 의식은 "너는 할 수 있다"라는 자유에 대한 의식과 동시적으로 발생한다. 마땅히 해야 하고, 할 수 있는 주체는 예지적 주체이므로 **자유**와 **도덕법칙**에 대한 의식을 통해 인간은 스스로 자신을 예지적 주체로 의식한다는 것이다. 도덕법칙은 이 자유 의식을 통해 비로소 예지계적 인과성의 법칙이 되고, 의지를 움직이는 초감성적인 이 힘이 바로 순수이성의 법칙이라는 사실을 이해한다는 것이다.

인간을 이와 같은 관점에서 볼 때 두 세계와 두 관점, 두개의 **본성**뿐만 아니라 이것에 대응하는 두 개의 목표를 생각할 수 있다. 한편으로 인간은 자연 존재이기 때문에 자연 존재라면 공통적으로 가지고 있는 행복에 대한 욕구를 지니고 있다. 그러나 다른 한편으로는 예지적 존재이기 때문에 의무를 다할 때 까지 도덕적 완전성을 추구해야 할 소명이 있다. 그런데 인간은 다른 동물과 마찬가지로 분명히 **결핍존재**이고 결국에는 흙으로 돌아갈 육체이기 때문에 행복에 대한 집착이 있다. 즉 이성적 사려와 계산을 통해 행복을 추구한다. 그러나 그렇다고 해서 이런 차이가 인간을 동물보다 우월한 존재로 만들지는 않는다. 오히려 본능이 이성보다 행복을 얻어내는 효과적 수단이 될 수도 있다. 인간을 동물보다 우월한 존재로 만드는 것은 **도덕적 소질**이며 초감성적 소명이다. 그래서 칸트는 『실천이성비판』의 결론부분에서 이렇게 웅변적으로 말하고 있다.

> 내가 자주, 그리고 오랫동안 깊이 생각하면 할수록 내 마음을 늘 새롭고 더 한층 감탄과 경외심으로 가득 채우는 두 가지가 있다. 그것은 내 위에 있는 별이 빛나는 하늘과 내 속에 있는 도덕법칙이다. … 헤아릴 수 없이 많은 세계를 쳐다보노라면, 잠시 동안 생명력을 가지다가 우주 전체 속에서 한 점에 불과한 혹성으로 되돌아갈 수밖에 없는 물질로 이루어진, 동물적 존재로서의 나의 가치가 아무것도 아닌 것이 되어 버린다. 그러나 도덕법칙은 예지인으로서의 나의 가치를, 인격성을 통해 무한히 드높여 준다. 도덕법칙은 인격성을 통해 동물성과, 그리고 감성계 전체와 독립해 있는 삶을 나에게 보여 준다.

만일 칸트의 이런 생각을 수용한다면 행복 추구욕과 도덕적 소명, 감성적인 목표와 초감성적인 목표, 감성계와 예지계는 마치 유한과 무한, 상대적인 것과 절대적인 것만큼이나 거리가 멀다고 하겠다. 칸트는 초감성적 세계만이 진정한 무한성을 지닌 세계이므로 도덕법칙에 충실하게 따르는 삶을 행복 추구보다 훨씬 중요하게 여겨야 한다고 가르친다. 행복을 결코 무시하지는 않지만, 한 인격이 지닌 덕과 도덕적 가치는 행복을 위한 최상의 조건이므로, 도덕적으로 무가치하게 사는 사람은 결코 행복할 가치가 없다고 보는 것이다. 오늘 일상을 사는 사람들에게는 마치 빈 들판에서 외치는 소리처럼 들릴지도 모르겠지만 인간의 도덕적 소명을 이토록 선명하게 그릴 수 없다.

3) 인간의 본성

칸트는 이성이 저지를 수 있는 오류와 인간의 도덕적 결함에 대해서 누구보다 잘 알고 있었다. 이런 면은 그가 소박한 낙관적 계몽주의자가 아니었음을 보여 준다. 그에 따르면 저 수평선 끝부분이 바닷가보다 높게 보이는 것처럼 이성은 예컨대 신이나 인간 영혼이나 자유의 문제 등을 다룰 때 착각에 빠질 수밖에 없다. 그러므로 이른바 형이상학에서 발생하는 오류는 우리의 사고방식에 따라 자연스럽게 발생할 수밖에 없다. 이러한 지적을 통해 칸트는 인간 이성이 지닌 한계를 드러내고 이성이 합법적으로 사용될 수 있는 영역에 제한을 가한다. 마찬가지로 인간은 선을 행하고자 하는 마음을 갖고 있지만 그럼에도 불구하고 동시에 악을 향한 성향을 가지고 있다고 본다. 이것이 이른바 그 유명한 **근본악**이다. 선을 행하는 것이 인간다운 삶이라고 본다면 악에 집착하는 성향이 인간에게 내재한다는 것은 커다란 위협이 아닐 수 없다.

이성에 한계가 있고 근본악이 인간에게 부정할 수 없는 현실이라 하더라도 역시 인간에게는 근본적인 물음이 있다. 나는 누구인가, 나는 어디서 왔으며 어디로 가는가, 나를 에워싸고 있는 이 공간이 무엇인가, 시간이란 무엇인가, 현실이란 무엇인가, 눈에 보이는 것 외에 눈에 보이지 않는 더 궁극적인 현실이 있는가, 나는 과연 자유로운가, 나의 삶은 무엇 또는 누구에 의해서 이미 그 행로가 결정되어 있는가, 죽음 이후의 세계는 존재하는가, 타인은 나에게 누구인가, 나는 과연 무엇을 해야 하는가, 미래는 희망을 가져도 좋은가? 이처럼 수많은 질문이 있다. 어느 하나도 가볍게 여길 수 없고 어느 하나도 쉽게 답할 수 없다. 물음은 물음을 낳고 생각은 생각을 낳는다. 하지만 물음과 생각 가운데서도 좀더 근본적이고 본질적인 것이 있다. 칸트는 그러한 물음을 세 가지로 든다.[16]

> 첫째가 "나는 무엇을 알 수 있는가"이다. 이것은 인식의 문제이자 형이상학의 문제이다. 둘째는 "나는 무엇을 해야 하는가"이다. 이것은 도덕철학의 문제이다. 세 번째는 "나는 무엇을 희망할 수 있는가"이다. 이것은 종교철학의 문제이다. 그리고 이것들은 모두 결국 "인간이란 무엇인가"라는 물음으로 귀결된다.

먼저 첫 번째 물음에 대해 생각해 보기로 하자. 나는 무엇을 알 수 있는가? 알고 싶은 것, 알았으면 하는 것, 그게 어디 한둘이겠는가? 이 우주가 언제 어떻게 시작되었는지 알고 싶고, 사람이 언제부터 이 지구상에 살게 되었으며 어떻게 변화되어 왔는지도 알고 싶다. 과거나 미래에 관련된 것이든, 나와 상관이 있든 없든 알고 싶은 것이 많다. 그런데 칸트의 질문들은 이런 구체적이고 개별적인 것들에 앞서, 이런 것들을 이야기하기 전에 "과연 내가 무엇을 알 수 있다면, 그것을 어떻게, 무슨 조건으로 알 수 있는가"를 묻고 있다.

칸트는 앎, 인식 또는 지식이 가능하다는 사실을 의심하지 않았다. 그는 지식이 가능할 뿐 아니라 우리에게 현실적으로 주어져 있다는 생각에서 출발한다. 수학이 있고 논리학이 있고 뉴턴의 물리학이 있었다. 비록 당시에는 신생 과학으로 등장하고 있지만 화학이나 생물학과 관련된 지식이 축적되고 계속 발전해 가고 있었다. 칸트에게 문제가 된 것은 지식 가운데서도 **형이상학**과 관련된 것이다. 예컨대 "영혼은 불멸한다, 영혼은 육체의 죽음 후에는 더 이상 존재하지 않는다", "인간에게 자유가 있다, 인간에게 자유가 없다", "신은 존재한다, 신은 존재하지 않는다" 등 서로 대립되는 주장이 이른바 형이상학 분야에서 끊임없이 제기되고 있었기 때문이다. 수학이나 물리학과 같은 학문에는 학자들 사이에 분명한 합의가 있고 분명한 진보가 있는데 왜 형이상학에는 진보는커녕 싸움과 논란이 계속되는가 하는 물음이 칸트를 괴롭혔다. 분명히 믿을 만한 지식은 가능한데, 왜 유독

16) 강영안, 『강교수의 철학이야기』, IVP, 2001, p. 234.

형이상학과 관련해서는 독단론, 아니면 회의론, 이것도 저것도 아니면 무관심이 대안처럼 수용되는가? 칸트의 전략은 보편타당한 지식은 현실적으로 존재한다는 믿음에서 출발해서, 그 지식을 가능하게 해 주는 조건이 무엇인가를 탐구하는 것이다.

칸트는 이 문제를 어떻게 풀고 있을까? 이야기를 조금 다른 데로 돌려 칸트가 자신의 『순수이성비판』의 성과를 스스로 평가한 말을 먼저 들어 보자.

> 과거의 철학은 인간에게 전혀 올바르지 못한 자리를 부여함으로써 인간을 세계 또는 외부 사물과 상황에 완전히 의존하는 기계가 되게끔 했다. 따라서 과거의 철학은 인간을 세계의 일부에 지나지 않는 것으로 만들어 버렸다. 그러나 이제 이성 비판이 등장하여 세계 속의 인간을 처음부터 끝까지 능동적인 존재로 규정하였다. 인간은 그 자신이 근원적으로 그의 표상과 개념의 창조자이며 그의 모든 행위의 창시자여야 한다.

이것은 지금까지의 철학은 인간을 수동적 존재, 의존적 존재로 만들었는데 자신이 이성 비판을 통해서 인간이 능동적이고 주체적인 존재임을 보여 주었다는 말이다. 이 말은 지식과 도덕, 예술과 종교, 정치와 교육, 삶의 모든 분야와 관련해서 적용되는 주장이다. 흄에서 볼 수 있는 것처럼 인간을 단순히 세계 안에 있는 존재 그래서 어쩔 수 없이 정념에 따라 살 수 밖에 없는 존재에 머무르게 하는 것이 아니라 적극적으로 표상과 개념을 만들어 내고 이것을 통해 세계를 빚어 가는 존재로 그리고 있다. 말하자면 세계를 만들고 조직하는 원리가 인간 주체에게 있다는 말이다.

그 **조직원리**가 무엇인가? 그것은 두 가지이다. 한편으로는 **시간**과 **공간**이고 다른 한편으로는 순수 지성의 능동적 행위에 바탕을 둔 **범주**이다. 이 두 가지를 이야기하는 까닭은, 우리의 지식을 가능하게 해주는 통로는 감성과 지성인데 시간과 공간은 감성을 통해 우리가 만나는 대상들을 담아 주는 틀이고 범주는 개념을 통해 지성이 사고할 수 있는 근본 틀을 제공해 준다고 보았기 때문이다. 흔히 공간이라고 할 때 우리는 예컨대 행위 공간이나 체험의 공간 또는 정서 공간을 떠올리지만 칸트는 바깥, 옆, 나란히 있는 관계를 생각하고 있다. 시간의 경우에도 체험의 시간이나 행위 시간을 생각할 수 있지만 칸트는 연달아 계기적인 있음과 동시적인 있음의 관계만을 염두에 두고 있다. 그러니까 칸트의 공간과 시간 개념은 체험의 공간, 체험의 시간과 구별되는 굉장히 형식적인 개념이라 할 수 있다. 어떤 것이 나란히, 무엇에 이웃하여 있다는 표상을 **공간**이라 일컫고 무엇이 잇달아 또는 동시에 있다고 표상하는 것을 **시간**이라 일컫는다. 이것이 모든 감성적 경험에 기초해 있다는 말이다. 공간과 시간을 떠나서는 어떤 것도 앎의 대상이 될 수 없다는 것이다.

공간을 통해 무엇이 주어지고 시간을 통해 어떤 것을 연속적인 것으로 파악했다 하더라도 이것이 지식을 가져다주는 것은 아니다. 지식은 단순한 느낌이나 감각이 아니라 "무엇이 어떠어떠하다"는 판단에 터를 잡고 있다. 그래서 칸트는 이른바 **범주**라는 것을 이야기하고 있다. 이 범주를 사용해서 사물이나 사건을 생각하고 판단하는 능력을 **지성**이라 부른다. 그리고 지성의 통제 아래 감각을 통해 들어온 것들을 이어 주는 능력을 **상상력**이라 부른다.

지식의 조건을 크게 두 가지로, 다시 말해 공간과 시간 그리고 범주로 보면 이런 결론을 이끌어 낼 수 있다. "우리는 공간과 시간을 통해 주어진 것만을 알 수 있다" "지식의 재료가 무엇인가"라는 측면에서는 이렇게 말할 수 있다. 그러나 지식의 형식이라는 측면에서 볼 때 개념을 통해서 사유되지 않는다면 우리는 아무것도 알 수 없다. "직관 없는 사유는 공허하고 개념 없는 직관은 맹목적이다"는 말은 이 두 측면을 아울러 표현한 것이다. 한편으로는 사유의 재료가 될 수 있는 것이 감각을 통해서 주어져야 하고(이 때 공간과 시간을 감각을 통해서 재료가 주어질 수 있는 조건이라 보는 것이다), 감각을 통해 주어진 것은 개념을 통해 사유될 수 있어야 한다는 것이다. 다르게 말하자면 우리가 감각적으로 경험하는 것이 지식이 아니듯이 우리가 단순히 개념적으로 생각하는 것도 지식이 아니라는 것이다. 지식은 감각적 경험과 개념적 사고의 종합을 통해서 비로소 생성될 수 있다고 보는 것이다. 철학사에서 흔히 칸트의 인식론을 일컬어 경험론과 합리론의 종합이라 부르는 까닭이 바로 여기에 있다.

여기서 우리는 인식과 관련해서 두 가지 서로 관련된 제한과 배제를 목격한다. 우선 우리의 사유가 객관적인 지식을 생산할 수 있는 영역은 오직 감각적 경험의 영역에 제한된다. 공간을 통해서 주어질 수 있고 확인될 수 있는 것 외에는 인식의 대상이 될 수 없다. 이러한 영역을 일컬어 칸트는 플라톤을 따라 **현상계**라고 부른다. 현상계는 칸트가 볼 때 우리가 유일하게 신뢰할 수 있는 인식의 영역이다. 감각만이 우리에게 인식의 재료를 제공해 줄 수 있다고 믿기 때문이다. 이 점에서 플라톤과는 전혀 다르다. 플라톤은 지성을 통해서 들어갈 수 있는 **예지계**만이 참된 진리가 거주하는 세계라고 보았기 때문이다.

둘째, 인식의 타당성 영역을 현상계에 제한할 때 앞에서 말한 형이상학적 명제들은 인식의 영역에서 배제될 수밖에 없다. 나의 영혼에 관해서, 나의 자유에 관해서, 신의 존재에 관해서 생각할 수는 있지만 생각에 대응하는 어떠한 감성적인 직관도 가질 수 없기 때문에 이것들에 대한 인식이 가능하지 않다는 것이다. 『순수이성비판』 후반부에는 이 세 영역과 관련된 주장이 인식의 영역에 들어올 수 없는 이유가 치밀하게 논의되고 있다. 내가 누구인지, 내가 과연 자유로운지, 신이 존재하는지에 대해 우리가 주관적인 확신은 가질 수 있지만 객관적인 인식은 가질 수 없다는 것이다. 이런 뜻에서 칸트는 지식과 믿음 그리고 의견을 구별한다. 주관적으로나 객관적으로나 모두 확실하지 않은 것이 **의견**이라면, 주관적으로는 확실하나 객관적으로는 확실하지 않는 것이 **믿음**이고, 주관적으로나 객관적으로 모두 확실한 것이 **지식**이다.

그렇다면 영혼과 자유와 신에 관한 것은 지식이 아니라 믿음일 수밖에 없다. 그런데 인간의 소명, 인간이 목적으로 삼고 나아가야 할 영역은 현상계가 아니라 예지계라고 보는 점에서 칸트는 플라톤을 따르고 있다. 지식으로는 접근할 수 없지만 믿음을 통해 수용할 때 인간의 도덕적 소명에 가장 합당한 세계를 만들어 볼 수 있다는 것이다. 그래서 칸트는 "나는 믿음을 위해서 지식을 폐기한다"는 말을 남겼다. 물론 이 때 말하는 믿음은 종교적 믿음이 아니라 **도덕적 신앙**의 믿음이다.

칸트의 두 번째 물음은 "나는 무엇을 해야 하는가?"이다. 먼저 무엇을 묻고 있는지 분명히 할 필요가 있다. 이 물음은 내가 할 수 있는 것, 내가 하고 싶은 것이 무엇인가를 묻지 않는다. 오히려 칸트는 내가 인간답게 살자면 무엇을 해야 하며 무엇을 하지 않아야 하는가를 묻고 있다.

우리는 무엇을 해야 할 것인가? 선을 행하고 악을 행하지 말아야 할 것이다. 너무나 쉬운 대답이다. 그런데 무엇이 선이고 무엇이 악인가를 묻는다면 어떻게 대답할 것인가? '해야 할 일'이 선이고 '해서는 안 되는 일'이 악이라고 할 수 있다. 그래서 부모에게 효도하는 일, 형제를 사랑하는 것은 선한 일이고, 거짓말을 한다거나 사람을 해치는 것은 악한 일이라고 할 수 있다. 왜 그럴까? 여기에 대해서 우리는 여러 가지로 답할 수 있다. "그렇게 배웠으니까", "그렇게 하는 것이 옳으니까", "논어나 성경에 그렇게 쓰여 있으니까" 등등 다양한 대답이 있을 수 있다. 물음은 꼬리를 물고 계속될 수 있다. 왜 배운 것을 실천해야 하는가, 왜 성경이나 논어에 쓰여 있는 것을 행해야 하는가, 옳은 것이 반드시 선인가 등 많은 물음을 던질 수 있다.

여기서 중요한 것은 무엇이 어떤 행위를 선하거나 악하게 만드는가하는 물음이다. 서양이나 동양 전통에서 이것에 대한 다양한 답변을 찾아볼 수 있다. 아마도 가장 유력한 것은 '하나님 혹은 하늘의 뜻'이라는 말일 것이다. 부모를 공경하고 형제를 사랑하고 이웃과 신의를 지키는 것은 우리 자신의 뜻과 상관없이 하나님이 그렇게 명령하셨거나 자연의 질서 자체가 그렇다고 생각할 수 있다는 것이다. 기독교나 유교 전통에서 이런 생각을 찾아볼 수 있다. 그러나 사람들의 생각이 점점 세속화되면서 생각을 달리 하게 되었다. 무엇이 선한가 악한가를 **자기보존**과 관련시켜 보는 것이다. 나의 생존에 기여하는 것은 선이고 생존을 해치는 것은 악이라고 보는 것이다. 홉스나 스피노자에게서 찾아볼 수 있는 입장으로서 일종의 **사회계약**이라 보는 것이다. **선**이란 생존 자체를 유지할 수 있도록 해주는 규칙을 따르는 것이고 평화와 안전을 위해 지키는 것이라고 말이다. 나의 생존에 유리한 것이 선이고 불리한 것이 악이라고 보는 생각으로 쉽게 이어질 수 있다. 여기서 한 걸음 더 나아가면 나의 느낌, 감정 외에는 선하거나 악하다고 말할 근거가 전혀 없다고 볼 수 있다. 좋은 느낌을 만드는 것이 선이고 싫은 느낌을 만드는 것을 악이라고 볼 수 있다는 말이다. 그렇다면 신과 익은 결국 나의 김징 아니면 좀더 나아가 인간의 감정에 달렸다고 할 수 있다.

칸트에 따르면 어떤 행위를 선하거나 악하게 하는 것은 **도덕법칙**이다. 답은 간단하지만 설명이 필요하다. 우리는 행위하는 존재이다. 그런데 모든 행위가 선하거나 악한 것은 아니다. 예컨대 밥을 먹는다든지 길을 걷는다든지 글을 쓰는 일들은 그 자체로 보면 악하다 또는 선하다고 할 수 없다. 연관된 맥락에서 보아야 선하다거나 악하다고 할 수 있다. 예컨대 건강을 생각해 보자. 밥을 먹거나 걷는 것은 선하다고 할 수 있겠지만 지금처럼 글을 쓰느라고 몸을 피로하게 하는 것은 설사 '악하다'고 말할 수는 없더라도 '몸에 나쁘다' 또는 '좋지 않다'고 말할 수 있을 것이다. 그런데 이런 경우에 '선하다', '악하다'는 것은 도덕적인 것과 무관한 것이다. 모든 행위가 그 자체로 선하거나 악하다고 말할 수 없을뿐더러 선하거나 악한 행위일지라도 도덕적인 것과 무관할 수 있는 것이다.

도덕적으로 문제가 되는 선 또는 악을 구별하는 기준은 무엇일까? **도덕법칙**이 칸트의 답이라고 앞에서 말했다. 법칙은 어떤 경우에도 명령을 함축하고 있다. "이런 것은 하라, 저런 것은 하지 마라. 만일 할 경우 이런저런 처벌을 받는다"는 내용이 담길 수 있다. 이와 달리 십계명처럼 특별한 단서 없이 "이러이러한 것은 해라, 저러저러한 것은 하지 말라"고 명할 수도 있다. "안식일을 거룩하게 지켜라", "네 부모를 공경하라"처럼 그렇게 하라고 명령하는 것이 있고 "살인하지 말라", "간음하지 말라", "거짓 증거하지 말라"처럼 그렇게 하지 않도록 명령하는 것이 있다. 칸트는 어떤 조건을 가지고 있는 명령을 **가언명령**(hypothetical imperative)이라 부르고 조건 없이 절대적인 명령을 **정언명령**(categorical imperative)이라 부른다. 진정으로 도덕적 명령, 다시 말해 도덕법칙이 될 수 있는 것은 정언 명령밖에 없다는 것이 칸트의 입장이다.

그러면 어떤 행위를 선하거나 악하게 하는 기준이 될 수 있는 도덕법칙은 무엇일까? 칸트는 그것을 여러 형식으로 이야기하고 있다. 그 가운데에서도 순수 **실천이성의 원칙**으로서 가장 중요한 것은 "너의 의지의 준칙이 항상 동시에 보편적 법칙 수립의 원리로서 타당할 수 있도록 행위하라"는 정언명령이다. 흔히 **보편화의 원칙**이라 부르는 것이다. 두 번째 원칙은 "너 자신의 인격이나 다른 모든 사람의 인격에서 인간을 목적으로 대하고, 결코 단순한 수단으로 사용하지 않도록 행위하라"는 것이다. **인격성의 원칙** 또는 **목적성의 원칙** 등으로 불리는 것이다.

말은 어려워 보이지만 내용은 비교적 간단한다. 첫 번째 원칙은 예컨대 거짓말을 해도 되는가 하는 물음을 가지고 생각해 보면 쉽게 이해할 수 있다. 만일 내가 어떤 상황에서 거짓말을 해야 하거나 하고 싶을 때 "거짓말은 해도 된다"는 일종의 **규칙**을 (내가 개인적으로 적용하는 규칙을 칸트는 **준칙**이라고 부른다) 나에게 적용하는 규칙으로 쓸 뿐 아니라 모든 사람들에게, 언제 어디서나 타당한 규칙으로

(이것을 일컬어 **법칙**이라고 부른다) 적용할 수 있는가 물어보라는 것이다. 그렇게 할 수 있다면 그 행위를 하라는 것이다. 그렇게 했을 경우 나의 행위는 선한 것이고 그렇지 않은 경우 나의 행위는 악한 것이라는 것이 칸트의 주장이다. 두 번째 원칙은 사람을 수단으로 대할 수 있지만 그 때조차도 고유한 인격체임을 존중해야 한다는 것이다. 예컨대 어떤 사람을 임금을 주고 부릴 수 있다. 그러나 이 경우에도 그의 인격을 무엇을 위한 수단으로 대할 것이 아니라 그 자체 고유한 자유 실현을 궁극적인 목적으로 삼는 자로 대하라는 것이다. 이 법칙을 따라 행위하면 그 행위는 선하고, 법칙을 위반하면 악하다는 말이다. 행위가 미치는 영향이나 결과보다 법칙 준수 또는 위반이 어떤 행위를 선하거나 악한 것으로 만든다는 것이다.

그런데 우리가 도덕법칙을 거부하지 않고 따를 수 있는 근거는 무엇일까? 끊임없이 나는 자연적 또는 인위적 욕구를 충족시키려 하고 이것에 유익한 행위를 하고자 애쓸 것이다. 그럼에도 그러한 경향을 억누르고 도덕적 명령을 따를 수 있는 바탕은 무엇일까? 난적으로 말해서 칸트는 이것을 **자유**라고 부른다. 아주 형식적으로 정의하자면 자유란 "다른 무엇에 따라서가 아니라 자신으로부터, 자신이 원인이 되어서 어떤 행위를 시작할 수 있는 능력"이라고 말할 수 있다. 실천적 상황에서 '이것이냐 저것이냐'를 선택할 때 그러한 선택 의지의 근거가 되는 것이 바로 자유이다. 그러므로 도덕법칙에 따라 행동한다면 나는 자유롭다고 말할 수 있다. 비록 자유를 경험적으로 증명할 수는 없지만 도덕법칙의 준수를 통해서 단순히 가능성으로뿐만 아니라 현실성으로 자유가 그 밑에 깔려 있음을 알 수 있다는 것이다. 그래서 칸트는 『실천이성비판』에서 이렇게 말하고 있다. "도덕법칙은, 법칙을 자신에게 부과된 것으로 인식하는 존재에게는 자유의 가능성뿐만 아니라 현실성을 증명해 준다." 이런 의미에서 도덕법칙은, 그것을 통해서 자유가 현실적으로 존재한다는 것을 알 수 있는 **자유의 인식근거**이고, 자유는 그것을 통해 도덕법칙이 존립할 수 있는

도덕법칙의 존재근거라고 칸트는 말한다.

그런데도 어떻게 나는 마땅히 해야 할 것을 하지 않고 해서는 안 되는 것을 하게 될까? 다시 말해서 나는 왜 선을 행하지 않고 악을 행하게 될까? 앞에서도 말했듯이 악으로 향하는 근본성향(근본악)이 나에게 있기 때문이다. **법칙에 대한 존경심**에 따라 행하기보다 나의 이익과 관심에 따라 행하고자 하는 성향이 내 안에 강하게 자리 잡고 있는 것이다. 아우구스티누스 이후 기독교에서 널리 사용된 **원죄**라는 개념이 철학적으로 번역되어 사용되고 있다고 하겠다. 그런데 칸트는 이러한 악에 대한 성향을 "인간의 힘으로는 근절시킬 수 없다"고 말한다. 그만큼 깊이 뿌리 박혀 인간을 지배한다는 것이다. 칸트가 인간 계몽에 대해서 낙관할 수 없었던 이유가 바로 여기에 있다. 도덕적 명령을 따르기보다 자신의 이익을 따라 행할 가능성이 훨씬 크다는 것이다.

악에 대한 성향이 인간의 힘으로는 근절될 수 없다면 어떻게 해야 할까? 인간의 힘으로는 도무지 선을 행할 수 없다고 보아야 할 텐데, 칸트는 악은 나 스스로, 나의 자유를 바탕으로 저지르는 것이기 때문에 나 스스로 극복해야 한다고 생각한다. 이러한 극복의 실마리가 되는 것은 악에 대한 성향과 마찬가지로 내 속에 **선에 대한 성향**, 선을 자라게 할 수 있는 **싹**이 자리 잡고 있다는 믿음이다. 그러므로 내 속에 자리 잡고 있는 선의 싹이 성숙한 나무로 자랄 수 있도록 도와주면 된다는 것이다. 어떻게 이 싹이 모습을 드러낼 수 있을까? **마음의 변화**, 마음의 **메타노이아**(회개)를 통해서 가능하다고 말한다. 점진적인 습관의 변화보다는 법칙에 대한 존경심에서 우러난 마음이 언제나 행위의 동기가 될 수 있도록 결단을 내려야 한다는 것이다. 기독교 전통은 이러한 변화가 오직 성령의 도움으로 일어날 수 있다고 믿는다. 하지만 칸트는 비록 이것이 엄청나게 힘들고 거의 불가능하게 보일지라도 나의 결단으로 가능하다고 믿는다. 이렇게 한 번 새로운 사람으로 변화하는 **혁명**이 일어나면 그것을 바탕으로 점진적으로 개혁될 수 있다는 것이다.

이러한 혁명을 일으킬 수 있는 힘은 무엇일까? 칸트는 **덕**이라고 답한다. 이것을 **도덕적 용기** 또는 **도덕적 힘**이라고 표현할 수도 있을 것이다. 도덕적 용기 또는 힘이 우리에게 이러한 마음의 혁명을 일으킬 수 있다는 것이다. 이 힘은 구체적 상황에서 고뇌와 투쟁과 결단을 통해 강화되고, 이 힘이 강화될수록 도덕법칙과 나의 행위의 간격이 좁아질 수 있다는 것이다. 도덕법칙과 나의 행위, 좀더 정확하게 말하자면 도덕법칙과 나의 의지가 완벽하게 일치할 때, 도덕이 궁극적인 목표로 지향하는 **거룩함**에 도달한다는 것이다. 현실 속에 살고 있는 인간은 이를 목표로 삼아 부단하게 걸어가는, 말하자면 **길을 걷는 인간**이다. 그렇다면 이렇게 길을 가는 인간 존재와 신앙은 어떤 관련이 있을까? 칸트는 이것을 "나는 무엇을 희망할 수 있는가?" 라는 물음을 통해 다루고 있다.

4) 인간과 사회

칸트의 첫 번째 물음은 이론적 물음이고 두 번째 물음은 실천적 물음이라면, 세 번째 물음, 곧 "나는 무엇을 희망할 수 있는가"는 실천적·이론적 물음이라 할 수 있다. 만일 도덕적 명령대로 산다면 나의 미래에 대해서 희망을 가질 수 있는가 라는 물음이다. 엄밀한 의미에서 **희망**은 지식이 아니다. 무엇을 아는 것이 아니다. 희망은 그렇게 되리라고 믿는 것이다. 내가 지식을 통해 접근할 수 있는 **현실세계**(자연의 세계, 필연성의 세계)와 실천을 통해 실현하는 **이념의 세계**(자유의 세계, 목적의 세계)가 따로 놀지 않고 미래에 통합되리라는 믿음이 곧 희망이다. 그러므로 세 번째 물음에 대한 칸트의 대답은 "만일 내가 도덕적 용기(덕)를 가지고 산다면 나는 그 덕에 상응하는 행복을 기대할 수 있다"는 것이다.

그런데 현실은 어떠한가? 실제로 도덕적 용기를 가지고 살고 있는 사람이라 해도–아마 칸트의 기준에 들어맞는 사람이 극히 드물겠지만–그들 모두가 물질적으로 풍요하고 심리적으로 안정된 삶을 누리고 있는 것은 아니다. 다시 말해 덕에 상응하는 행복이 자연 질서 속에 균등하게 주어져 있지 않다는 말이다. 그런데 칸트의 판단에 따르면–칸트는 이것이 이성을 가진 존재라면 누구나 동의할 것이라 생각한다–행복을 필요로 하고, 또한 행복할 만한 가치가 있음에도 불구하고, 실제로 행복을 누리지 못하는 것은 이성적 존재자의 완벽한 의욕과 도무지 조화를 이룰 수 없다. 그러므로 공평한 이성의 관점에서 볼 때 도덕적으로 선한 삶을 사는 사람은 그 덕에 상응하는 행복을 누릴 가치가 있고, 실제로 행복이 이 땅에서 주어지지 않는다면 내세에서라도 주어져야 한다는 것이다. 왜냐하면 인간은 자연에 속한 존재이고 자연에 속한 존재는 행복을 본성적으로 추구한다고 보기 때문이다. **덕**과 **행복**의 일치, 다시 말해 자유와 자연의 일치를 인간이 추구하는 **최고선**이라고 칸트는 부른다. 물론 하나님이 인간의 최고선이라고 한 구절이 있기는 하지만 도덕적 의미에서는 이러한 일치를 최고선이라 부르고 있다.

최고선의 두 요소, 곧 덕과 행복 가운데 칸트는 덕을 더 중요하게 생각한다. 행복은 오직 덕에 비례해서 보장되어야 한다는 데서 그의 생각을 엿볼 수 있다. 그런데 덕이란 무엇인가? 먼저 **거룩한 존재**와 **속된 존재**의 구별을 알아 둘 필요가 있다. 거룩한 존재는 오직 순수이성에 의해 의지가 움직이는 존재를 말한다. 이러한 존재에는 오류가 없고 그의 뜻과 행위는 언제나 이성 법칙에 일치한다. 원하는 것(Wollen)이 곧 해야 할 것(Sollen) 즉 도덕법칙이 되기 때문에 갈등이나 투쟁이 있을 수 없다. 인간은 이런 의미에서 거룩한 존재가 아니다. 한마디로 인간은 속된 존재이다. 인간은 이성적이면서 동시에 자연계에 속한 존재로서는 결핍을 느끼고, 그 결핍 때문에 무잇인가를 욕구하는 존재이기 때문이다. 이 욕구는 도덕법칙과 일치하지 않을 수 있다. 그러므로 인간은 욕구와 욕망을 억누르지 않고서는 이성법칙

(도덕법칙)에 충실할 수 없다. 여기에 당연히 도덕적 갈등이 있다. 칸트가 말하는 **덕**은 바로 이 도덕적 갈등 상황과 관련된다. 앞에서도 말했듯이 덕은 감성의 저항에 대항해서 그것을 억누를 수 있는 도덕적 힘 또는 용기를 뜻한다. 원하는 것과 해야 할 것, 다시 말해 의지와 도덕법칙이 완벽하게 일치하는 하나님에 대해서는 **덕**이란 말을 적용할 수 없다. 감성의 지배를 받는 인간에게, 다시 말해 의무의 강제성에 종속된 인간에 대해서 **덕**이란 말을 쓸 수 있다. 그러면 누가 이 덕의 주체일까? 누가 도덕적 완전성을 향해서 무한한 진보를 수행할 자인가를 묻는 질문이다. 칸트는 **불멸하는 영혼**이라고 말한다. 만일 인간에게 도덕적 완전성의 실현을 위해 무한히 진보해야 할 의무가 있다면 그러한 진보의 주체인 영혼은 죽지 않아야 한다는 것이다. **영혼의 불멸성**은 최고선의 실현을 위해 부단히 나아가야 할 인간의 도덕적 소명으로부터 귀결되는 **요청**이다. 무한한 도덕적 진보를 이룰 도덕 주체의 영혼이 죽지 않고 살 것이라는 희망을 가질 때, 그 때 최고선이 실현될 수 있다는 것이다.

덕의 실현과 관련해서 영혼의 불멸성이 요청되듯이 행복과 관련해서는 **신의 존재**가 요청된다는 것이 칸트의 주장이다. 여기서 우리는 신의 존재가 왜 행복과 연관되는가를 물을 수 있다. 먼저 고려해야 할 것은 행복이란 개인의 의지와 상관없이 상황에 따라 좌우될 수 있다는 사실이다. 질병이나 전쟁, 가정환경이나 사회 여건 등은 개인의 인격과 관계없이 주어질 수 있다. 또한 행복은 우리의 일상적 삶을 볼 때 반드시 덕스러운 삶과 비례하지는 않는다. 도덕적으로 선한 사람도 질병이나 가난으로 고통 받을 수 있고 도덕적으로 선한 면이 없는 사람이 오히려 건강과 재물의 복을 누릴 수 있다. 그러나 **공평무사한 이성**의 판단에 따르면 행복은 덕스러운 삶의 정도에 따라 주어져야 한다. 따라서 선과 악에 비례해서 각각 보상할 뿐 아니라 세계를 그와 같은 방식으로 운영하고 관리하는 **창조주**가 있어야 한다는 생각이 자연스럽게 나온다. 우리의 의지와 상관없이 돌아가는 자연을 지배하고 통치할 뿐 아니라 역사의 사건과 우연적인 인간사 전체를 알고 있고 자신의 도구로 사용하는 전능자의 존재를 가정할 때 비로소 **도덕의 세계**라는 이념이 가능하다는 것이다.

여기에서 또 하나의 물음이 등장한다. 어떻게 **신적인 원인**이 덕과 행복을 결합할 수 있는가 하는 물음이다. 그런데 이 **원인**은 각자의 마음을 꿰뚫어 볼 수 있을 정도로 모든 것을 아는 분이어야 한다. 그렇지 않으면 각자의 덕에 상응하는 행복을 나누어 줄 수 없을 것이다. 또한 그에게는 인간에게 영향을 미치는 자연과 역사를 완전히 통치할 수 있는 권능이 있어야 한다. 그렇지 않으면 덕에 상응하는 행복을 모든 사람에게 나누어 줄 수 없을 것이다. 무엇보다도 이 **원인**은 거룩한 존재여야 한다. 그래야 도덕적 완전성인 거룩함에 상응하는 것만을 사람들에게 바랄 수 있고, 예외나 편애가 있을 수 없기 때문이다. 이러한 의미에서 신은 최고선의 이상이고 그 자신이 곧 최고선이며, 우리가 도덕적 행위를 통해 지향하는 최고선은 이 근원적 최고선에서 파생된 것이 지나지 않는다고 칸트는 말한다. 왜냐하면 도덕적으로 완전하고 동시에 전능한 의지에 의해서만 최고선을 희망할 수 있고 이 전능한 의지에 일치함으로써 최고선을 획득하는 것을 기대할 수 있기 때문이다. 그러므로 세계를 궁극적으로 선하게 통치하는 신의 존재와 현세를 이어 계속되는 내세의 삶은 만일 우리가 도덕적으로 선하게 산다면 반드시 희망할 수 있는 것이 된다. 이것이 "나는 무엇을 희망할 수 있는가"에 대한 칸트의 답변이다.

5) 현대적 의의

칸트는 인간 존재의 유한성을 누구보다도 분명하게 인식한 철학자였다. 인간의 지식, 인간의 도덕, 예술과 종교와 역사, 이 모든 것이 유한성의 한계 아래 있다는 인식이다. 그러면서도 칸트는 또한 무한한 도덕적 소명이 인간에게 있다고 보았다. 인간의 인간다움은 신체적 능력이나 지식에 있지 않고 도덕적으로 행위할 수 있다는 사실에서 찾았다. 그런데 칸트는 **지식**을 경험을 통해 인식할 수 있는 대상에 관한 지식으로 한정하였다. 그 결과 우리에게 중요한 지식들, 예컨대 몸을 통해 익히는 기술, 얼굴과 얼굴을 대면하여 얻는 인격적 지식, 고난과 질곡을 통해서 삶에 관해 배운 지식 등은 여기서 배제된다. 이것이 과연 옳을까? 도덕에서도 칸트는 이성을 매우 강조한다. 그러나 감성이 도덕에서 정말 무시될 수 있을까? 고통받는 사람을 보고 아무런 감정도 느끼지 않는다면, 단지 정언명령에 따라 행동한다면, 그것으로 과연 도덕적인 삶을 산다고 말할 수 있을까? **근본악**의 존재를 인정하면서도 역사의 진보에 대한 믿음을 가졌던 것 역시 그가 계몽주의와 낙관주의를 완전히 떨쳐버리지 못했기 때문이 아닐까 생각된다.

7. 헤겔의 인간관

1) 사상적 배경

칸트가 학문을 확고한 기초 위에 세우기 위하여 행한 **비판**이라는 지적 작업의 요점은 인간의 인식 능력에 한계를 설정하여 이것을 벗어나는 일이 없도록 경계하는 것이었다. 그러나 독일관념론의 본질적인 경향은 오히려 이 한계를 철폐하여 인간의 인식에 대하여 절대자-칸트의 물자체-를 파악할 수 있는 능력을 인정했으며 칸트가 그의 이원론적인 세계상을 구성하는데 있어서 세운 제 구별-예컨대 예지계(물자체)와 현상계, 이성과 감성, 자유와 필연 등-을 버리고 지적 **범신론**이라고도 할 수 있는 통합적 세계상을 구축하는 것이었다. 이러한 경향에 철저하여 정신과 자연, 관념과 실재로써 이루어지는 만유가 유일 절대의 실재, 즉 이성의 필연적인 자기 전개임을 논증하고, 이 자기 전개의 이법을 논리적으로 규명함으로써 서양 근세 철학의 총결산이라고 할 수 있는 거대한 사상 체계를 구축한 사람이 바로 헤겔(Georg Wilhelm Friedrich Hegel, 1770-1831)이다.

헤겔 (1770-1831)

헤겔은 세계를 이념(사상)의 발현이라고 본다. 즉 세계는 하나의 심오한 사상이 담긴 서적과 같은 것이라고 보는 것이다. 그리고 철학의 과제는 거기에 담긴 사상, 즉 의의를 파악하는 것이다. 그것은 마치 책을 구성하고 있는 각 장과 절이 하나의 체계를 이루고 있듯이 세계의 여러 가지 사상(事象)

들은 서로 관계를 맺고 있는데, 그 관계가 어떠한 것인가를 체계적으로 파악하는 것이 철학이라는 것이다.

그러면 세계는 어떻게 파악해야 하는가? 헤겔의 철학방법은 그의 『법철학』의 서문 속에 나오는 다음과 같은 구절 속에 단적으로 나타나 있다. 즉 "미네르바(Minerva)의 올빼미는 황혼과 더불어 날개를 펴기 시작한다."

> 미네르바라는 여신은 제우스(Zeus)신의 딸로서 지식과 예술을 맡아보는 신이다. 그 신이 사랑하는 동물인 올빼미는 햇빛이 찬란한 대낮에는 올리브 나무 가지에 눈을 감고 잠자고 있다가 땅거미가 지기 시작할 무렵이면 날개를 펴고 날기 시작한다는 것이다. 황혼이라는 시점은 낮의 활동이 끝나는 무렵이다. 학교에 간 학생들은 학업이 끝나 귀가하는 시간이고, 상인들은 가게문을 닫을 시간이며, 노동자들은 일손을 멈출 때이다. 이러한 시각에 미네르바의 올빼미는 눈을 뜨고 날개를 펴고 활동을 개시한다는 것이다.

철학도 역시 미네르바의 올빼미와 마찬가지다. 흔히 사람들은 철학은 현실보다 앞서가는 것, 미래를 조명하는 것이 철학의 임무라고 생각한다. 또 어떤 사람은 철학을 현실과 더불어 걸어가는 것이라고 생각한다. 그러나 헤겔은 철학이란 그러한 것이 아니라 언제나 현실이 지나고 난 다음에 그것을 이념적으로 파악하는 것이라고 본다. 헤겔의 용어로 표현하면 **추사유**(Nach-denken)에 의해서 세계는 파악되는 것이다. 그러므로 철학이란 시대의 아들이라고 할 수 있다.

그러면 추사유에 의해서 파악된 세계는 어떠한 것인가? 세계는 부단히 움직이며 변화하는 것으로 나타난다. 세계가 부단히 움직이며 변화한다는 생각은 헤겔의 독창적인 것이 아니다. 이미 이천 수백 년 전에 고대 그리스의 철학자 헤라클레이토스(Herakleitos)가 "만물은 유전한다(Panta rhei)"라고 갈파했을 때 세계는 쉴 사이 없이 변화하는 것으로 파악되었던 것이다. 그러나 헤겔의 탁견은 세계가 변화한다는 데 있는 것이 아니라 그것이 어떻게 변화하는가를 즉 변화의 법칙을 발견한 데에 있다. 세계가 변화하는 법칙이 다름 아닌 **변증법**[17)]이다.

헤겔에 있어서는 변증법은 자연과 인생과 역사 등 모든 것에 편재해서 움직이는 이법(logos)－이성 또는 이념이라고 불러도 좋다－이 발전하는 법칙이다. 이러한 뜻에서 헤겔의 철학사상을 **범논리주의**라고도 한다. 헤겔은 세계 자체가 변증법적으로 변화 발전한다고 보았을 뿐만 아니라 자기의 철학 역시 변증법적으로 전개한다. 헤겔에 의하면 세계는 이념(Idea)의 변증법적 발전과정이다. 철학의 과제는 이러한 발전과정을 사유적으로 고찰하는 것이다. 이념의 발전과정은 변증법적 법칙에 따라서 3단계를 이루는데 철학의 구조 역시 이것에 대응해서 형성된다고 한다.

제1단계에 있어서 이념은 즉자존재(卽自存在)의 상태에 있는데 이러한 상태의 이념을 고찰하는 것이 **논리학**이다. 그리고 제2단계에 있어서의 이념은 대자존재(對自存在)의 상태로서 공간과 시간에 제약된 자연의 형태로서 나타나는데 이것을 고찰하는 것이 **자연철학**이다. 그리고 제3단계에 있어서 이념은 자기외화(自己外化)의 상태로부터 벗어나서 자기 자신에게로 회귀하여 즉자차대자존재(卽自且對自存在)의 상태로 되는데 이것이 협의의 정신(Geist)이며 이것을 고찰하는 것이 **정신철학**이다. 그리고 헤겔의 윤리사상은 이 정신철학의 일부분에 해당한다.

헤겔에 의하면 정신은 또한 주관적 정신, 객관적 정신, 절대정신의 3단계로 전개된다고 한다. 그리하여 정신철학은 이 세 가지 단계의 정신을 다루는데 주관적 정신을 다루는 것이 주관적 정신론으로서 이는 넓은 의미의 심리학의 대상을 다룬다. 즉 개인의 생을 주로 다룬다. 그에 따르면 개개인에 있어서 구체화된 주관적 정신은 가족,

---

17) 우리는 헤겔하면 곧 변증법을 연상하고 변증법하면 곧 헤겔을 연상할 만큼 헤겔과 변증법은 때래야 뗄 수 없는 관계에 있다. 변증법이란 말은 그리스말인 dialektiké 에서 유래한다. 이 말은 원래 대화 또는 문답법을 의미하는 말이다.

사회, 국가에 있어서 더욱 고차적이고 객관적인 질서 속에 편입되며 그리하여 정신은 초개인적 법칙에 종속된다고 한다. 그리고 윤리란 이러한 법칙의 총체에 지나지 않는다고 한다. 따라서 객관적 정신론에서는 가족, 사회, 국가 및 역사가 다루어진다. 그리고 절대 정신은 주관적 정신과 객관적 정신 양자를 포괄하면서 그것을 초월하는 것이다. 초월은 이 단계에 이르러 비로소 타재로부터 회귀하여 전적으로 자기 자신으로서 자립하게 되는데 이 정신이 바로 즉자차대자적 정신인 것이다. 절대정신은 그 속에 다시 3단계를 가지고 있는데 그것은 바로 예술과 종교와 철학이다.

2) 세계에서의 인간의 위치

헤겔은 관념론자이며 범신론자이다. 그래서 그는 전체 세계는 자연에서 신에 이르는 정신의 발전 과정이라고 한다. 자연세계 또는 인간의 정신 어디서든지 우리는 이떤 발전과정을 발견한다. 그는 이것을 변증법적 과정 또는 모순의 원리라고 부른다. 모든 것은 자기와 대립되는 쪽으로 넘어가려는 경향이 있다. 씨앗은 꽃이 되려고 한다. 그러나 자연은 이러한 모순 상태로 정지하는 것이 아니라 그 모순을 극복하고, 하나의 전체 안에서 또는 통일적으로 이들 모순되는 것들을 조화시키려고 한다. 세계는 하나의 전체이다. 전체로서의 세계 안에서 이 원리는 활동하고 있는데 이 원리가 바로 이성적 원리이다. 정신은 모든 곳에 있다. 이 전체의 내부에는 발전이 있다. 그리고 이 발전은 변증법적 과정에 따라 진행한다. 이 과정은 사유의 과정이다. 그러므로 세계는 사유이며 사유의 법칙에 종속된다. 우리가 사유하듯이 세계는 발전한다. 그런데 이것은 모두가 사유하는 전체의 한 과정이다. 자연과 인간은 이 전체 속의 하나이다. 인간의 정신 안에서 발견되는 과정들이 자연 안에서도 똑같이 발견된다. 자연 안에서는 이 운동이 무의식적으로 진행된다. 씨앗은 자라서 식물이 되고 꽃이 된다. 그러나 자신의 성장을 인식하지는 못한다. 인간 안에서 비로소 그 과정은 의식된다. 인간은 자기가 발전하고 있다는 사실을 안다. 그러므로 헤겔에게 있어서 세계는 하나의 전체요 총체이다. 그 전체는 사유의 과정이며, 모든 사유는 정, 반, 합을 거쳐 발전한다. 헤겔은 **인간정신**과 똑 같이 **세계정신**을 추론한다. 세계는 인간과 같으며 세계 안에서 이루어지는 과정은 우리가 인간의 정신에서 발견하는 것과 같은 과정이다. 다만 세계의 경우는 그 규모가 클 뿐이다. 헤겔에게 있어서 실재성[18]은 발전의 논리적 과정이다. 그것 역시 정, 반, 합의 과정을 가진다. 완전히 실현한 것이 세계이다. **인간**은 축소된 세계이다. 말하자면 전체 우주의 축소판인 조그만 우주이다.

3) 인간의 본성

헤겔에 의하면 정신의 본성은 **자유**에 있다. 마치 물체의 본성이 무게에 있고 무게 없는 물체는 있을 수 없는 것처럼 정신의 본성은 자유에 있으며 자유 없는 정신은 있을 수 없다는 것이다. 그러나 여기서 말하는 자유란 개인의 자의나 무구속의 상태를 의미하는 것이 아니다. 개인의 자의나 무구속은 우리에게 자유의 의식을 느끼게 할 것임에는 틀림없지만 그러나 그것은 참된 자유가 아니다. 그리고 객관적 정신은 주관적 정신과는 달리 초개인적인 공동정신이며 참된 자유는 의지의 이성적 필연성이라고 한다. 그리고 자유의 주체는 개인이 아니라 단체이라는 것이 헤겔의 입장이다.

헤겔에 의하면 자유로운 정신이 그 자유를 실천할 객관적 영역은

---

18) 헤르바르트에 따르면 세계는 무수한 불변하는 본체 또는 그가 '실재'라고 부른 실체로 구성되어 있다. 각 실재는 단순한 것이며, 변하지 않고 절대적이며, 분할 할 수 없으며, 시간과 공간 속으로 연상되지 않는다. 실재의 세계에는 변화도 성장도 없다. 그 세계는 정적인 세계이다. 세계에 관한 이러한 학설을 실재론이라고 한다. (프로스트/ 서배식 역, 『열 가지 주제로 읽는 철학 이야기』, 현암사, 1992, p. 59.)

다름 아닌 **법**의 세계로서 법은 객관적 정신의 첫 단계의 발현이라고 한다. 법 앞에서 만인은 평등하고 무차별하다. 이러한 평등하고 무차별한 개인을 헤겔은 **인격**이라고 불렀다. 따라서 인격은 칸트에서처럼 도덕적 개념이 아니라 법률적 개념이라고 할 수 있다. 인격은 자유로운 정신이다. 그런데 정신은 객관적 조직을 가짐으로써 참된 자유일 수 있는 것처럼, 인격의 자유는 비인격적인 사물을 지배함으로써 실현된다. 이것이 **소유**이다. 인격은 소유에 있어서 자유이다. 소유는 인격이 자기의 자유를 실현하는 외적 조건에 지나지 않는 것이다.

그러나 인격은 본래 사물에 대한 인격일 뿐만 아니라 타인격에 대한 인격이기도 하다. 그리하여 사물을 매개로 해서 인격과 인격 사이에 성립되는 의지의 일치가 **계약**이라고 한다. 그리고 계약의 주체는 인격과 인격 사이에서 발견되는 공통의지이다. 그러나 계약이 성립되는 공통의지의 출발점은 상호 독립된 개개 인격이라는 특수의지라고 한다. 그리하여 공통의지를 기초로 하는 법에 대해서 특수의지가 부정적 태도를 취할 수 있는데 이와 같은 법의 부정을 일반적으로 불법이라고 한다. 그런데 불법은 법의 폐기가 아니라 법의 침해이며 법을 침해한 인격에 대해서는 법은 형벌로써 나타난다. 법은 형벌을 통해서 현실적으로 자기를 실현하는데 불법은 법의 부정이며 형벌은 이러한 불법에 대한 부정을 통한 법의 자기긍정이라 할 수 있다. 그러므로 형벌은 보복이 아니라 정의의 실현인 것이다.

헤겔에 의하면 객관적 정신의 제2의 단계가 **도덕**이다. 법에 있어서는 소유와 계약을 통하여 자유의지가 실현되고 그리고 법은 행위의 외면적 합법성만을 문제 삼는데 반해서 도덕은 행위의 내면적 **동기**를 문제 삼는다. 그리고 법의 주체가 평등성을 중심으로 한 인격이라면 도덕의 주체는 주관 즉 **양심**이다. 양심은 선의 실현을 의무로 하며 의무를 의무로서 실현하는 데에 도덕의 진의가 있다. 이와 같은 도덕설은 칸트에서 그 전형을 찾아 볼 수 있다. 따라서 도덕의 세계는 순수히 내면적인 **자율**의 세계에 지나지 않는다고 할 수 있다. 그러나 주관적인 양심은 언제나 객관적인 타당성을 기하기가 어렵다. 왜냐하면 자기는 양심적으로 한 행위라 할지라도 객관적으로는 악이 될 수도 있기 때문이다. 그리고 때로는 양심의 발로가 도리어 개인의 주관적인 자의(恣意)의 발로에 지나지 않는 경우도 있다. 따라서 도덕은 그 자체만으로 완전하다고 할 수가 없다. 따라서 객관에로 치우친 법과 주관에로 치우진 도덕은 종합되어야 한다는 것이 헤겔의 주장이다.

그리하여 객관적 정신의 제3단계로서 나타나는 것이 바로 **인륜**이라고 한다. 인륜은 주관적인 도덕과 객관적인 법이 지양된 형태로 나타난 것이며 여기에서 자유는 가장 현실적이고 구체적으로 실현된다고 헤겔은 말한다. 그에 의하면 인륜은 우리가 따라야 할 권위이자 무한한 권력으로서 우리는 다만 성실하게 인륜에 따라야만 한다고 한다. 그리고 **성실**은 인륜에 있어서의 최고의 미덕이며 **인륜체**(人倫體)야말로 우리가 거기에서 참된 인간으로 육성되는 도덕적 환경인 동시에 도덕적 주체이다. 그리고 인륜은 개체와 일반자의 종합된 정신적 공동체 즉 유기적 단체이므로 인륜생활은 본래 단체생활이다. 헤겔은 인륜체에는 **가족**과 **시민사회** 그리고 **국가**라는 세 단계가 있다고 한다.

4) 인간과 사회

헤겔에 의하면 우리가 참다운 인간 생활을 누리는 것은 바로 **인륜생활**을 통해서이라고 한다. 현실적으로 살고 있는 모든 인간은 단순히 법적인 인격 또는 도덕적인 주체로서만이 아니라 반드시 한 가족의 일원으로서 그리고 한 국가의 한 성원으로서 살고 있다. 그리하여 개인과 인륜의 관계는 마치 새와 공기의 관계와 같다고 할 수 있다. 공기는 새가 나는 데는 방해가 되지만 그러나 공기가 없이는 새는 날 수가 없는 것과 마찬가지로 인륜적 질서가 아무리 개인의 생활을 제약한다 하더라도 인간은 인륜적 질서 속에 들어가지 않고서는 살아갈 수가 없는 것이다. 새가 공중을 나는 자유를 주관적으로 가지고 있다 하더라도 공기 속에 들어가지 않고서는 나는 자유를 현실적으로 누리지 못하는 것처럼 인간의 자유의지 역시 인륜적 질서 속에서만 현실적으로 실현되는 것이다. 그리하여 헤겔은 "여기(인륜세계)에 장미가 피어 있다. 여기에서 춤추어라"라고 말하고 있다.

헤겔에 의하면 인륜의 최초의 단계는 **가족**이다. 가족은 인륜의 가장 원초적인 형태로서 **사랑**을 그 본질로 한다. 사랑에 있어서 나는 첫째로 나만을 위한 자립적 인격이려고 하지 않으며, 둘째로 나는 나 아닌 하나의 타인격에서 나를 얻고 반대로 하나의 타인격도 나 안에서 그 자신을 얻는다. 헤겔은 이러한 가족적 사랑을 오성이 풀 수 없는 모순이라고 본다. 왜냐하면 나는 타인격에 의해서 부정되면서도 이것을 기뻐하고 이것을 긍정적인 것으로 느끼기 때문이다.

헤겔에 있어서 가족의 구성원은 법 앞에서 평등한 인격이 아니라 유기적 전체의 부분에 해당하는 성원이다. 따라서 성원은 가족 내에서 각자 특수한 사명을 가지고 있다. 아내에게는 아내로서의 사명이 있고 남편에게는 남편으로서의 사명이 따로 있다. 이러한 헤겔의 가족관은 한국의 전통적인 가족관과 매우 비슷하다고 할 수 있다.

가족의 성립조건은 혼인이며 혼인은 또한 세 가지 계기를 내포하고 있다. 첫째는 성적 관계이며 둘째는 남녀의 자유로운 자의적 결합이며 셋째는 애정이다. 이러한 세 가지 계기에 의해서 가족은 비로소 독립된 하나의 인격을 구성하는 생활 단위가 된다. 즉 가족은 부부에 의하여 비로소 독립된 하나의 인격을 이룬다는 것이다. 가족의 재산은 따라서 가족의 공동재산이다. 그리고 하나의 인격체인 가족을 구성하는 혼인은 일부일처제를 그 본래적 형태로 삼아야 한다고 보는 것이 헤겔의 입장이다.

혼인에 의하여 성립된 인륜적 애정은 자녀의 출생을 통하여 구체적으로 실현되는데 여기에서 친자관계가 성립된다. 친자관계는 부부관계의 완성으로서 가족을 구성하는 제2의 기본적 계기이다. 그리고 어버이는 자녀를 양육해야 할 윤리적 의무를 가지는데 이것은 자녀의 입장에서 본다면 양육되어야 할 권리라고 할 수 있다. 그러나 인륜에 있어서는 권리와 의무는 반대관계가 아니라 동일물의 양면에 지나지 않는 것이다.

그런데 여기서 우리가 주의해야 할 것은 헤겔은 **부계가족**을 중심으로 하는 전근대적 대가족제에 반대하며 부부와 자녀로 구성된 근대적 가족을 진정한 가족의 형태로 보고 있다는 사실이다. 가족은 자녀의 성년과 혼인을 계기로 해서 분가하게 되며 여기서는 가족과는 다른 별개의 생활 원리가 성립한다. 이 별개의 생활 원리란 독립된 개인과 개인의 자유의지적인 종합이다. 여기에서 가족집단과는 그 구성원리를 달리하는 시민사회가 성립하는 것이다.

시민사회는 인륜의 제2의 단계에 해당한다. 그리고 시민사회의 구성원은 시민이다. 시민은 자유와 평등을 원리로 삼는 바 독립된 개인들이다. **시민사회**(civil society)라는 말은 말할 것도 없이 중세사회의 속박에서 해방됨으로써 성립된 근대의 신흥시민사회를 가리키며 홉스와 로크 등이 이미 사용한 용어이다. 이러한 의미의 시민사회는 분명히 근대적 사회이며 그것은 하나의 역사적 성격을 띠고 있다. 그러나 헤겔에 있어서의 시민사회는 인륜의 한 발전단계로서의 **결합사회**(Gesellschaft)이며 특히 근대적인 역사적 성격을 고집하지는 않는다. 근대의 자연법 이론은 신흥시민사회의 사회의식에 바탕을 두고 있으며 그것은 대체로 시민사회와 국가를 구별함이 없이 같이 쓰고 있다. 그러나 헤겔은 사회와 국가를 분명히 구별하여 가족과 사회와 국가를 부정(否定)을 매개로 해서 연결되는 인륜의 발전단계의 체계로 보고 있는 것이다. 말하자면 시민사회를 가족과 국가의 중간단계에다 배치함으로써 인륜체계를 세 개의 질서로 조직화하고 있는 것이 헤겔 특유의 견해이다.

헤겔에 의하면 시민사회는 원자적 욕망의 체계이다. 시민사회의 구성원은 각자 평등하고 자유로운 개인이며 시민사회는 자유롭고 평등한 개인의 집단이다. 독립된 개인의 자유는 먼저 자의의 자유, 무구속의 자유를 의미한다. 그리하여 자의적인 개인은 각자 자기의 욕망충족을 추구한다. 헤겔 역시 홉스처럼 시민사회를 만인의 만인에 대한 투쟁의 전장이라고 표현한다. 시민사회는 자유방임의 경쟁사회이며 내용적으로는 욕구의 체계라고 보는 것이다. 욕구의 체계란 곧 경제현상의 체계를 가리킨다. 욕구는 원래 주관적, 개인적인 것이지만 사실은 상호관계에 의해서 만족을 얻을 수 있으므로 객관적이고 사회적인 것이다. 그런데 욕구의 만족을 지배하는 원리를 구명하는 것은 경제학의 임무이다.

헤겔에 의하면 인간은 **자유**에 의해서 동물적 충동을 벗어나 욕구의 만족을 위해 **노동**이라는 수단을 사용한다고 한다. 이런 의미에서 노동은 정신적 의의를 지닌다. 노동은 욕구와 기술이 분화함에 따라서 분업화하며 그리고 분업화가 진행될수록 인간은 더욱 **사회적 존재**가 된다. 왜냐 하면 각자는 자신을 위해 일하면서 동시에 남을 위해 일하는 것이며 그리고 사회를 위해 일하면서 동시에 자신을 위해서 일히는 것이기 때문이다.

근세의 국가설은 대개 **계약설**(홉스, 루소)에 근거를 두고 있으며 국가를 개인의 인격 및 그 이익, 재산 등을 보호하는 기관처럼 생각하고 있으나 헤겔은 그러한 것은 국가가 아니라 시민사회라고 본다. 시민사회의 일원이 되는 것은 개인의 자의에 속하고 따라서 시민사회에 있어서의 개인들은 이해와 욕망의 차이로 말미암아 이합집산이 무상할 수밖에 없지만, 국가의 일원이 되는 것은 개인의 자의가 아니라 필연이며 운명이라는 것이 그의 주장이다. 말하자면 국가는 욕구의 체계가 아니라 자각적인 인륜체인 것이다. 국가는 원자론적인 체계가 아니라 인륜적 유기체이다. 국가는 개인의 목적에 봉사하는 수단이 아니라 도리어 개인의 목적을 수단으로 삼는 목적 자체이며 지상의 신이라고 할 수 있다. 따라서 개인은 국가에 있어서 비로소 자기의 진실성에 도달한다. 국가는 지상에 있어서의 인륜생활의 최후의 장소이다. 그리하여 국가에 대한 나의 의무는 나의 자유의 구현과 같다. 바꾸어 말하면 국가에 있어서의 권리와 의무는 동일한 것의 양면이라고 할 수 있다. 그러므로 인륜최고의 의무의 내용은 애국심 즉 정치적 덕이 될 수밖에 없는 것이다.

국가는 인륜적 유기체이다. 따라서 국가는 여러 가지 권력과 기관이 유기적으로 조화 통일되어 있어야 한다. 여기에서 국내법 즉 정치조직과 헌법의 문제가 생긴다. 헤겔에 있어서 국가는 이념이다. 이념은 보편성과 특수성과 개별성이라는 세 계기를 가진다. 국가에 있어서의 보편성의 원리는 입법권이다. 그리고 특수성의 원리는 입법된 것을 구체적으로 실현하는 행정권이다. 그리고 개별성의 원리는 보편과 특수의 종합으로서의 입법권과 행정권을 총람하는 군주권이다. 군주권은 국가조직의 제요소를 관통하는 궁극적 통일원리이며 국가의 주권이다. 이리하여 헤겔은 참된 국가는 입헌군주국이라야 한다고 주장한다.

헤겔에 의하면 국가는 이성적이다. 그리고 이성적인 국가에 개인의 자의적 독단이 들어갈 수는 없다. 따라서 군주제는 독재주의가 아니다. 말하자면 이성적 국가는 입헌국가라는 것이다. 그리고 헌법은 인위적인 창작품이 아니다. 헌법은 민족의 자각의 양식과 교양에 의존하며 그것은 여러 세기에 걸쳐서 성장해 온 민족정신의 현실적 표현인 것이다.

헤겔은 각 국가는 타국가에 대한 자국민의 독립성을 자각함으로써 비로소 주권국가로서 존립한다고 말한다. 그리고 민족정신을 실체로 하는 국가는 다른 국가에 대립한다. 마치 한 인격이 타인격에 대해서 독립된 인격인 것처럼 국가 역시 타국가에 대해서 비로소 독립된 국가일 수가 있다. 그리하여 국제관계가 발생한다. 국가와 국가와의 관계를 나타내는 국제법은 국가와 개인간의 공법적 관계와는 달리 국가와 국가의 결합을 규정하는 사법적 성격을 띨 뿐이다. 국제사회는 국가를 성원으로 하는 일종의 결합사회이다. 국가를 성원으로 하는 국제국가와 같은 것은 있을 수 없다. 현실적 권력은 국가권력이 최고이며 또 최후의 것이다. 독립된 국가간에 자의에 의해서 맺어진 계약은 일정한 사정 아래서만 유효하다. 따라서 한번 맺어진 국제간의 계약이라 할지라도 사정에 따라서는 어느 순간에 파기될는지 모른다. 그러나 국가간에는 법관은 있을 수 없다. 고작해야 중개자나 조정자가 있을 뿐이다. 그리하여 모든 국가가 저마다 독립된 특수의지를 나타내려고 할 때에는 국가간에 알력과 전쟁이 불가피하다고 보는 것이 헤겔의 견해이다.

5) 현대적 의의

헤겔에 따르면 정신은 물질세계를 창조하며, 따라서 물질세계와 정신세계 어디에서나 우리는 같은 변증법적 원리를 발견한다. 그에 의하면 정신은 주관적 정신, 객관적 정신, 절대적 정신이라는 세 단계의 발전을 거친다. 주관적 정신은 영혼으로서 자연에 의존하고 의식으로서 자연에 대립되며 정신으로서 자연에 일치된다. 그 극치에서 정신은 자신이 인식하는 세계를 창조한다. 정신의 최고 기능은 인간이 사물을 전체적으로 볼 수 있게 하고, 대립들을 통일적으로 보게 할 수 있는 그런 활동이다. 헤겔은 세계를 하나의 전체로 보았고, 전체로서의 세계 안에서 인간은 절대적 정신의 필연성의 지배를 받으며, 인간만이 이를 의식할 수 있다. 근본적으로 모든 것은 "정신적 사건"이며, 정신은 스스로 외적 현상을 나타내고 자기를 자기 자신에게 매개시킨다. 물질은 정신의 자기표현이다. 또한 모든 사물은 발전하고 있는데 이 발전은 변증법적 과정에 따라 진행한다. 의식이 존재를 규정한다. 헤겔은 역사에는 필연적 법칙이 있으며 이 법칙에 반항해서 우리의 주관적 이상을 실현하려는 것은 무모한 짓이라고 한다. 따라서 우리는 **역사적 필연성**을 간파하고 이에 적합한 행위를 하여야 한다는 것이다. 이러한 역사관은 기독교의 섭리관과 다를 바가 없는데 사실 헤겔의 역사관 속에는 변신론적 성격이 다분히 있다.

제 2 장

신학적 인간관

중세 철학에 있어서도 인간이 이성적 존재라는 생각은 그대로 받아들여졌다. 중세의 신학자들과 철학자들은 인간의 본질로서의 이성이 **절대자**와 인간이 관계하는 것을 막지 않을 뿐만 아니라 오히려 사변의 힘을 통해서 이성이 **신앙**에 봉사할 수 있다고 믿었었다. 그리하여 중세에 와서 이성은 신앙을 위한 봉사자의 역할을 한다고 생각되었기 때문에 희랍인들이 주장한 이성의 **자율적 주체성**은 사라지게 되고 단지 **신의 계시**에 대한 보조적인 위치로 전락하게 되었다. 그 필연적인 결과로서 중세의 철학자들과 신학자들은 인간을 이성적인 존재로 인정하면서도 인간을 그 이성을 기초로 해서 파악하지 않고 그의 창조자인 신을 통해서 파악하려고 했다.

1. 신학적 인간관의 4대 명제

"신이 인간을 그의 모습대로 창조했다"는 명제와 고대 철학의 인간에 대한 정의를 함께 종합해서 인간이 무엇인가를 설명하고 있는 **신학적 인간관**은 다음과 같은 네 가지 명제로 표현될 수 있다. 첫째, 인간은 신의 피조물이다. 둘째, 인간은 만물의 영장이다. 셋째, 인간은 죄인이다. 넷째, 인간의 본향은 피안에 있다. 우리는 이러한 네 가지 명제에 대한 철학자들의 비판적 해석을 통하여 신학적 인간관에 대한 객관적인 이해를 얻을 수 있을 것이다.

1) 신 중심주의 : 인간은 신의 피조물이다

성서에서는 말한다 : 신은 인간을 창조하였다. 그는 인간을 그의 모습에 따라 창조하였다. 이에 대하여 다음과 같은 반대 명제가 대립한다 : 인간이 신을 창조한 자이다. 그리고 인간은 신을 그의 모습에 따라 창조하였다. 인간이 신의 모상이 아니라 신이 인간의 이상상이다. 그리하여 가장 분명하게 신을 인간의 투영물에 불과한 것으로 만든 사람은 포이에르바하(Feuerbach, 1804-1872)였다. 그에 의하면 신은 인간의 외부로 향한 대상화된 상상력에 의하여 자립화된 본질 외에 아무 것도 아니다. 신의 전능은 인간 정신의 전능에서, 신의 정의는 우리들 자신의 도덕적 감정에서, 신의 자비는 우리들 자신의 심정에서 나온 것이다. 그러므로 우리는 신에 있어서 비로소 우리 자신을 파악한다. "인간의 신에 관한 지식은 인간의 자기 자신에 관한 지식이다."

그리하여 포이에르바하는 이제 신이 단순한 투영임이 간파되었기 때문에, 인간이 신에게 부여한 제 성질을 다시 인간에게로 되찾아 와야 한다고 주장한다. 신에 관한 모든 언명은 언제나 인간에 관한 언명이므로, 그 진정한 의미를 밝히기 위해서는, 그것을 전도하여 주어와 술어를 서로 바꾸어 놓으면 된다고 한다. 예컨대 크리스트교에서는 신이 다른 사람들을 위하여 고통을 받는다고 하는데, 올바로 바꾸면 "다른 사람들을 위하여 고통을 받는 것은 신적인 일이다"라는 내용으로 된다. 그러므로 **신학**은 이제 분명 **인간학**으로 대체되어야 한다는 것이다. "신은 나의 첫 번째 사상이었고, 이성은 나의 두 번째 사상이었으며, 인간은 나의 세 번째의, 그리고 마지막 사상이었다"라고 하는 포이에르바하의 말은 그의 사상의 변천이기도 하지만 또한 철학사의 발전을 표현하는 말이기도 하다. 중세 철학의 **신**과 근세 철학의 **이성**과 현대 철학의 **인간**을 나타내고 있는 것이다. 그런데 그가 신을 반대하는 것은 인간의 참다운 영광과 위대성을 찾으려는 것이었다. 그리하여 인간으로 하여금 환상의 세계에 빠짐이 없이 현실 세계에서 소망을 실현토록 하려는 것이었다. 따라서 그의 **반신주의**는 곧 **인간 찬양주의**이며 그것은 인도주의적 동기에서 나온 것이었다.

"신은 죽었다"고 말한 니체(Nietzsche, 1884-1900)의 입장도 이와 비슷하다. "이제 우리는 **초인**이 서식하기를 바란다." 니체에 있어서도 인간은 신의 상속자로서 나타나는 것이었다. 신은 인간의 온전한 발전을 심하게 방해해 왔으므로, 신의 멸망과 더불어 비로소 인간의 최종의 그리고 최후의 가능성, 즉 초인이 그 모습을 드러내는 것이다. 그의 확신에 의하면, 우리는 인류역사상 신의 죽음과 초인의 탄생이 수행되는 "위대한 한낮"의 시기에 살고 있다는 것이다. 여기서도 또한 불사신에 반항하는 가사적 신이 나타나 있다.

이것은 윤리적인 면에서는 셸러와 하르트만의 **요청적 무신론**에 이르게 된다. 칸트에 있어서 신은 선한 자가 사후에 행복하게 되는 그러한 도덕적 세계질서에 대한 보장으로서 실천이성의 요청이었다. 그러나 하르트만에 의하면 종교는 도덕적 인격으로서의 인간을 파기한다는 것이다. 왜냐하면 선한 자에게 저절로 승리가 돌아가게끔 도와주는 세계조종자로서의 신의 존재는 인간에게서 모든 **책임**을 박탈하고 그리고 세계 자체에 의미를 실현시켜야 한다는 **임무**를 인간에게서 빼앗아 가버릴 것이기 때문이다.

2) 인간 중심주의 : 인간은 만물의 영장이다

종교적 세계상에 있어서는 신이 세계의 주인이듯이 인간은 땅위의 주인이고 인간에게 신의 특별한 배려가 주어진다. 말하자면 신은 인간을 자기의 형상대로 창조하고 그리고 인간으로 하여금 만물을 주관하게 하였다. 인간은 만물의 영장인 것이다. 그러나 세계에서 하나의 특권적 지위를 차지하려는 이러한 **인간의 망상**－우주의 중심은 지구이고 인간은 지구의 지배자이니 곧 만물의 영장이라는 생각－의 동요는 **코페르니쿠스**에서 비롯되었다. 만약 지구가 무수한 별들 중의 하나의 별에 불과하다고 하면, 인간의 특권적 유일성에 대한 믿음도 무너져 버리는 것이다. 게다가 **다윈주의** 역시 인간의 특권적 지위에 대한 믿음에 충격을 주었다. 성서에서는 신이 인간을 하나의 특별한 창조행위에서 창조한 것으로 되어 있지만, 다윈주의에서는 모든 종이 각기 다른 종에서 진화되어 나오듯이 인간 역시 동물계에서 연속적으로 나온 것이다. 인간과 동물계 사이에 뛰어 넘을 수 없는 간격은 없다. 결국 인간 자체도 단지 하나의 특별히 높이 진화되거나 또는 퇴화된 **동물**에 불과한 것이다. 인간은 많은 다른 동물과 마찬가지로 언젠가는 소멸할 수도 있다. 그리하여 인간은 코페르니쿠스주의에 있어서 우주 속의 임의의 한 점에서 살고 있음에 불과하듯이, 다윈주의에 있어서도 또한 보편적인 생명체의 진화과정에 있어서의 임의의 한 통과점일 뿐이다. 마지막으로 **역사주의**가 또한 인간이 만물의 영장이라는 인간의 절대적인 가치관에 대해서 결정적인 타격을 주었다. 역사주의에 의하면 모든 **세계관**과 **인간관**이 절대성을 잃어버린다. 여러 가지 형태의 역사적인 종교와 인간관이 모두 상대적인 것이라는 것이다. 만물의 영장이라는 인간의 절대적 자아 평가도 필연적으로 동요하게 된 것이다. 이렇게 해서 인간은 세계라는 큰 기계 속의 하나의 보잘것없는 부분품이 되어 버렸다.

3) 원죄설 : 인간은 죄인이다

성서에 의하면 인간은 태어날 때부터 죄인이라고 한다. 그러나 이러한 **원죄설**에 대하여 인간의 근본적인 자비심을 주장하는 사상이 18세기에 부활한다. **로크**와 **루소**의 견해에 따르면 인간은 천성적으로 선하기 때문에, 올바른 교육은 그의 선한 소질을 자라게 하고 전개하도록 하면 된다는 것이다. 그 후 **니체**는 이러한 **성선설**과 **성악설**의 대립을 극복하고 인간은 그 본성에 있어서 선한 것도 악한 것도 아니고 **선악의 피안**에 있는 것이라고 주장한다. 그는 크리스트교 −크리스트교의 죄의 개념은 그에 의하여 형이상학적으로가 아니라 도덕적으로 이해되었다−를 혹평하여, 크리스트교는 그 생성에서부터 인간의 순진무구성을 박탈하였다고 하였다. 그리하여 인간이 천성적으로 병들어 있는 것이 아니라 크리스트교가 비로소 인간을 병들게 만들었다고 주장하는 니체의 **삶의 종교**는 인간에게 그의 건강을 되찾아 주려고 한다.

18세기와 19세기의 **완성이론** 내지 **진보이론**은 인간의 일탈성에 대한 믿음과 그의 완전성에 대한 믿음의 종합을 나타낸 것이다. 인간은 그 이전이나 지금이나 여전히 초라하고 빈약하지만 점차 완성에로 발전해 가고 있다. 그러므로 인간은 악하기도 하고 선하기도 하지만 동시에 그런 것이 아니고 계기적으로 그러하다. 역사의 시초에는 악이 지배하고 있었지만 시간의 경과에 따라 점점 선이 관철되어 가고 있다. 그러나 이러한 종합에 있어서도 역시 선이 우월성을 갖고 있다. 아직 완성되지 않은 인간도 그 자신 속에 완성에의 싹을 지니고 있으며 그것을 향해 점점 가까이 다가가고 있다. 그리하여 진보이론은 크리스트교의 역사 형이상학의 세속화임이 밝혀진다. 즉 인간은 죄의 상태에서 은총의 상태로 변화되어야 하지만 이 은총의 상태는 결국 원초의 은총의 회복인 것이다.

진보이론에 대한 위대한 반대자인 **루소**에 있어서도 사정은 비슷하다. 크리스트교의 구원의 도식에 대한 유사성은 그에게 있어서 한층 더 뚜렷이 나타난다. 성서에서와 마찬가지로 루소에게 있어서도 인간은 창조주의 손에서 생겨났고 스스로가 자신의 부패를 초래하지만, "타락"은 바로 거짓된 진보, 즉 **문명**에 있다고 한다. 그러므로 루소에 있어서도 역시 낙원적 출발점인 자연에로 복귀하려는 동경이 있게 된다. 그리하여 크리스트교의 **3단계의 인간학**-원초 상태, 죄의 상태, 은총의 상태-이 루소에 있어서 세속적 의상을 걸치고 다시 재현되고 있는 것처럼 보인다. 그러나 자세히 음미해 보면 강조점이 다른 곳에 있음이 드러난다. 크리스트교에서는 죄의 상태가 삶의 원래적 실재이다. 그러나 루소에 있어서는 문명이란 죄의 상태는 일시적인 것이고, 과도적 상태이며, 따라서 역사적 시간 속에서 비로소 생성된 것이며, 또한 역사적으로 가까운 미래에 극복될 수 있는 것이다. 인간을 본래적으로 규정하고 특징짓는 것은 이러한 과도적인 문명의 피해상태가 아니라 그의 이전의 자연적 완전성이므로 인간에게는 스스로의 통찰과 노력으로 이 이전의 성질을 회복하는 힘이 내재해 있다고 보는 것이다.

4) 내세주의 : 인간의 본향은 피안에 있다

성서에서는 소망을 하늘에 두라고 말한다. 크리스트교에서는 저 세상에서의 삶이 이 세상에서의 삶보다 더 순수하고 더 완전하다고 본다. 그리하여 인간은 저 세상에서 최고의 자아를 완성할 수 있기 때문에 저 세상이 인간의 궁극적 목표가 된다. 이 세상에서의 삶은 지나가는 나그네와 같은 것이고 내세를 위한 준비단계에 지나지 않는다. 그러므로 인간은 이 세상의 속박에서 벗어나서 영원한 본향으로 돌아가기를 동경한다. 그러나 이것은 이 세상에서의 삶의 의의를 완전히 무시하는 것이 아니고 단지 이 세상의 삶을 저 세상의 빛을 통해서 해석하려는 것이었다.

그러나 현세를 중시하는 현대인은 이미 문예부흥 이래로 내세를 거부한다. 가치 있는 것은 영원한 이데아의 세계에 속해 있는 것이 아니고 역사적인 현실 속에서 이루어지는 것이다. 삶은 내세를 위한 준비에 불과한 것이 아니고 그의 독자적인 의미를 갖고 있으며, 따라서 세속적 척도에 따라서 가능한 한 품위 있고 아름답게, 그리고 풍요롭게 형성되어져야 하는 것이다. 마르크스에 의하면 우리의 지상적 삶은 오로지 천상의 보다 나은 운명이 우리를 기다리고 있다는 희망에서, 지상적 조직질서의 가능한 개선을 등한시했기 때문에 이처럼 비참한 처지에 놓이게 되었다고 한다. 그리하여 "저 세상에서 잘 살 것을 바라지 말고 이 세상을 천국처럼 만들라"고 말한다. "나의 형제들이여, 내 그대들에게 간절히 바라노니, 대지에 충실하고 그대들에게 초지상적인 희망을 말하는 자들을 믿지 말라"라고 외치는 니체의 **짜라투스트라** 역시 **현세의 신앙**을 피력하고 있다. 그리고 딜타이의 **해석학** 역시 삶을 내세의 빛 아래서 해석하는 것을 거부하고 삶 그 자체로부터 이해할 것을 역설하고 있다.

2. 아퀴나스의 인간관

1) 사상적 배경

13세기는 지적 활기로 가득 찼던 시대로서 철학자들이 고대 그리스 철학의 저작을, 특히 아리스토텔레스를 다시 주목한 시기였다. 아리스토텔레스의 저작이 라틴어로 번역되어 보급되었으며, 그가 다룬 주제들이 기독교적 맥락에서 재해석되었다. 실제로 아퀴나스(T. Aquinas)는 그리스 원전을 라틴어로 풀어쓰는 일만 한 것처럼 보일 정도로 아리스토텔레스를 추종하였다. 그러나 그의 철학이 아리스토텔레스적 체계를 갖추고 있음에도 불구하고 아리스토텔레스의 견해를 받아들이는 데에는 제한적이었다. 현실태(존재하는 것)와 가능태(존재할 수 있는 것)의 구별, 질료와 형상의 구별, 실체와 네 가지 원인의 구별은 특히 두드러진 아리스토텔레스적 개념이다. 이러한 개념들은 아퀴나스 이론 형성의 도구였으며 성서와 교회에 관한 이론들과도 조화를 이루었다.

아퀴나스 (1225-1274)

기독교인으로서 아퀴나스는 아리스토텔레스와는 달리 우주가 어떤 시발점을 갖는다고 주장하였다. 아퀴나스는 철학이 무에서의 창조를 논증할 수는 없지만 그러한 창조가 계시를 통해 인식될 수는 있다고 생각했다. 그는 이 세계가 신에 의해 창조되었다는 기독교적 입장을 강력히 고수한다. 기독교인이라면 이 세계에 살고 있는 생물체들의 참된 목적을 그것의 자연적 경향과 성향에 근거하여 발견할 수 있다고 기대할 수는 없다. 참된 목적은 인격신, 즉 창조주의 의지와 섭리에 근거해야 한다. 궁극적으로 목적은 이 세계에 부여된 것으로, 특히 인간에게 부여된 것으로 파악된다.

아퀴나스는 아리스토텔레스가 중시한 **관조**의 개념, 곧 최고선이 신을 인식하는 지복(至福)의 경지에 있다는 개념을 변화시켰다. 신에 대한 이해가 모든 지성의 목표이긴 하지만 현실생활에서는 불가능하다는 것이다. 아리스토텔레스와 마찬가지로 아퀴나스는 인간 존재의 특성을 **이성**으로 보았다. 그는 "각 사물의 본성은 활동을 통해 그 자신을 밝힌다", "인간의 고유한 활동은 이성에 있다"고 말한다. 최고의 행복은 그러한 이성이 신에 대한 지식을 얻을 때에만 나온다. 인간의 운명을 아퀴나스는 아리스토텔레스와는 다른 구도 위에서 설명한다. 사후의 삶은 그의 전체적 관점의 핵심이다. 그는 현실 세계의 한계를 인정하고 그 한계를 초월하는 신의 섭리가 중요하다고 본다.

2) 세계에서의 인간의 위치

아퀴나스를 비롯한 일부 기독교인들은 영혼의 불멸에 대한 플라톤의 이론을 불신한다. 인간을 육체 속에 일시적으로 갇힌 존재로서가 아니라 하나의 통일체, 즉 육화된 형상으로 보는 아리스토텔레스의 이러한 개념은 인간 불멸의 문제를 심각하게 제기한다. 아퀴나스는 인간본성에 관하여 플라톤과 아리스토텔레스의 중도를 모색한다. 그는 감각은 영혼의 활동일 뿐만 아니라 육체도 필요로 한다고 말한다. "인간(homo)은 영혼일 뿐만 아니라 영혼과 육체로 구성된 그 무엇이다." 인간이 "육체를 사용하는" 하나의 영혼이라고 플라톤이 주장할 수 있었던 것은 그가 감각이 영혼에 속한다고 생각했기 때문이었다고 아퀴나스는 지적한다. 인간의 영혼은 육체의 형상이긴 하지만 육체와는 따로 존재해야 한다. 이것이 아퀴나스의 딜레마였다.

아퀴나스는 인간의 통일성, 즉 영혼과 신체 사이의 긴밀한 결합을 강조하지만 영혼과 그 기능들 상호간에는 실재적인 구별이 있다고 주장한다. 하느님에게만 어떠한 가능성도 없기 때문에 하느님에게 있어서 만은 작용의 능력과 그 작용 자체는 실체와 동일한 것이다. 인간의 영혼에는 자신의 작용에 대해서 가능태에 있으면서 제각기 자신의 작용과 대상에 따라서 구별되는 기능들 또는 작용 능력들이 있다. 아우구스티누스가 영혼 자체를 한편으로는 인식되거나 요청되는 대상과 다른 편으로는 남의 영혼 생활과 직접적으로 접촉시키려고 하는 반면에 아퀴나스는 훨씬 신중한 태도를 취하면서 이것들 사이에 영혼의 능력[19]을 끼워 넣는다. 아퀴나스는 아리스토텔레스나 아비켄나와 마찬가지로 영혼의 능력을 다섯 가지의 기본적인 종류로 나눈다.

(1) 영양적 능력 : 식물에서 볼 수 있으며 생명 그 차체에 관여한다.
(2) 감각적 능력 : 감각 안에 있으며 이미 생명보다 높은 여러 형식들이 동물에게서 나타난다.
  (가) 다섯 가지의 외적감각 : 시각, 청각, 후각, 미각, 촉각
  (나) 네 가지의 내적감각 : 공통 감각, 환상, 감각적인 판단 능력, 감각적인 기억
(3) 욕구능력 : 동물과 인간에게 있는 본능적이고 충동적인 욕구이다.
(4) 운동능력 : 고등 동물과 인간에게 나타나는 마음대로 장소를 움직이는 것을 뜻한다.
(5) 지성적 능력 : 사고와 자유의지라고 하는 순수한 정신적인 능력으로서 인간에게만 있다.

아퀴나스에 의하면 인간과 동물은 외부의 감각적 대상으로부터 똑같은 방법으로 영향을 받고 있기 때문에 감각적인 형상에 관해서는 인간과 동물사이에 아무런 차이가 없다. 그러나 외부감각에 의해서

---

19) 이 영혼의 능력들이란 인식과 욕구를 통해 영혼밖에 있는 세계와 접촉하게 되고 이 세계와 영혼을 결합시켜 주는 것 외에 아무것도 아니다.

는 직접 파악되지 않는 것에 대한 이해에 있어서는 인간과 동물사이에 차이가 있다. 동물은 유익성과 무익성, 그리고 호의적인 것과 적대적인 것을 자연적인 본능에 의해서 지각하지만 인간은 개별적인 사물들을 비교한다. 그러므로 동물의 경우 본성적인 **평가력**이라고 부르는 것을 인간의 경우에는 **사고력**이라고 부르며, 이 사고력에는 단순한 본능 이상의 것이 포함되어 있다.

3) 인간의 본성

아퀴나스에 의하면 다섯 개의 외부 감각, 네 개의 내부 감각, 그리고 운동 능력, 감각적 욕구, 이성적 인식 능력 외에 인간은 의지도 가지고 있다. 의지는 선 그 자체 또는 선 일반을 욕구하기 때문에 그것은 감각적 욕구와는 다르다. 의지는 본성상 선 일반을 지향하게 되어 있으므로 필연적으로 선 일반을 욕구한다. 그러나 이 필연성은 강제의 필연성, 즉 억지로 의지에 떠맡겨지는 필연성이 아니다. 그 필연성은 본성적으로 궁극적인 목적이나 행복을 추구하는 의지 자체에서 생겨난다. 우리는 필연적으로 행복할 것을 바라고 있으며, 또 그러기를 바라지 않을 수가 없다. 그러나 이 필연성은 억지로 외부로부터 **부과된 필연성**이 아니라 의지의 본성에서 생겨나는 **본성적인 필연성**이다.

그러나 비록 인간이 필연적으로 **행복**을 바라고 있다고 할지라도 이는 개별적인 선택에 관해서 인간에게 **자유**가 없음을 의미하는 것은 아니다. 반드시 행복에 필요하지는 않지만 개별적인 선이 존재하며 그러한 것을 바라느냐 바라지 않느냐 하는 것은 인간의 자유이다. 자유의지는 의지와는 다른 능력 또는 기능이 아니다. 그러나 그 양자사이에는 개념상의 구별이 있다. 왜냐하면 **의지**라는 말은 필연적이든(목적이나 행복에 관해서) 자유이든 (목적에 대한 수단의 선택에 관해서)간에 우리가 지니는 모든 의지 작용의 원리로서의 기능을 가리키고 있는 반면에, **자유의지**는 목적에 대한 수단의 자유스러운 선택의 원리로서 위와 같은 기능을 가리키고 있기 때문이다. 인간이 자유롭다는 것은 인간은 이성적이라는 사실의 결과이다. 양은 자연적인 **본능**에 의해서 늑대를 피해야 한다고 판단하고 있으나 인간은 지성의 자유로운 행위에 의해서 어떤 선은 얻어야 하고 어떤 악은 피해야 한다고 판단한다. 인간은 대상을 어떤 측면에서는 좋다고 생각하여 그것은 마땅히 선택되어져야 한다고 판단할 수 있고, 또는 그 대상을 다른 측면에서는 나쁘다고, 즉 어떤 선을 결여하고 있다고 생각하여 그것은 마땅히 피해야 한다고 판단 할 수도 있다. 그러므로 **자유의지**는 인간이 자유로이 판단할 수 있는 능력인 것이다. 따라서 자유는 의지에 속하지 않고 지성에 속하는 것으로 생각될 수도 있지만 아퀴나스에 따르면, **자유의지**는 인간이 자유로이 판단할 수 있는 능력이라고 말할 경우 그것은 어떤 종류의 판단을 가리키는 것이 아니라 인간이 선택 가능한 대상을 서로 다른 관점에서 생각할 수 있기 때문에 일어나는 심사숙고를 목적으로 하는 선택의 결정을 가리키고 있는 것이다.

4) 인간과 사회

인간본성이 우리에게 어떤 기준을 제시한다는 견해와 관련해 볼 때 아퀴나스의 자연법사상은 쉽게 다루어질 수 있는 성질의 것이 결코 아니다. 그가 **자연법**이라고 생각하는 것은 근대의 물리학이나 화학에서 제시하는 자연의 법칙이 아니다. 그는 모든 사람들이 자연법에 따라 살 수 밖에 없다고 생각하지 않는다. 단지 그는 그렇게 살아야 한다고 믿는다. 나아가 그는 법률의 필요성을 인정하지만, 그것이 신의 섭리에 의한 자연법처럼 일체의 모든 것에 적용되기를 기대하지는 않는다. 그는 법이 많은 사람들, 즉 높은 수준의 도덕을 견지하지 못하는 대다수에게 적용되어야 한다고 말한다. 따라서 법은 올바른 사람들이 멀리 할 수 있는 모든 악을 규제하는 것이 아니라 대다수의 사람들이 피할 수 있는 심각한 악을 금지시키며, 살인 절도 등과 같이 다른 사람들에게 해를 끼치는 인간 사회의 존립을 위해 반드시 막아야 할 악을 주로 규제하여야 한다. 도덕과 법이 아퀴나스에 있어서 일치하지 않은 까닭은 도덕이 더 많은 것을 요구하기 때문이다. 법은 도덕 기능의 하나이다.

인간의 법률은 자연법으로부터 도출되어야 하며, 자연법에 대한 아퀴나스의 견해는 스스로의 선을 위해서 모든 것을 주재하는 신의 **섭리**에 대한 믿음을 통해 이해되어야 한다. 그는 “만물의 입법자인 신아래서 모든 피조물들은 여러 자연적 성향들을 갖게 된다”고 말한다. 모든 사물들은 그들의 경향을 따르는 한 영원한 법칙에 복종하는 것이 되며, 우리의 경우 그 법칙은 이성에 따르는 행위와 관련된다. 비합리적인 욕구를 따르면 우리는 우리의 참된 경향을 위배하는 것이 되며, 따라서 우리의 본성을 거역하는 것이 된다.

아퀴나스에 따르면 자연법의 명령은 우리의 자연적 경향의 위계와 상응한다. 첫째, 우리는 우리 자신을 보존시키려 하고 자연법은 삶의 여러 욕구들을 유지하는 데 도움을 준다. 둘째, 우리는 섹스와 종족 번식이라는 기본적 욕구의 차원에서 다른 동물들과 공통되는 경향을 유지한다. 셋째, 아퀴나스는 합리적 본성의 차원에서 우리가 선에 대한 경향을 갖는다고 믿는다. 그는 우리가 신에 대한 진리를 알아야 하고, 사회 속에서 함께 살수 있어야 한다고 말한다. 그런 경우 우리는 무지를 피해야 하고, 우리와 협동하는 사람들에게 피해를 주어서는 안 된다.

5) 현대적 의의

성 토마스 아퀴나스가 저술했던 시기는 신학이 지배적 학문이었던 시대였다. 그에게는 인간과 짐승의 유사점과 상이점을 논의하기 위해서 인간과 천사의 위치를 비교하는 일이 중요했다. 그는 천상의 존재 유형을 지상의 존재 유형과 엄밀하게 구별했다. 이러한 그의 저술은 과학 이전 시대의 산물로 치부될 수 있지만 이것은 지나치게 피상적인 반응이다. 최근의 정신 개념이 아퀴나스의 영혼 개념과 단순하게 동일시 될 수 있는 것은 아니다. 그는 식물에도 영혼이 있다고 생각했다. 그런 아퀴나스의 입장과 후기 비트겐슈타인의 입장사이에 연관성이 있으며, 심지어 유사성이 있다고 보는 이들도 있다.

인간의 본성에 관한 논의는 우리가 사후에도 계속해서 살아남을 수 있느냐 하는 문제를 피할 수 없다. 이러한 문제는 기독교인들에게 특히 중요한 문제로서, 우리의 미래 운명이 논의의 초점이 되고 있다. 아퀴나스가 생각했던 것처럼 과연 우리는 천사보다 약간 낮은 존재인가, 아니면 우리는 그저 복잡한 동물에 지나지 않는가? 문제는 정신과 육체의 관계에 관한 문제와 연관된다. 그는 육화된 영혼을 언급했던 까닭에, 결국에는 영혼이 육체와 분리되어 존재할 수 있음을 인정하지 않을 수 없을 것이다. 물질만이 참되다고 주장하는 일원론자는 당연히 사후의 삶이 가능하다는 것을 인정할 수 없을 것이다. 아퀴나스는 이러한 문제에 직면했지만 그것을 해결했다는 것은 어디에서도 찾아 볼 수 없다.

제 3 장

생물학적 인간관

생물학적 인간관이란 전통적인 이성적 인간관에 맞서서 19세기에 등장한 다윈의 진화론에 입각한 인간관을 말한다. 다윈은 인간이 동물과 근본적으로 다른 존재가 아니라 여러 생물의 종들을 연속적으로 거치면서 서서히 변형되어서 생겨난 **진화한 동물**에 지나지 않는다고 주장하였다. 좀더 구체적으로 말하면 인간은 원숭이의 혈통을 이어받은 동물이라는 것이다. 인간을 이렇게 이해한다면 인간학은 동물학의 한 부분에 불과한 것이 되며, 인간이 진화를 통해서 동물에게서 분리된 후 지금까지 아무리 오랜 세월이 흘렀더라도 그것은 인간이 동물로부터 분리되기 전에 동물로서 보낸 세월에 비하면 아무 것도 아니라고 한다. 따라서 인간과 동물 사이에 차이점이 있다고 할지라도 그것은 그렇게 중요한 것이 못되며 차이점보다는 공통점이 더 많고 더 근본적인 것이라고 한다. 결국 인간은 단지 하나의 동물이라는 것이다.

1. 다윈주의

1) 사상적 배경

1859년에 출간된 『종의 기원』에서 다윈은 각 종은 독립적으로 창조되었다는 견해를 반박하면서 오히려 한 종의 다른 종으로의 점진적 진화를 강조하였다. 각 개체는 생존을 위한 투쟁을 해야 하며 제한된 자원을 놓고 서로 경쟁해야 한다는 것이 그의 사상이다. 각 개체들이 처한 환경에 가장 잘 적응하는 종만이 살아남을 수 있으며 많은 후손을 남기게 된다. 같은 종의 개체들이라도 서로 조금씩 다르기 마련이며 이 때문에 **자연도태**가 생긴다. 다윈은 "이러한 생존경쟁으로 말미암아 아무리 미미한 변화라도 진화를 야기하는 변화라면 무엇이나 그것이 어떤 종의 개체에 조금이나마 이익이 된다면 그 개체의 생존에 기여할 것이고, 대부분 그 후손에게도 유전될 것이다"[20]라고 말한다.

다윈은 "진화의 법칙에 대한 우리의 무지는 심각하다"고 강조한다. 1850년대의 과학적 지식체계 속에서 그의 가설은 분명 어둠 속에서의 비약이었다. 그의 주장이 논쟁을 불러일으켰다는 것은 의심할 나위가 없다. 그 당시에는 각 종은 창조자가 부여한 불변의 성질을 가진다는 생각이 뿌리 깊었다. 생존경쟁에 대한 다윈의 주장은 종 같은 것은 실제로 존재하지 않거나, 적어도 고정 불변하는 종은 없음을 시사하는 것이었다. 다윈은

다윈 (1809-1882)

20) 로저 트리그, 최용철 역, 『인간본성에 관한 10가지 철학적 성찰』, p. 70.

"종이라는 용어를 서로 유사한 일군의 개체를 지시하기 위해 편의상 만들어진 용어"로 간주한다. 그는 변화의 점진성을 강조했으며, 낯설고 새로운 종으로 변화하는 돌연한 비약을 믿지 않았다. **자연도태설**에 의하면 각 단계에서의 변화는 일련의 정교한 단계를 거쳐 발생할 수밖에 없다. 그런데 "왜 우리는 주변에서 일어나는 이러한 연속의 과정을 볼 수 없는가?" 나아가 "왜 모든 생물체는 불가해한 혼돈상태에서 서로 섞이지 않는가?"라고 그는 묻는다. 다윈은 변화가 매우 느리다는 것과 어느 일정 기간 동안에 변화하는 종은 소수에 불과하다는 사실을 강조한다. 그렇다면 우리는 화석의 변천을 통해서 점진적 진화의 흔적을 확인해 볼 수 있어야 한다. 그러나 그는 화석들에서 발견되는 명백한 비약에 당황한 적도 있었다.[21]

종에 관한 이러한 견해는 아리스토텔레스와 플라톤에서 시작된 존재의 **본질**에 관한 철학적 전제를 배격하게 되었다. 생명체는 이제 어떤 종의 보편적 특질을 공유하는 것으로 생각되지 않았다. **말 자체**나 **개의 본성**에 대응되는 어떤 것도 존재할 수 없다. "건전한 판단력과 폭넓은 경험을 소유한 자연주의자들의 의견"에 따라 하나의 집합으로 묶여지는 많은 개별적 동물들이 존재할 뿐이다. 종이란 관대하게 잘 정의된 대상들임을 다윈은 받아들인다. 그러나 자연도태에 의해 발생하는 진화는 늘 각 개체에 이익이 되는 것이지 그 개체가 속한 종에 이익이 되는 것은 아니라고 생각한다. **종의 생존**을 말하는 것은 실제로는 반(反)다윈적인 것이다. 고정적 특질보다는 점진적 변화를 강조하기 때문에 진화론적 변천이 중요한 것이다. 핵심요인은 현재의 종 구성원들의 조상이지, 그 구성원들이 다른 생명체와 공유하는 피상적인 유사성이 아니다. 서로 다른 종을 한 집합으로 묶을 수 있는 것은 다윈이 언급한 '혈연 공동체의 보이지 않는 유대' 때문이다.[22]

---

21) ibid., pp. 70-71.
22) ibid., pp. 71-72.

2) 세계에서의 인간의 위치

다윈은 인간이 물질세계의 한 부분에 지나지 않는 존재로 어떤 특별한 지위에 있지 않다는 주장을 한 최초의 사상가는 아니었다. 엄밀히 말하면 실제로 이러한 문제와 관련하여 플라톤과 아리스토텔레스가 소크라테스 이전의 철학을 반박했던 까닭은 그들이 맹목적 우연의 작용과는 대비되어 이해될 수 있는 **목적**을 추구했기 때문이다. 초기 그리스 철학 역시 변화와 유동의 문제에 매혹되었고, 때로는 명백한 불변성을 외면하면서까지 그러한 문제를 강조하였다. **변화**와 **진화**를 강조함으로써 결과적으로 고정불변의 범주를 다윈이 배격한 것은 이상한 일이 아니었다. 그러나 이러한 논의는 "신이 야수, 암소, 파충류를 각각 그 종에 따라 창조했다"는 창세기에 나오는 얘기와 모순된다. 각 종은 신의 의도로 창조되었던 것처럼 보인다. 무엇보다도 신은 인간을 자신의 형상처럼 창조했다. 이렇게 하여 인간의 특수한 지위가 확보되는 것처럼 보였다.

다윈은 신의 목적이 아니라 자연도태와 관련하여 생물학적 세계의 질서를 설명한다. 맹목적이고 무의식적이며, 기계적인 과정이 신의 의식적인 창조를 대신한다고 할 수 있다. 우연적 변화가 생물체에게 이익이 되면 선택되고 피해를 주면 배제되는 생존경쟁이 중요한 것이 되었다. 그 결과 **호모사피엔스**는 여러 동물의 종 가운데 하나로서 끝없이 장구한 진화의 과정에서 생긴 우연의 결과가 된다.

진화론이 창조설을 밀어낸 것은 분명한 사실이지만, 목적이 정말로 우연으로 대치되거나 유신론이 무신론으로 대치된다고 가정하는 것은 너무 성급한 처사이다. 다윈은 종에 관한 자신의 주장이 호모사피엔스에게 일반적으로 적용될 수 있음을 분명히 인정한다. 다윈은 불멸에 대한 믿음이 얼마나 강렬하고 본능적인가를 언급한다. 그는 마침내 지구 위에서 생활을 하지 못할 정도로 태양이 차갑게 식을 거라는 물리학자의 견해를 인용한다. 그는 세계의 파멸이 인간 영혼의 불멸을 믿는 사람에게는 그다지 가공스럽지 않으리라고 주장한다. 그럼에도 불구하고 계속되는 인간의 진화과정에 대한 그의 믿음은 대단히 의미심장하다. 다윈의 지지자들은 다윈의 학설이 진화와 진보를 전제한다는 것을 종종 부정한다. 우연한 변화에 가장 잘 적응하는 자는 살아남고 많은 후손을 남긴다는 생각은 생물학적 최적자가 다른 의미에서 최선의 존재임을 뜻하지는 않는다. 생명체가 그들이 처한 생태적 환경에 적응했기 때문에 살아남는다는 사실 이외에 자연도태의 과정에 어떤 명확한 방향이 있어야 하는 것은 아니다. 생명체의 진화가 이미 정해진 어떤 목적에로의 진행이어야 하는 것은 아니다.

우월한 자는 그들의 환경에 더욱 잘 적응했기 때문에 진화했다는 것이 **스펜서**의 생각이다. 이러한 사상은 "각 종의 자연도태의 모든 단계는 그 종이 생활조건과 관련하여 어떻게 진화해 왔는가를 함축한다"는 다윈의 사상과 크게 다르지 않다. 그는 진보의 가능성에 대해 스펜서보다 신중했으나, 인간본성에 관해서는 지극히 낙관주의적 인상을 준다. 인간의 본성은 개선되어 왔으며 앞으로도 계속 그럴 것이다.

3) 인간의 본성

도덕의 영역만큼 인간의 점진적 진보가 분명히 드러나는 곳은 없다고 다윈은 보았다. 다윈은 **흄**을 따라 도덕을 인간본성의 결과로 간주하면서 즐겨 흄을 인용한다. 도덕은 우리의 자연적 충동이나 본능과 분리되어 이성에 의해 결정될 수 없다. 도덕은 **공감**처럼 우리 본성의 일부인 **욕구**와 도덕적 **감정**에서 발생한다. 다윈은 인간에게는 근본적으로 유전된 본능이 있음을 인정한다. 그는 자기보존, 성애, 신생아에 대한 모성애, 젖을 빠는 유아의 욕구 등을 예로 든다. 이러한 본능은 통상 동물들도 갖고 있다. 다윈은 도덕이 우리를 동물과 구별하게 해주며, 따라서 우리의 도덕감이 우리를 저급한 짐승과 구별해 주는 가장 중요한 차이라고 생각한다. 문제는 어떻게 이러한 도덕감이 진화의 개념으로 설명될 수 있느냐는 것이다. 다윈은 어떻게 우리가 우리 자신에 대한 타인의 의견에 주의를 기울이게 되는가를 강조한다는 점에서 흄을 따르고 있으며, 선사시대부터 공동체는 각 구성원의 행동에 대해 영향력을 행사해왔다고 믿는다. 그는 공동체의 이익을 위하여 저급한 동물과 마찬가지로 인간도 **사회적 본능**을 획득하게 되었다고 생각한다. 도덕감은 이러한 사회적 본능에 근거하고 있으며, 최초의 원시인도 오직 부족의 복리에만 관심을 가졌으리라고 그는 본다. 그리고 작은 부족들이 결합됨으로써 점차 국가가 형성되지만 국가의 구성원들은 대체로 서로에 대해서 잘 알지 못했다고 그는 말한다. 그럼에도 불구하고 가장 단순한 이유가 그들로 하여금 공감의 대상을 국가 구성원들 다음으로 모든 국가, 모든 종족의 순으로 확대하도록 권장한다. 실제로 다윈은 모든 생명체에 대한 공평무사한 사랑을 '인간의 가장 고귀한 속성'이라고 말한다. 그렇지만 예를 들어 악에 대한 대가로 선을 행해야 한다고 생각할 때처럼 그는 사회적 본능 그 자체가 도덕의 최고 단계로 우리를 이끌지 않을지도 모른다는 점을 인정한다. 그는 공감과 결합된 사회적 본능은 이성과 교육의 도움을 받아서 그리고 신에 대한 사랑이나 두려움을 통해서 확장되어야 한다고 주장한다.

자연도태를 통해 진화는 개별적으로 진행된다. 다윈은 원시사회에서 가장 영리하고 방어를 가장 잘하는 사람들이 가장 많은 후손을 거느리게 된다고 지적한다. 이것은 그들이 사는 부족에게도 영향을 미치게 된다. 왜냐하면 이러한 인물을 가장 많이 가진 부족은 다른 부족들을 밀어낼 것이기 때문이다. 재화의 결핍으로 말미암아 개인들은 경쟁을 하게 되고, 도덕은 방해 요인이 될 수 있다. 다윈이 지적하듯이 어떤 부족의 성원들은 기꺼이 **이타주의**자가 되어 자신의 생명을 희생함으로써 그의 고귀한 본성을 이어받을 자식을 남기지 못하기도 한다. 그렇다면 도덕적 덕성은 어떻게 전해질 수 있는가? 오로지 적자만이 생존하고 도덕이 때때로 생존을 저해한다면 적자생존은 도덕에 대해 적대적 경향을 가질 수도 있다. 다윈은 도덕이 개인에게 이득이 될 수 없을지라도 부족에게는 도움이 될 수 있음을 믿고 싶어 했다. 그는 말한다. "애국심, 성실, 복종, 용기, 공감을 상당한 수준까지 소유함으로써 언제나 타인을 희생시키고자 하는 사람들을 많이 포함하는 부족은 다른 부족을 지배할 수 있으며, 이것이 바로 자연도태가 될 것이다."

도덕은 분명히 사회의 응집력에 도움을 주지만, 다윈이 직면한 문제는 어떻게 도덕이 교육이 아닌 유전을 통해 상속될 수 있느냐는 것이었다. 개인들이 자신보다 다른 사람을 배려하면서도 생존경쟁에서 어떻게 살아남을 수 있는가를 입증할 수 없다면 도덕은 유전될 수 없을 것이다. 다윈은 유전의 매커니즘에 대해 어떠한 개념도 없었으며, 현대의 유전학 일반에 대해서도 무지했다. 그는 유전자에 대한 지식, 가령 DNA의 극히 미세한 부분이 복제될 수 있고 유전될 수 있다는 등의 지식이 전혀 없었다. 이 때문에 **도덕의 기원**을 설명하려는 그의 시도는 더 이상 전개될 수 없었다.

행동에 영향을 미치는 유전적 변화는 적절한 상황 속에서 곧바로 확산될 수 있다. 후손에 대해 많은 관심을 기울이는 동물은 후손을 등한시하는 동물 보다 많은 후손을 남길 것이다. 자식들은 보살핌 속에 관련된 유전인자를 물려받을 것이며, 거꾸로 그들은 자기들의 후손을 보살피게 될 것이다. 마찬가지로 양친의 보살핌을 받은 어린이는 무관심 속에서 자란 어린이보다 생존의 확률이 높아질 것이다. 부모의 애정과 자식의 효성은 자연도태 과정을 통해 인간본성의 한 부분이 될 수 있다. 사회적 본능에 관한 다윈의 근거는 적절하다. 부족의 이익에 관한 다윈의 언급은 유전인자의 확산과 관련되며, 이것은 다른 구성원들이 나의 이익과 매우 밀접하게 연관되는 친척일 때에만 이루어질 수 있다. 그때 다른 구성원들이 나와 같은 유전인자를 가질 수도 있으며, 따라서 그들을 돕는 것은 나의 유전인자의 확산을 가능하게 할 것이다. 그러나 일단 부족이 국가로 성장하여 그 구성원들이 서로 친척이 아니라고 한다면 순수한 이타주의가 유전적으로 승계되기가 훨씬 어려워진다. 다윈의 이론은 집단보다는 개인들의 상이한 자연도태를 설명하는 데 훨씬 적합하다. 다시 말해 **신다윈주의자**의 관점에서는 개인의 자연도태가 집단의 자연도태보다 일반적으로 더 선호될 가능성이 있다. 문제는 진화된 도덕 감정이 어느 정도까지 유전될 수 있는가 이다. 습관, 이성 그리고 심지어 종교적 믿음에 대한 다윈의 언급은 그 자신이 이러한 문제들을 생물학적으로 해결하는데 한계를 느꼈음을 시사한다.

4) 인간과 사회

진화의 개념은 인간 사회에 대한 여러 구상에 대해 강력한 영감을 제시해 주고 있다. 실제로 진화와 도태의 개념은 여러 가지 상반되는 뜻으로 사용되었다. 다윈의 이론이 통상 개별 생명체의 차원에서 적용될 수 있는 것임에도 사회와 심지어 인종에도 별 무리 없이 적용되었다. **적자생존**이라는 조야한 개념은 노예인종과 대비되는 주인인종이라는 파시스트의 개념에도 적용되었다. 다윈 자신이 인종에 대해 언급한 경우도 있었다. 그는 이른바 코카서스 인종이 생존경쟁에서 터키인들을 어떻게 무찔렀는가를 언급하며 다음과 같이 말한다 : "그리 멀지 않은 과거만 보더라도 무수한 열등 종족들이 세계 도처에서 고도로 문명화된 종족들에 의하여 멸망했던 것이다."[23)]

그러나 인종은 다른 범주의 인간 집단과 마찬가지로 자연도태와 관련될 수 없다. 개인이 유전자의 전달체이며, 국가나 민족은 그 구성원들이 많은 후손을 번식시키는 배경을 제공할 때에만 번영할 수

23) Francis Darwin 편, 『찰스 다윈의 삶과 편지들』(*Life and Letters of Charles Darwin*), London, 1887, 1권, p. 316.

있다. 기술적으로 진보된 문명도 그 구성원들로 하여금 충분히 많은 자식들을 낳도록 권장하지 않는 한 살아남지 못할 것이다. 출생률이 떨어지고 있는 문명화된 부유한 국가는 곤란한 문제에 직면하고 있다. 생산의 주체는 개인이지 민족이나 국가가 아니다. 계급, 인종 혹은 국가이든 관계없이 특정 집단의 구성원들이 다른 집단의 구성원보다 생물학적으로 잘 적응한다면 그 집단의 구성원이 된다는 것 그 자체가 중요한 요인인 것처럼 보일 것이다. 그렇지만 그것은 한낱 허상에 불과하다. 분명한 것은 타당한 생물학적 설명을 하는데 있어서 반드시 집단을 언급해야 할 필요는 없다는 점이다.

그러나 여전히 **신다윈주의** 이론들은 인종주의의 혐의를 받기도 한다. 그렇지만 그 이론들은 인간 유전자의 공동관리를 그들의 주요 문제로 다루기 때문에 우리로 하여금 인류 전체를 생각하도록 권장하기도 한다. 아무튼 많은 사람들이 개인의 경쟁을 강조하는 것에는 강한 혐오감을 느낀다. 진화론은 특정 경제체제의 현상, 즉 자본주의의 현상을 읽어내려고 했으며, 그것을 생물학적 세계에 무리하게 반영시켰다고 비판받기도 한다. 따라서 적자생존은 자본주의가 조장하는 탐욕적인 경쟁을 반영하는 것으로 생각되기도 한다. 특정한 경제체제가 인간본성에 근거하여 이데올로기적으로 정당화되었다는 것이다.

자원의 결핍으로 말미암아 개인들 간의 경쟁이라는 조야한 개념은 자본주의에 대한 어설픈 해석을 뒷받침할 때 쓰이는 수가 적지 않다. 그러나 이러한 개념은 다윈보다는 **홉스**에 기인하는 것으로 다윈은 **이기주의**와는 거리가 멀었다. 오히려 **이타주의**의 발생이 진화론의 문제였으며, 이것은 다른 무엇보다 훨씬 더 어려운 문제였다. 이타주의는 주로 개인들에게 강조되는 것이기 때문에, 사회적 차원에서 그것의 발생을 설명하기란 난감하다. 그들 자신과 그들의 가족에게 직접적으로 이익이 되지 않을 경우 낯선 사람들과 기꺼이 협동해야 하는 이유를 사회적 본능에 관한 논의는 설명할 수 없다. 이러한 논의는 사회적 본능이 자연도태의 과정을 통해 어떻게 획득되는가 하는 문제를 제기하기 때문에 문제를 원점으로 돌릴 뿐이다. 어떤 사회적 이익이든 간에 자신들이 얻은 것보다 많은 이익을 베푸는 사람들은 생물학적 적자생존의 관점에서 불이익을 감수해야 할 것이다. 그렇지만 반대로 사회 구성원들 모두가 손해를 감수하기보다는 이익을 더 많이 취하려고 한다면 사회 역시 번영할 수 없을 것이다. 결국 모든 사회적 현상을 개인들에게 유전적으로 이익이 되는 것과 관련시켜 평가하는 것이 잘못인지도 모른다. 그렇게 하는 것은 극단의 **개인주의**를 표방하는 것이 된다. 그것은 진리에 대한 탐구와 같이 손해와 이익에 따라 평가되지 않는 요인을 무시하는 것이 된다. 아마도 다윈과 그의 지지자들은 단순히 재생산의 이익보다는 그들이 내세우는 진리에 대한 관심에 의해 더 고무되었을 것이다. 어느 하나가 다른 하나를 반드시 능가해야 한다고 생각할 근거는 별로 없다.

5) 현대적 의의

진화와 도태의 개념은 과학적 이론이나 사회체제의 차원에서 수시로 차용된다. 주어진 상황에 가장 잘 적응하는 이론과 체제만이 살아남을 수 있으므로, 이론과 체제의 진화와 변화를 언급하는 것이 용이해진다. 따라서 우리는 다윈의 개념을 새로운 맥락에서 사용할 수 있다. 예컨대 **마르크스주의**자들은 경제적 요인에 의한 사회체제의 역사적 도태에 관해 언급한다. 그러나 이러한 예들은 다윈의 학설을 비유적으로 사용하고 있는 것이며, 진화를 메타포로서 사용하고 있는 것이다. 개인들이 재생산을 통해 얻게 되는 이익에 대해 영향력을 직접 행사하지 않는 한, 자연도태의 과정에 의한 생물학적 진화는 언급되지 않는다. 사회체제는 분명히 이러한 영향력을 행사할 수 있다. 구성원들에게 미치는 이러한 종류의 영향력 때문에 실패할 수 있는 문화들이 있다. 예컨대 독신에 관한 법률을 시행하면서도 외부로부터 양자의 입양을 금지시키는 문화는 곧바로 고사하고 말 것이 분명하다.

한 문화의 사회 규범이 생물학적 적자생존에 미치는 영향은 결코 중립적이지 못하다. 대부분의 사회는 성문제에 대해 규칙을 가지고 있으며, 이것은 성행위와 생물학적 적자생존 사이의 긴밀한 연관성을 감안할 때 결코 놀라운 사실이 아니다. 그러나 적어도 어느 일정 시기 동안은 문화적 변용을 통해 극복할 수 없는 생물학적 한계가 존재한다. 인간본성과 상이한 문화양식 사이의 구체적인 관계를 밝히기란 어려운 일이지만 다윈은 사회의 근거로서 생물학적 특성의 중요성을 강조한다. 확실한 것은 다윈의 이론을 강력히 지지함으로써 각각의 사회는 그 자체로서 이해되어야 한다거나 시공상 독립된 사회 사이에는 공통점이 없다고 주장하는 **상대주의**를 효과적으로 공략할 수 있다는 사실이다.

2. 반다윈주의

다윈의 이론을 인간에 적용시킬 때, 그 핵심에 놓인 한 가지 모순은 진화론이 **인간**이라는 범주를 배격하는 것 같다는 것이다. 진화론은 근본적으로 생명체가 어떤 명확한 단절 없이 다른 생명체로 흡수된다는 것을 주장하는 이론이기 때문에 어떤 한 종에 대해 강조하는 바가 거의 없다. **인간본성**은 여타 생물학적 본성과 명확히 구별되지 않는 듯하다. 인간본성에 대한 진화론적 설명은 다윈주의가 등장하기 이전의 범주를 이미 전제하기 때문에 자가당착에 빠진다고 주장되기도 한다. 그렇지만 진화가 전제되더라도 현재와 같은 일반적인 인간본성을 분명히 확인할 수 있다. 왜냐하면 기록된 역사의 관점에서 볼 때 진화론적 변화는 의미 있는 요인이 못되기 때문이다.

다윈주의가 **급진적 유물론**으로 묘사될 때, 그것은 인간본성에 관한 종교적 관점에 대해 중대한 위협이 될 수 있다. 인간의 개체성과 인간의 사회성이라는 복잡한 문제를 DNA의 문제로 환원시키는 어떠한 견해도 인간 고유의 특질을 무시하는 처사로 비난을 면치 못할 것이다. 그러나 **헉슬리**는 "진화론은 유신론적이지도 무신론적이지도 않다"는 독창적인 주장을 하였다. 분명한 것은 현대의 생화학적 진보에도 불구하고 인간 마음의 미묘함과 인간 사회의 복잡성은 과거보다 더 큰 관심을 받고 있다는 점이다. 모든 것이 간단히 물리적 용어로 번역될 수는 없으며, 자연도태설로 우리의 모든 사유와 행동을 설명할 수도 없다.

한편 **자연도태설**은 우리의 끈질긴 편견 몇 가지를 보여준다. 현대의 **친족선택론**은 우리의 친척들이 우리의 유전자를 공유하기 때문에 우리가 친척을 선호하는 경향이 있음을 보여준다. 따라서 이러한 편애를 촉발하는 유전자는 유전되기 쉽다. 뿐만 아니라 사회 생물학은 소위 **상호 이타성**(reciprocal altruism)의 현상이 생물학적 방법으로 강화될 수 있음을 강조한다. 상호 이타성은 서로 협동하고자 하는 사람과 협동하려는 일반적 의욕으로서, 서로 협동하지 않는 자들을 돕기를 꺼리는 혐오감과도 결합한다. 친족선택과 달리 상호 이타성은 순수한 자기 이익에 호소하며, 홉스의 생각과 매우 유사하다. 이익보다 손해가 큰 행동을 하도록 하는 유전자는 살아남을 수 없다는 것이다. 내가 나를 희생시키면서 남을 도울 때 나의 근본적인 생물적 이익이란 무의미해지기 때문이다.

비이기성을 권장하는 **도덕**과 **진화론** 사이에는 근본적인 모순이 있는 듯하다. 분명히 사회생물학은 왜 인간에게 도덕적이기 어려운 때가 있는가를 논증할 수 있다. 생물학적 유전 때문에 우리는 우리 자신의 이익이나 우리 가족의 이익을 추구하지만 우리의 도덕은 타인의 이익을 고려하도록 명령한다. 우리의 자연적 욕구는 우리를 한 방향으로 가도록 조장하지만, 이성은 그렇게 하지 말라고 말한다. 다윈 자신은 이러한 설명을 받아들일 수 있지만, 최근의 신다윈주의자들 중에는 도덕을 완전히 진화론적 용어로 설명하려는 사람이 있다. 이러한 기획은 명백히 잘못이다. 인간의 이성능력은 진화의 산물일 가능성이 있지만, 우리의 자연적 경향과 분리될 수 있을 만큼 유연하며 자유롭다. 이성은 자연적 경향에 대해 판단을 내리는 위치에 있다. 분명히 진화론은 인간의 이성 기능을 설명할 때보다는 우리의 자연스런 동정심과 혐오감, 다시 말해 호오 감정의 기원을 다루는데 있어 훨씬 더 효과적이다. 진화론 그 자체가 인간 이성의 산물인 까닭에 이성에 대해서만은 진화론을 적용하지 않는 편이 현명하다.

신다윈주의는 인간의 참된 본질에 대한 우리의 이해를 확장시킨다. 그것은 인간 특질의 일부가 생물학적 이득을 준다는 것을 입증한다. 그러나 그것이 사물의 체계 속에서 인간 종이 차지하는 지위를 총괄하는 이론으로 등장할 때 논쟁을 불러일으킨다. 다윈의 사상이 제기한 본래 문제는 고스란히 남아있다. 우발적인 유전적 변화에 의한 자연도태는 목적의 개념을 거의 완전히 배제하는 것처럼 보이다. 진화론은 인간 도덕의 의미, 인간 이성의 의미를 비롯하여 결국에는 동물들이 물려받지 못했다고 할 수 있는 여타의 특징들의 의미를 너무 쉽게 배제해 버린다.

3. 진화론의 수정

인간과 성장한 원숭이와의 유사성은 인간과 새끼 원숭이와의 유사성만큼 뚜렷하게 나타나지는 않는다. 새끼 원숭이에게는 두개골과 손, 발 따위가 인간과 비슷한 형태를 갖추고 있으며, 털이 덜 나 있으며, 그 특유의 색소도 적고, 호기심이 많고 실험을 좋아하고 학습 능력이 많다. 이러한 사실만으로도 고전적 다윈주의나 통속적 다윈주의가 결정적인 점에서 그 힘을 상실하게 된다.[24] 인간에 이르는 발전은 다 성장한 원숭이를 거쳐서 전진한 것일 수는 없다. 왜냐하면 인간은 원숭이에 있어서는 하나의 과도기적 단계에 불과하고 원숭이에 의하여 극복되어진 하나의 상태를 확고하게 보존하고 있기 때문이다. 여기에서 다음과 같은 결론이 도출된다 : 즉 인간이 아니라 오히려 동물이 더 진보한 존재라는 것이다. 인간은 다시금 무엇인가를 해체하여 버렸다는 것이다.

자연주의는 우리의 신체적 반면(半面)을－아무리 그것이 특수하게 인간적인 것이라 하더라도－단적으로 우리들의 동물적인 반면으로 간주하였다. 그럴 때 우리를 인간으로 높여주는 것은 우리의 동물성에 덧붙여 추가되는 **이성**뿐이다. 이와 같은 사고방식이 처음에는 기원론에서도 아무런 비판 없이 계속되었다. 그러나 분명히 동물은 인간에게는 결핍되어 있는 많은 것을 가지고 있다. 인간은 동물이 아니고 또 그 위에 무엇이 덧붙여진 것도 아니며 오히려 훨씬 더 근본적인, 따라서 신체상으로도 그 영향이 이미 나타나는 차이성은, 인간이 다른 점에서는 동물보다 못하다는 점에서 나타난다. 그러므로 인간에로의 발전은 단지 동물로부터의 계속적인 발전일 수는 없고 오히려 동물로부터 무엇인가를 후퇴시키지 않으면 안 된다. 어떤 사람들은 영장류(원숭이와 인간이 함께 속하는 과를 동물학에서는 그렇

24) 미카엘 란트만, 허재윤 역, 『철학적 인간학』, 형설출판사, pp. 183-184.

게 부른다)의 일반적인 유적 이념은 유인원(anthropoide)의 특징보다 인간(hominide)의 특징을 훨씬 더 많이 가지고 있다고 생각한다. 이 원초적 형상에서 원숭이가 갈라져 나왔고 따라서 원숭이는 그것을 다만 그의 유아적 단계에서만 나타낼 뿐이지만, 인간은 비록 경험적으로는 뒤에 생겨 나온 것이지만 그 형상을 더 충실하게 고수하고 있다는 것이다. 즉 인간은 보다 원시적인 원초적 형상을 나타내고 있다는 것이다. 그렇지만 인간 역시 "동물-인간의 과도영역으로부터 2000만년이라는 장기간의 인간화 과정을 통해서 자기 자신, 즉 인간에로의 길을 찾아나가야 했던 것이다."[25)]

또 다른 사람들은 홀란드의 해부학자 **볼크**(Bolk)의 지도하에 인간의 '진짜' 원숭이로부터의 기원을 고집한다. 그들은 이른바 **지체화**(Retardierung)라는 보조 가설을 채용한다. 볼크에 의하면 우리에게 알려지지 않은 어떤 근거에서—아마도 기후가 나빠졌다든가, 내분비선에 이상이 일어났다든가 해서—원숭이에 있어서는 유아적 구조로부터 성숙한 어른의 구조에로 이르는 정상적인 발전이, 인간에게 있어서는 부분적으로 지체되어 졌다는 것이다. 즉 늦추어 지거나 아니면 완전히 억제되어 졌다는 것이다. 인간도 물론 성장하고 어른이 된다. 그러나 구조상으로는 인간은 어른이 되어서도 원래 유아적 단계이어야 할 단계의 특징들을 아직 보존하고 있다. 발전이 그에 내재해 있

25) 원숭이와 인간 사이를 연계해 주는 것인 소위 "빠진 고리"가—그것이 존재하지 않는다는 주장은 다윈주의의 반대자들이 수없이 행하였다—1936년에 Australopithecus transvalensis에서 발견되었다. (한편 잘못 그렇게 불려진 Pithecanthropus erectus 즉 Java인과 북경인—이들의 화석이 보다 먼저 발견되었다—은 사실은 아직도 원시적이긴 하나 최고의 인간형을 나타내고 있다.) Australopithecus는 수상 서식 동물이 아니고 관목의 초원에서 서식하였으므로, 많이 인용되었던 저 "수상으로부터의 하강"이 일어날 필요가 없었고 또 어쨌든 인간화의 최초의 작용을 이룰 필요도 결코 없었다. 인간 생물학자인 Bloom과 Washburn에 의하면, 처음에 인간의 직립자세가 생겨났고 그 다음에 예기치 않았던 부산물로서 두뇌의 증대화에 따라서 고도의 정신능력이 뒤따라 왔다고 한다. 직립자세가 먼저 있었고 안면과 두뇌의 인간화는—도구 사용을 위한 손의 해방에 의해서 가능케 된—제2단계의 인간화 작용을 나타낸다. 신체가 정신보다 먼저 인간적이었다.

는 법칙에 따라 이 단계를 넘어서 나아가기 전에 인간은 이미 어른이 된 것이다. 원숭이에게 있어서는 과도기적인 것이 인간에게 있어서는 영속적인 것이 되고 있다. 인간은 좀 심하게 표현하면 '보다 더 높은 성장을 하지 못하고 유아적 단계, 심지어 태아적 단계에 붙잡혀서 머물고 있는 젖먹이 원숭이'인 것이다. 그리고 유아적 상태에 고정되어 있음은 많은 종류의 동물들에게서도 관찰되는 현상이다.

제 4 장

비합리주의적 인간관

비합리주의적 인간관이란 이성적 인간관에 반대하여 이성이 아니라 의지를 강조하는 인간관을 말한다. 근세에 와서 이성적 인간관의 **이성의 절대화**에 대해서 맨 먼저 반기를 든 것은 괴테(Goethe, 1749-1832)와 헤르더(Herder, 1744-1803) 등의 낭만주의자들이었다. 인간의 인식 기능에는 **이성**과 **감성**이 있는데 낭만주의자들에 의하면 이 둘은 동등한 가치를 가졌거나 아니면 감성이 이성 보다 더 우월하다고 한다. 그리하여 낭만주의자들은 감정이나 정열을 이성 보다 더 높이 평가한다. 괴테에 의하면 이성적인 생각보다는 감성적인 느낌이 더 풍부하고 깊은 앎을 우리에게 가져다준다. 그러므로 이성보다 감성이 더 고귀한 것이고, 추상적인 이론을 추구하는 철학자보다 구체적인 현상을 느끼는 시인이 더 완전한 사람이라는 것이다. 따라서 괴테 시대의 사람들은 철학이나 과학에 대해서 보다 예술과 역사에 대해서 더 흥미를 가졌다. 괴테 시대의 낭만주의자들이 반대한 것은 추상적인 이론을 추구하는 사변적 이성뿐만이 아니고 분석, 측량, 계산하는 이성, 즉 대상을 기계적으로 다루어서 이를 기술적으로 지배하려는 자연과학적인 이성에 대해서도 마찬가지였다. 이러한 이성이 생각하는 대상은 신비도 비밀도 의미도 없는 기계적인 자연이지만, 그러나 우리의 세계는 그렇게 메마르고 생명 없는, 그렇게 가난하고 불쌍한 세계는 아니라고 괴테는 말한다. 우리가 세계의 진정한 깊이를 이해하기 위해서는 이성만으로는 불가능하고 우리의 마음의 모든 능력과 모든 감정을 동원해서 전인적으로 그것에 접근해야만 한다. 우리의 세계의 깊이는 우리의 마음의 깊이에 대해서만 스스로를 밝힌다. 그리하여 세계의 깊은 속은 우리에게 이성을 통해서 알려지는 것이 아니고 마음 전체를 통해서 느껴지는 것이다.

한편 "모든 이성적인 것은 현실적이고 모든 현실적인 것은 이성적이다"라고 말한 헤겔에 맞서서 쇼펜하우어가 "인간의 본질은 이성이 아니고 의지이다"라고 말함으로써 이성적 인간관은 흔들리기 시작했다. 쇼펜하우어에 의하면 인간은 그 깊은 본질에 있어서 **의지**라고 한다. 의지가 이성을 그의 봉사자로서 만들어 낸 것이며 따라서 근원적인 것은 의지이고 이성은 단지 그 의지를 위한 수단에 지나지 않는다는 것이다. 의지는 근원적인 삶의 힘으로서 그 자체로서는 맹목적이기 때문에 이성이 이를 도와주어야 한다는 것이다. 이성은 맹목적인 삶에의 의지에게 목표로서의 **표상**들을 보여 준다. 그런데 이 표상들은 실재하지 않는 환상에 불과한 것이다. 따라서 이성의 목적은 참된 진리를 알려는 것이라기보다는 환상을 만들어 내고 속임수를 만들어 내는 것이라고 쇼펜하우어는 주장한다. 그렇다면 우리의 마음속에서 우리의 삶을 지배하고 있는 것은 합리적 이성인가 아니면 맹목적 의지인가? 물론 이성이 아니고 의지라고 쇼펜하우어는 주장한다. 의지는 이성 보다 더 강한 힘을 가졌을 뿐만 아니라 더 근원적이고 더 본질적이다. 쇼펜하우어의 이러한 주장은 니체와 마르크스 그리고 프로이트에게 강한 영향을 미치고 있다.

1. 쇼펜하우어의 인간관

1) 사상적 배경

쇼펜하우어(Arthur Schopenhauer, 1788-1860)는 처음에는 단찌히에 살았으나 뒤에 함부르크로 옮겨온 부유한 장사꾼 가정 출신이다. 나쁜 유전적인 결함을 띠고 있었으며 부모들의 부부관계도 좋지 않았다. 집에는 돈과 호강스러운 생활은 있었으나 행복은 없었다. 이들은 여행을 통해 내적인 공허함과 지루함을 극복하려고 노력하였지만 항상 불만으로 차 있었다. 아버지가 일찍 죽은 뒤에(아마 자살을 했을 것이다) 쇼펜하우어는 아들의 일보다도 자기 자신의 일만을 생각하는 어머니와 사이가 나빠졌다. 지독한 에고이스트이고 지칠 줄 모르는 욕망에 사로잡혀 있던 쇼펜하우어의 비관주의는, 아직 완성되지는 않았다고 하더라도, 이미 이 때에 그 터전이 마련되어 있었다. 피히테는, 한 사람이 어떤 철학을 가지고 있는가 하는 것은, 그 사람이 어떤 인간인가 하는 것에 달려 있다고 말한다. 어린 쇼펜하우어는 원래는 장사꾼이 되도록 정해져 있었으나 마침내 학자가 되는 길을 강행하여 독학을 해서 여러 분야에 걸쳐 놀랄 만한 지식을 빨리 획득하였다. 그는 1829년 헤겔이 교수로서 활동하고 있던 베를린에서 교수자격을 따냈다. 쇼펜하우어는 헤겔의 강의 시간과 같은 시간에 자기의 강의를 배정함으로써 헤겔에 도전했다. 그러나 그는 이 유명한 인물에 대항할 수가 없었

쇼펜하우어 (1788-1860)

다. 그의 강의들은 비참하게 실패했다. 그래서 그는 교수의 길을 포기하고 여행을 떠났으며, 여러 가지 과제들과 계획들에 몰두하였다. 마침내 1833년부터 그는 자유 문필가로서 또 대학에서 가르치는 철학 전반과 특히 '헤겔과 그 도당들'에 대한 복수를 단념한 채 프랑크푸르트에서 살았다. 그는 『의지와 표상으로서의 세계』의 제 2판 서문에서, 나의 철학이 "그 대학의, 영양분이 풍부한 좋은 대학의 철학과 무슨 상관이 있느냐?"고 묻고 있다. 대학의 철학은 "백 가지의 의도들과 천 가지의 배려들로 짓눌려 있으며, 조심스레 그 길을 더듬는다. 이러는 동안에 이 철학은 언제나 군주를 두려워하고, 정부의 의지, 지방교회의 규정들, 출판업자의 요망, 학생들의 평판, 동료교수들의 좋은 우정, 일상적인 정치의 과정, 독자들의 순간적인 동향, 기타 모든 것을 고려하고 있다."

쇼펜하우어의 붓을 움직이게 하는 복수심(Ressentiment)을 느끼기 위해서는 그의 저작을 많이 읽을 필요도 없다. 그는 오해받고 박해받고 있다고 느끼고 있었으며, 기분이 좋지 않아 세상으로부터 – 모든 것들로부터는 아니라고 하더라도 사교계로부터는 – 물러나 있었으며, 사람보다 자기가 기르는 강아지를 더 존중하면서 특이한 생활을 하였다. W. 부쉬(Busch)는 한 스케치에서 이 두 가지를 그의 비관주의와 함께 꼭 들어맞게 그려내었다. 쇼펜하우어는 처음에는 거의 관심을 끌지 못했었으나, 뒤에 와서는 가장 많이 읽히는 철학적인 저술가들 중의 한 사람으로 되었다. 쇼펜하우어의 철학의 요점은 이미 그의 학위논문 『충족이유율의 네 가지 뿌리에 관해서』(1813)에 있다. 그의 주저는 『의지와 표상으로서의 세계』(*Die Welt als Will und Vorstellung*, 1819)이다. 그리고 『윤리학의 두 가지 근본문제』(1841)는 인간의 의지와 자유와 도덕의 기초에 관한 두 가지의 수상작품을 싣고 있다. 『소품집』(1851)에는 "생활의 지혜에 관한 잠언"이 실려 있는데 이것은 매우 많이 읽혀진다.

2) 세계에서의 인간의 위치

쇼펜하우어는 헤겔의 이성주의에 반대하여 세계의 본질을 **맹목적인 생에의 의지**(Wille zum Leben)로서 파악하였다. 그에 의하면 세계는 **표상**(Vorstellung)이라고 한다. 인간이 보통 인식하고 경험하는 세계는 공간과 시간의 개별화의 제약 밑에서 인과율에 의하여 지배되고 있다. 그러나 이것은 참다운 실재가 아니고 나의 표상에 지나지 않는다. 다시 말하면 그것은 **물자체**가 아니라 현상의 세계에 지나지 않는다. 쇼펜하우어는 관념론적 전통에 서 있다. 그는 우주를 개별적 인간을 통하여 해석한다. 그는 인간 안에서 최상의 의지를 보았다. 인간은 어떤 것을 원하고, 의도하고 만들거나 소유하려고 한다. 이 의지가 인간으로 하여금 행동을 하게하고 변화된 어떤 환경에 인간을 귀착시킬지도 모른다. 이것은 인간이나 세계나 마찬가지다. 의지는 창조하는 세계의 기초적 원리이다. 모든 자연은 의지의 표현이다. 돌 속에서 의지는 맹목적이지만 인간 안에서 의지는 자신을 의식한다. 그래서 인간은 세계의 축소된 모형이라고 한다. 인간은 **축소된 세계**이다.[26)]

쇼펜하우어에 의하면 우리는 보통 세계를 시간·공간 안에 존재하고 인과율에 의해 규정되어 있는 것으로 생각하는데, 사실은 공간·시간은 우리의 직관의 선천적인 형식이고, 인과율은 우리의 오성의 카테고리이다. 즉 경험의 대상으로서의 세계는 이러한 **직관형식**과 **카테고리**에 의해 성립되어 있는 것이다. 따라서 이러한 경험적 세계는 단지 나의 표상임에 불과하다. 그것은 결코 세계의 있는 그대로의 모습을 나타내는 것이 아니고, 다만 우리에 대해 나타나는 모습을 보여주는 것에 불과하다. 바꾸어 말하면 그것은 물자체가 아니고 현상의 세계다. 물자체의 세계는 현상의 세계와는 전혀 다른 것으로 존재하고 있다. 물자체의 세계의 파악은 우리 자신의 신체를 손잡이로 해서만 가능하다. 진정한 의지는 손이 운동할 때 함께 작용하고

---

26) 프로스트/ 서배식 역, 『열 가지 주제로 읽는 철학 이야기』, 현암사, 1992, p. 91.

있는 무의식적인 것이어야 한다. 따라서 의지의 활동과 신체의 운동은 결코 인과관계에 의해 결합된 두 개의 객관적인 상태가 아니고, 오히려 의지의 작용은 필연적으로 신체의 운동이다. 양자는 즉 하나는 전혀 직접적으로, 다른 하나는 객관적으로 주어진 동일물에 불과하다. 이와 같이 신체를 손잡이로 해서 공간·시간 및 인과율이라는 주관적 형식에 의해 성립되는 표상의 세계를 넘어서 그의 내적 본질인 물자체의 세계를 인식할 수 있다. 이러한 인식에 도달하면 자기 신체 이외의 다른 객관의 근저에도 그것의 본질로서 의지가 존재하고 있다는 것을 알 수 있다. 이것으로 유추해 볼 때 동물, 식물만이 아니고 무기물에 있어서도 그 근저에 의지가 존재한다고 할 수 있다.

3) 인간의 본성

쇼펜하우어는 세계의 근거로서의 **의지**[27]를 긍정하는 데서 출발한다. 슈펜하우어는 칸트의 물자체가 우리의 모든 인상의 근원인 의지라고 한다. 존재하려는 의지, 살려는 맹목적인 의지는 세계에서 모든 분투와 노력의 원인이며 모든 악과 고통의 원인이다. 인간의 본질이 이성에 있는 것이 아니라 의지에 있다면 우리 인간이 살고 있는 세계는 고통의 세계가 될 수밖에 없다. 존재하려는 의지, 살고자 하는 의지는 세계에 존재하는 모든 투쟁, 슬픔, 악의 원인이 되고 있기 때문이다. 의지는 깊고 충동적인 욕망 이외의 다른 것이 아니다. 그런데 욕망은 무한하지만 욕망의 충족은 한정되어 있다. 대개 충족된 욕망은 충족되지 않은 욕망의 10분의 1도 되지 않는다고 한다.

이처럼 쇼펜하우어는 인간의 상황을 관찰한 끝에 우리의 삶이란 의지와 의지의 불충분한 만족 사이의 끊임없는 투쟁이라고 주장한다. 그는 이렇게 인간이 의지·욕구하고, 욕망을 갖고 만족을 열망하는

27) 쇼펜하우어의 '의지'는 다른 철학자들의 영혼에 해당한다. 그것은 칸트의 '물자체'요, 모든 경험, 모든 사물의 근저에 있는 기초이다.

것을 괴로운 것으로, 따라서 **악**이라고 간주한다. "고통은 단지 만족되지 못하고 좌절된 욕구"일 뿐이라는 것이다. 인생이 이처럼 만족을 열망하는 지속적이고 끊임없는 욕망의 상태이기 때문에, **고통**이야말로 바로 삶의 본질이자 인간본성의 실상이다. 반면에 만족과 행복의 순간은 무상하고 일시적이고 덧없는 것으로서 인생의 소극적 측면이다. 쾌락은 단순한 고통의 제거 내지 욕망의 완화에 지나지 않는다는 것이다. 우리의 인생은 너무나도 순식간에 지나가 버리는 쾌락을 빼고 나면, 늘 고통의 지배를 받는다. 어떠한 만족도 영속적이지 않기 때문에 만족은 오히려 다시 새로운 욕구의 출발점에 불과하다. "욕구가 충족되면 또 다른 욕구가 우리를 사로잡는"(루크레티우스)다는 것이다. 따라서 인생은 악이다. 우리의 인생은 살 만한 가치가 없다. 왜냐하면 **곤궁**과 **고뇌**가 그치기 무섭게 홀연히 **권태**가 찾아와서 인간은 필연적으로 심심풀이를 필요로 하게 되고, 그것은 또 다시 고통을 생기게 하기 때문이다. 곤궁과 권태를 잊기 위해 "민중은 빵과 서커스를 필요로 한다"는 것이다. 쇼펜하우어에 의하면 시간적으로 일주일 가운데 6일은 곤궁을 상징하고, 일요일은 권태를 상징한다고 한다. 계급적으로 볼 때 곤궁은 민중의 고통이고, 권태는 귀족과 상류층의 고통이다. 이처럼 인생은 고통과 권태, 욕망과 싫증 사이를 시계추처럼 왔다갔다 한다. 그러므로 인간은 애당초 태어나지 않는 것이 더 좋았을지도 모른다. 그래서 "인간의 가장 큰 죄악은 이 세상에 태어난 것"이고, "인생은 일종의 실수임에 틀림없다"고 한다.[28]

이처럼 우리 인간은 채울 수 없는 욕구를 채우려고 헛되이 노력한다. 욕구를 채우려는 강도에 비례하여 커지는 엄청난 좌절감 때문에 고통은 더욱 심해진다. 인생이란 우리가 그것을 잘 모르고 있을 때에만 살 수 있는 여정이다. 그리고 이러한 고통의 여정 끝에는 알 수 없는 **죽음**이 우리를 기다리고 있다. 우리 육체의 생활은 끊임없이 죽음을 맞이하고 있는, 즉 연기된 사망이다. 숨을 쉬는 것도, 음식을

28) 이윤일, 『현대의 철학자들』, 선학사, 2002, p. 46.

먹고, 잠을 자고, 몸을 따뜻이 하는 것도 죽음과 싸우고 있는 것이다. 그러나 결국 승리는 죽음에게 돌아간다. 우리는 출생과 동시에 죽음의 소유물이 되어 있기 때문이다. 쇼펜하우어는 이러한 죽음에 대한 공포가 철학의 시초요, 종교의 궁극적 원인이라고 보았다. 신학이 죽음의 불안으로부터의 피난처인 것처럼, 정신병도 고통으로부터의 피난처이다. 미친 사람이 미쳐야만 했던 이유는 그가 살고 있는 이 세계가 너무나도 고통스럽고 괴롭기 때문에 이 세계에서 도피하여 잊어버리기 위해서이다. 광기는 괴로움의 기억을 피하는 수단으로 생겨난 것이다.

그렇다고 해서 **자살**이 문제를 해결해 주는 것도 아니라고 쇼펜하우어는 생각한다. 자살은 문제를 해결하는 것이 아니라 단지 서투른 실험을 하는 것에 불과하기 때문이다. 자살은 오히려 더 무서운 실수인지도 모른다. 즉 절멸을 경험하는 실수가 아니라, 그 다음의 인생이 현재의 인생보다 더욱 나쁘다는 것을 발견하게 되는 실수인지도 모른다는 것이다. 자살은 살려는 의지에 대한 승리처럼 보일 수도 있다. 그러나 이 승리는 기껏해야 개인적인 차원에서의 승리에 불과할 뿐, 여전히 의지는 인간이라는 종 속에 고스란히 존속하고 있다. 살려는 의지, 생에 대한 인류의 애착은 자살을 비웃고 일소에 부친다. 자발적인 죽음이 하나 있을 때마다 무수한 비자발적인 출생이 이루어진다. 비참과 욕망은, 의지가 인간을 지배하는 한, 개체의 사후에도 계속된다. 의지가 인식과 지성에 완전히 굴복해 버리지 않는 한, 재앙에 대한 인생의 완전한 승리는 결코 있을 수 없는 것이다.

4) 인간과 사회

이처럼 쇼펜하우어에게 삶의 맹목적인 의지, 또는 의지의 비합리적인 힘은 본능적인 충동·욕망·욕구의 형태로 우리에게 나타나는 데 반해 쾌락은 단지 그러한 것들의 일시적인 만족에 불과한 소극적인 것이다. 즉 쾌락은 생의 본질인 욕망의 단순한 결여나 정지에 불과한 것이다. 그 누구도 이러한 삶의 조건, 존재조건에서 시달리지 않을 수 없다. 다른 사람들도 나처럼 욕망이 있고 그것을 채우지 못해 고통을 받고 있다. 말하자면 다른 사람의 고통이 우리의 고통이고, 우리의 고뇌가 다른 사람의 고뇌이다. 고뇌 또는 고통은 자기의 욕망을 채우지 못했다는 이기주의적 충동에서 나온다. 여기서 쇼펜하우어는 **동정심**(sympathy)을 들고 나온다. 쇼펜하우어에 따르면 동정심은 이타적인 동기에서 나온다. 부도덕성은 이기주의와 무관심에서 유래한다. 반면에 도덕성은 다른 사람의 고통을 우리 자신의 고통으로 여기는 동정심에서 유래한다. 그런 점에서 우리가 감옥에 갇혀있는 죄인에 대해 취해야 할 진정한 태도는 비난이 아니라 동정심이다. 왜냐하면 그의 죄는 곧 우리의 죄와 같은 것이고, 그의 마음속에서 발견되는 욕망과 의지는 곧 우리에게서 발견되는 욕망과 의지와 똑같은 것이고, 따라서 그의 고민은 우리의 고민이기 때문이다. 누구나 욕망에 시달린다는 점에서 내적 본성상 우리는 모두 하나이다. 그래서 우리는 죄인의 고뇌를 직시할 수 있어야 하고, 우리 자신에게 "죄인은 바로 우리이다"라고 할 수 있어야 한다.

그렇다면 우리는 이러한 삶의 맹목적인 의지에서 영원히 벗어날 수 없는 것일까? 쇼펜하우어는 우리가 이러한 고통의 상태에서 벗어날 수 있는 두 가지 **탈출구**가 있다고 보았다. 하나는 **예술적 관조**를 통한 잠정적 해결책이고, 다른 하나는 **의지의 원천적 부정**을 통한 궁극적 해결책이다. 먼저 예술은 우리에게 사심 없는 미적 경험을 가능하게 해 준다. 예술을 통해 우리는 욕망의 무한한 흐름에서 이탈할 수 있으며, 대상에 대한 조용한 관조 속에서 자기 자신을 잊을 수 있다. 예술작품을 감상하는 동안 우리는 순수하고, 무의지적이고, 고통받지 않으며, 무시간적인 인식주체가 되는 희열을 체험할 수 있다. 그래서 예술작품을 관조하는 상태에서 우리는 잠시나마 '수치스럽기 짝이 없는 의지의 충동'에서 해방되어 욕망을 진정시킬 수 있다. 특히 쇼펜하우어는 음악이 예술 중에서도 가장 강력한 예술이라고 보았다. 음악을 모든 의지의 직접적인 개체화이자 모사라고 생각했기 때문이다. 여기서 작곡가는 세계의 가장 내면적인 본질을 밝히고, 가장 깊은 지혜를 말하는 예술가로 평가된다. 쇼펜하우어가 바그너에게 열광할 수밖에 없었던 이유가 바로 여기에 있다.

그러나 예술작품의 창조와 감상도 인간을 고통에서 지속적으로 구제하지는 못한다. 우리는 다시 의지와 욕망의 소용돌이로 떨어지지 않을 수 없다. 예컨대 우리는 미술관에 가서 순수한 미적 관점에서 그림을 감상할 수 있다. 그러나 미술관을 나와서는 한잔 술 생각에 곧장 술집으로 달려갈 수 있다. 잠시 사그러들었던 욕망이 다시 고개를 쳐드는 것이다. 결국 쇼펜하우어에게 예술은 의지의 폭정과 실존의 참담함으로부터 우리가 잠시나마 도피하는 수단이다. 예술은 인생을 때때로 참고 살아갈 만하게 해주는 임시방편인 것이다.

결국 예술은 고뇌의 문제를 해결하는 것이 아니라, 단지 그 고뇌가 상승하는 흐름을 약화시키고 그 흐름에 저항할 뿐이다. 고뇌로부터 완전히 벗어나는 길은 고통을 일으키는 원인인 의지의 완전한 부정과 파멸을 통해서만 가능하다. 그리고 의지의 완전한 파멸은 불행의 상태와 동일한 것이다. 욕망과 의지가 존속하는 한, 고뇌 역시 끊임없이 존속한다. 따라서 고뇌에서 벗어나는 길은 의지의 소멸이나 완전한 금욕적 부정, 즉 **해탈**(Nirvana)을 통해 열린다. 쇼펜하우어에 의하면 불교는 기독교보다 더 심오한 종교이다. 불교는 깊은 수행을 통해 의지를 끊어버리는 것을 최고의 목표로 삼고 있기 때문이다. 궁극의 지혜는 열반 속에 있다. 살고자 하는 의지를 부정함으로써, 인간은 죽을 수밖에 없는 유한자임을 자각함으로써, 또는 인간존재의 본성이 무임을 깨달음으로써 해탈에 이르게 된다는 것이다.

그러나 개인은 열반과 해탈에 의해 구원받을 수 있다고 하더라도 인류 전체는 어떻게 구원받을 수 있을까? 과연 인류 전체의 해탈이 가능할까? 그것은 불가능하다고 한다. 삶의 맹목적 의지는 개인이 죽은 후에도 개인의 죽음을 비웃으면서 그 개인의 자손 또는 다른 사람의 자손 속에 존속하기 때문이다. 쇼펜하우어에 의하면 결국 의지의 근본적이고 철저한 극복은 생명의 원천인 낳으려고 하는 의지를 끊지 않으면 안 된다고 한다. 인간의 욕망 중에서 가장 끈질긴 욕망은 이성과 결합하는 것이다. 살려는 의지의 가장 강한 긍정은 생식충동이다. 이것을 철저하게 부정하지 않으면 안 된다. 아이들은 대체 무슨 죄를 지었길래 태어나서 아수라와 같은 이 지옥의 고통을 겪어야 한단 말인가? 여기서 쇼펜하우어는 그 모든 원인과 책임을 모두 여자에게 돌린다. 자연은 여자들의 전 생애를 보장해주는 수단으로 처녀들에게 불과 2~3년 동안의 미와 매력을 주었을 뿐이다. 그리하여 성적충동으로 이성이 흐려진 남자들은 키가 작고 어깨가 좁으며 엉덩이가 크고 다리가 짧은 이 여자라는 존재를 아름답다고 여긴다는 것이다. 불쌍하고 어리석은 남자들은 이런 여자의 헛된 미에 속아 여자를 평생 돌보아 주는 어리석은 짓을 저지르고 있는 것이다. 쇼펜하우어가 보기에 여자는 우둔하고 생물학적으로 열등한 존재이다. 여자들의 특징은 '본능적인 교활함'과 '뿌리뽑기 어려운 거짓말 습관'으로 요약된다. 한마디로 말해서 여자는 일종의 하등존재이며 어린이와 남자 사이의 중간 단계에 속하는 존재이다. 따라서 남자는 여자와 관계가 없을수록 좋은 것이다. 인생은 여자가 없으면 더욱 안전하고 더욱 순조롭게 되어간다. 남자는 여자의 미에 감춰진 함정을 알아차려야 하며, 그래야 생식이라는 어리석은 희극도 인생이라는 이 쓸데없는 소동도 막을 내리게 된다는 것이다.

5) 현대적 의의

쇼펜하우어는 인간의 본질은 이성이 아니고, 근원적인 삶의 힘으로서 그 자체로서는 맹목적인 의지라고 하였다. 아무런 목적 없이 다만 충동적으로, 그리고 결코 쉬는 일이 없으며 또한 만족하는 일이 없는, 활동하는 의지야말로 인간의 삶의 본질이라고 보았다. 따라서 이 세계는 본질적으로 고통의 세계다. "욕망이 있기 때문에 고통이 있으며 모든 욕망을 버리면 평안과 행복한 상태에 이를 수 있다." 따라서 의지를 완전히 부정함으로써 해탈이 가능하다고 본 것이다.

그리하여 쇼펜하우어는 우리에게 다음과 같은 것을 명령한다. 즉 더 이상 소망할 것이 없는 **니르바나**의 분위기 속에서 우리들 자신으로서 죽을 것, 모든 것을 다 포괄하는 **동정심** 속에서 모든 사람을 형제라고 볼 것, 모든 존재자 전체에서 '모든 것이 하나인 것'만을 볼 것, 불교와 크리스트교의 신비주의 정신에 따라 '모든 것이 하나인 것' 안에서 자기를 잃어버릴 것 등을 명령한다. 헤겔과 쇼펜하우어가 똑같이 엑크하르트에 바탕하고 있으나, 다만 쇼펜하우어에게 있어서는, 그가 단호한 무신론자였기 때문에, 그의 **신비적인 합일**이 기독교적인 것이 아니라는 것은 의심할 여지가 없다. 쇼펜하우어의 신비주의가 관심을 가졌던 문제는 개별화를 극복하는 것과 니르바나였던 것이다.

아무튼 쇼펜하우어의 극단적인 **염세주의** 철학은 아마도 그의 신경증 환자 같은 생애에서 일어난 여러 사건에 뿌리를 두고 있어서 그러한지, 성공적인 성취나 행복 같은 현실의 긍정적인 가치를 제대로 설명하지 못했다는 점에서 한계가 있는 것 같다. 그리고 그의 염세주의 철학은 선한 것과 비교되는 가운데서만 악한 것으로 간주될 수 있는 그러한 사악한 면들을 과장하고 있는 것 같다. 게다가 제시된 결론적 해결책은 이상적인 상태로서, 무를 언급하는 가운데 철저히 부정적이고 애매모호하며, 거의 신비주의에 빠져들고 있다. 그럼에도 불구하고 우주의 비이성적인 힘에 관한 사상이나 창조적 예술을 구원과 행복의 원천으로 본 그의 중심사상은 후세의 많은 철학자들의 관심을 끌기에 충분하였고, 현대철학에 있어서 도전적인 문제점들을 제기한 셈이 되었다. 저명한 일부 철학자들은 그의 부정적 견해를 한층 긍정적 방향으로 전환시키기도 하였다. 니체는 의지를 생에 대한 긍정의 적극적인 힘으로 승화시켰으며, 알베르트 슈바이츠는 부정적 의지를 생명에 대한 경외심이라는 이상을 반영하는 낙관주의적 의지로 전환시키기도 하였다.[29]

---

29) 윌리엄 사하키안, 권순홍 역, 『서양철학사』, 문예출판사, 1991, p. 274.

2. 니체의 인간관

1) 사상적 배경

그리스철학과 기독교는 서구세계의 발전에 지대한 영향을 주었다. 19세기와 20세기의 사상은 그들이 인정하는 것 이상으로 그리스철학과 기독교에 많은 빚을 지고 있다. 그렇지만 더 분명한 것은 이 시기에 걸쳐 이 두 가지가 신랄한 공격을 받았다는 사실이다. 형이상학의 가능성 그리고 인간 이성의 몰가치적인 사용 가능성이 논박의 대상이었다. 마르크스, 니체 그리고 프로이트는 모두 회의의 무기를 휘둘렀던 자들로 묘사되어 왔다. 그들 각각은 저마다의 방식으로 사람들의 이성과 목적이 현실적 가치를 지닐 수 없다고 설파했다. 사람들 언행의 배후에 놓인 진짜 동기와 관심은 그들의 이성과 목적을 통해 파악될 수 없다는 것이다. 마르크스는 이데올로기가 진리를 담고 있기 때문이 아니라, 특정 계급의 경제적 이익을 유지시켜 주는 데 봉사하기 때문에 성립할 수 있음을 보여주고자 하였다. 프로이트는 우리의 의식을 통제할 때 무의식이 무척 중요하다는 것을 보여주려고 했다. 하지만 니체만큼 그토록 진지하게 인간이 합리적일 수 있는 가능성을 반박하고, 그토록 철저하게 분노에 가득 차서 그의 선조가 믿었던 기독교를 비난했던 사람은 아무도 없었다. 그는 우리가 도덕적 체계와 형이상학적 체계를 세우려 할 때 나타나는 현실적인 관심들을 보여주려 했다.

니체 (1844-1900)

도덕 및 형이상학의 ‘계보’나 기원을 밝힘으로써, 그는 그것들에 대한 우리의 믿음을 해체하는 작업에 착수했다.

프리드리히 니체는 1844년 라이프치히 근처에서 태어났다. 그의 아버지와 할아버지는 모두 루터교 목사였다. 다섯 살 나던 해 아버지를 여윈 니체는 어머니와 할머니에 의해 양육되었다. 이러한 점이 기독교에 대한 그의 견해에 영향을 미쳤을지도 모른다. 그는 고전철학을 전공한 후 바젤대학교에서 그 과목의 교수가 되었다. 그는 신약의 교리보다는 그것의 기원에 관해 더 많은 관심을 갖고 있었으며, 예수의 행적에서 신화적 요소를 삭제하고 모든 초자연적 요소를 제거하려 했던 독일인의 성서 비판에 깊은 영향을 받았다. 특히 역사적 인물로서의 예수를 문제삼은 슈트라우스(D. F.Strauss)의 악명 높은 저작들은, 이 젊은이를 유년시절의 신앙에서 벗어나 맹렬한 무신론자로 바꾸어놓았다. 그렇지만 아무리 철저한 무신론이라도 그것은 의미상 기독교의 존재를 전제한다. 무신론은 본질적으로 어떤 특정 종교의 교의에 대한 반동이기 때문이다.

기독교에 대한 니체의 공격은 강렬함에 있어서 그 무엇과도 비길 수 없다. 그는 기독교를 “지금까지 존재했던 거짓말 중에서 가장 치명적이고 유혹적인 거짓말이며, 가장 비속한 거짓말”로 묘사한다. 플라톤도 그의 실재에 대한 이분법적 사고와 그로 말미암은 일상의 물질세계에 대한 평가절하 때문에 비난받는다. 플라톤은 ‘가장 위대한 타락의 가교’로 치부되었다. 니체에게 실재에 대한 플라톤의 견해는 지나치게 정적인 것처럼 보였다. 니체는 만물이 항상 변화한다는 헤라클레이토스(Herakleitos)의 개념에 더 매혹되었다. 현상세계에서 변화하지 않는 것이란 없으며, 불변하는 기준의 원천이 되는 제2의 세계란 존재하지 않았다. 문헌학자라는 그의 지위에 걸맞게, 니체는 자주 이 세계를 다양한 해석이 가능한 텍스트로 보려고 했다. 그는 말한다. “엄밀히 말해 사실이란 존재하지 않으며, 오로지 해석만이 있을 뿐이다.” 철학의 가장 근본적인 전제들을 공격하는 데 그가 얼마나 철저한가는 해석이라는 개념 자체가 해석자의 존재를 함축한다는 주장을 그가 부정했다는 사실에서 가늠해 볼 수 있다. 그는 심지어 해석을 발명이라고까지 주장했다. 그의 주요 목적 가운데 하나는 현재 인정되고 있는 세계가 가능한 여러 해석들 중의 한 결과에 지나지 않음을 보여주려는 것이다. 기독교적 인식에 의거해 어떤 부류의 사람이 갖게 되는 특별한 이익에 부합하여 하나의 해석이 만들어지지만, 그것은 다른 사람에게는 불이익이 된다고 니체는 주장한다. 오로지 하나의 해석만이 옳다는 기독교적 인식은 그 나름의 권위를 유지하려는 시도일 뿐이다. 진리에 대한 주장은 진리가 한낱 환상임을 인정할 때 그 힘을 상실하고 만다.

기독교에 대한 니체의 혐오는 바그너와의 우정도 파국으로 몰고 갔다. 이 위대한 작곡가가 기독교신앙에 지나치게 물들어 있음을 느꼈기 때문이다. 특히 그는 신비적인 오페라 <파시팔>(Parsifal)에 스며들어 있는 기독교적 상징에 역겨워했다. 그러나 그가 행했던 것처럼, 인간 이성의 가능성에 반대하여 살고자 했던 사람들은 더 이상 고무시킬 수 없었던 것이 그의 운명이었다. 그의 건강은 점차 악화되어 35살에는 은퇴하지 않을 수 없었고, 11년간을 정신병자로 지내다 1900년 사망하고 만다. 그의 사상은 사후에 많은 영향력을 발휘했지만 그의 사상이 악용된 데 대해서까지 그가 책임을 져야 하는 것은 아닐 것이다. 그 자신 독일 민족주의자는 아니었으나, 그의 철학이 히틀러의 제3제국(1933-45)하에서 열렬히 받아들여졌음을 이해하지 않고서는, 그의 대부분의 저작을 판독하기 어려울 것이다. 히틀러는 바이마르의 니체 박물관을 방문하여 니체의 흉상 옆에서 사진을 찍기 위한 포즈를 취함으로써, 니체에 대한 자신의 존경심을 알리려 애썼다. 히틀러의 『나의투쟁』은 니체 사상의 일부를 그대로 반영하고 있는데, 그가 스스로를 니체가 말한 **초인**으로 여겼다는 것은 의심의 여지가 없다. 스탈린의 가혹한 통치가 마르크스의 연구와 무관한 것처럼, 이러한 히틀러의 행동은 니체의 연구와는 무관할지도 모른다. 그렇지만 나치의 잔악함을 억제할 수 있었던 요소가 니체의 사상에 있었느냐 하는 문제는 여전히 논란거리로 남을 수밖에 없다. 이미 모든 도덕적 규제가 제거된 상황이었으므로 나치는 니체의 말에서 고무되었을 뿐이라고 보는 것이 옳을 것이다.

2) 세계에서의 인간의 위치

신앙을 거부했을 때의 결과를 니체만큼 철저하게 밝힌 사람은 이제껏 없었다. 기독교인으로 성장한 사람이라면 신앙의 형이상학적 근거를 거부하고 싶은 유혹을 느낄지라도, 삶은 그 이전과 여전히 같을 것이라 여긴다. 신이 배제되더라도 삶은 의미 있는 것 같고, 도덕적 요구도 여전히 존재하는 것 같다. 그러나 니체는 결코 이러한 견해를 갖고 있지 않았다. 그는 **형이상학**을 가차 없이 몰아붙였으며, 오직 정직함의 미덕에 입각하여 자기 견해의 핵심을 숨김없이 과감하게 드러냈다.

형이상학은 난해한데다 불요불급한 학문인 것 같지만, 실제로 그것은 우리가 세계에 대해 부여하는 전제의 기초가 되는 모든 것을 포괄한다. **신**도 일종의 형이상학적 개념이며, 우리의 개념과는 독립해서 존재하는 지속적인 물질세계의 개념도 형이상학적 개념이다. 다양한 변화를 거치면서 동일한 실체를 유지하는 물질 대상의 개념까지도 형이상학적 개념이며, 특히 신체의 변화에도 불구하고 동일하게 지속하는 **자아**로서의 인간 개념도 마찬가지로 형이상학적 개념이다. 우리는 현재까지 어쩌면 사후에도 본질적으로 동일성을 유지하면서 다른 개인과 구별되는 개체로서 우리 자신에 대해 분명한 개념을 가질 수 있으며, 그것은 흄이 주장한 것처럼 단순히 경험적 탐구의 결과에 불과한 것이 아니다.

니체는 정태적 실재에 대해 고정된 범주를 적용할 수 있다는 가능성을 배제하였다. 어떤 판단이든지 끊임없이 변화하는 세계에 대한 서로 다른 퍼스펙티브(perspective)에서 이루어져야 하는 것이다. 질서나 목적에 대한 믿음을 전파하려는 모든 시도는 오류에 빠지고 만다. 우리가 이 **세계 내에서** 발견하는 것은 우리가 그것에 부여한 **범주**일 뿐이다. 모든 것은 다른 모든 것과 결부되어 있으며, 결정되어 있는 것이란 아무 것도 없다. 그는 말한다. "진리는 일종의 오류로서, 그것 없이는 어떤 종족의 삶은 영위될 수 없다." 그는 사상가에 대해서도 말한다. "정신이나 이성, 사유나 의식, 의지, 진리란 존재하지 않는다. 모든 것은 쓸데없는 허구이다. 주체와 객체의 문제도 없다."

우리 언어 체계는 주체와 객체의 구별, 세계와 세계를 사유하고 그에 대응하는 방식의 구별에 물들어 있다. 이러한 구별을 제거하면, 그 나름의 특성을 갖는 **외적 실재**라는 세계 개념뿐 아니라 세계를 지각하고 인식하고 사유하며, 그에 따라 행위하는 특정한 주체 혹은 자아라는 개념도 흔들리게 된다. 우리의 언어체계가 받아들이는 형이상학을 니체처럼 논박하고자 하는 사람이라면 명백히 모순적인 방식으로 언어를 사용하지 않으면 안 될 것이다. 문제는 언어체계를 교란시키지 않고서도 언어의 범주를 넘어설 수 있느냐가 아니라, 이러한 시도가 합리적으로 지지될 수 있느냐이다. 실재의 본질에 관해 말하는 방식을 제외하고는 니체의 주장의 상당부분은 의미를 갖기 어렵다. 모든 것을 부정한다는 것은 불가능하다. 니체의 형이상학에 대한 공격은 그 자체가 어떤 사실에 대한 특정한 가정에 의거한 것이었다. 모든 것이 허구이고 고안된 것이라면 그리고 어떠한 것도 참이 아니라면, 우리는 사실과 허구, 진실과 거짓, 실재와 현상의 개념을 파악할 수 없게 된다. 우리가 사용하는 언어의 전제를 공격하다 보면 모든 언어의 전제를 공격하게 되는 지점이 있다. 어떤 해석이 다른 해석만큼 유용할 수 있다면, 어떠한 것도 배제해서는 안 될 것이다.

특히 철학적 관점에서의 **이성**에 대한 공격은 스스로를 반박하는 위험에 항상 처할 수밖에 없다. 어떻게 논쟁이 불가능함을 주장하는 논쟁을 할 수 있겠는가? 어떻게 인간 이성의 능력에 대한 불신의 근거를 제시할 수 있겠는가? 니체는 자신의 견해를 받아들일 수 있는 적절한 근거를 제시할 수 있음을 부정하면서, 자신의 견해를 받아들이기를 기대하는 모순적 상황에 직면하지 않을 수 없었다. 형이상학의 가능성에 대한 모든 공격들과 마찬가지로, 니체의 비판도 자기가 앉아 있는 의자를 톱질해 버리는 전형적 사례에 불과하다. 이제 니체는 기독교를 비판할 어떠한 근거도 갖지 못한다. 진리가 없다면 어떠한 오류도 없게 되므로, 기독교도 더 이상 잘못된 것이 아니게 된다. 니체는 기독교신앙이 이 세계의 본성에 부합하지 않는다고 생각하는 듯하다. 이것은 그다지 놀라운 사실이 아니다. '이 세계'와 '이 세계에 관한 주장과 믿음'의 **이원론**은 결코 극복될 수 없기 때문이다. 이원론을 극복할 수 있다면 무엇인가를 주장할 수 있고 믿을 수 있지만, 그렇지 않다면 어떤 주장이나 믿음도 의미를 가질 수 없게 된다. 이것이 바로 **니힐리즘**(nihilism)의 결론이다. 이제 일관된 니힐리스트는 오직 침묵할 뿐이다. 무엇인가를 주장하려면 사실과 사실 아닌 것 사의의 구별을 전제해야 한다. 무엇인가를 주장한다는 것은 아무리 사소하더라도 진리에 대한 주장을 포함하고 있는데 반해, 니힐리즘은 그 어떤 것에의 집착도 허용하지 않는다.

니체만큼 정직하게 니힐리즘의 가능성을 다룬 철학자도 드물다. 기독교의 신과 피안의 세계에 대한 반박이 그의 출발점이었다. 영혼과 사후의 삶에 대한 일체의 거부는 삶의 의미와 목적이 현재의 삶에 국한해서 부여되어야 함을 의미한다. 자비로운 **창조주**는 의미의 원천으로 결코 생각될 수 없으며, 우주의 **목적**이 존재하는 것도 아니다. 오직 우리의 관심영역은 우리가 딛고 선 이 대지이다. 니체는 고대 페르시아 종교의 창시자의 이름을 딴 짜라투스트라(혹은 조로아스터)의 입을 빌어 다음과 같이 말한다. "형제들이여, 내 너희에게 이르노니, 대지에 충실하라. 그리고 너희에게 천상의 희망을 말하는 자들을 믿지 말라. 그들은 고의든 아니든 우리를 독살하려는 자들이다."

한때 신에 대한 모독이 가장 큰 불경이었다. "그러나 신은 죽었다." 이제 가장 큰 불경은 대지에 대한 모독이라고 짜라투스트라는 말한다. 신의 죽음이라는 개념은 오랜 세월 동안 영향을 미쳤다. 니체는 이러한 견해를 환한 아침나절에 등불을 들고, "나는 신을 찾고 있소이다"라고 소리치며 시장을 돌아다녔던 광인에 관한 널리 알려진 얘기를 통해 피력하고 있다. 신을 믿지 않는 사람들은 그를 비웃고 경멸했다. 그러자 그 광인은 그들 속으로 뛰어들어, 그들 모두를 뚫어지게 쳐다보고는, 다음과 같이 외쳤다.

> "도대체 신은 어디로 갔는가? 내가 너희에게 이르노니, 우리가 신을 죽였다. 너와 내가 우리 모두가 신의 살해자이다. 교회가 신의 묘와 무덤이 아니라면 무엇이란 말인가?"

이렇듯 놀라운 생각이 제대로 이해되기란 쉽지 않다. 어떻게 영원한 신이 죽을 수 있는가? 신은 아예 존재한 적이 없거나, 존재한다면 죽을 수 없거나 둘 중 하나이어야 한다. 그렇지만 이러한 이미지는 자주 등장하며 최근에는 신학자들도 사용한다. 그것은 기독교의 장구한 지배 이후 무신론의 등장을 묘사하는 매우 인상적인 방법이다. 진리와 객관적 실재의 개념에 대한 확고한 인식이 없다면, 신앙의 상실은 곧바로 신의 죽음과 연결되는 것처럼 보인다. 니체가 이러한 이미지를 사용하는 것은, 실재를 받아들이면서 그가 얼마나 신앙에 의존했는가 그리고 신앙이 세계를 만든다고 하는 생각에 그가 얼마나 쉽게 빠져들었는가에 대한 증거가 될 수 있다. 그러나 기독교인들은 신이 그들 신앙의 결과에 불과하다고 믿지 않으며, 또 그들이 신앙을 포기한다고 해서 신이 존재할 수 없게 된다고도 믿지 않는다. 물론 이러한 신은 우리 자신의 열망을 투사한 것에 지나지 않을지도 모른다. 그러나 중요한 것은 내가 진리라고 생각하는 것이 아니라, 진리 그 자체이다.

니체는 신이 존재하지 않는 세상은 어떤 의미도 없이 공허해지며, 인간이 갖고 있다고 여겨지는 어떤 중요한 **가치**도 상실될 것으로 보았다. 다윈은 니체에게 영향을 미쳤으며, 니체 역시 인간 기원에 관한 **진화론**이 자신의 사상에 커다란 영향을 미쳤음을 알고 있었다. "지금까지 우리는 인간의 신성한 기원을 강조함으로써 인간의 고귀함을 추구했다. 그러나 인간의 조상이 원숭이였음이 밝혀진 이상, 이제 이러한 방법은 금기시되었다." 그는 우리가 그 반대 방향을 추구하면서 앞으로의 인류의 진화과정이 인간의 고귀함과 신과의 유사함을 입증하기를 기대해야 하는가 말아야 하는가를 묻는다. 니체의 대답은 이렇다. 이러한 과정의 끝에는 "최후의 인간이 들어갈 관을 받치는 받침대가 세워져 있다"는 것이다. 우리는 어떤 더 높은 영역으로 진입할 수 없다. 흔히 듣는 얘기처럼, 벌과 집게벌레가 신과 닮을 수 없고 영원한 삶을 누리지 못하는 것처럼, 우리가 추구할 수 있는 고차원적인 것은 존재치 않는다.

니체 철학이 한층 더 어둡게 보이는 것은 신의 관점에서 보는 인간의 가치에 대한 기독교인의 주장과 명백히 대비되기 때문인지 모른다. 신이 이 세상을 몹시 사랑한 나머지, 자신의 아들을 보내 이 세상을 구하려 했다는 믿음은 결코 인간의 가치를 높일 수 없다고 니체는 생각했다. 그러나 이처럼 신앙을 거부하는 것은 인간을 무가치한 것으로 만들 수도 있다. 니체는 니힐리즘과 좌절의 주위를 맴돌면서 이러한 문제와 씨름했다.

이 문제에 대해 니체 자신이 무척 만족했던 해결책은 바로 **영원회귀** 개념의 도입이다. 그는 궁극적 종착점이란 없다고 생각했기 때문에 삶의 최종적 의미 없음과 목적 없음에 정면으로 맞섰으나, 삶을 부정하기보다는 삶을 긍정하려고 했다. 더 나은 영원한 삶을 인간의 평범한 삶과 대비시켜 인간 삶을 타락시킨 주범으로 니체는 플라톤주의자들과 기도교인들을 탄핵한다. 영원회귀의 사상은 삶을 긍정하는 태도이다. 어떤 형이상학적 기준에 의거해 삶을 불완전하다고 보지 않고, 같은 사건이 반복해서 일어난다고 생각함으로써, 마침내 우리는 우리 자신이 삶의 가치를 부정하는 존재가 아니라 긍정하는 존재임을 보여주게 된다고 그는 생각했다.

"삶이라고는 하지만 어떤 의미나 목적도 없으며, 더욱이 종착점도 없이 불가피하게 반복되는, 지극히 가공스러운 상태, 즉 **영원회귀**라는 것을 생각해 보자. 이것이 가장 극단적 형태의 니힐리즘, 즉 영원한 무(무의미성)이다."

우리는 모든 것을 있는 그대로 받아들여야 하는 것처럼 보인다. **개선**이나 **진보**의 문제란 있을 수 없다. **해방**이나 **구원**의 개념도 있을 수 없다. 죄의식을 갖거나 후회를 할 이유도 없다. 짜라투스트라는 다음과 같이 말한다.

"나는 현재의 태양, 현재의 대지, 현재의 독수리, 현재의 뱀과 함께 돌아가련다. 새로운 삶이라든가, 더 유복한 생활이라든가, 그와 유사한 삶은 필요 없다. 나는 만물의 영원회귀를 다시 한 번 가르치기 위해서, 가장 큰 일이든 가장 작은 일이든 지금과 똑같은 동일한 자아를 유지하는 삶으로 영원히 돌아가련다."

이것이 니힐리즘에 대한 니체의 답변이다. 그는 기독교가 현실의 삶을 긍정적으로 받아들이지 않는다는 점에서 니힐리즘적이라고 주장한다. 인간의 불완전성과 **원죄**를 강조함으로써, 또 아무 것도 현재와 같아서는 안 된다는 입장을 취함으로써, 기독교는 인간 삶의 여러 주요한 특질들에 대해 적대적인 것이 되었다. **마르크스주의**도 더 나은 현실의 삶을 추구하기 때문에 니체의 비난을 면치 못한다.

"사회개혁론자들이 악, 질병, 매춘, 고통이 더 이상 생기지 않는

> 환경－사회체제－이 있을 수 있다고 주장하는 것은 그들 스스로에게 대단히 부끄러운 일이다. 현재 그들의 삶이 폐기처분되어야 할 것임을 고백하는 것이기 때문이다."

니체의 삶에 대한 긍정은 그 자신으로부터 나온다. 그것은 합리적으로 정당화되지 않지만, 예술품을 창작하려는 예술가의 충동에 견줄 수 있는 태도이다. 우주 순환의 사상, 만물이 언제나 같은 상태로 되돌아온다는 사상은 그만의 독창적인 것은 아니었고, 사상사에서 항상 반복적으로 등장했던 사상이었다. 그렇지만 결국 그것은 인간 존재의 무의미성을 강조하는데 지나지 않는다. 요컨대 아무런 방향도 없다. 모든 것이 항상 같은 방식으로 거듭해서 일어난다는 생각을 우리가 견딜 수 있다 할지라도, 결국 우리는 니체의 사상이 어떤 것도 개선될 수 없다는 비관적 전망을 함축하고 있음을 깨닫게 된다.

3) 인간의 본성

니체는 변화의 기초가 되는 어떤 **실체**도 거부하였기에, 늘 지속하는 **자아**의 존재도 받아들이지 않는다. 프로이트에게도 영향을 주었다는 것은 분명하지만, 두 사람은 이 점과 관련하여 서로 갈라진다. 니체는 현상의 바탕을 이루는 실재를 전혀 믿지 않았다. **참된** 자아는 그것의 표현과 분리될 수 없기에 나는 원리적으로 나를 기만할 수 없다. **허위의식**이나 **자기기만**과 같은 개념들은 현상과 실재의 이분법에 편승하는 것이다. 그렇지만 니체는 인간의 행위를 지배하고 있는 잠재적 요인이나 본능의 중요성을 강조한다는 점에서 프로이트와 일치한다. 그는 "우리의 제도적 생활전체를 하나의 근본적인 의지의 형식-힘에의 의지"로 설명할 수 있다고 믿었다.

이러한 **힘에의 의지**는 니체의 근본 개념이다. 그것은 생물학적 충동들이 합성된 약간 모호한 개념이며, 형이상학적 원리로 취급될 수도 있는 개념이다. 무엇보다도 개인은 타인의 이익에 종속되어서는 안 된다는 것이다. 니체의 이상형은 사회의 규범이나 전통적 도덕에 의해 제한받기를 거부하는 **영웅적 개인**이다. 우리의 목적은 외부세계에서 주어지지 않고 우리 자신의 의지가 명령하는 것이다. 우리 스스로 우리의 기준을 창조해야 하는 것은 도덕기준의 객관적 원천이 없기 때문이다. 니체에게는 의지가 자유로운가의 여부가 아니라, 의지가 강한가 아니면 약한가의 여부가 문제이다.

> "삶 자체는 본질적으로 강자의 횡포, 공격, 지배이며 약자에게 있어 그것은 억압, 고통이다……가장 힘없는 온순한 자에게 있어 그것은 착취일 뿐이다."

그는 착취가 타락한 사회, 불완전하거나 원시적인 사회의 표시라는 것을 부정하면서, "그것은 생명체의 근본 기능으로서 삶의 본질에 속하며, 엄밀히 말해 삶의 의지라고 할 수 있는, 힘에의 본능적 의시의 결과이다"라고 말한다.

니체는 삶에 있어 그것의 방향을 지시하는 힘에의 의지가 필요하다고 믿었다. 우리는 삶의 의미를 결코 발견할 수 없으므로 그것을 창조해야 한다. 따라서 힘에의 의지는 다른 사람을 지배하겠다는 단순한 욕구 이상의 폭넓은 개념이다. 뿐만 아니라 그것은 우리가 우리의 충동을 억제할 수 있다는 생각을 포함한다. 강자는 자기 통제에 매우 충실하다. 그렇지만 약자에 대해 힘을 사용하는 문제는 아직까지 논란거리이다. 전통적인 도덕의 규제에 구애받지 않고서 약자를 희생시켜 자신을 발휘하려는 힘 있는 개인의 사고방식은 아무리 영웅적일지라도 공포감을 불러일으킬 뿐이다.

'너 자신을 알라'는 고대의 격언이다. 그러나 니체에 따르면, 우리에게는 알아야 할 고정된 자아가 없기 때문에, 그 말을 "어떤 자아를 의지하라. 그러면 너는 어떤 자아가 될 것이다"라는 명령으로 바꾸어

놓는다고 해도 그리 놀랄 만한 일은 아니다. 따라서 모든 것이 우리에게 가능하다. 우리는 우리 자신의 법을 창조하며, 진정한 의미에서 우리 자신을 만든다. 그런데 어떤 목적에서 이렇게 하는가? 니체는 이러한 질문을 금기시하지만, 결국에는 삶의 목적을 완전히 제거하지는 못했다. 그는 짜라투스트라를 통해 **초인**을 가르친다. 하나의 종(種)으로서, 인간은 자신이 처한 현실의 조건을 초월하기 위해 노력해야 한다. 니체는 선택된 소수의 개인들만이 그렇게 할 수 있다고 생각했지만, 반대로 그들을 통해 대중의 존재를 정당화하는 것이기도 하다.

> "인간에게 있어 원숭이란 무엇인가? 웃음거리이거나 고통스러울 만큼 수치스러운 존재이다. 마찬가지로 초인에게 인간이란 무엇이겠는가? 웃음거리 아니면 고통스러울 만큼 수치스러운 존재이다."

짜라투스트라는 계속해서 초인은 이 세상의 의미라고 말한다. "너의 의지로 하여금 초인이 이 세상의 의미가 될 것이다라고 말하도록 하라." 인간은 "동물과 초인 사이에 놓인 밧줄, 끝없는 심연에 걸쳐져 있는 밧줄이다." 이 모든 것을 감안해 볼 때 **진화론**의 영향은 분명해진다. 니체가 수시로 다윈을 비판했다고는 하지만, 그의 사상 전 과정이 다윈의 체계를 벗어나기란 불가능할 것이다. 무엇보다도 그는 인간이라는 종을 동물적 본능을 가진 동물의 종으로 파악한다. 그렇지만 그는 "하나의 종으로서의 인간은 진화하고 있지 않다"고 믿었다. 그에게 있어 초인은 하나의 무리가 아니라 영광스러운 예외적 존재이다. 평범한 인간들과 동물들 사이의 차이보다 자신의 운명을 통제할 수 있는 힘을 가진 개인과 나머지 인간들 사이에 더 커다란 차이가 있다고 니체는 믿었다.

니체가 생각한 최선의 인간형은 아무 것에도 얽매이지 않은 예외적 인간이었다. "관습적 도덕으로부터 거듭 자유로우며, 자율적이고 도덕을 초월하는, 그 누구와도 닮지 않은 독립적 개인"을 니체는 높이 평가한다. 그는 도덕과 자율의 개념이 상호배타적임을 강조하며, **해방된 개인**(emancipated individual)을 찬양한다. 이러한 비전은 훗날 **실존주의자들**을 포함하여 많은 철학자들에게 영향을 주었다. 규범적 관습을 배제하는 예술가처럼, 니체의 초인은 다른 사람들의 규제를 초월할 수 있다. 종교적, 도덕적 규제는 거부된다. 수세기에 걸친 전통과 관습을 배격한다는 것은 분명히 유쾌한 일이지만, 무제한의 창조는 쉽사리 매력을 상실할 수 있다. 모든 것이 허용된다면 무엇을 하든지 문제되지 않을 것이며, 그것은 무엇을 하든 의미가 없음을 의미한다. 초인의 기쁨은 모든 것이 의미 없다고 생각하는 사람의 좌절과 무기력에로 전락하기 쉽다.

4) 인간과 사회

대체로 니체는 **개인**을 우선시했으며 **사회**의 필요성을 부정했으나, 여전히 사회의 영향력에 대해서는 분명한 견해를 갖고 있었다. 그는 의식 자체는 오로지 의사소통의 필요 때문에 생긴다고 논증한다. 우리의 조상들은 원조와 안전을 필요로 했기 때문에 자신들을 이해시키는 방법을 익히지 않을 수 없었다. 이것은 그들의 생각과 느낌을 자신들이 먼저 알아야 한다는 것을 의미했다. 따라서 니체는 "언어의 발달과 의식의 발달은 서로 협조관계에 있다"고 주장한다. 그의 결론은 다음과 같다. "인간이 자의식을 가지는 것은 사회적 동물이라는 사실에서 비롯될 뿐이다." 그 결과 그는 우리가 우리 자신을 인식하는 방식에 대해 전혀 관심이 없었다. 이러한 지식이란 우리 개인 본성의 산물이 아니라, **사회적**인, 즉 **집단적** 본성의 산물이라고 그는 주장한다. 따라서 우리는 참된 개인의 본성이 아니라 평균적 특성만을 알 수 있을 뿐이다. 우리는 집단의 퍼스펙티브에 의해 지배되고 있다.

사실 이러한 견해는 언어가 우리의 사유를 형성하며, 개인의 사적 세계는 사회라는 공적 세계에 크게 의존한다는 현대적 해석과 놀라울 만큼 일치한다. 이것은 60년이 지난 후에야 비트겐슈타인에 의해 제기된 주제였다. 차이가 있다면 니체가 언어를 인간 존재의 사실이 아니라 타락, 허위, 피상성으로 간주했다는 점이다. 사회의 전통적 가치와 그에 대한 관심은 수용되어야 하는 것이 아니라 배제되어야 하는 것이었다.

언제나 니체의 관심은 대중의 요구에 개인이 함몰되어서는 안 된다는 데 있었으며, 다수의 이익이라는 명분하에 행해지는 예외적 개인에 대한 어떠한 규제에도 그는 강력히 반대했다. 그는 "군집동물에서 찾을 수 있는 큰 규모의 연합에 대한 만족"을 경멸했다. 그는 결코 **공동체 정신**이나 **조국**을 거론하지 않았다. 왜냐하면 그러한 이념들이 개인의 중요성을 망각한다고 생각했기 때문이다. 강한 자에게 약한 자를 위해 스스로 희생하라고 촉구하는 것은 무엇이든 금기가 된다. 사회주의는 인간적인 삶을 부정하지만 "종교는 인간의 품위를 떨어뜨렸다." 모든 것이 **평균인**의 수준으로 저하되었다는 것이 그의 주제이다. 그는 '신 앞에 모든 인간이 평등하다'는 생각을 미친 소리로 치부했으며, 모든 사람이 다른 사람의 수단이 되지 않을 만큼 가치 있는 존재라는 생각에도 철저히 반대했다. 그는 말하기를

> "인간에 대한 보편적 사랑은 사실상 고통 받는 자, 가난한 자, 범죄자에 대한 호의이다. 그러나 그것은 힘, 책임감, 희생에 대한 숭고한 의무감을 저하시키고 약화 시킨다……기독교적 이타심이 약한 자의 집단적 이기주의가 아니라면 도대체 무엇이란 말인가?"

니체의 목표는 모든 **도덕**을 철폐하는 것이 아니라 그것을 재해석하는 것이었다. 그는 어떻게 살아야 하는가의 문제에 정열적 관심을 보였지만 기독교적 해답에는 부정적이었다. 무엇보다도 바로 이 부분에서, 그는 어떻게 **기독교적 도덕**이 강한 자에 대항하는 약자의

방어책으로 생겨나는지를 보여 주기 위해, 관념의 **계보학**을 탐구하는 기술을 적절히 사용하고 있다. 그는 자기의 목적을 위해 전심전력하지 않는 자들을 칭찬하는 것은 결코 공정하지 못하다고 주장한다. 니체는 "우리의 이웃이 비이기성을 칭찬하는 까닭은, 그가 그것으로부터 이득을 얻기 때문이다"라고 말한다. 즉 당신이 당신 자신의 이익을 추구하지 않는 것이 나의 이익이 되는 수가 자주 있다. 내가 도덕을 치켜세우면 세울수록, 교묘한 방식으로 나의 이익은 점점 더 증대한다. 따라서 전통적으로 전수되어 왔던 도덕은 어떤 한 집단을 공격하기 위한 또 다른 집단의 강력한 무기이다. 도덕은 약자의 이익을 위해서 강자를 규제한다. 모든 사람이 근본적으로 평등하다고 믿는 사람이라면 도덕에 대해 환호할 것이다. 사회구성원의 일부를 다른 사람의 약탈로부터 보호하고, 그들의 허약함에 대해 보상을 하거나, 극빈자에게 자비를 베푸는 것이 과연 잘못인가? 대부분의 현대 사회는 엄밀히 말해 이러한 원리를 따르고 있다. 그러나 니체는 오늘날 받아들여지고 있는 많은 것에 대해 이의를 제기한다. 개인의 이익과 집단의 이익을 조정하기란 항상 어렵지만, 문제는 니체가 일부 개인에 대해서 배타적 관심을 보이면서 평등한 권리와 고통 받는 사람들에 대한 동정심을 전혀 논의하지 않는다는 것이다. 그는 독선과 자만에 대한 기독교인의 두려움을 경멸한다. 병든 자와 고통 받는 자를 보호하는 일이 니체에게는 **유럽인의 타락**을 의미했다. 그는 그러한 유형의 인간을 향상시키는 일은 언제나 인간들 사이의 계급과 서열을 내세우는 사회가 떠맡게 되는 과제라고 믿었다.

니체는 그러한 사회가 존재하는 것은 **약자들**이 자신들의 약점을 보강하기 위해 **집단체제**를 추구한 결과라고 생각했다. 그는 "약자에게 결합하려는 경향이 있는 것처럼, 강자는 분리되려는 자연스러운 경향이 있다"고 주장한다. 강자들은 자기들의 힘에의 의지를 집단적으로 충족시키려는 목적을 갖고 결합할 필요성을 가질 수는 있으나, 그러한 경향에는 반대할 것이다. 반면 약자들은 집단생활을 통해 보호받으면서 그러한 생활을 즐길 것이다. 니체가 의회제도에 반대한 것이 놀랄 만한 일이 아닌 까닭은, 의회제도는 군집동물이 지배자가 되는 수단의 하나이기 때문이다.

니체 사상의 결과와 관련하여 항상 격렬한 논쟁이 벌어지는 것은 그것이 **평등**에 대한 어떠한 논의도 하지 않으려고 했다는 것과 사람을 우월한 자와 열등한 자로 나누려는 그의 열망 때문이었다. 현대판 대중사회는 천재들을 질식시킬 수도 있으며 모든 사람을 평범한 수준으로 떨어뜨리지만, 니체는 그 이상을 말하고 있다. 그는 어떤 사람이 다른 사람보다 더 중요하다는 것을 믿는 것 같다. 아무 것도 중요하지 않으므로, 또 신이 존재하지 않으므로, 자기와 자기가 처한 환경을 통제할 수 있는 것은 예외적 소수인들의 능력에 달렸다고 말하는 편이 더 정확할 것이다. 누가 봐도 원죄와 죄책감의 굴레에서 해방된 자기 충족적인 영웅은 자신의 운명을 통제할 수 있다. 사회적 굴레와 관습은 억압기제, 즉 구태의연한 종교의 산물로 간주된다. 관습은 억압적인 것으로 파악된다. 동정은 경멸된다.

5) 현대적 의의

니체는 철학자들의 엄격한 논증 방법보다는 대체로 문학적 스타일을 구사하는 수수께끼 같은 철학자이다. 그의 사상은 시간을 두고 전개되었는데, 예를 들어 영원회귀의 사상은 니힐리즘의 관점을 극복하려는 시도로서, 비교적 늦게 등장했다. 그가 해석의 중요성을 특히 강조했던 것처럼, 그의 저작들도 여러 갈래로 해석될 수 있다. 그 결과 많은 사상가들이 니체를 서로 다르게 해석하고 있다.

그의 사상에는 여러 중요한 흐름이 있다. 우리의 이성보다는 본능의 역할을 강조했다든지, 영혼은 신체에 관한 사항을 말하는 언어에 지나지 않는다는 주장이라든지, 인간을 그 자신의 가치의 창조자로 파악했다든지 하는 것은 중요한 부분이다. 그러나 무엇보다도 가장 중요한 것은 기독교와 기독교적 신에 대한 공격이다. 그렇다고 그가 현대의 영향력 있는 유일한 무신론자는 아니다. 마르크스와 프로이트도 종교를 공격함에 있어 나름의 역할을 했다. 그렇지만 니체는 이른바 **신의 죽음**이 낳는 결과를 신랄하게 묘사했다. 그는 신의 부재 속에서 인간의 삶이 얼마나 무의미한가를 보았다. 비록 영원회귀에 도달하는 삶일지라도 삶을 부정하지 않고 긍정하는 그의 해결은, 자기의 의지대로 창작할 수 있는 자유를 찬양하면서 빈 화폭으로 달려가는 예술가적 삶을 살려는 사람들에게 호소력을 갖는다. 환경에 대한 인간의 지배가 증대하고 과학과 기술이 우리의 능력을 신장시키면서, 우리는 점차 이 세계의 지배자가 되었다고 여긴다. 바야흐로 인간의 전성시대가 도래한 것처럼 보인다.

우리는 대단히 자기 충족적인 존재여서, 어떤 초월적 존재에 비굴하게 의존할 필요가 없을지 모른다. 분명한 것은 이러한 느낌이 다원주의에서 끌어내기 쉬운 진보에 대한 믿음과 결부될 때, 결과적으로 무제한적인 낙관주의가 등장할 수 있다는 사실이다. 우리가 의지를 갖고 있는 한 무엇이든지 가능한 것처럼 보인다. 그렇지만 니체가 죽은 후, 20세기의 역사는 결코 낙관적이 아니다. 과학이 우리에게 부여한 엄청난 힘은 고귀한 목적뿐만 아니라 극악한 목적에도 사용될 수 있다. 선악의 전통적 범주를 배격하고, 원죄와 죄의식이라는 개념을 유기(遺棄)함으로써 인간의 행복이 증대된 것은 아니다. 오히려 그렇게 함으로써 우리는 인간본성이라는 근본 사실로 말미암아 언제 겪을지도 모르는 위험을 간과하게 되는 것이라고 할 수 있다.

무엇보다도 인생의 의미와 목적에 관한 단순한 문제가 끊임없이 반복되고 있다. 삶이 오로지 우리 각자가 선택한 의미만을 갖는다면, 니힐리즘이 부추기는 좌절을 별로 겪지 않게 될 것이다. 만일 사물의 본성에 기초한 목적이 없다면, 어떠한 선택이든지 유효하게 됨으로써 모든 것은 인위적인 것이 되고 만다. 전체적인 마비상태만이 이러한 믿음의 결과가 될 것이다. 니체는 기독교적 신의 존재가 없다면 그리고 육체가 소멸된 후 남는 실체적 자아가 없다면, 니힐리즘의 유령은 더욱 실감나게 되리라 믿었다. 실제로 그의 니힐리즘은 극단적이어서, 생의 무목적성을 부각시켰으며 도덕의 주요 개념을 파괴하였다. 뿐만 아니라 세계의 객관성을 문제시하였다. 그는 실재에 대한 믿음이 우리의 사유와 믿음에 가하는 제약을 제거하였으며, 그와 함께 진리와 허위의 가능성을 제거하였다. 대신 그는 우리 판단의 퍼스펙티브를 강조했으며, 정태적으로 **있는** 것이 아니라 **되어 가는** 변화로서의 실재를 강조하였다. 그렇지만 역설적이게도 그는 여전히 진리에 가치를 부여했고, 진리란 결국에는 기독교를 파멸시키는 기독교적 미덕임을 강조했다. 뿐만 아니라 그는 과학에 대해 모종의 확신을 갖고 있었다. 그렇지만 그가 일관성을 유지한다면, 그래서 그가 우리의 해석이 언제나 무엇에 대한 것이라고 주장하지 않는다면, 아무 것도 거짓으로 거부되거나 참으로 받아들여질 수 없다.

진정한 니힐리즘은 일관되게 언급될 수 없을 만큼 자가당착적이다. 제한된 형태의 니힐리즘만이 종교적 진리와 도덕적 진리를 공격할 수 있다. 그렇지만 니체는 질서와 안정에 대한 전제가 유신론에 뿌리를 두고 있음을 간파했다는 점에서 옳았다. 그에게는 인간본성의 개념이나 적어도 우리 모두에게 영향을 미치는 잠재의식의 개념이 없었다. 그는 적어도 어떤 점에서는 이 세계가 명확한 특질을 갖고 있다는 것과 인간이 어떤 종류의 생물체라는 것을 믿지 않을 수 없었다. 그러나 니힐리즘을 일관되게 주장하기 불가능하다는 것이 그의 사상의 핵심은 아니다. 우리 인생의 근거를 찾는 것은 우리 각자에게 주어진 과제이다. 니체가 제기한 문제는 그러한 근거를 종교로부터 도출할 수 없을 때, 그러한 근거를 가질 수 있느냐 하는 것이었다.

사실 삶을 파괴하는 원흉이라고 플라톤주의와 기독교를 비난하는 것은 인간 존재의 핵심문제를 제기한다. 우리는 현재 우리의 삶을 받아들일 수 있는가, 아니면 근본적으로 그러한 삶에 불만족스러워해야 하는가? 우리는 우리 자신이 최선의 능력을 발휘하지 못하고 있음을 느끼지 않는가? 우리는 어떤 면에서 부족하지 않는가? 우리가 쉽사리 도달하지 못하는 어떤 목표가 있다는 생각은 현재 상태에 대한 도덕적 반감과 더불어 현재 상태를 개선하려는 의욕으로 이어질 수 있다. 이러한 생각은 삶의 부정과 관련되기보다 삶의 향상과 관련된다. 삶이 현재와 같은 것이어서는 안 된다고 느끼는 것은 우리가 삶을 가치 있다고 느끼고 있기 때문이다. 바로 이러한 느낌 때문에 기독교와 같이 개인적인 차원에서든 마르크스주의와 같이 정치적 차원에서든 구원의 문제가 등장한다. 분명히 부활에 관한 기독교의 교리는 우리가 현재 신이 의도한 대로 살고 있지 못함을 암시함으로써 삶의 가치를 부정하기보다는 긍정하고 있음을 보여 준다. 삶이 어떤 방향을 갖는다는 확신은 현재의 삶이 무언가 잘못되었다는 주장만큼이나 극히 자연스러운 것이다. 영원회귀에 관한 니체의 사상은 결과적으로 이 두 가지 견해를 모두 거부한다. 우리는 방향도 없고 목적도 없는 끝없이 반복되는 지루함 속에 놓여 있을 뿐이다. 이러한 사상은 인간이 처한 곤경에 대한 암울한 묘사로서 어떠한 처방도 될 수 없다. 오히려 니체는 힘에의 의지에 의한 지배 욕구를 옹호함으로써, 우리가 해결해야 할 문제를 하나 더 추가하였던 것이다.

3. 마르크스의 인간관

1) 사상적 배경

마르크스는 현대사상의 기틀을 잡은 위대한 사상가 중의 한 명이다. 그는 동 시대의 정치적 사건에 깊이 연루된 인물이었다. 그는 이론과 실천의 괴리를 언제나 경멸했다. "철학자들은 세계를 여러 가지로 해석했을 뿐이다. 그러나 중요한 것은 세계를 변혁시키는 일이다." 이것은 그의 가장 유명한 말 중 하나이다. 그는 1818년 독일 트리어에서 태어나 베를린 대학을 다니면서 당대의 혁명적 정치상황에 말려들었다. 유럽대륙에서의 1년 동안의 정치활동 끝에 1849년 런던으로 평생 동안 망명을 해야 했고, 거기서 그는 친구이자 동지인 프리드리히 엥겔스의 재정적 후원을 받았다.

인간 삶의 생물학적 배경보다는 사회적 배경에 관심을 기울인다는 점에서 마르크스는 다윈과 다르다. 생물학이 형성요인으로 강조되면 될 수록 그것을 제어하기 점점 어려워진다. 인간본성의 **천부적** 측면을 보수주의자들이 자주 강조하고 그리고 사회가 우리의 본성을 형성해 나가는 방식을 급진주의자들이 강조하는 이유는 오랜 세월에 걸친 무모한 유전공학적 시도를 감행하지 않고서는 우리의 생물학적 배경의 변화가 어려운 것처럼 보이기 때문이다. 반면 사회는 혁명에서 보듯이 변화될 수 있으며, 변화해 왔다. 잘못이 사회의 결함으로 돌려지면 질수록 미래에 대

마르크스 (1818-1883)

한 희망은 점점 더 커진다. 원죄설이나 천부적 이기성이라는 우리의 생물학적 특성은 정치적으로는 수동적 태도를 조장하며 있는 그대로의 현상을 수긍하도록 만든다.

다윈이 인간은 사회를 필요로 한다는 것을 알고 있었듯이, 마르크스 역시 인간생명의 기본적 사실을 등한시하지 않았다. 그렇지만 사회가 우리에게 많은 영향을 미치는 것만큼이나 사회와 역사는 인간의 작품이다. 여기에 바로 인간이 사회를 창조하고 사회는 인간을 변형시킨다는 변증법적 과정이 존재하는 것이다. 그리고 이를 통해 인간은 그들의 사회적 환경을 변형시키고, 거꾸로 사회적 환경은 인간에게 영향력을 행사하게 된다. 마르크스주의자들은 역사의 전체 과정을 강조하면서, 인간 행위의 사회적 결정요인에 대해 지나치게 편향됨으로써, 어떤 면에서 보면 생물학적이라고 할 수 있는 인간을 망각한다. 마르크스가 고의적으로 아리스토텔레스의 **정치적 동물**을 인용하는 대목이 있다. "인간은 사회적 동물일 뿐만 아니라 사회를 벗어나서는 개인이 되지 못하는 문자 그대로 정치적 동물이다." 함께 살면서 대화를 하는 개인이 없었다면 언어가 생길 수 없었던 것처럼, 우리는 사회의 영향을 벗어난 생산을 상상할 수 없다고 마르크스는 지적한다. 이러한 사실은 사회의 불가피성이 우리를 인간답게 만드는 데 있어 중요하다는 점을 입증하는 것이지만 여전히 우리가 동물이라는 단순한 사실도 잊지 말아야 할 것이다. 많은 마르스크주의자들은 이러한 단순한 사실을 지극히 당연하게 여기면서도 망각하고 있는 것처럼 보이기 때문이다.

마르크스는 다윈과 동시대인이었으며 다윈의 저작에도 관심을 가졌던 것이 분명하다. 그렇지만 마르크스에게 훨씬 중요한 영향을 미친 것은 독일철학이었다. 헤겔과 그의 저작, 특히 의식의 역할을 강조한 헤겔 추종자들의 영향이 컸다. 그렇지만 마르크스는 엥겔스에게 보낸 편지에서 『종의 기원』에 관하여 "이 책은 우리가 생각해 온 자연사의 근거를 다루고 있다"고 말한다. 마르크스는 죽음이 과거에는 목적론과 결부되어 자연과학에서 논의되었음을 인정했다. 그는 "다윈의 저서는 매우 중요하며, 나에게 역사의 진행과정에서 **계급투쟁**의 자연과학적 근거를 제공한다"고 적고 있다. 마르크스는 **자연도태**라는 다윈주의의 개념을 역사적 변화에 대한 비유로 사용했다. 그는 다윈이 인간 사회의 변화에 대해 어떤 직접적 설명을 제시했다고는 생각하지 않았다. 경제체제는 새로운 사회환경에 적절히 대처하지 못할 때만 전복될 수 있다. 변화는 인간의 생물적 욕구와 직접 관련시켜서는 적절히 설명될 수 없다고 마르크스는 생각했다. 실제로 다윈은 노동의 분화, 경쟁, 새로운 시장의 도래, **발명** 그리고 멜더스식의 **생존경쟁** 등으로 들끓던 당시 영국 사회의 모습을 야수와 식물 사이에서 찾으려 했다는 점에서 마르크스의 경멸을 받았다.

마르크스는 1883년 사망하여 런던 하이게이트 묘지에 묻혔다. 엥겔스는 추모사에서 마르크스의 업적을 요약하면서 의미심장하게 마르크스를 다윈과 비교하였다. 다윈은 생물체의 본성의 발전법칙을 발견했지만, 마르크스는 인간 역사의 발전법칙을 발견했다고 엥겔스는 말한다. 엥겔스는 과학이나 예술, 종교를 추구하기에 앞서 인간은 먹고, 마시며, 잠자리와 의복을 구해야 한다고 주장했다. 따라서 생존의 수단 그리고 결과적으로 경제 발전이 모든 사회 정치적 체제의 근거를 형성할 수밖에 없다. 마르크스에 따르면 이러한 체제는 그 어떤 것보다 경제적 이익과 관련하여 설명되어야 한다는 결론이 나온다.

마르크스가 모든 것을 경제와 관련하여 설명하는 방식의 한 가지 예는 그의 대표 저작 『자본론』(*Capital*) 초판의 서문에 나온다. 방법론의 문제로서 그는 개인을 의인화된 경제학적 범주, 즉 특정 계급 관계와 이익의 담지자로서 다룰 뿐임을 분명히 한다. 또 그는 사회의 경제적 구성체를 자연사의 한 과정으로 보려고 했다. 그는 경제적 이익이 우선임을 강조하는 한 예를 들면서, "영국 국교는 수입의 39분의 1을 훔치는 행위보다는 39개의 신앙 규칙 중 38개 조항을 어기는 것에 더 관대할 것이다"고 말한다. 영국 교회에 대한 이러한 말은 다분히 경멸적이지만, 정치든 종교든 어떤 영역에서이건 간에 경제적 이익과 계급이익이 관념을 능가한다는 마르크스의 입장을 단적으로 보여 준다. 관념은 그 자체만으로 역사의 진행을 변화시킬 수 없으며, 따라서 객관적 경제 여건은 혁명에 의해 변혁되어야 한다고 마르크스는 믿었다. 우리는 그러한 여건의 변화 없이 인간을 변화시킬 수 없다는 것이다.

철저한 경제적 **결정론**은 극단으로 흐를 수 있다. 만일 관념이 경제적 이익에 관한 요구에 의해 생긴 것이면서도 그러한 요구에 직면해서 무력하다면 어떻게 혁명에 대한 외침이 현실적으로 생길 수 있는가? 마르크스주의 역사는 인간 행위에 영향을 미치는 믿음의 위대한 힘을 논증하려는 역사이기도 하다. 우리가 할 수 있는 것이 고작 경제적 여건의 압박에 대한 반응일 뿐이라면, 착취를 당하며 그러한 여건의 변혁을 열망하는 혁명적 분노는 무의미한 것이 되고 만다. 경제적 요인들만이 사회를 붕괴시키든지 말든지 할 것이다. 우리의 욕구는 그러한 과정에 별다른 역할을 하지 않으며, 그 과정 중에 따로 생기는 거품에 불과할 것이다. 우리는 경제적 여건에 좌우되는 무기력한 존재로서, 그러한 여건의 산물인가, 아니면 그러한 여건을 통제할 수 있는 존재인가? 마르크스는 사람들이 처한 여건을 인식하는 방법으로서 **의식**이 중요하다고 본다. 그러나 이러한 의식은 사회적 요인에 의해 왜곡되며, 따라서 **허위의식**을 밝히는 것이 언제나 마르크스주의자의 소임이었다. 우리는 우리가 처한 경제적 상황에 의해 영향 받지 않고 그것을 사실 그대로 인식할 때에만 비로소 그것을 변화시킬 수 있다. 혁명을 일으키는 주체는 사람들이기 때문에, 그들에게 그들이 처한 여건을 사실 그대로 보여주는 것은 중요한 절차가 된다. 경제적 여건은 혁명을 불가피하게 만들지만, 그것의 불가피성은 무엇이 그들에게 진정한 환경인가에 대한 깨달음의 결과이기도 하다. 분명히 환경이 인간을 만들지만, 마르크스는 인간이 환경을 만든다는 것도 믿었다.

2) 세계에서의 인간의 위치

마르크스는 **변화**를 갈망했으며 더 좋은 사회를 창출하려고 했다. 그는 **자본주의**를 화폐를 생명으로 삼는 체제라고 생각했으며, 따라서 인간은 체계적으로 착취되고 평가절하 된다고 여겼다. 그렇지만 자본주의는 역사의 진행과정의 한 단계에 불과하다. 그것은 봉건주의를 밀어낸 것처럼 밀려날 것이기 때문이다. 우리의 역사가 우리를 만들었지만, 우리는 역사를 만들어 간다. 그는 우리가 구제할 수 없을 정도의 이기적 존재라고는 생각하지 않았다. 마르크스는 적절한 조건하에서 우리는 서로 협동한다고 믿었다. 그는 과거보다 미래를 내다보았다. 우리가 살고 있는 사회에 의해 우리가 형성된 것이라면, 우리 자신을 부정하지 않는 한 우리는 그러한 유산을 인정해야 한다고 주장하는 사람들도 있을 것이다. 이러한 견해는 일부 보수주의적 이론의 결과이다. 그렇지만 마르크스는 우리가 변화하는 존재라고 믿었다. 그는 사회가 우리를 변형시키는 방식을 강조하고, 그러한 사회의 전복을 옹호하는 어려운 임무를 떠맡았다. 인간이란 적절한 사회적 환경이 주어질 때 본래의 그 자신이 된다고 믿었으며, 이러한 환경은 **공산주의**에 의해 마련된다고 생각했다. 물론 현재 우리는 그러한 환경에 놓여 있지 않다.

마르크스의 이론에는 **휴머니즘적** 요소가 있으며, 분명히 그것은 그가 엥겔스와 공동저술을 하기 이전 초기 저작에 나온다. 마르크스의 견해가 변경되었는가 아니면 발전했는가를 놓고 논쟁은 가열된다. 초기 그의 핵심개념은 **소외**였다. 그의 불만은 노동자들이 그들의 삶을 지탱해 주는 노동의 산물로부터 소외된다는 것이었다. 노동자는 많은 물건을 생산할수록 점점 더 소외된 객관적 세계에 놓이게 된다. 상품의 세계는 그 자체가 적대적인 힘을 갖고 있어 노동자들을 파멸시킨다. 실제로 상품이 많이 생산될수록 노동력은 점점 더 상품화된다. 노동은 개인의 자유롭고 창조적 개성의 표현이 아니라 타락과 비인간화의 수단이다. “인간세계의 평가절하는 상대적으로 물질세계의 가치증대로 진척된다”고 마르크스는 말한다. 그는 인간이라는 **종의 특성**은 자유로운 의식적 활동이라고 주장한다. 노동이 소외됨으로써, 노동은 인간의 자유로운 활동을 수단으로 전락시킨다. 인간을 동물과 구별짓는 의식적이고, 의도적인 노동은 왜곡된다. 노동은 더 이상 자유의 표현이 아니며 노동자를 압제하는 세계를 만드는 수단이 된다. 소외된 노동, 말하자면 소외된 생활에서 인간은 서로 분리되면서 **사적 소유권**이 등장한다는 사실이 문제의 핵심이다. 마르크스와 엥겔스의 공저인 『공산당 선언』(*The Communist Manifesto*)은 공산주의 이론을 한 마디로 사적 소유권의 철폐로 요약한다. 마르크스는 후기 저작에서 **소외**라는 용어를 별로 사용하지 않는다. 그러나 『자본론』에는 이와 유사한 **물신숭배**(commodity-fetishism)라는 개념이 자주 나온다. 마르크스는 **모호한 종교의 영역**이라는 용어를 빌어 유비추리를 하고 있다.

> 인간 두뇌의 산물들은 생명을 부여받은 자발적 형태들로 나타나서 인류와 관계를 맺기도 하고 혹은 그들끼리 관계를 맺기도 한다. 상품의 세계에서 이러한 사실은 인간의 손으로 만든 생산물에도 적용된다. 노동의 산물이 상품으로 바뀌는 현상을 나는 물신숭배라고 부른다.

다시 말해 인간은 그들의 생산물을 그들 자신으로 파악하지 못한다. 마르크스는 종교의 근거를 인정하지 않는 **유물론자**였다. 그렇지만 그는 홉스의 유물론은 인간에 대해 적대적이었다고 평가한다. 그의 철학사상은 극히 인간중심적일 때가 많았다. 그는 인간이 스스로를 통제하는 능력을 다시 회복하기를 원했다. 산업혁명의 초기 단계는 인간 타락의 사례가 많이 발생했으며, 마르크스는 『자본론』에서 가공할 만한 고통의 사례를 쉽게 인용할 수 있었다. 열악한 노동조건, 장시간의 노동, 어린이의 노동, 기계의 횡포는 모두 인간의 삶이 더 큰 이익의 수단으로 사용되는 방식을 예증한다. 개인들이 환경을 개선할 수는 있지만, 결국에는 모두가 어느 한 집단이 다른 집단을 착취함으로써 유지되는 자본주의 체제의 죄수라고 보았다. 철저하게 새로운 세계는 계급적 적대를 철폐할 때 가능하다. 말하자면 자본주의 체제 자체가 공장노동이 열악한 조건에서 이루어질 수밖에 없도록 만든다고 그는 주장했다. 그의 구체적인 공격목표는 **공장체제의 국가** 영국이었다. 그는 **영국의 공장법**(British Factory Acts)이 일부 유익한 결과를 낳았음을 인정하지만, 자본주의자의 손아귀에 놓인 그러한 공장체제는 "노동자가 일하고 있는 동안에도 그의 생존에 필요한 것들을 조직적으로 착취"하고 있다고 불평했다. 공장은 최소한의 작업 공간, 밝은 조명, 쾌적한 공기를 결여했던 것이다.

마르크스는 사회계급의 분화를 **노동의 분화**에서 찾았다. 실제로 그는 노동의 분화와 사적 소유권은 동일한 표현이라고 주장했다. 이로부터 개인들 사이에서 발생하는 이익갈등이 표출된다. 뿐만 아니라 이로부터 "인간의 행위는 그 자신과 맞서는 소외된 힘이 된다"는 사실도 나온다. 저마다 사람은 사회적 역할, 즉 피할 수 없는 행동영역을 갖는다. 사람은 사냥꾼이 될 수도 있고 어쩌면 어부도 될 수 있고 양치기도 될 수 있으며, 자신의 삶을 영위하려면 그러한 직업에 종사해야한다. 그렇지만 고정불변의 것처럼 보이는 사회구조가 변할 수 있음을 마르크스는 항상 염두에 둔다. 사회구조에 대한 우리의 이해는 사회의 산물이다. 우리는 윗세대들로부터 우리의 삶을 지배하는 생산력의 총합을 물려받았다. 마르크스는 계속해서 주장한다.

> "이러한 생산력의 총합, 자본 그리고 상호관계의 사회적 형식은 어떠한 개인과 세대에게라도 천부적이라고 여겨지는 것으로서, 철학자들이 **실체**로서 그리고 **인간의 본질**로서 간주해 왔던 것의 진정한 토대이다."

달리 말하면 우리의 본성은 특정한 **생산양식**의 산물에 불과하다. 생산양식이 변하면, 이른바 **인간본성**도 변한다. 마르크스는 이념만으로 사회를 변혁시킬 수는 없기 때문에 **혁명**의 이념 이외에 다른 것이 필요하다고 경고한다. 그는 혁명의 물질적 조건도 마련되어야 한다고 지적한다. 사회조건에 의한 혁명의 물질적 토대가 미처 마련되지 않는 상태에서 국가를 전복시킬 수 있는 혁명이란 없다. 여기서 그는 자신이 철저한 유물론자임을 보여주고 있다. 인간은 물리적 세계의 한 부분으로 확고히 자리 잡고 있다. 마르스크는 환경과 유리된 **순수한** 의식에는 전혀 관심을 두지 않는다. 그는 정말로 살아있는 개인들의 의식, 다시 말해 특정 사회, 특정 역사 속에 처해 있는 사람들의 사유 방식에 대해서만 관심을 기울인다. **물질적 토대**가 그렇듯이, 사유도 추상적인 것이 아니라고 그는 생각한다. 우리는 물질세계에서 발생한 그 무엇으로 말미암아 생각하고 행위할 뿐이다.

3) 인간의 본성

마르크스는 **역사**를 만들기 위해서 우리는 먼저 **생존**할 수 있어야 한다고 생각했다. 의식주와 같은 인간의 기본욕구가 먼저 충족되어야 한다. 그렇지만 이러한 욕구는 새로운 욕구를 낳게 된다고 그는 생각했다. 그런데 우리의 욕구와 선호의 대부분은 실제로 사회에 의해 형성되는 것으로, 고정 불변하는 인간본성의 결과가 결코 아니다. 광고가 새로운 수요를 창출한다는 것은 이것의 현대적 사례가 된다. 사회를 설명할 때 이와 같이 우리의 **욕구**와 **필요**가 사회의 산물임을 지나치게 강조하는 것이 전형적인 마르크스주의자의 설명방식이다. 문제는 그러한 설명에서 인간본성의 생물학적 근거를 완전히 배제할 위험이 따른다는 것이다.

그렇지만 고정 불변하는 것처럼 보이는 인간본성의 상당 부분이 가변적인 사회조건으로 소급되더라도, 이러한 소급과정이 무제한적이어서는 안 된다. 이러한 소급과정이 제한적이어야만 **비인간화**의 개념도 설득력을 지니게 될 것이다. 마르크스는 현존하는 자본주의 사회가 분명히 어떤 기준에 위배된다고 판단한다. 그는 인간이 자신의 진정한 자아를 찾을 수 있는 **이상사회**에 대한 비전을 제시한다. 그렇지만 명백히도 인간적인 일체의 것이 사회의 산물일 수밖에 없다면, 현존하는 모든 사회에 결함이 있다는 것을 확인할 길이 없다. 인간본성에 관한 설득력 있는 외적 기준도 존재하지 않는다. 마르크스는 인간의 본성은 마땅히 어떠해야 한다는 기준을 마련해야 한다. 그는 현존 사회의 비판의 근거가 될 수 있는 추상적인 철학적 개념을 마련해야 한다. **도덕**에 대한 마르크스주의자의 비판이 전개되는 방식에서도 유사한 문제가 발견된다. 도덕은 **부르주아적**인 것이고 특정 시대, 특정 사회, 특정 집단의 믿음으로서, 어떤 한 계급의 이익을 증대시키는 데 기여할 뿐이라고 자주 경멸받기 때문이다. 이러한 비판의 근거를 제시해야 함에도 불구하고 마르크스 자신은 열렬한 확신을 갖고 자본주의의 사악함만을 비판한다. 그는 진리를 말하는 것처럼 보이지, 어떤 계급 편견에 호소하거나 공허한 수사법을 사용하는 것처럼 보이지는 않는다. 공장 환경의 잔혹함은 엄밀히 말하면 인간이 인간으로서 마땅히 받아야 할 대우를 전혀 받지 못했기 때문에 생겼다는 것이다. 자본주의는 인간이 마땅히 따라야 하는 삶의 방식을 전혀 고려하지 않았다는 것이다.

마르크스는 인간의 적합한 조건에 대해 어떤 관점을 가지고 있었으며, 그것은 미래의 공산사회에 대한 비전과 결부되었다. 그의 비전을 보여주는 유명한 문구가 하나 있다. 그는 어떠한 노동 분화도 없으며, 따라서 계급 없는 사회에서 모든 사람이 개인적 이해에 매달리지 않고 서로 협동하는 시대를 예견한다. 흄이 자원의 결핍과 선의의 결여 때문에 생기는 문제를 해결하기 위해 **정의**가 필요하다고 생각했던 것과는 달리 마르크스는 완전한 사회에서는 풍요와 이타성이 생길 거라고 믿었다. 그러한 사회는 완전한 사회이기 때문에 흄이 생각했던 정의란 어떤 의미에서 더 이상 필요하지 않다. 그러한 사회는 천국의 세속적 형태라 할 수 있다. 이러한 사회에서는 어느 누구도 경제적 이유로 제약받거나 독점적인 활동영역을 갖지 않는다. 따라서 마르크스는 사회가 일반적 생산을 규제하는 한 "사냥꾼이나 어부, 양치기, 학자가 되지 않고서도 마음먹은 대로 오늘 이 일을 하고 내일 저 일을 하면서, 아침에는 사냥을, 오후에는 낚시를, 저녁에는 소먹이는 일을, 저녁을 먹은 후에는 토론을" 할 수 있다고 생각했다.

마르크스는 우리의 잠재능력이 함부로 훼손되지 않음으로서 정말로 인간적일 수 있는 어떤 사회를 기대했다. 그는 개인의 **자아실현**의 중요성을 강조했다. 이것은 사회주의가 개인의 이익보다는 대중이나 집단에 더 큰 관심을 갖는 것으로 묘사되는 것에 비추어 볼 때 자못 놀랄 만하다. 대중이나 집단에 대한 관심을 갖게 하는 것이 완전한 공산사회를 달성하는데 필요한 정책이라고 주장하는 사회주의자들이 있다는 것은 분명한 사실이다. 그러나 마르크스는 진정으로 참된 공신사회에서 각 개인은 창조적 활동을 통해 그늘의 본질을 실현할 자유를 가져야 한다고 생각했다. 그는 **자유**와 **노동**을 **개인의 자아실현**과 일치시키려고 한다. **노동**은 인간이 그 자신을 진정으로 드러낼 수 있는 창조적이고 의도적인 작업을 의미하며, 그것은 결코 산업혁명이 만들어내는 고달픈 작업이 아니다. 그렇다고 마르크스가 단순히 나태한 쾌락행위를 노동이라고 생각한 것은 아니다. 그는 작곡처럼 엄청난 노력이 요구되는 것을 진정으로 자유로운 노동의 예로 들었다.

마르크스가 신봉하고 있는 것처럼 보이는 **경제결정론**은 사회양식의 한 특질에 불과하지만 고정불변의 특질은 아니었다. 그는 자본주의로부터 야기된다고 생각하는 **억압**을 제거하려고 했다. 우리를 제약하는 억압과 족쇄가 제거되었을 때의 진정한 자유가 그의 목표였다. 1848년 마르크스는 엥겔스와 공동 저술한 『공산당 선언』을 다음과 같이 끝맺고 있다.

> "지배계급으로 하여금 공산혁명에 대한 불안에 떨게 하자. 노동자 계급은 족쇄 말고는 잃을 게 없다."

만인의 창조성을 발현시키는 사회에 대한 마르크스의 묘사는 인간적 사회에 대한 묘사이기도 하다. 엄격하게 일관성을 유지하려면 그는 프롤레타리아뿐만 아니라 다른 계급들도 그러한 종류의 자유가 필요한 이유를 입증해야 한다. 모든 계급은 똑같이 경제체제의 죄수들인 것이다. 지배계급은 다른 사람을 이용하여 이익을 얻을 수 있으나, 그들도 사실은 진정한 자유를 향유하고 있지 못하다. 마르크스는 "자유로운 경쟁이 인간 자유의 최종적 발전 단계"라는 생각을 모순이라고 논박한다. 그러한 모순은 전적으로 자본주의의 지배체제에서 발생하는데, 그것은 자유로운 개성발휘의 예가 결코 아니다. "자유로운 경쟁이 생산력 발전단계의 최종형식이며 따라서 인간 자유의 최종형식이라는 주장은, 중간계급의 지배가 세계역사의 마지막 단계임을 의미할 뿐이다."

그의 말처럼, 이것은 중간계급의 구성원들에게는 유쾌한 생각일지 모른다. 그렇지만 중간계급이 그들의 위치에서 아무리 많은 이익을 얻고 있더라도 그들 자신의 인간적 잠재력은 실현되지 못한다는 것이 마르크스의 견해이다. 그러나 마르크스는 이른바 몰인정함보다는 노동계급에 대한 착취에 초점을 맞추려고 했다. 바로 이것이 한 계급에서 다른 계급으로 증오의 화살을 돌리게 만드는 것이기도 하다.

탐욕과 이기성이 제거됨으로써 획득되는 풍요로운 세계에 대한 유토피아적 비전은 바람직한 것처럼 보이지만 진짜 문제는 그것이 실현될 수 있느냐는 것이다. 노동분화 없는 인간 재능의 자유로운 실현은 이 세상에 풍요로움을 가져다 줄 수도 있지만 그렇지 못할 수도 있다. 먼저 물질적 보상이 있어야만 이렇듯 목가적인 세상이 이루어질지도 모른다. 어느 정도까지 노동을 통해 인간적인 목표가 달성될 수 있는지, 혹은 기본 생필품이 얼마나 마련되어야 자유의 영역이 실현될 수 있는지에 관해 마르크스가 언제나 분명한 입장을 취한 것은 아니었다. 공산주의는 노동과 여가 중 무엇에 더 중점을 두는 것일까? 『자본론』에서 마르크스는 자유의 전제 조건인 **필요의 영역**을 언급하고 있다. "노동 일수의 단축은 근본적인 전제 조건이다"라고 그는 말한다. 물론 어떤 사회든지 생활필수품을 생산해야 한다.

뿐만 아니라 마르크스는 사회주의가 **이타주의**를 낳게 되어 각 개인은 자신의 이익보다도 공동이익을 추구할 거라고 전제한다. 아마도 그는 풍요한 세계에서는 그 누구도 탐욕적이어야 할 필요가 없어진다고 생각했는지 모르지만, 이러한 생각은 인간의 **이기성**이 얼마나 깊숙이 각인되어 있는가에 관한 문제를 제기한다. 충분히 많은 재화를 갖고 있는 사람이라도 더 많은 것을 원하는 수가 있고, 그러한 부자라도 탐욕스럽지 않은 것은 아니다. 마르크스는 이러한 탐욕이 경제체제에서 비롯한다고 비난할지 모르나, 인간의 이기성은 뿌리 깊게 각인되어 있어서 어쩌면 우리의 생물학적 유전의 결과일 수도 있다는 것을 고려하지 않을 수 없다. 사실이 그러하다면 사회변혁을 통해 인간의 이기성은 근절되지 않을 것이다.

자아실현에 대한 마르크스의 언급은 모호하며 자아에 대한 명확한 견해는 그 어느 곳에도 나타나 있지 않다. 마찬가지로 **공동이익**의 개념도 명확하지 않다. 단순히 공동선을 내세우는 것만으로는 우리 모두가 우리의 선에 합의해야 한다고 말하는 것이 그렇듯이 불충분하다. 마르크스는 공산주의 이론에 입각하여 어떤 사회가 좋은 사회인가에 관해 이견이 생기지 않을 거라고 전제한다. 뿐만 아니라 그는 우리가 좋은 사회를 이룩하는 방법을 알 수 있음을 전제해야 한다. 어떤 사회가 좋은 사회인가에 관해 이견이 생기지 않을 거라는 생각은 낙관적인 전제일 수 있지만, 그러한 사회를 이룩하는 방법을 알 수 있다는 것은 특히 우려할 만한 전제이다. 마르크스의 주장은 공동체 속에서 살아가는 소규모의 기능집단에 적용될 수 있지만, 지극히 복잡다단한 현대 사회에 적용하기란 쉽지 않다. 정부에 의한 중앙통제는 사회주의의 이상에 접근하는 것처럼 보이지만, 성공을 거두려면 국가는 어느 한 집단의 사람들에 국한되지 않고 인간 행태의 복잡함을 이해할 수 있어야 한다.

마르크스는 완전한 사회라든가 인간 잠재능력의 실현에 대한 몽상적 사변보다는 **계급갈등**에 더 많은 관심을 기울였다. 그는 우리에게 열려진 온갖 가능성에 대해서보다는 자본주의의 잔혹함에 더 강한 확신을 갖고 있었다. 사실 인간이 정말로 자유로울 때 어떻게 변화할지를 예측할 수 없었을 것이다. 인간의 미래는 자기 창조의 능동적 과정이 될 것이다. 그렇지만 인간의 미래에 대한 유토피아적 비전은 도전적인 것만큼이나 불안을 자아내는 것이기도 하다. 우리의 미래에 대해 명확한 관념을 갖지 못한다면, 우리가 소유한 모든 것의 파멸을 초래하게 될지도 모른다.

4) 인간과 사회

마르크스는 현존하는 모든 사회체제를 심각한 회의의 눈초리로 바라보았다. 예를 들면 가족제도 속에 잠재해 있는 노예제를 언급하기도 한다. 그는 평등한 권리에 대한 요구가 지도 유보되는 공산사회의 한 형태에 대한 비전을 갖고 있었다. 사회는 "능력에 따라 일하고, 필요에 따라 갖는다"는 이념에 입각해야 한다고 말한 것은 유명하다. 같은 양의 노동에 대해 같은 양의 몫을 분배하는 것으로는 불충분하다는 것이 그의 주장이다. 결혼한 사람도 있고, 그렇지 않은 사람도 있으며, 자식의 수효도 사람마다 다르기 때문이다. 같은 몫을 갖는 것은 불평등을 더욱 증대시킬 뿐이다. 그렇지만 마르크스는 이러한 불평등을 자본주의 이후에 대두하는 공산주의의 첫 단계에서 불가피한 현상으로 보았다.

공산사회에서 가족제도의 미래는 매우 불확실하다. 『공산당 선언』에서 가족제도는 자본에 기초한 부르주아 제도로 간주될 뿐이다. 실제로 완결된 형태의 가족제도는 부르주아 사이에서만 존재한다고 주장한다. 『선언』은 산업화가 어떻게 프롤레타리아의 가족제도를 해체시키는지, 어린아이들이 어떻게 일개 상품과 노동 수단으로 전락하게 되었는지를 보여준다. 따라서 부르주아의 가족에 관한 논의는 본질적으로 위선적이며 논술가들의 자기만족에 지나지 않는다는 것이다. 매춘이 존재한다는 사실도 재치 있게 언급되고 있다. 또 『선언』은 "노동자들에게는 국적이 없다"는 것을 강조하면서, "우리는 그들이 갖고 있지도 않은 것을 착취할 수 없다"고 덧붙이고 있다. 『선언』의 이러한 관점은 확실히 국제적이며, 그것은 공산주의가 늘 보아왔던 인생의 여러 이정표들을 어떻게 옮겨놓으려고 하는지를 강조한다.

마르크스는 사회적 **전통**이나 개인적 **습관**을 전혀 존중하지 않는다. 그는 흄처럼 관습을 강조하지도 않으며, 아리스토텔레스처럼 습관적 행동에 의한 덕 있는 성품의 계발도 강조하지 않는다. 그는 사회적 차원과 개인적 차원에 놓인 우리의 기본 신념과 성향이 특정한 **경제체제**의 작용에서 유래한다고 믿기 때문에, 대규모의 혁명을 통해서만 사람들은 변화될 수 있을 뿐이라고 주장한다. 마르크스의 관점에서 사회적 영향이 무엇보다 우선하기 때문에, 동일한 경제적 요인이 동일한 사회적 결과를 낳는 한 사람들은 크게 달라질 수 없다. 모든 것이 자본의 이익에 맞도록 재단될 것이기 때문이다. 그는 자신이 옹호하는 혁명에 대해 다음과 같이 언급한다.

> "따라서 이러한 혁명이 필수적인 까닭은 다른 방법으로는 지배계급이 타도될 수 없기 때문이며, 지배계급을 타도하는 계급은 혁명을 통해서만 시대의 모든 폐악을 제거하는 데 성공할 수 있고 사회를 새롭게 건설할 수 있기 때문이다."

시대의 폐악이라는 말은 혁명을 정화(淨化)의 한 형태로 만들어주며, 혁명의 원인에 그럴듯한 도덕적 근거를 제공한다. 피흘림을 정화와 연관시키는 수사법은 이미 오래 전부터 사용되어 왔던 방식이다. 그러나 언제나 위험은 폭력과 죽음이 사회에 난무할 때 그것을 다시 규제하기는 어렵다는 데서 생긴다. 마르크스가 특별히 **혁명**을 생각하게 된 것은 사회계급의 중요성을 강조했기 때문이다. 완전한 공산사회는 계급 없는 사회이지만, 현존하는 자본주의 사회의 시민들은 그들의 계급과 관련하여 파악될 수 있을 뿐이다. 그들은 경제구조가 결정하는 대로 자신들에게 이익이 되는 행위를 해야 한다. 프롤레타리아는 자신의 적대계급을 올바로 인식하고 그에 따라 행위해야 한다. 마르크스는 사회의 서로 다른 부분이 전체의 선을 위해 서로 분리되어 기능해야 한다는 **사회유기체론**을 주장하지는 않았다. 적어도 혁명이 일어날 때까지 그의 이론은 화합보다는 갈등을, 협동보다는 증오를 불러일으키는 일종의 강령이라고 할 수 있다.

혁명을 옹호하려면 사회의 근본적 변화가 현존하는 사회에서 표출되는 인간본성을 변화시킬 것이라는 전제가 필요하다. 그렇지만 **자연도태**가 우리를 자기중심적으로 만든다고 하면, 우리는 자본주의 사회에서와 마찬가지로 공산주의 사회에서도 같은 경향을 갖는 생물체가 될 것이다. 반면에 만약 우리가 잠재적으로 합리적인 자유선택의 능력과 아울러 악에 대한 어떤 편견을 갖는 불멸적 영혼의 존재라면, 지구상의 완전한 사회는 이미 예정된 것이 된다. 뿐만 아니라 도대체 왜 현재상태의 친숙함을 받아들이지 않고 혁명의 불확실함을 적극적으로 추구해야 하느냐라는 매우 실질적인 문제가 생긴다. 사람들은 본성적으로 보수적이라는 증거도 있다. 적어도 흄의 견해는 그렇다. 실제로 마르크스는 프롤레타리아가 자신들의 진정한 이익이 어디에 있는지를 제대로 알지 못할 수도 있음을 인정했으며, 혁명적 지도자들도 종종 일반인들이 자신들이 처한 상황의 진상을 모르고 무리한 요구를 해올 때, 그것을 묵살할 수 있다고 생각한다. 설령 일반인들이 자신들이 처한 상황의 진상을 모르고 있다 하더라도 문제의 복잡성은 그들이 여전히 변화를 원하지 않을 수 있다는 데 있다. 많은 사람들은 경제적 관점에서 볼 때 자신들이 최하층에 가깝다 하더라도 그들의 가족과 국가에 매우 집착한다. 다윈은 이러한 집착이 엄밀한 의미에서 자연적인 것이라고 명확히 논증했다. 거듭 말하지만 문제는 우리 품성에 대해 사회적 결정요인이 지배적 요인이냐 하는 것이다.

혁명의 필요성에 관한 또 다른 문제는 동기 유발에 추점이 맞추어진다. 나는 가난하고 착취당할 수 있으며 그것을 알고 나서 내가 처한 상황을 바꾸길 원할지 모른다. 그렇지만 그렇다고 해서 내가 열렬한 혁명주의자가 되는 것은 아니다. 공산사회를 이룩하기 위해서는 많은 피를 흘리게 될 것이고 그중 일부는 나의 피가 될지도 모른다. 나는 나의 희생의 열매를 맛보지 못하고 죽을지도 모른다. 대다수의 프롤레타리아는 온갖 고통을 감수하면서 소수의 프롤레타리아가 잘살 수 있도록 모든 것을 희생하도록 요구받고 있다. 선견지명을 갖춘 혁명주의자는 지독한 이타주의자 이어야 한다. 그럼에도 불구하고 계급의 역할을 마르크스는 강조함으로써, 자기 충족적이며 타인에 대해서는 관심을 쏟지 않은 채 자신의 이익의 관점에서만 결단하는 원자론적 개인사회로부터 벗어나고자 한다. 개인들이 어느 정도까지 필요한 희생을 기꺼이 감수할 것인가에 관해 문제를 제기하는 것은 마르크스가 미처 생각하지 못했던 사회 모델을 악의적으로 이용했기 때문에 가능한 것인지도 모른다. 그는 전면적 혁명의 과정이 불가피하다는 입장이었다. 자본주의는 이러한 압박과 억압의 기제를 수립함으로써, 프롤레타리아로 하여금 혁명이외에 선택의 여지가 없게 만드는 내적 모순을 만들었다. 자본주의 역사적 운명은 내적 모순을 예정하고 있다.

5) 현대적 의의

어떤 사상가도 마르크스만큼 현대 세계의 정치구조에 대해 심각한 영향을 미치지는 못했다. 마르크스가 예언한 것처럼 가장 진보된 산업국가에서 혁명은 일어나지 않았지만 마르크스의 사상은 20세기의 여러 혁명을 낳았다. 그렇지만 어떤 사회도 진보된 공산사회로의 접근에 성공하지 못했다. 분명히 마르크스의 목표처럼 보였던 국가 소멸 이후의 낭만적 개인주의는 어느 곳에서도 찾아 볼 수 없었다. 심지어 명백한 공산주의 사회마저도 마르크스의 추종자들에 의해 **국가자본주의**(State capitalism)의 사례라고 비난받았다.

국가경제의 모든 중요한 부문에 대해 공공소유권을 갖는 중앙통제체제는 많은 영역에서 정부의 권력을 증대시켰다. 그렇지만 이러한 체제의 엄격성과 견고성은 헌신적인 마르크스주의자까지도 우려하게 만들었다. 현대사회의 복잡함은 전면적인 관료적 통제를 어렵게 한다. 그렇다면 국가체제의 운용에 대해 전문적인 관심을 갖는 새로운 관리와 관료의 등장을 반드시 냉소적으로 바라볼 필요는 없다. 마르크스의 관점에서 이러한 계급은 생산력의 발전단계의 결과로 출현하는 것으로 논의될 수 있다. 문제는 그러한 계급이 자리 잡으면서 그것의 일차적 목적이 영구히 지속되리라는 데 있다. 그래서 중앙통제의 지배를 덜 받는 보다 유연한 사회주의를 건설하고 하는 시도가 있어 왔다. **시장사회주의**(market socialism)는 생산수단의 집단소유를 옹호하는 한편, 재화의 분배를 유도하는 모종의 시장 메커니즘을 고수한다. 그러한 시도가 자기 모순적인가의 여부는 확인해 볼 문제이지만, 그것은 경제학의 주요 문제이기도 하다. 그러나 마르크스는 한층 더 심오한 철학적 차원에서 잘못된 인간조건이 무엇인가 그리고 그것을 어떻게 바로 잡을 수 있는가의 문제를 제기하고 있다. 모든 경제이론은 인간본성에 관한 가정에 의존하지 않을 수 없기 때문이다.

무엇보다도 마르크스는 인간의 완전함을 신뢰했다. 그는 자본주의 사회의 구조에 의해 우리가 살아가야 하는 삶은 방해받고 좌절하게 된다고 믿었다. 이러한 구조가 척결될 때 진정으로 인간적인 모든 것을 제대로 꽃피울 기회가 생긴다. 그렇지만 혁명 후의 사태를 검토하면서 이른바 마르크스주의 국가에서 인간본성을 제대로 꽃피운 사례가 있는지를 묻는 것은 부적절한 처사가 아닐 것이다. 혁명적 작업이 부적절한 것처럼 보일 수도 있는 것은 특히 어떠한 사회도 마르크스가 공산주의의 마지막 단계로 예견한 것을 성취한 적이 없었기 때문이다. 사람들의 행동과 말이 일치하지 않을 수도 있다는 것은 상식이기에 그런 사실만으로 마르크스주의자들이 주장했던 바의 타당성이 훼손되는 것은 아니다. 기독교 자체의 기준에 따라 판단하더라도 기독교 교회의 역사는 한탄스러울 때가 적지 않았다. 그렇다면 도대체 왜 마르크스주의에 대해서만은 다르게 생각해야 하는가? 그렇지만 **원죄**를 기독교에서 강조했다는 것은 어떤 제도라도 인간의 **이기성**을 완전히 정화시키기 어렵다는 사실을 시사해 준다. 문제는 마르크스주의자들이 왜 자신들의 목적을 성취하기 어려운지를 설명할 수 있느냐 하는 것이다. 사회의 경제적 토대가 마르크스주의자의 원리에 따라 구성될 때 왜 마르크스의 예견대로 공산주의가 도래할 수 없는가에 대한 이유는 없는 것처럼 보인다.

근본적인 물음은 순수한 공산주의를 창출하는 데 도저히 극복할 수 없는 인간본성상의 장애가 있느냐 하는 것이다. 과연 새로운 인간상의 가능성에 대한 마르크스의 유토피아적 몽상이 우리의 근본적이고 고정 불변하는 본성에 위배되는가? 사회의 외적 조건이 바뀌면 탐욕과 이기심이 사라지리라고 장담할 수 있는가? 한 사회에 있어 경제적 사실들이 변화했다는 이유만으로 사람들의 협동적 성향이 더 강화될 수 있는가? 공산사회에서는 모든 갈등이 정말로 제거될 수 있는가? 이러한 물음들은 쉽게 대답할 수 있는 것이 아니다.

인간본성에 관한 어떤 이론에서든지 갈등은 중요한 사실이다. 갈등은 개인의 내면이나 사람들 사이에서 발생한다. 홉스류의 이론은 어떻게 우리가 갈등과 더불어 살아가고, 그것을 통제할 수 있는가를 보여주는 반면 적극적으로 갈등을 치유하려는 이론도 있다. 마르크스는 모든 갈등이 계급투쟁에서 비롯하므로 계급 없는 사회에서는 갈등이 존재하지 않을 것이라고 믿는다. 인간의 모든 문제는 사회에 기원을 두기 때문에 사회가 올바르게 정립되면 문제는 사라지게 된다. 그러나 자본주의 사회의 갈등을 진단하는 데 있어서 마르크스가 옳다 하더라고 그는 인간경험이라는 폭넓은 영역을 다루지 않고 있다. 특히 그는 우리의 개인 심리학과 생물학에서 유래하는 문제점들, 따라서 기원상 사회 구성 이전에 생긴 문제점을 간과하고 있다. 예를 들면 일찍이 플라톤이 설명하였고, 프로이트에 의해 훗날 연구된 인간 내면의 갈등은 고려되지 않고 있다. 정념에서 벗어난 인간 이성의 능력은 계급 이익을 고려하지 않을 수 없는 경우에라도 쉽게 간과되어서는 안 될 것이다. 사실 마르크스주의자들은 다른 사람들의 판단은 철두철미하게 편향되어 있는데 반해 왜 자신들만은 사물을 명철하게 파악할 수 있는지를 입증하기 어렵다고 느낄 때가 적지 않다.

마르크스의 업적은 우리의 사유에 있어서 그리고 우리가 어떤 종류의 인간이 되는가에 있어서 사회가 미치는 영향력에 초점을 맞추었다는 데 있다. 여기에 덧붙여 그는 사회가 경제적 요인에 의해 형성되는 방식을 강조했다. 그렇지만 결국 사람들이 속하는 사회의 경제구조를 변화시켜 어느 정도까지 사람을 변화시킬 수 있는가 하는 반복되는 문제에 우리는 직면한다. 인간본성은 인간사회보다 더 뿌리 깊다. 사실이 이러하다면 사회는 인간본성의 원인인 것만큼이나 인간본성의 표출이라고 할 수 있다.

4. 프로이트의 인간관

1) 사상적 배경

프로이트는 1856년 모라비아의 유대인 가정에서 태어났다. 그는 오스트리아가 나치에 점령되어 런던으로 망명하기 전까지 빈에서 거의 모든 생애를 보냈으며, 1939년 망명지인 런던에서 사망하였다. 그가 지적했듯이 그의 주저 『꿈의 해석』이 1900년에 출간되었으므로 정신분석학의 탄생은 20세기의 시작과 일치한다. 이 책에서 그는 모든 꿈은 본질적으로 욕구의 충족을 반영하는 비밀스런 의미를 갖는다고 주장한다. 프로이트가 설명하듯이 "꿈의 해석은 마음의 무의식적 활동에 대한 앎에 이르는 왕도이다."[30] 마음에서 일어나는 많은 사건, 어쩌면 대부분의 사건은 무의식적이라는 생각이 무엇보다도 중요하다. 이러한 생각은 인간이 스스로에 대해 갖고 있는 이미지가 부분적으로만 타당하다는 것을 의미하는 것이기도 하다. 프로이트가 옳다면 인간의 의식은 헤아릴 수 없는 심층적인 측면을 갖게 된다.

프로이트 (1856-1939)

우리의 본능은 우리가 잘 알지도 못하고, 굳이 알려고 하지 않는 그런 것처럼 보인다. 본능 때문에 인간의 합리성은 덜 중요한 것처럼 보이기도 한다. 우리의 행위가 숙고된 합리적 결단의 결과가 아니라 무의식적인 강력한 본능적 충동의 결과라면, 인간성에

30) 프로이트, 『꿈의 해석』(*The Interpretation of Dreams*)(『선집』(*Collected Works*) 5권, 1900). p. 608.

관한 많은 전통적 견해들은 위기에 처할 것이다. 특히 우리 자신을 통제함에 있어 우리가 도덕적으로 책임을 져야 하느냐가 문제 될 것이다. 이 모든 것은 니체의 관점과 분명히 연관된다. 인간 **이성**에 대한 이러한 공격은 공인된 동기 속에서 파악되던 행위의 **진정한 동기**를 폭로하게 된다는 점에서도 대단히 매력적으로 들린다. 프로이트는 마음의 **안정**을 유지하려고 오랫동안 니체의 저작을 기피했다고 말하기도 한다. 그는 자신이 니체의 저작에 얼마나 호감을 갖고 있었는가 그리고 얼마나 영향을 받았는가를 잘 알고 있었다. 그는 니체에 대해 매우 놀랍게도 "그의 추론과 직관은 정신분석에서 어렵게 얻은 결과와 일치하는 수가 적지 않았다"[31)]고 말한다.

더욱 확실한 것은 다윈의 영향으로, 다윈의 이론은 프로이트를 강렬하게 매료시켰다. 프로이트는 학창시절에 "세계에 대한 우리의 인식에 있어서 비약적 발전이 있기를 희망하고 있었다"[32)]고 술회한다. 그는 우리 자신에 대해 우리의 인식의 진보과정에서 다윈의 중요성을 의심하지 않았다. 그는 과학이 인간의 소박한 **자기애**에 대해 세 가지 주요한 충격을 가했다고 생각한다. 첫째는 지구가 우주의 중심이 아니라는 사실이 발견된 것이다. 둘째는 다윈과 월리스의 업적으로서, 생물학이 창조의 과정에서 우리가 누리고 있다고 생각했던 특권적 지위를 박탈하고 우리의 동물적 본성을 밝혀낸 것이다. 프로이트는 흥분하여 계속해서 다음과 같이 말한다. "인간의 과대망상은 현재의 심리학적 탐구로부터 가장 치명적인 세 번째의 타격을 받는다. 심리학적 탐구는 에고(ego)가 결코 자기 자신의 주인일 수 없으며, 마음속에서 무의식적으로 전개되는 사건에 대한 극히 미미한 정보에 만족할 수밖에 없음을 입증하려고 한다."[33)]

---

31) 프로이트, 『한 자전적 연구』(*An Autobiographical Study*) (20권, 1925). p. 60.
32) ibid., p. 8.
33) 프로이트, 『정신분석학 입문강의』(*Introductory Lectures in Psychoanalysis*), (16권, 1917), p. 285.

프로이트는 인간의 가치와 존엄성에 대한 이러한 공격이 인간의 감성에 강도 높은 타격이 되리라는 것을 잘 알고 있었기에 맹렬한 반론에 부딪쳐서도 별로 놀라지 않았다. 그는 다윈도 같은 문제에 직면했음을 강조했으며, 그러한 격렬한 반발을 그들 자신에 대해서 진리를 깨우치지 않으려는 사람들의 **저항**으로 치부했다. 프로이트에게 반론이란 자기 이론의 타당성을 더욱 확실하게 해주는 논증에 지나지 않았다.

정신분석학의 가장 두드러진 특질은 우리의 정신생활을 우리의 의식과 일치시키기를 거부하는 데 있다. 마음과 신체의 이분법에서 마음과 의식이 동일시되어야 한다는 전제가 수시로 통용되고 있지만 반드시 그래야 하는 것은 아니다. 프로이트의 무의식에 대한 관점을 우리 마음의 인식에 대한 주목할 만한 기여로 간주하는 이원론자도 있다. 정신분석이론의 취지는 **노이로제**에 대한 의학적 진단에 필수적 도움을 주려는 것이다. 하나의 이론으로서의 정신분석학은 의학과 철학 사이에 위치한다는 사실로 말미암아 유감스럽게도 양측 모두로부터 공격받기 쉽다. 무의식은 행동을 유발하는 본능적 동기와 감정에 위치한다고 여겨지지만 동시에 그것은 우리의 정신과정에 부여되는 **의미**와 가치를 포함한다. 우리에게 선천적으로 부여된 동물적 본능과 비교될 수 있는 것은 무엇이든지 무의식의 중심을 이루지만[34] 꿈으로 표출되는 억압된 욕구 역시 그것과 관련된다고 할 수 있다. 다시 말해 그것은 우리 행위의 거의 대부분의 **원인**(cause)이며, 우리가 겪는 많은 경험의 **이유**(reason)이기도 하다.

이유와 원인의 구별은 중요하지만 논란을 불러일으키는 구별이기도 하다. 우리는 우리에게 작용하고 있는 원인들에 대해 무지할 수 있고, 그래서 그러한 원인들이 강조될 때 놀랄 수도 있다. 그렇지만 우리의 이유는 우리가 우리의 행위를 어떻게 파악하는가의 문제와 직접 관련된다. 이유는 우리가 우리의 행위를 어떻게 이해하는가의

---

34) 프로이트, 『무의식』(*The Unconscious*) (14권, 1915). p. 95.

문제와 분리될 수 없다. 무의식과 관련하여 프로이트는 우리가 우리의 이유에 대해 언제나 의식하고 있는 것은 아닐 수도 있음을 보여주면서, 심지어 우리의 이유를 이유로서 받아들이기를 거부한다. 자기기만이란 언제나 수수께끼 같은 현상이지만 인간경험의 본질을 반영한다. 그러나 진정한 이유가 우리에게 제시될 때 우리는 그것을 기꺼이 받아들여야 한다. 우리의 감정적 저항에도 불구하고 그렇게 하지 않는다면 소위 이유란 무엇이냐에 관한 문제가 생긴다.

정신분석의 목적에 대한 우리의 이해는 이유와 원인을 대비시킬 수 있느냐와 관련될 수밖에 없다. 어린 시절 심한 정신적 충격을 겪어서 그 결과 노이로제에 시달리는 사람이 있다면 그러한 경우는 원인에 의한 결과의 명백한 사례로 간주된다. 그렇지만 무의식적인 기억과 그것이 환자의 생활에서 차지하는 부분이 강조되면 될수록 무의식적인 기억의 최초의 원인은 점점 더 무관한 사항이 된다. 정신분석은 환자의 사고작용(reasoning)만을 다루어야 하며 따라서 최초의 사건이 기억하고 있는 대로 발생되었는가의 여부는 무관한 사항이라고 할 수 있다. 환자가 **기억**을 어떻게 이용하고 있는가 만이 문제가 된다. 다시 말해 정신분석은 환자의 정신상태의 해석에 관한 문제를 다룬다. 정신분석은 최초의 원인에 대한 과학적 설명을 제시하는 것이 아니라 최초의 원인의 의미와 이유를 탐구한다. 그렇지만 최초의 원인에 대한 과학적 설명을 제시하려는 포부도 아울러 갖고 있다. 정신분석은 원전에 대한 해석처럼 최초의 원인에 의미를 부여하는 일과 참된 과학이론으로서 원인과 결과의 상호작용을 보여주는 일 사이에서 항상 고뇌에 찬 방황을 하고 있다.

2) 세계에서의 인간의 위치

프로이트는 과학이 참된 지식에 이르는 유일한 길이며, 따라서 인간본성에 관한 어떠한 설명도 과학적 배경 속에서 이루어져야 한다고 믿는다. 그는 무의식이 존재한다는 것도 과학적으로 입증될 수 있다고 생각한다. 최면 후의 암시 효과의 예를 들면서, 그는 의사가 환자에게 최면을 걸고서 환자에게 자기가 방을 나갔다가 돌아올 때 방 한 편에 놓여 있는 우산을 집어서 펴고 있으라고 말하는 상황을 제시한다.[35] 그리고 의사는 환자의 최면을 풀어주고 나갔다. 의사가 돌아왔을 때 환자는 의사가 말했던 대로했다. 왜 그렇게 했느냐는 질문을 받았을 때 환자는 당황하면서 자기 생각에는 의사가 돌아올 때까지 마치 비가 오는 것처럼 우산을 펼쳐들고 있는 것을 의사가 원했기 때문이라는 어설픈 이유를 댄다. 이것은 분명히 합리화이며 이러한 예는 행동을 유발하는 것이 정말로 무엇인지를 의식하지 못할 수 있음을 암시한다. 프로이트가 명백하게 언급하지는 않았지만 이러한 추리는 우리가 자유롭지 않은 상태에서 자유롭게 행동하고 있는 것으로 상상할 수 있음을 보여준다. 우리가 자유롭다고 느낀다는 사실만으로는 우리가 자유롭다는 것을 말할 수 없다. 이것은 **자유의지**의 문제에 관한 중요한 함축이다.

프로이트가 제시한 무의식의 역할에 대한 또 다른 예는 말실수이다. 물론 하나의 가능성에 불과하지만 프로이트는 말실수를 무의식적 의도와 의미로 해석하려는 경향이 있었다. 이러한 예는 프로이트가 강조하는 자유연상의 방법과 일치하며, 자유연상으로 말미암아 환자는 특정한 상황에서 그 자신이 우선적으로 생각하고 있는 것을 말하게 된다. 무의식적인 사유가 실수로 의식화되는 경우가 있다는 견해다. "정족수가 되었으므로 폐회를 선언한다"[36]라고 말한 오스트리아 하원의장의 개회사가 프로이트가 제시한 말실수의 예이다. 회의장의 격론을 견디다 못한 의장은 모든 것이 끝났으면 하는 자신의 소망을 표출한 것이라고 프로이트는 보았다.

---

35) 프로이트, 『정신분석학 기초강의』(*Some Elementary Lessons in Psychoanalysis*) (23권, 1940), p. 285.

36) ibid., p. 284.

믿음과 욕구가 무의식적이라는 입장이 받아들여진다면, 왜 그러한가에 관한 이론이 필요하다. 프로이트는 어린 시절의 경험이 결정적임을 의심하지 않았다. 그는 "어린이는 심리적으로 어른의 아버지"라고 주장했으며, 성인이 된 후의 노이로제 증상을 설명하는 데 있어 특히 어린이의 성적 경험이 중요하다고 보았다.37) 일반적으로 건강한 사람에게도 무의식이 존재한다는 증거가 있지만 무의식은 특히 정신적 고통을 겪고 있는 사람에게 주요한 요인이다. 프로이트는 의도적으로 기피되어 왔거나 무의식적인 심리상태에서 억압되던 사유와 욕구로까지 거슬러 올라가서 그러한 고통의 원인을 찾을 수 있다고 믿는다. 물론 의식적으로 받아들여지지 않더라도 바로 그러한 이유 때문에 사유와 욕구는 예기치 않은 방식으로 표출되는 강력한 힘을 갖게 되며, **감정전이**(displacement)를 통해 상이한 대상과 결부되기도 한다. 내가 의식적으로 원하는 것은 정말로 내가 원하는 것이 아닐 수도 있다.

프로이트에 따르면 우리의 정서생활이 형성되는 곳은 가정이다. 부모와 우리와의 관계가 가장 중요하다고 프로이트는 믿는다. 그는 넓은 의미에서 성욕이라고 이해되는 유아적 성욕의 사실을 강조하기 때문에, 그가 이러한 관계의 발단을 성적이라고 믿는 것은 놀라울 게 못 된다. 그가 생각하기에 어린아이의 욕구는 강력한 성적 내용을 포함한다. 남자아이의 첫 번째 사랑의 대상은 어머니이고 여자아이의 경우는 아버지이지만 부모 중의 하나는 경쟁자로 인식되어 때로 강력한 적대감을 불러일으킨다. 프로이트는 이러한 상태를 자기 아버지를 살해하고 어머니와 결혼한 그리스의 신화에 나오는 오이디푸스의 이름을 따서 **오이디푸스 콤플렉스**(Oedipus Complex)라고 부른다. 그는 "근친상간적 욕구가 원시시대부터 계승되어 완전히 극복되지 못했다"38)고 주장한다. 정상적인 발전단계라면 유아기의 바시

37) 프로이트, 『정신분석학 개요』(*An Outline of Psychoanalysis*) (23권, 1940), p. 187.
36) 프로이트, 『비전문적 분석의 문제』(*The Question of Lay Analysis*)(20권, 1962).

막 성적 단계가 끝나는 대략 다섯 살 경에 이러한 욕구는 포기된다. 그러한 욕구는 변형되지만, 경우에 따라서는 그러한 욕구의 재발이 심각한 결과를 초래하기도 한다.

프로이트 저작의 일관된 주제는 개인의 심리적 발달단계가 인류의 역사와 대응한다는 것이다. 그는 "인간의 가장 심오하고도 영원한 본성은……어린 시절에 해당하는 선사시대에 있다"[39]라고 한다. 부모와의 관계는 사회체제의 형성 이전에 발생한 사건들을 반영한다. 그의 저서 『토템과 타부』(*Totem and taboo*)에서 프로이트는 원시적 집단의 아버지는 모든 여성을 독차지하면서 아들들을 내쫓았다고 주장한다. 결국 아들들은 서로 협력하여 아버지를 살해하여 제거하지만 심한 죄의식에 사로잡혀 아버지의 여인들을 소유하는 것을 포기하기로 합의하고 낯선 여인을 찾아 나서게 된다. 근친상간의 금기가 생기고 사회체제가 도입되며 여기서 사회적 종교적 체제의 기원이 마련된다고 프로이트는 생각한다. 원죄의 결과는 여러 세대를 거쳐 전수되어 각 개인의 삶에 자리 잡게 된다. 그것은 마치 우리의 어릴 적 소망이 더욱 성숙한 상태로 바뀌는 것과도 같다.

프로이트는 이러한 공상적 이야기를 사실로 다루는 경향을 보이지만 더 중요한 것은 선사시대와 개인의 심리와의 관계에 관한 문제다. 수천 년 전의 사건이 우리에게 영향을 미치는 것으로 생각할 수 있는 유일한 방법은, 라마르크가 주장했던 것처럼, **획득형질**이 유전될 수 있다는 이론을 통해서이다. 다윈도 그런 이론에 유혹되기도 했다. 기린은 먹이를 얻기 위해 목을 길게 늘임으로써 긴 목이 되었고, 이러한 변화를 후손에게 유전시킨 것처럼 보인다. 마찬가지로 선사시대의 공포스런 상황에서 획득된 노이로제 증상이 인류에게 영향을 미쳤을지도 모른다. 그렇지만 이러한 이론은 유전적 변화와 자연도태에 의해서만 형질이 유전될 수 있다는 **신다윈주의**의 믿음에 위배

---

p. 214.

39) 프로이트, 『꿈의 해석』, p. 247.

된다. 따라서 현대 유전학에 따르면 개인 경험의 결과는 후대에서 반복될 수 없다.

다른 면에서도 프로이트는 **진화론**과 일치하지 않는다. 왜냐하면 그는 근친상간의 타부가 있다는 사실이 인간의 강력한 본능을 규제해야 할 필요가 있었음을 입증한다고 믿었기 때문이다. 우리가 근친상간의 욕구를 은밀하게 염려하지 않았다면 그런 타부는 필요 없었을 것이다. "근친상간에 대한 두려움을 생득적 본능으로 설명하려는 견해는 포기되어야 한다"[40]고 그는 적극적으로 주장한다. 신다윈주의에 따르면 과학적이라고 자부했던 프로이트의 이론은 생물학적 이론의 중요한 측면과 일치하지 않는다. 그럼에도 불구하고 유아기에서의 양육의 중요성과 성격형성에서 가족관계의 중요성에 관한 그의 주장의 상당 부분은 계몽적이다. 우리가 성장해 가는 데 있어서 우리의 삶을 영위하는 방식은 의심할 바 없이 우리의 유아기의 경험에 의해서 영향 받는다. 어린아이의 정신적 발달에 미치는 가족생활의 중요성은 의심할 나위도 없다.

3) 인간의 본성

인간본성에 관한 프로이트 견해의 가장 두드러지고 논쟁적인 측면은 인간행위의 동기로서의 **성**에 대한 강조이다. 이것은 정신분석학의 두드러진 특질이 되었기에, 프로이트는 자기에게 붙여진 **범성욕주의** (pan-sexualism)의 혐의를 벗어나고자 안간힘을 써야 했다.[41] 아무리 철저히 위장하고 은폐하더라도 성적 동기가 유일한 동기가 될 수밖에 없다고 프로이트가 믿은 것은 아니었다. 그는 성적 동기가 인간 생명 속의 매우 역동적인 힘이며, 성적 요인이 노이로제 질환의 주

---

40) 프로이트, 『토템과 타부』 (*Totem and Taboo*) (13권, 1913) p. 124.
41) 프로이트, 『정신분석학 소고』(*A Short Account of Psychoanalysis*)(19권, 1924), p. 204.

요인 이라고 믿었다. 그는 자기 제자들에게 환자가 먼저 성적 요인을 끌어들이기 전에 미리 문제를 성급하게 판단하지 말라고 경고하곤 했다. 그는 성적 요인이 무의미해지는 사례를 발견할 기회를 놓치지 않고자 했다. 그러나 그는 매우 불만스럽다는 듯이 "지금까지 우리 어느 누구도 그러한 행운을 차지하지 못했다"[42]고 말한다.

성인의 감정이 유아기의 감정의 변형임을 입증하려는 프로이트의 전형적인 방법은 죽음의 공포를 다루는 방식이다.[43] 그는 그러한 상태를 유아가 자신을 보호해 주는 힘에 의해 유기 될 것을 두려워하는 유아기 상태와 비교한다. 프로이트는 "출생의 불안상태"에 대해 언급하고, 다음으로 보호해 주는 어머니로부터 분리될 때 생기는 불안을 언급한다. 그리고 나서 그는 "거세에 대한 공포심의 진전된 형태로서, 마치 양심에 대한 공포와 같은, 죽음의 공포"에 대해 언급한다. 이러한 언급은 프로이트가 어떻게 거세에 대한 위협처럼 성과 관련된 유아시절의 경험을 성인들의 감정의 원천으로 간주하고 있는가를 잘 보여주고 있다. 더욱이 죽음에 대한 공포는 더 이상의 설명이 필요치 않을 만큼 매우 자연적인 것처럼 보인다. 실제로 진화론적 관점에서 보면 죽음을 두려워하지 않는 사람의 생존확률과 자손번식률은 떨어진다.

정신분석학이 직면하는 또 다른 문제는 가능하면 유아기의 경험을 출생 때까지 추적하여, 유아가 도저히 기억해낼 수 없는 시기의 사건마저 고려해야 한다는 취지가 얼마나 타당성이 있느냐 하는 것이다. 유아기의 경험이 무의식적인 정신의 내용에 기여할 수 있다 하더라도 정신분석이 환자로 하여금 태어난 지 몇 달 후의 억압된 기억을 불러오도록 하는 데 도움을 줄 것 같지는 않다. 그럼에도 불구하고 분명히 정신분석의 일차적 기능을 억압된 욕구와 사유를 의식으로 끌어들임으로써 무의식의 힘을 통제하려는 것이다. 프로이트는

---

42) 프로이트, 『비전문적 분석의 문제』, p. 207.
43) 프로이트, 『에고와 이드』(*The Ego and the Id*) (19권, 1923). p. 58.

욕구와 사유를 있는 그대로 파악할 수 있다면 그것들을 통제하기도 더 쉬워진다고 믿었다. "그렇지만 성공적 치료가 우리의 일차적 목표는 아니다. 오히려 우리는 환자 자신이 스스로의 무의식적 욕구를 의식적으로 파악할 수 있도록 심혈을 기울인다."[44)]

프로이트는 억압이 욕구 배후의 에너지를 감소시키기보다는 그 에너지로 하여금 다른 배출구를 찾도록 할 것이라고 생각했다. 그는 어떤 체계 속에 함유된 활기찬 에너지에 대해 유물론적 입장을 취했으며 그 에너지가 막힌다던가, 방향을 바꾼다던가, 배출된다는 식의 물의 운동과 관련된 용어로 생각하는 경향이 있었다. 그가 생각하기에 성적 본능이 생기는 것은 그것이 충분히 억제되지 않았기 때문이며, 또 프로이트가 생각하기에 심리적으로 잘못된 방식으로 처리되었기 때문이다.

프로이트는 욕구, 특히 성적 욕구는 그대로 방임해 둘 수 없는 것으로 보았으며, 그것 때문에 개인의 내면에 갈등의 여지가 상당히 많다고 믿었다. 그는 우리가 충동의 본성을 이해하고 받아들이면서 내면의 조화를 이루기를 원했지만, 인간의 내면에는 서로 다른 힘들이 격돌하고 있다는 것도 충분히 알고 있었다. **의식**과 **무의식**에 대한 그의 최초의 구별은 너무 단순한 것이었고, 그는 1923년 인간성의 세 부분을 **에고**(ego), **슈퍼에고**(superego), **이드**(id)라는 용어를 사용하여 구별하였다. 의식과 무의식의 구별은 여전히 중요했다. 우리의 감정이 자리 잡는 **이드**는 무의식적인 것이다. 영혼보다는 신체에 더 가까운 **에고**는 이성과 상식으로 불리는 부분[45)]을 나타낸다. 반면 양심의 판단 작용은 소위 **슈퍼에고**에 존재한다.

프로이트는 인격을 세 부분으로 나눌 것을 제안한 최초의 사상가는 아니었으며, 프로이트의 구별은 플라톤의 그것과 매우 유사하다.

---

44) 프로이트, 『다섯 살 소년의 공포 분석』(*Analysis of a Phobiain a Five-year-old Boy*) (10권, 1969), p. 140.

45) 프로이트, 『에고와 이드』, p. 25.

플라톤 역시 내면의 갈등이라는 사실로부터 3분설을 끌어냈으며, 그 점에서 플라톤과 프로이트는 이상하리만큼 유사하다. 프로이트가 1933년 플라톤에 대한 자신의 지식이 매우 단편적이라고 언급했을지라도, 플라톤으로부터 직접 영향을 받은 것 같다. 분명히 프로이트의 **이드**는 플라톤이 보는 영혼의 욕구 부분과 대응되며, 다른 점은 영혼의 욕구 부분이 대체로 의식적이라는 점뿐이다. **슈퍼에고**와 기개 부분도 서로 비교될 수 있는데, 특히 각 부분이 죄의식의 원천이 될 수 있으며 합리성과 무관하게 영향력을 행사한다는 점에서 그렇다. 끝으로 플라톤에게 있어 영혼의 합리적 부분은 프로이트의 에고와 대응되며, 에고는 외부세계의 영향을 받는 인격의 한 부분이다. 두 사람은 모두 본질을 추구하고 감정을 통제하려고 하지만, 플라톤의 본질 개념은 프로이트의 그것과 현저히 다르다. 프로이트는 과학이 보여주는 세계의 모습에 만족하면서, 이성의 역할에 대해 플라톤보다 덜 거시적인 견해를 취하였다.

프로이트는 내면의 갈등이 결국에는 정신적 질병을 유발하게 되는 방식에 대해 특히 관심을 가졌다. 예를 들어, 슈퍼에고는 에고를 위협함에 있어 양친과 같은 역할을 한다. 프로이트는 "그것은 도덕의 요구를 반영하며, 우리는 곧바로 우리의 도덕적 죄책감이 에고와 슈퍼에고 사이의 갈등의 표출임을 깨닫게 된다"[46]고 말한다. 그는 슈퍼에고를 유아시절의 오이디푸스 콤플렉스의 계승자로 간주한다.[47] **도덕**의 영향력을 어린 시절의 부모와의 관계와 연계시킴으로써, 프로이트는 니체를 따라 도덕의 권위를 평가 절하해야 하는 위기를 맞게 되었다. 도덕의 이른바 심리적 기원을 파헤침으로써, 도덕을 일생동안 반복되는 양친의 요구와 같은 것으로 만들어 버렸기 때문이다.

의식과 무의식의 구별이라는 주제는 근본적으로 복잡하다. 프로이

---

46) 프로이트, 『신 정신분석학 입문강의(*New Introductory Lectures in Psychoanalysis*) (22권, 1933), p. 61.

47) ibid., p. 64.

트가 이성과 양심이 언제나 의식적이라고 전제할 수 없었던 것은 억압이 죄의식의 산물이며 슈퍼에고의 문제이기도 하다는 것을 인식하고 있었기 때문이다. 환자는 종종 어떤 사실을 인정하지 않으려고 하면서 정신분석에 대한 **저항**을 드러내곤 하였으며, 이러한 저항에 대해 의식조차 하지 못했다. 프로이트는 "에고와 슈퍼에고의 대부분이 무의식적일 수 있으며 일반적으로 무의식적임"[48]을 인정하였다. 그러나 이것은 슈퍼에고의 지시에 따른다고 할 수 있는 에고가 스스로 무엇인가를 억압하고 있으며, 기본적으로 그것을 은폐하고 있다는 것을 의미한다. 도대체 왜 에고와 슈퍼에고는 같은 시간에 같은 대상을 의식하면서도 의식하지 않으려고 하는가? 자기들이 억압하고 있는 것이 무엇인가를 이미 알고 있다면, 억압을 통해 성취하려는 것은 무엇인가? 이것은 자기기만의 패러독스이며, 프로이트의 3분설은 아무 문제도 해결하지 못한다. 자아가 고의적으로 그 자신을 기만하고 있는 것으로 생각될 수도 있고 슈퍼에고와 에고가 자기 자신들에 대해 무지한 것일 수도 있다. 어떤 경우든 여전히 자아, 혹은 그 구성 부분들은 자기들이 의식하면서도 의식하지 않으려고 하는 것에 대해 의식해야 하는 것처럼 보인다. 그렇지만 어떻게 설명하든지 그러한 현상은 분명히 존재한다. 현실이 처리하기에 너무 어려운 것이 될 때, 내면적 자아에 심각한 비합리성이 생긴다.

프로이트는 에고가 여러 상충하는 욕구로 말미암아 참을 수 없는 부담을 겪게 된다고 보았다. 그는 에고가 "세 명의 폭군, 즉 외부세계, 슈퍼에고, 이드의 지배를 받는다"[49]고 말한다. 프로이트는 정신분석의 목적이 에고를 강화하여, 에고를 동요시키는 요인들을 통제하는 힘을 더욱 크게 늘리는 데 있다고 본다. 그는 에고가 슈퍼에고로부터 좀더 많이 독립하여 이드의 숨겨진 힘을 적극적으로 활용할 수 있게 되기를 원했다. 그는 "이드가 있었던 곳에 에고가 있게 된

48) ibid., p. 69.
49) ibid., p. 77.

다"[50]고 반복해서 말한다. 그는 에고의 약점이 성에 대한 태도에 있다고 믿으면서, 이것이 "자기보존에 대한 생물학적 반정립(자기보전에 반해서 행위 하려는 경향)과 종족보존"[51] 사이의 심리적 갈등 표출인지의 여부에 대해 숙고했다. 이드의 본능은 만족을 요구하면서 쾌락을 추구하고 **불쾌**를 피하려고 한다. 프로이트는 이것을 **쾌락의 원리**(the pleasure principle)라고 부른다. 다른 한편 에고는 불만족스러울지라도 현실을 직시하지 않을 수 없다고 생각하였다. 바로 이것이 **현실의 원리**(the reality principle)이다. 따라서 에고는 외부세계의 난관을 인식해야 하는 필요성과 결부된 자기보존의 본능을 갖고 있다. 쾌락의 추구는 자주 삶의 요구에 종속될 수밖에 없어서, 프로이트는 "쾌락에 이르는 긴 우회로의 한 단계로서 일시적인 불쾌의 감수"[52]를 언급한다.

흄에서처럼 프로이트에 있어 생명의 힘은 우리의 본능적 생활에서 나온다. 이성이 우리의 감정을 통제하기는 하지만 결국 그것을 지배할 수는 없다. 그의 저작이 주는 일관된 메시지는 성적 능력과 영향력을 인정하기를 거부함으로써 갈등, 불안, 정신장애가 생긴다는 것이다. 플라톤의 마차의 예를 반복하면서 그는 에고에 대해 다음과 같이 말한다. "이드와의 관계에서 에고는 말을 탄 사람과 같다. 그는 말의 넘치는 힘을 제어할 수 있어야 한다. 차이가 있다면, 그 사람은 자신의 힘을 갖고 그렇게 하려고 하지만 에고는 빌려온 힘을 사용한다는 것이다."[53] 프로이트에게 이성이란 결코 진정으로 주권자가 될 수 없는 것이다.

---

50) ibid., p. 80.

51) 프로이트, 『정신분석학 개요』, p. 186.

52) 프로이트, 『쾌락의 원리를 넘어서』(*Beyond the Pleasure Principle*) (18권, 1920), p. 10.

53) 프로이트, 『에고와 이드』, p. 25.

4) 인간과 사회

개인의 정신분석에 초점을 맞추다 보면 사회의 본성에 대해 생각할 여지가 별로 없는 것처럼 보일지 모른다. 정신분석은 많은 사람에게 매력을 준다. 반면 마르크스의 이론은 개인을 괴롭히고 있는 근심 그리고 불안과 같은 가장 시급한 문제들을 거의 다루지 않는다. 그렇지만 인생에서의 본능에 대한 강조와 성에 대한 강조는 사회에 관한 문제를 제기한다. 더불어 살아가는 사람들의 결합은 개인들에게 모종의 제재를 필요로 한다. 그 누구도 자기가 원하는 것을 아무 때나 가질 수 없는 것은 다른 사람의 욕구가 고려되어야 하기 때문이다. 프로이트는 억압이란 나쁜 것이라고 가르치는 것처럼 보이지만 문명사회에는 그 자체의 생존을 위해 본능에 대한 억압이 필요하다고 주장한다. 본능이 억압되지 않는다면 그것은 문명사회를 파괴할 것이 분명하기 때문이다.

프로이트는 이 점을 인정하면서 문명사회의 요구와 도덕이 인간본성을 불가피하게 제약한다고 보았다. 그것들은 인간본성의 산물이 아니라 인간본성을 구속하는 비자연적인 것이다. 이러한 견해는 인간사회의 존립을 위협하는 요소를 감안하여, 인간사회를 근본적으로 불안정한 것으로 묘사한다. 이러한 이미지는 바람직스럽지 못할 수도 있으나 생생한 사실일 수는 있다. 프로이트는 원초적인 인간본능과 문명의 갈등이 불가피하다고 믿었으나, 그는 우리의 근본적 욕구에 자유 재량권을 줄 수 없음에 대해 적어도 어느 정도는 유감스러워 한다. 따라서 그는 "문명은 본능을 포기해야 성립한다"[54]고 말하며, 사회는 "개인을 거역하여 유지될"[55] 수밖에 없다고 말한다. 그럼에도 불구하고 그는 "문명하된 개인의 성생활은 철저하게 유린되지 않을 수 없다"[56]고 말한다.

---

54) 프로이트, 『문명과 그 불만』(*Civilization and its Discontents*) (21권, 1930), p. 97.
55) 프로이트, 『환상의 미래』(*The Future of an Illusion*) (21권, 1927), p. 6.

이러한 상황은 본능의 이중성이라는 개념 때문에 복잡해지며, 프로이트는 말년에 이 점에 관해 상세히 설명했다. **에로스**(Eros), 즉 성적 본능 이외에도 **타나토스**(Thanatos)[57], 즉 **죽음의 본능**도 있음을 그는 믿게 되었다. 문명은 삶의 힘과 죽음의 힘 사이에서 벌어지는 근본적인 투쟁의 무대이다. 에로스는 개인을 규합하여 사회의 토대를 형성하는 방식을 마련할 수 있는 반면 성적 충동과는 독립적으로 파괴를 목적으로 하는 공격적 본능이 있음을 프로이트는 믿었다. 이러한 본능은 그것의 원천인 에고 속으로 파고 들어가 특히 무자비한 양심의 형태로 표출된다. 그러나 무엇보다도 프로이트가 "인간의 내부에 자리 잡은 근원적이며, 자기 보존적인 본능적 경향"으로 묘사한 공격성향은 문명을 크게 위협한다.[58]

개인의 자기파괴 성향은 몽상적인 것처럼 보일 수 있으며, 자기도태가 어떻게 이러한 본능의 발판을 마련하는 것을 허용 할 수 있는가의 문제가 생긴다. 그렇지만 프로이트는 제1차 세계대전 후에 이러한 이론을 전개하고 있었으며, 현대사회가 이미 인간의 파괴적 충동에 대한 무수한 예를 제공했다는 것은 분명한 사실이다. 그는 공격성의 뿌리가 인간의 영혼 깊숙이 놓여 있다고 확신한다. 그는 공격성이 사유재산제에 의해 생겨났다는 공산주의자의 견해를 논박한다. 물질적 재화에 대한 개인의 권리가 박탈되고 나면 성적 관계의 영역에서 공격의 기회가 제공될 것이라고 그는 말한다. 가족생활에 의해 어떤 규제도 받지 않는 완전한 성적 자유를 허용한다고 해도 소용없다. 그는 가족을 "문명의 기원"이라고 부르면서, 가족의 제거는 그가 "인간본성의 불변의 특질"이라고 믿는 공격성에 대해 아무 영향도 미치지 못할 것이라고 말한다.[59]

---

56) 프로이트. 『문명과 그 불만』, p. 105.
57) ibid., p. 119.
58) ibid., p. 122.
59) ibid., p. 113.

원시인들은 어떤 제한도 없는 상태에서 일방적으로 그들의 깊고도 강력한 욕구를 자유로이 발산함으로써 행복을 성취할 수 있었다고 프로이트는 말한다.[60] 그렇지만 그들은 오랫동안 그러한 행복을 누리면서 살 수는 없었다. 프로이트는 문명을 통해 벗어나야 하는 홉스의 **자연상태** 개념을 받아들인다. 개인의 문제에 초점을 맞추는 그의 견해는 사회를 사회계약에 의한 결합의 결과로서 생각하지 않을 수 없게 했다. 그는 문명이 요구하는 대로 본능을 포기하지 않는다면 우리 모두 심각한 위험에 처하게 되리라는 것을 알고 있었다. 그렇지만 우리가 안전보장을 필요로 한다 하더라도 프로이트는 자연상태에 대해 약간 더 매력을 느낀다. 우리가 원하는 사람과 성 관계를 맺을 가능성을 고려한다면, 또 제멋대로 사는 사람을 죽일 수 있다면, 다른 사람의 재물을 갖고 도망칠 수 있다면 "얼마나 인생은 멋지고 즐거울 것인가?"[61]라고 그는 말한다. 이러한 상태가 실현불가능하고 본래적으로 위험한 상태라고 해서 매력을 완전히 상실하게 되는 것은 아니다. 프로이트는 가족생활의 중요한 역할을 인정하듯이 문명을 신뢰했으나 가족생활과 문명 모두가 그 결과에 있어서 문제를 낳게 된다는 것을 알고 있었다. 실제로 이 두 가지는 불가분의 관계를 맺고 있다. 왜냐하면 문명의 필요성은 어린아이가 양육되는 것처럼 가족이라는 배경 속에서 생기기 때문이다. 그렇지만 여전히 프로이트는 "야만인이 건강하기란 쉬운 일이지만 문명인에게는 그것이 쉽지 않다"[62]고 생각한다.

프로이트도 미처 통찰하지 못한 문명의 주요한 한 가지 특징이 있다. 그는 종교적 충동이 인간본성의 필수요소이거나 사회구조의 필수요소라고 생각하지 않았다. 그는 과학이 우리 외부세계의 실재에 대해 지식에 이르는 '유일한 통로'를 제공한다고 생각했다.[63] 니체처

60) ibid., p. 115.
61) 프로이트, 『환상과 미래』, p. 15.
62) 프로이트, 『정신분석학 개요』, p. 185.

럼 그는 종교의 기원을 탐구했으며 그것을 인간의 내면에서 발견했다. 프로이트는 종교가 인간의 욕구로부터 나온다고 주장한다. 어린아이가 도움이 필요할 때 부모에게 의지할 필요가 있듯이, 아무 것에도 도움을 청할 수 없을 때 성인은 천상의 아버지에게 의존하려 한다는 것이다. 프로이트는 종교를 한낱 환상으로 분류한다. 하지만 종교가 반드시 허위인 것만은 아니다. 때때로 욕구가 실현되기도 하기 때문이다. 그렇지만 그는 자신의 설명이 종교를 배제한다고 생각했다. 그것은 "너무나 유치하고, 실재와는 유리된" 인간의 성숙되지 못한 부분의 산물이기 때문이다.[64] 이러한 견해는 **양심**이 우리 가족과 사회의 영향력의 산물일 수밖에 없다는 생각과 결부되어, 무조건적으로 독립적 권위를 갖는 종교와 도덕의 가능성을 배제한다. 도덕과 종교에 관한 프로이트의 입장은 본질적으로 니체의 견해와 크게 다르지 않다.

5) 현대적 의의

우리의 근본적 충동을 가려내어 비난하기보다는 이해하고 받아들이려는 욕구는 현대인의 의식 속 깊이 자리 잡고 있다. 그렇지만 **죽음의 본능**에 관해 언급할 때 프로이트 자신도 인정하듯이, 인간본성이 언제나 그렇게 호감을 주지는 않는다. 자기를 인정함으로써 나오는 자기인식의 욕구는 사회가 인간의 어떤 충동을 용인하지 못한다는 사실에 위배된다. 어떤 충동으로부터 벗어나 그것의 존재를 인정치 않으려는 억압은 결코 바람직하지 않지만, 어느 정도의 통제는 분명히 필요하다. 프로이트는 인격 내면에 갈등이 있음을 논증했지만 생리학적 개념과 정신의학적 개념의 경계선에 놓인 본능의 중요성을 이성을 희생시켜 가면서 강조하였다. 우리가 충동에 대해 의식

63) 프로이트, 『환상과 미래』, p. 31.
64) 프로이트, 『문명과 그 불만』, p. 74.

하지 못할수록 이성의 권위는 점점 떨어진다. 자의식을 부각시킬 때에도 프로이트는 그것이 다른 방향으로 돌려질 수는 있지만 완전히 변화될 수는 없다고 생각한다. 흄과 마찬가지로 프로이트에게도 이성은 감정의 노예이어야 한다. 죄의식을 품지 않은 있는 그대로의 우리 자신을 파악해야 한다는 이러한 주장은, 과거행위에 대한 죄의식이나 후회감에 의해 마비되지 않을 사람에게나 큰 호소력이 있을 듯하다. 죄의식으로부터 벗어난 자유에 대한 전망이야말로 참다운 인간해방일지 모른다.

그렇지만 **이성**에 대한 공격은 니체의 경우에서 보았듯이 위험할 수 있다. 프로이트는 과학이란 합리성과 진리를 말하는 것이라고 생각한다. 종교적 관점과 비교하여 과학적 관점이 인간의 가치를 어떻게 위축시키는가를 언급한 후, 그는 계속해서 이렇게 말한다. "그럼에도 불구하고 전지전능에 대한 모종의 원초적 믿음은 실재의 법칙을 이해하는 인간의 정신능력에 대한 인간의 확신 속에 여전히 살아 있다."[65] 그렇지만 여전히 패러독스로 남는 것이 있다. 과학이라는 이름 아래 정신분석학은 정신의 특출한 능력이 얼마나 빈번하게, 자기가 바라는 것을 충족시키려는 욕구와 같은 비합리적 요소로부터 도출되는가를 보여주기 때문이다. 프로이트는 과학은 환상이 아니라고 말했지만 일단 합리성이 어느 영역에서든 생각한 것과는 다른 그 무엇이었음이 밝혀지면 이성의 탈신비화 과정을 중단시키기는 어렵게 된다.

문제는 특히 정신분석학과 관련해서 가장 민감해진다. 우리 모두는 우리 본성의 어두운 면으로부터 얼마간 자유롭기를 바라고, 죄의식으로부터도 자유로워지기를 원한다. 종교는 전통적으로 이러한 욕구를 충족시키려 했으며, 정신분석학도 명백히 그렇다. 그렇지만 왜 어느 것은 환상으로 치부되고, 다른 것은 과학으로 받아들여지는가? 어떤 근거에서 정신분석학이 정확하다고 생각할 수 있는가? 또 그것

65) 프로이트, 『토템과 타부』, p. 88.

이 의학적 치료로서 얼마나 효과적이냐에 관한 격렬한 논쟁도 있다. 많은 사람들은 자신의 고민에 대해 누군가와 상의함으로써, 그가 정신분석가이든 성직자이든, 혹은 다른 누구든 상관없이 도움을 받는다. 어떤 사람들은 그들의 인생 전체를 조망할 수 있는 정합적인 이론이나 '이야기'를 들음으로써 도움을 받기도 한다. 또 어떤 병은 외부의 도움 없이 저절로 아물어 치유될 수도 있다. 이러한 요인들이 고려된다면 정신분석이 얼마나 많은 성과를 거둘지를 판단하기란 대단히 어렵게 된다.

이러한 상황은 분석의 과정 중에 발생하는 문제에 의해 더 복잡해진다. 분석이론은 환자가 그 자신에게 귀속된 동기와 의도를 즉시 받아들이지 않을 가능성이 있음을 전제한다. 따라서 **저항**이 생기기 마련이다. 이때 분석가는 환자로 하여금 이러한 저항을 포기하도록 유도하는 역할을 한다. 여기서 **전이**(감정이입)의 개념이 도입되며, 그에 따라 환자는 분석가와 정서적 유대감을 맺고서 분석가의 권위를 인정하게 된다. 그러나 어떤 사람의 심리적 소건에 대한 특정 해석이나 진단을 받아들이기를 거부하는 것이 저항으로 치부되고, 분석가가 이론을 강요하는 위치에 있을 때, 결국에는 환자들이 그들 인생에 대한 분석가의 설명에 동의하게 된다는 것은 당연한 사실이다. 그들이 동의하지 않으면 않을수록 분석가는 자신들이 옳다고 믿을 것이다. 그렇지만 많은 철학자들이 논의하듯이, 그러한 경우 정신분석가가 오류를 저지르고 있음을 어떻게 입증할 수 있는가? 삶을 포괄하는 의미와 함께 삶을 하나의 일관된 체계로 파악하는 담화를 제시받는 사람과, 실제로 고통스런 질병의 원인에 대한 과학적 설명을 제시받는 사람을 구별하기란 어려운 일이다.

비트겐슈타인은 프로이트에 대한 자신의 견해를 요약하여 프로이트가 "새로운 신화"를 제안했다고 말했다. 그는 나아가 정신분석은 해악을 끼칠 가능성이 있다고 주장한다.

> "왜냐하면 우리가 분석의 과정 중에 우리 자신에 대한 여러 가지 사실을 발견할 수 있다 해도, 우리는 우리에게 제안되거나 제시된 신화를 이해하고 통찰하기 위해 매우 강력하고도 날카로우며 끈기 있는 비판을 해야 하기 때문이다. 그렇지 않으면 어느 순간 '예, 지당한 말씀이다. 그럴 수밖에 없겠군요'라고 말하게 된다. 이것은 매혹적인 신화, 바로 그것이다."[66]

문제는 프로이트 이론이 어느 정도까지 진리를 주장할 수 있느냐는 것이다. 프로이트는 우리로 하여금 인간 합리성의 산물을 불신하도록 만들었다. 그는 인간의식의 여타 산물에 관해 회의를 제기하였으며, 그의 이러한 회의는 그의 이론에 대해서도 적용될 수 있을 것이다. 그의 이론이 그가 요구하는 만큼의 주목을 받으려면 그 이론은 참이어야 하고, 가능하다면 인간본성에 관한 다른 과학이론에 도움을 줄 수 있어야한다. 예를 들면 근친상간의 문제에 있어서 정신분석 이론은 다윈의 생물학과 현저하게 어긋난다. 두 가지 모두가 옳을 수는 없다. 프로이트가 저술했던 시기는 현대 유전학의 등장 이전이었기에, 그러한 갈등을 미처 인지하지 못했다. 프로이트와 다윈의 통찰이 결합될 수 있는 방법이 있긴 하지만, 프로이트 이론의 수정 없이는 불가능할 것 같다. 그러나 한 가지 확실한 것이 있다. 20세기의 어떤 사상가도 우리가 우리 자신을 어떻게 파악할 것이냐에 관해서 프로이트만큼 강력한 영향을 미치지는 못했다는 것이다. 정신분석학의 기술적 용어 가운데 몇 가지는 이제 일상용어가 되어버렸다. 프로이트 이후 인간본성은 결코 과거와 같은 것으로 간주될 수 없는 것처럼 보인다.

---

66) C. Barrett 편, 『강의와 대화』(*Lectures and Conversations*), (Oxford, 1966), p. 51.

제 5 장

실존철학의 인간관

인간이 지니는 비합리적 측면을 중시하는 비합리주의적 인간관은 19세기 후반 **삶의 철학**에 의하여 널리 퍼지게 되었으며, 이러한 경향이 더욱 철저해진 것이 바로 실존철학의 인간관이다. 실존철학은 19세기 중엽에 덴마아크의 키에르케고오르에 의해 주장된 것이지만, 이러한 사상이 사상계에 뿌리내리고 일반적인 사조가 된 것은 제1차 세계 대전 이후의 일이다. 그 대표자로는 하이데거와 야스퍼스가 있고, 이어서 제2차 세계 대전 후 프랑스에서도 사르트르를 비롯한 많은 철학자와 문학자에 의해 주장되어 현대철학에 있어서 하나의 유력한 사상이 되고 있다.

실존철학은 인간을 실존으로서 파악하는 입장이다. **실존**(existence)이란 말은 현실적으로 존재하는 것, 즉 현실 존재란 뜻이나. 밀하자면 실존이란 현실적으로 이곳 또는 저곳에 존재하는 개개의 것을 의미한다. 나라는 인간, 너라는 인간, 개개의 인간이 실존인 것이다.

실존철학에서는 인간의 본질이 중요한 것이 아니라 실존이 중요하다고 생각한다. 이 점에서 볼 때 실존철학의 인간관은 이성적 인간관에 비해서 보다 구체적이고 현실적인 인간의 진상을 파악한 것이라 할 수 있다. 실존철학의 인간관에서는 인간을 포섭하는 보편적인 것을 전혀 생각하지 않는다. 인간은 한 사람 한 사람 독자의 것이며, 모든 인간은 한 사람 한 사람의 인간으로 파악되어야 한다. 그리하여 모든 인간 또는 대다수의 인간에 공통되는 본질로부터 인간을 이해하려는 것은 결코 구체적인 인간을 파악하는 것이 못된다고 생각하는 것이 실존철학의 인간 이해인 것이다.

그렇다면 왜 인간은 이처럼 절대로 남과 바꿀 수 없는 실존성을 지니고 있는 것일까? 그것은 바로 인간이 **자유**를 가지고 있기 때문이다. 모든 인간은 자신의 행위를 스스로 결단하는 자유를 가지고 있다. 아니 모든 인간은 자신의 행동을 스스로 결단하지 않으면 안 되게 되어 있다고 보아야 한다. 이처럼 우리가 매 순간 마다 행동하고, 행동의 결단을 내리고 있다는 사실에서 인간이 자유를 가지고 있다는 것이 나타나 있으며, 모든 인간이 자유에 의해 결단을 행하고 있기 때문에 인간은 결코 다른 사람과 대체될 수 없는 **독자성**을 가지는 것으로 보여 진다.

이처럼 인간의 **자유**를 강조한다는 점에 실존철학의 근본입장이 잘 나타나 있다. 실존철학에서는 우리가 어떻게 행동할 것인가가 가장 중요한 문제이다. 키에르케고르의 "진리는 주체성이다"라는 말속에는 **주체적 행동**의 문제야말로 진실로 진리의 이름에 상응하는 중요한 문제라는 생각이 나타나 있다. 그에 의하면 "내가 어떻게 살 것인가?"라는 주체적인 문제와 관계가 없는 사상－예컨대 단지 대상을 방관적으로 관찰하여 그 대상이 어떠한 구조를 가지고 있으며, 어떻게 변화해 가는가 하는 것만을 파악하는 사상 따위－는 한낱 추상적인 사상일 뿐 비진리 라고 한다. 자신의 행동을 스스로 결단해 나가려고 할 경우에 있어서는 아무래도 자신의 자유라는 것을 의식하지 않을 수가 없다. 게다가 우리는 항상 스스로 행동하지 않으면 안 되기 때문에 자유야말로 인간의 근본적인 성격이라 보지 않을 수 없고, 이렇게 보는 것이 바로 실존철학의 인간관이다.

1. 키에르케고르의 인간관

1) 사상적 배경

현대의 실존주의의 주제들의 대부분은 키에르케고르(Kierkegaard, 1813-1855)의 저서들 속에서 최초로 표현되었다. 1813년에 코펜하겐에서 태어난 그는 짧은 생애 동안 여러 권의 빛나는 작품들을 남겨 놓은 채 1855년에 42세를 일기로 세상을 떠났다. 비록 그의 저서들은 그의 사후에 곧 잊혀졌지만, 20세기 초의 수십 년간 몇 명의 독일학자들에 의해 재발견되면서 커다란 파문을 던져 주었다. 키에르케고르는 코펜하겐의 대학교에서 헤겔 철학을 배웠으나 그것에 별로 깊은 인상을 받지 못했다. 그는 헤겔에 대해 비판적이었던 베를린 대학교에서 쉘링의 강의를 듣고 독일의 가장 위대한 사변적 사상가에 대한 그의 비판에 동의했다.

> "만일 헤겔이 그의 논리학을 모두 완성한 뒤에…그것이 단지 하나의 사상적 실험에 불과하다고 말했었다면, 그는 확실히 가장 위대한 사상가일 수도 있었을 것이다. 그런데 그는 그렇게 말하지 않았다. 그러니 그는 희극 배우일 수밖에… "

키에르케고르 (1813-1855)

키에르케고르가 생각하기에 헤겔은 희극 배우였다. 왜냐하면 이 위대한 철학자는 자신의 사상 체계로 모든 실재를 포용하려 했지만 그 과정에서 가장 중요한 요소인 실존을 간과했기 때문이다. 키에르케고르에 있어서 **실존**이라는 단어는 개체적인 인간 존재를 표현하기 위한 것이었다. 그에 의하면 실존한다는 것은 어떤 종류의 개체가 되는 것을 의미한다. 즉 노력하는 개체, 양자택일에 직면한 개체, 선택하는 개체, 결정하는 개체, 특히 자신을 죽일 수 있는 개체를 의미했다. 사실상 헤겔의 철학에는 이러한 행위들이 전혀 내포되어 있지 않았다. 키에르케고르의 전생애는 추상적 사유에 대한 자아 의식적 반동이며 포이에르바하의 다음과 같은 격률에 따라 살아가려는 시도라고 생각될 수도 있을 것이다.

> "인간이 되는 것과 반대편에 서서 철학자가 되기를 원하지 말라… 철학자로서 사유하지 말라…하나의 살아 있는, 실재하는 존재로서 사유하라…실존 속에서 사유하라…"

2) 세계에서의 인간의 위치

키에르케고르에 있어서 "실존 속에서 사유한다"는 것은 인간이 개인적 선택에 직면해 있는 존재라는 사실을 인정하는 것을 의미했다. 인간은 항상 하나의 "실존적 상황" 속에 있는 자신을 발견한다. 이러한 이유에서 인간의 사유는 자신의 개인적 상황을 취급해야 하는데, 여기에는 곧이어 양자택일과 선택의 문제에 직면한다는 조건이 전제된다. 헤겔의 철학은 실제에 대한 인간의 이해를 망쳐 놓았다. 왜냐하면 그것은 인간의 관심을 구체적인 개체들로부터 **보편자**들의 개념에로 옮겨 놓았기 때문이다. 그것은 인간에게 존재하기보다 사유할 것을 요구한다. 결정과 실천에 둘러싸여 존재하기보다는 **절대이성**을 사유하라고 요구한다. 키에르케고르는 관객과 배우를 구분하면서 배우만이 실존 속에 포함된다고 주장했다. 확실히 관객도 존재한다고는 말할 수 있다. 그러나 **실존**이라는 단어는 불활성의 사물들에는 적용될 수 없다. 관객이든 돌멩이든 마찬가지로 말이다. 키에르케고르는 한 마차에 타고 있는 두 종류의 인간들을 비교함으로써 이러한 구분의 실례를 보여 준다. 한 사람은 그의 두 손에 고삐를 쥐고 있으나 잠들어 있다. 다른 한 사람은 완전히 깨어 있는 상태이다. 이 경우에는 말은 자고 있는 사람으로부터의 제재를 받지 않고도 익숙한 길을 따라 달려간다. 그러므로 진정한 마부는 오히려 깨어 있는 사람이다. 확실히 어떤 의미에서는 두 사람 모두 존재한다고 말할 수 있을 것이다. 그러나 키에르케고르에 의하면 실존은 개인이 소유한 하나의 특성과 관련되어야 한다. 즉 한 행위에로의 개인의 의식적인 참여를 의미한다. 마부만이 실존하는 것처럼, 의지와 선택의 의식적 행위에 참여한 사람만이 실존한다고 말할 수 있다. 그러므로 관객과 배우 모두가 존재하지만 배우만이 실존에 관계하는 것이다.[67]

3) 인간의 본성

이성적 지식에 대한 키에르케고르의 비판은 엄격했다. 그가 생각하기에 그리스적 지혜는 이후의 철학과 기독교 신학에 깊이 침투해 있었다. 특히 그는 그리스 철학이 수학에 대한 높은 관심에 의해 지나치게 영향을 받았다고 주장한다. 물론 그에게는 적절히 사용되는 수학이나 과학을 거부할 의사가 결코 없었다. 그러나 그는 과학적 사고방식을 사용하여 인간본성을 성공적으로 이해하려는 모든 시도를 거부했다. 수학이나 과학에는 인간 개체가 들어설 장소가 없다. 그것들은 오직 일반적인 것과 보편적인 것에만 장소를 제공할 뿐이다. 이와 유사하게 플라톤의 철학은 형상, 보편 진리, 보편 선과 같은 보편자들만을 강조한다. 플라톤의 가정은 만일 인간이 보편 선을 인식한다면 그는 그것을 행할 것이라는 가정이 전부였다. 키에르케고르에 의하면, 윤리학에 대한 그러한 접근방식은 인간의 실제 상황을 곡해한 것이다. 그는 다음과 같은 사실을 중시했다. 즉 어떤 인간이

67) 사무엘 E. 스텀프, 이광래 역, 『서양철학사』, 종로서적, 1984, p. 605.

지식을 소유한다 해도 그에게는 아직 결정을 해야 할 상황이 남아 있다는 것이다. 방대한 철학 체계의 형성을 위한 노력은 결국 기나긴 우회로를 따라 돌아가는 행위일 뿐이다. 따라서 그 노력은 개인에 대한 관심에로 환원되지 못할 때 수포로 돌아가고 만다. 확실히 어떤 문제들은 수학과 과학에 의해 해결될 수도 있고, 형이상학과 윤리학에 의해 해결될 수도 있다. 그러나 이러한 보편적인 문제들 너머에는 삶이, 개별적인 문제들에 직면한 개인들의 삶이 존재한다. 이 위기의 순간에 보편적이며 추상적인 사유는 결코 도움을 줄 수 없다. 키에르케고르는 성경 속의 아브라함의 이야기를 전형적인 인간의 조건으로 생각했다.

> "하나님이 아브라함을 시험하려고 그를 부르시되, 아브라함아 하시니, 그가 가로되, 내가 여기 있나이다. 여호아께서 가라사대, 네 아들, 네 사랑하는 독자 이삭을 데리고 모리아 땅으로 가서 내가 네게 지시하는 산 거기서 그를 번제로 드리라."

하나님에 거역하느냐 아들을 희생시키느냐를 결정해야 하는 순간에, 과연 어떤 지식이 아브라함을 도울 수 있을까? 삶에 있어서 가장 날카로운 순간은 개인적이며, 개인은 이때 한 주체로서의 자기 자신을 깨닫게 된다. 이러한 주관적 요소는 만일 이성적 사유에 의해 부정되지 않는다면 불명료해진다. 왜냐하면 이성적 사유는 인간의 유일한 객관적 특성이며 모든 인간이 공유하는 특성이기 때문이다. 그러나 주체성은 각 개인들에 고유한 실존을 구성해준다. 그러므로 객관성은 개인의 자아에 대한 진리 전체를 제공해 줄 수 없다. 이성적, 수학적, 과학적 사유가 인간을 순수한 실존에로 인도할 수 없는 이유도 바로 여기에 있다.

키에르케고르에 의하면 진리는 주체성이다. 이 생소한 주장을 통해 그가 강조했던 바는 실존하며, 노력하며, 결정하는 개인들에게 유용한 진리란 단편적이라는 사실이었다. "진리는 의지의 행위에 의해 만들어 진다"고 주장했던 윌리암 제임스의 실용주의적 견해에 앞서, 키에르케고르는 이렇게 주장했다.

> "피안에 존재하는 것은 일종의 객관적인 불확실성이며, 실존하는 개인이 달성할 수 있는 최고의 진리는 단지 가장 격정적인 인격적 경험에서 고수되는 객관적인 불확실성일 뿐이다."

비록 그는 플라톤에 대해서는 비판을 가했지만, 소크라테스의 무지에 대한 요구에서 이러한 진리의 개념의 훌륭한 예를 발견했다. "소크라테스가 그의 인격적 경험에서 나온 모든 격정을 가지고 고수했던 소크라테스적 무지는 영원한 진리란 실존하는 개인과 관련된다는 원리를 표현해 주고 있다." 이는 **정신**의 계발만이 삶에 있어서 중요하고 결정적인 것은 아니라는 사실을 암시해 준다. 보다 중요한 것은 **인격**의 발전과 성숙인 것이다.

인간의 실존적 상황을 묘사하면서 키에르케고르는 실존의 세 종류를 인간이 지금 있는 그대로의 상황과 인간이 되어야 할 상황과, 인간의 본질적인 상황으로 구분했다. 키에르케고르에 의하면 인간의 삶에는 본질적인 조건으로부터 실존적인 조건에로의, 즉 본질로부터 실존에로의 운동이 존재한다. 전통적인 신학은 이러한 운동을 원죄론의 견지에서 설명한다. 키에르케고르는 이 원죄론을 심층적인 심리학적 분석에 적용했다. 그 분석에 의하면, 인간이 그의 본질로부터 소외되는 이유는 인간 자신의 유한성에 대한 인간의 **불안**이다. 인간은 자신의 유한성과 불안정성을 감지할 때 이를 극복하기 위해 "어떤 것을 행하려" 한다. 그러나 그가 행하는 것들은 그의 불안에 죄의식과 절망감을 더해줌으로써 문제를 더욱 악화시킬 뿐이다. 키에르케고르의 사상의 전체계를 관통하고 있는 것은 인간에 대한 기독교적 이해이다. 인간의 본질적 속성은 무한자인 **신**과의 관계를 내포한다. 따라서 인간의 **실존적 조건**은 신으로부터의 **소외**의 결과이다. 만일 어떤 인간의 행위들이 신으로부터 점점 멀어져 가면 그의 소외와 절망감도 심화된다. 군중 속에서의 자기 해소도 이 소외감에는 결코 도움이 되지 못한다. 키에르케고르에 의하면 군중이나 집단의 본성이 부유하든, 가난하든, 정치적이든, 아니면 교회의 집회이든 간에, 이 모든 경우에 "군중은 바로 그 본성에 있어서 비진리적이다. 왜냐하면 군중은 개인을 철저히 냉혹하고 무책임하게 만들거나, 아니면 최소한 인간의 책임감을 약화시키기 때문이다." 간단히 말해 군중 속에 존재한다는 것은 자아를 희석시킴으로써 한 개체로서의 인간의 본성을 파괴한다. 기독교 신앙의 관점에서 볼 때, 군중 속에 빠져든다는 사실은 인간이 자신의 실존으로부터 어떤 의미를 이끌어 내려는 시도라고 간주될 수 있다. 그러나 이것은 잘못된 시도이다. 왜냐하면 "신에게 자신을 관계시킨다는 것은 다른 어떤 사물들에 관계되는 것보다 훨씬 높은 차원의 행위"이기 때문이다. 비록 그 사물이 인간이나 종족, 심지어는 교회라 할지라도 말이다. 키에르케고르에 의하면 인간이 신 속에서 그의 본질적 자아를 현실화할 때까지 그의 삶은 불안으로 가득 차 있다. 비록 불투명한 것이기는 하지만 인간의 **불안**(Angst)은 실존적 자아가 본질적 자아로부터 깊이 소외되어 있다는 사실을 그가 인식할 때 야기된다. 이 소외감은 본질적 자아를 회복하려는 역동적인 충동을 인간의 내부에 생겨나게 한다. 이 역동적 운동을 묘사하면서 키에르케고르는 "삶의 방식의 3단계"를 주장한다.

키에르케고르의 **3단계**에 대한 분석은 인간의 자아의식의 점진적 발전을 주장했던 헤겔의 이론과는 날카롭게 대조된다. 헤겔의 정신의 변증법에 따르면, 정신은 사유 과정을 통해 존재의 한 단계로부터 다른 단계로 나아간다. 헤겔의 변증법이 보편적인 것에 대한 인식을 점진적으로 지향한다면 키에르케고르의 변증법은 개체적인 것의 점차적인 현실화의 과정을 내포한다. 헤겔이 개념적인 행위에 의해

안티테제를 극복한다면, 키에르케고르는 인격적인 실천의 행위에 의해 그것을 극복한다.

4) 인간과 사회

이 변증법적 과정의 제1단계는 **미적 실존**의 단계이다. 이 단계에서의 인간은 충동과 감정에 따라 행동한다. 물론 이 단계에서의 인간이 전적으로 감각적이기만 한 것은 아니지만 그는 거의 감관들에 의해 지배된다. 이러한 이유에서 심미적 인간은 결코 보편적인 도덕 기준을 인식하지 못한다. 그는 특수한 종교적 믿음도 갖지 않는다. 그의 주요한 동기 유발은 매우 다양한 감각적 쾌락들을 향유하기 위한 갈망이다. 그의 삶에는 자기 자신의 쾌락을 제외하면 어떠한 제한의 원리도 없다. 즉 그는 자신의 다양한 선택의 자유를 제한하는 어떤 것도 거부하는 것이다. 이 단계에서 개인은 고의적으로 심미적 인간이 되기를 선택한 경우에 한해서 실존할 수 있다. 그러나 키에르케고르에 의하면 이 단계에서 실존이 이루어질 수 있다 해도 여기에는 어떤 특성이 주입되어야 한다－이후의 실존주의자들은 이 특성을 확실성의 견지에서 설명해 왔다. 즉 심미적 수준의 인간은 결국 자신의 다양한 감각 경험들에도 불구하고 자신의 삶이 감정적이며 감각적인 경험들 이상의 어떤 것으로 이루어지며 또한 "이루어져야 한다"는 사실을 자각하게 된다. 키에르케고르는 인간의 능력을 **영적인 것**과 **미적인 것**으로 구분하면서 전자를 건물에 후자를 방에 비유한다. 그에 의하면 인간은 "방 안에 거주하기를 즐긴다." 한편 방 안에 거주하는 사람을 다른 사람들과 구별해 주는 어떤 것이 존재한다. 각 개인들은 자기 자신의 내부에 이러한 두 가지 가능성에 대한 자각을 동시에 소유하며, 따라서 개인의 내부에는 변증법적 운동이 야기된다. 감각적 충동의 안티테제는 영혼의 인력(引力)이다. 자신이 **방 안**에 거주하고 있음을 자각할 때 또한 이 단계에서는 자신의 **확실한**

자아를 발견할 수 없으며 따라서 **참된 실존**을 가질 수 없음을 자각할 때 개인의 내부에서는 **불안**과 **절망**이 야기된다. 이제 개인은 하나의 선택에 직면한다. 한계를 인식하면서도 매력에 끌려 미적 수준에 남아 있을 것인가 아니면 다음 단계로 나아갈 것인가? 키에르케고르에 의하면, 이러한 전환은 **사유**에 의해서만 이루어질 수 없다. 그것은 오히려 **결단**에 의해서 혹은 의지적 행위인 **기투**에 의해서 이루어진다.

제2단계는 **윤리적 실존**의 단계이다. 쾌락 이외에는 어떤 보편적 기준도 갖지 않는 심미적 인간과는 달리, 윤리적 인간은 이성이 표현해 주는 행위의 규율들을 인식하고 수용한다. 도덕률은 윤리적 인간의 삶에 형식과 일관성을 제공한다. 더욱이 윤리적 인간은 도덕적 책임감이 자신의 삶에 부과한 제한 요소들을 받아들인다. 키에르케고르는 윤리적 인간과 심미적 인간의 차이를 성행위에 대한 양자의 태도를 통해 예시한다. 즉 후자는 매력적인 대상이 존재하면 언제든지 충동에 굴복하지만, 전자는 이성의 표현으로서의 결혼의 의무를 준수한다. 돈 쥬앙이 심미적 인간을 대표한다면, 윤리적 인간 혹은 보편적 도덕법칙의 영역을 대표하는 인물은 소크라테스이다. 윤리적 인간은 도덕적인 자기 충족감을 갖는다. 그는 도덕적 문제들에 대해 확고한 기준을 갖는다. 예를 들면 소크라테스는 선이란 선을 행하는 것이라고 주장했다. 대부분의 경우에 도덕적 인간은 도덕적 죄를 무지의 산물이거나 약한 의지의 산물이라고 생각한다. 그러나 바로 그때, 윤리적 인간의 의식 속에는 변증법적인 동력이 작용하기 시작한다. 그는 무지나 약한 의지보다 더 심각한 어떤 것에 자신이 연루되어 있음을 깨닫기 시작한다. 즉 윤리적 인간은 결국 자신이 도덕법칙을 수행할 수 없다는 사실과, 오히려 고의적으로 그 법칙을 위반하고 나서는 죄책감을 느끼게 된다는 사실을 인식하기 시작하게 된다. 키에르케고르에 의하면 죄책감은 안티제제로서의 변증법적 요소가 되며, 여기서 인간은 또다시 새로운 **선택**에 직면하게 된다. 윤리적 단계에 남아 도덕법칙을 수행하기 위해 계속 노력해야 하는가, 아니면 자신의 유한성과 신으로부터의 소외를 자각함으로써 신에게 귀의하고 신으로부터 자신의 힘을 이끌어 내야하는가? 그러므로 윤리적 단계로부터 다음 단계에로의 이행 역시 사유에 의해서가 아니라 의지적인 기투에 의해서 즉 신앙의 **도약**에 의해서 이루어 질 수 있다.

키에르케고르에 의하면 인간이 세 번째 단계인 **종교적 실존**의 단계에 도달할 때 신앙과 이성의 차이는 확실해진다. 미적 실존의 단계로부터 윤리적 실존의 단계로의 전환은 선택과 기투의 행위를 요구하며, 따라서 인간을 이성에의 참여에로 이끌고 간다. 왜냐하면 도덕률이란 인간의 보편적 이성의 표현이기 때문이다. 그러나 윤리적 실존의 단계로부터 종교적 실존의 단계에로의 이행은 전혀 다르다. 신앙의 도약은 철학적으로나 이성적으로 절대자와 궁극적 진리라고 묘사될 수 있는 종류의 신에의 참여를 의미하지 않는다. 그것은 하나의 절대 주체에의 참여를 의미한다. 키에르케고르에 의하면, 종교적 의식의 비밀은 실존하는 개인이 신을 "객관적인 방식"으로 추구할 수 없으며, 또한 신을 "객관적으로 규명"할 수 없다는 데 있다. "이는 영원히 불가능하다. 왜냐하면 신은 주체적이며 따라서 단지 내향적인 주체성으로서만 실존하기 때문이다." 윤리적 실존의 단계에서는 실존하는 개인이 자신의 삶에게 자신이 이성적으로 이해하는 도덕률을 부과할 수 있다. 마치 소크라테스가 그랬던 것처럼 말이다. 그러나 인간과 신의 관계에 있어서는 이성적이거나, 객관적이거나, 개념적인 어떠한 지식도 적용될 수 없다. 신과 개인의 관계는 특수하고 주관적인 경험일 뿐이다. 현실적인 관계에 있어서는 선험적으로 그 관계에 대한 지식을 소유할 수 있는 방식은 전혀 존재하지 않는다. 그 관계에 대해 객관적인 지식을 획득하려는 시도는 일종의 **사이비 과정**일 뿐이다. 단지 신앙의 행위만이 실존하는 개인에게 신과의 인격적 관계를 보증해 줄 수 있다. 인간이 심미적이며 윤리적인 실존의 단계에서 자신의 실존의 부조리성을 발견할 때, 그에게 분명해지는 사실은 신의 품안에서 자기실현을 찾을 수밖에 없다는 것이다. 절망감과 죄책감으로 인해 인간이 어떤 극한점에 도달했을 때, 그는 결국 신앙을 **선택**하게 된다. 인간 스스로가 자기 소외를 자각하게 될 때, 즉 자신의 본질적 자아와 실존적 자아간의 대립을 주관적으로 인식하게 될 때, 인간에게는 신의 실존이 현시된다. 하나님이 독생자 예수로 체현되었다는 주장은 문제를 더욱 복잡하게 한다. 어쩌면 그것은 **패러독스**일 수도 있다. 왜냐하면 무한자인 하나님이 유한자인 예수로 체현된다는 기독교의 신앙은 인간의 이성에 대한 심각한 모욕이기 때문이다. 즉 그것은 "유태인들을 신앙상의 장애물로, 그리스인들을 바보들로 모욕하는" 행위인 것이다. 그러나 키에르케고르는 인간과 신사이의 간격을 이어 주는 유일한 길, "시간과 영원 사이의 무한한 질적 차이들을 연결해 주는 유일한 길"은 헤겔적인 사변적 **이성**이 아니라 **신앙**이라는 점을 주장하고 싶었던 것이다. 키에르케고르에 있어서 진리란 주관적인 것이며 기투의 결과이다. 그에 의하면 위험이 없는 곳엔 신앙도 있을 수 없다. 따라서 신앙을 통해서만 실존하는 개인은 자신의 참된 자아를 실현한다.

키에르케고르의 실존주의는 다음과 같은 그의 문구로 요약될 수 있다.

> "모든 인간은 인간이기 위해 그가 소유하는 것을 본질적으로 소유하고 있다고 가정되어야 한다." 그러므로 "주관적인 사유자의 임무는 본질적으로 인간적인 것은 무엇이든지 명석 판명하게 실존 속에 표현해 주는 하나의 수단으로 자기 자신을 변화시키는 것이다."

이러한 주장이 바로 키에르케고르의 중심점을 이루고 있다. 그에 의하면 각각의 개인은 하나의 본질적인 **자아**를 소유하며 따라서 그것을 **현실화**해야 한다. 이 본질적 자아는 인간이 불가피하게 신과 관련되어질 수밖에 없다는 사실에 의해 고정된다. 확실히 인간은 세

단계 중 어느 단계에서도 실존할 수 있다. 그러나 인간은 절망감과 죄책감을 경험함으로써, 다양한 실존의 양태들 간의 질적인 차이점들을 자각하며, 어떤 양태가 다른 양태의 실존보다 더 확실한가를 자각하게 된다. 그러나 확실한 실존에 도달하는 것은 **지성**의 문제가 아니다. 그것은 **신앙**과 **기투**의 문제이며 끊임없는 선택의 과정이다. 그 과정에서 실존하는 인간은 다양한 **이것이냐 저것이냐**(Entweder-Oder)에 직면하게 된다.

5) 현대적 의의

불행하게도 모든 예언자적 철학이 그러하듯이, 키에르케고르의 실존철학 역시 동시대의 철학계에서는 큰 주목을 받지 못하였다. 오히려 문학 쪽에서 극작가 입센, 릴케, 우나무노 등이 먼저 그를 주목하였다. 그 후 1909년 독일에서 C. 슈렘프가 키에르케고르의 책을 번역하였고, 이를 통해 칼 바르트, 하이데거, 야스퍼스 등이 키에르케고르의 철학을 접하게 되었다. 그로부터 키에르케고르는 현대 그리스도교 사상과 실존철학의 선구자로 세계에 알려지게 되었다. 그의 실존철학에서 나타나는 불안, 죽음 등의 개념은 하이데거의 철학에서 핵심적인 개념으로 다시 등장한다.

2. 하이데거의 인간관

1) 사상적 배경

하이데거(Heidegger, 1889-1976)는 현상학적 운동의 지도자로서의 자신의 역할을 단념하고 키에르케고르 풍의 현대 실존주의의 주요한 주동자가 되었다. 그의 탁월한 제자 사르트르는 프랑스 실존주의자들의 지도자가 되었다. 하이데거의 영향력은 두루두루 파급되었다. 그의 고전적 저술인 『존재와 시간』은 1927년에 출간되었는데, 그 밖의 다른 중요한 저작들로는 『형이상학이란 무엇인가?』, 『철학이란 무엇인가?』등이 있다. 한때 그는 프라이부르크 대학교에서 후설의 조교로 있었으며, 후일 그곳에서 후설의 후계자가 되어 가르쳤다. 그는 존재 성격의 근본문제에 접근하여 나감에 있어서 **현상학적 방법**을 활용하였다. 그러나 존재물음이 존재론적 고찰 대상이기 때문에, 그는 철학을 인간 실존의 해석학 위에 기초 지어진 **현상학적 존재론**으로 보았다. 현상학적 방법에 의거하여 그는 직접적 경험의 자료에, 사실 자체에, 또는 **현상**이라는 용어가 그렇게 정의되듯이 "스스로를 표시하는 바의 것"에 곧장 호소하였다.

하이데거 (1889-1976)

일반적으로 사물의 존재의미를 탐구하는 철학의 한 분과를 **존재론**이라고 한다. 존재론은 "있다는 것은 도대체 무엇인가?"라고 묻는다. 형이상학은 물리학, 생물학, 경제학, 정치학과 같은 개별과학처럼 세계의 한 영역을 탐구하는 것이 아니다. 전통 형이상학은 세계 전체의 공통된 본질과 궁극적 근거를 물어 왔다. 이에 대해 플라톤은 세계 전체의 공통된 본질은 선의 이데아라고 주장하였다. 또한 기독교에서는 세계 전체의 궁극적 근거가 세계 전체를 창조하는 신이라고 주장하였고, 헤겔과 같은 철학자는 절대정신이라고 주장하였고, 쇼펜하우어는 삶의 맹목적인 의지라고 주장하였다.

하이데거의 『존재와 시간』이 문제 삼은 것도 존재의 의미이다. 그런 의미에서 하이데거의 철학은 **존재론**이다. 하이데거의 철학에 접근하기 위해는 하이데거가 구별한 존재와 존재자의 차이를 숙지해야 한다. 존재자는 나무, 책상, 산 등 구체적으로 존재하는 사물을 말한다. 이런 존재자들은 우리 주변에서 여기저기에 존재한다. 내 앞에 갈색책상이 있다. 저기 푸른 나무가 존재한다. 그런데 하이데거의 철학이 문제 삼는 것은 "책상이 존재한다, 나무가 존재한다"라는 표현에서 **존재한다**는 말이다. 그리고 하이데거는 **존재한다**라는 표현을 간단히 줄여 **존재**라고 한다. 요컨대 책상, 나무와 같은 존재자가 어떻게 존재하고 있느냐가 하이데거의 관심거리이다.

하이데거는 자신의 **존재론**을 종래의 **형이상학**과 구별한다. 종래의 형이상학은 **존재자**에만 관심을 두고 그 존재자의 **본질**을 찾으려고만 해 왔지 **존재**를 도외시했다는 것이다. 그래서 하이데거는 파르메니데스, 플라톤, 아리스토텔레스, 토마스 아퀴나스를 거쳐 근대에 이르는 서양의 형이상학을 존재망각의 역사라고 주장한다. 여기서 **존재망각**이란 존재가 근원적으로 경험되지 않거나 사유되지 않았다는 것을 의미한다. 요컨대 본래는 **존재자**의 **존재**가 문제인데도 종래의 철학자들을 그것을 잊은 채 **존재자**만을 문제 삼아 왔다는 것이다. 이런 점에서 하이데거는 자신의 철학을 존재의 철학이라고 한다. 자신의 철학을 그 동안 잊혀졌던 존재를 찾는 철학이라고 보기 때문이다. 하이데거에게는 오히려 존재가 존재자를 존재자이게 해 주는 그 어떤 근원적인 지평이다.

2) 세계에서의 인간의 위치

하이데거는 인간을 특별히 **현존재**라고 한다. 구체적으로 거기에 있는 자라는 뜻이다. 존재가 드러나는 장소라는 의미도 함축하고 있다. 하이데거는 인간을 이처럼 현존재라고 바꿔 부름으로써, 그 명칭을 통해서도 인간이 존재와 근원적으로 관계 맺고 있다는 점을 부각시키려 한다. 즉 인간은 언제나 존재와의 연관 속에서만 인간일 수 있다는 것이다. 하이데거가 인간을 현존재라고 할 때 노리는 또 하나의 의도는 "인간은 이성적 동물이다"라는 종래의 대표적인 인간규정에 반대하려는 데 있다. 이러한 인간정의는 **이성**을 종적 본질로 생각하게 만듦으로써 인간의 본질을 인간 각각의 각자성에서 찾을 수 없게 만든다. 인간의 본질을 다른 것에 의거하지 않고 인간의 **존재자체**에서 찾아야 할 것인데, 그것을 동물이라는 생물성의 차원에서 찾게 만든다는 것이다. 그런 고전적인 정의는 인간의 본질을 인간이 아닌 인간 밖의 어떤 관점에서 찾는 것이나 마찬가지이다. 중세나 근대에 인간을 신이나 절대정신과 같은 것에 의해 고찰했던 것처럼 말이다.

그런데 하이데거에 의하면, 현존재인 인간은 다른 존재자와는 전혀 다른 특이한 존재자이다. 왜냐하면 인간은 다른 존재자와는 달리 스스로 존재하면서 자기의 존재를 항상 문제 삼고 있기 때문이다. 돌이나 책상과 같은 사물은 결코 자신의 존재를 문제 삼을 수 없다. 그러나 인간은 날 때부터 특정한 **본질**이 미리 정해져 있는 존재자가 아니다. 그렇기 때문에 인간은 스스로의 존재를 문제 삼을 수 있고 자기의 **존재방식**에 관심을 가지는 존재자이다. 인간이 자신의 존재를 문제 삼는다는 것은 자신의 현재의 존재방식에 의문을 품고 새로운 존재방식을 모색한다는 뜻이다. 즉 현존재는 존재하면서도 어떻게 존재해야 하는가를 스스로 결정해 가는 존재자이다. 하이데거는 이렇게 자기의 존재를 스스로 문제 삼고 거기에 관심을 쏟는 인간현

존재를 **실존**이라고 한다.[68)]

한편 현존재는 대단히 중요한 특이한 성격을 지니고 있다. 그것은 현존재가 자신의 존재와 다른 존재자들의 고유한 존재를 불명료하게나마 이해하고 있다는 사실이다. 예컨대 저 창문 밖에 푸른 나무가 존재한다. 그리고 현존재인 나는 그 나무가 저기에 존재한다는 것을 알고 있다. 나무는 존재자이며, 이 존재자의 있음(존재)을 나는 이해하고 있다. 이처럼 존재이해는 오직 현존재만이 지니고 있는 특징이다. 현존재의 존재양식 중 하나가 존재이해라는 말이다. 그리고 하이데거는 현존재의 존재이해라는 존재양식을 분석함으로써 존재일반의 의미를 해명할 수 있다고 생각한다. 그러한 점에서 현존재는 과연 말 그대로 존재가 드러나는 장소인 것이다.

3) 인간의 본성

이처럼 인간은 존재를 이해하는 탁월한 존재자이다. "존재란 무엇인가?"라고 묻는 자(현존재)의 존재를 문제 삼으로써 존재일반을 해명하려는 것은, 하나의 존재자의 존재로부터 존재일반의 존재를 해명하려는 것이다. 그래서 하이데거는 현존재의 실존적 분석이 일반적 존재론을 세우기 위한 기초가 된다는 점에서 **기초존재론**의 역할을 수행한다고 생각한다. 그런 의미에서 『존재와 시간』의 내용 전체가 기초존재론이라고 할 수 있다.

하이데거는 먼저 일상 삶에서 나타나는 현존재를 분석하면서 현존재를 **세계-내-존재**라고 규정한다. 여기서 하이데거나 '-'표시를 하여 낱말을 모두 연결시켜 표현하고 있는 것은, 현존재가 세계와 떼래야 뗄 수 없이 연관되어 존재한다는 점을 강조하고 부각시키기 위해서이다. 세계는 우리가 본래부터 참여하고 깃들어 사는 주어진 조건이다. 우리는 전통철학자들이 생각해 왔던 것처럼 저 세계를 관찰하고

---

68) 이윤일, 『현대의 철학자들』, p. 161.

인식하는 존재가 아니다. 마치 세계가 우리와 다른 것인 양, 세계를 따로 격리시켜 탐구하고 지식을 얻고 관계하려 하는 것은 잘못이다. 오히려 인간 현존재는 세계와 분리되어 있는 것이 아니라, 이미 세계 속에 들어와 존재하고 있으며, 세계의 일부이고, 세계에 대처하고, 세계와 왕래하는 존재자이다. 인간이 세계 속에 들어와 있으면서 세계와 관계하는 방식은 무수히 다양하다. 사람들은 "어떤 것에 관여하고, 어떤 것을 만들고, 어떤 것에 주의를 기울이고, 어떤 것을 사용하고, 분석하고, 시도하고, 성취하고, 고찰하고, 규정하고…" 하는 식으로 살아가고 있다. 이렇게 세계 속에 들어와 실존 한다는 것은 행위 한다는 것이다. 이와 같은 식으로 살아가는 현존재의 태도를 하이데거는 **배려**라고 한다. 즉 현존재의 세계 내 존재방식은 배려라는 것이다.

그런데 하이데거는 현존재가 **호모 사피엔스**, 즉 예지인이 아니라 **호모 파베르**, 즉 공작인이라고 보고 있다. 현존재는 눈으로 세계를 보는 자가 아니라 손으로 세계와 교섭하는 자라는 것이다. 이러한 인간규정은 데카르트에서 후설로 이어지는 전통인식론을 철저히 뒤집고 비판하는 것이라고 할 수 있다. 하이데거는 전통인식론의 틀인 주관-대상의 관계가, 우리가 사물과 맺는 관계를 충실하게 기술하고 있는지를 살펴본 후, 전혀 그렇지 못하다는 사실을 알게 된다. 예를 들어 목수가 망치질을 할 때, 망치가 제대로 기능하고 있고, 목수가 망치질을 잘 한다면, 그 목수는 거침없이 망치를 사용한다. 이 때 목수는 망치라는 대상을 지향하는 주관이 아니다. 목수는 전혀 그 망치에 대해 생각할 필요가 없다. 솜씨 있게 망치를 사용하면서, 그는 자식의 얼굴을 떠올리고 웃음 지을 수도 있고, 저녁에 있을 동료와의 즐거운 술자리를 떠올릴 수도 있다. 이런 차원에서는 주의와 의식이 전혀 필수적인 역할을 하고 있지 않는 것이다. 하이데거는 이런 일상의 숙련된 대처방식을 **원초적 이해**라고 하고, 그 때 마주치는 존재자들을 **손 안에 있는 것**, 즉 **도구적 존재**라고 한다.

인간은 이미 세계 속에 들어가 세계에 대처하는 존재이다. 그러면서 뭔가 일이 잘못되었다고 생각될 때, 비로소 문제를 푸는 주관, 즉 이성적인 동물이 된다. 예를 들어 목수가 망치를 사용하다가 망치가 작업을 하기에 너무 무겁다는 생각이 들면, 그 때서야 다른 망치가 더 나을 것이라고 생각하고 망치를 교환한다. 하이데거는 문제가 생겼을 때 사물이 우리에게 드러나는 방식을 **손에서 벗어나 있음**이라고 한다. 그리고 이 부차적인 차원에서 주관객관을 전제하는 인식론이나 후설의 현상학이 시작된다고 보는 것이다. 이 인식론적인 차원에서 우리는 사물과 또 다른 방식으로 마주치게 되는데, 하이데거는 그것을 **눈앞에 있음**(대상적 존재)이라고 한다. 이 때 우리는 망치를 바라보는 데 거리를 두면서, 망치를 쇠뭉치가 달린 나무자루로 볼 수 있다. 이 경우 망치는 속성을 가진 실체로 등장하는 것이다. 전통철학자들은 이런 차원에서만 사물들을 보아 왔으며, 주어와 술어를 구분하여 성립하는 술어논리도 이런 차원에서나 성립되는 것이다. 요컨대 우리의 일상적 삶에서 대개의 경우 우리가 사물에 대해 의식적으로 주의를 기울이게 되는 것은, 무엇이 잘못되었거나 어떤 특수한 문제가 일어날 때뿐이다. 이런 차원은 결코 근원적인 단계가 아니다. 근원적인 단계에서 인간 현존재는 우선 세계와 함께, 세계 안에서, 세계를 대하면서 존재하고 있는 것이다.

4) 인간과 사회

하이데거는 **도구적 존재**를 통해 세계의 구조를 분석해 나간다. 현존재가 세계 속에서 만나는 것은 그냥 사물이 아니라 도구이다. 즉 우리의 일상적 삶에서 존재자는 우선 도구로 드러나는 것이다. 예컨대 우리의 생활과 아무런 관계가 없이 그냥 있을 때 길가의 돌들은 단순한 사물이지만, 뭔가를 하기 위해 내가 그 돌들 중의 하나를 집어 들었을 때 그것은 도구가 된다. 하이데거에 의하면 도구는 모두 무엇인가를 **위한** 도구이다. 그릇은 무언가를 담기 위한 것이다. 창문은 바람을 막거나 방안을 환기시키기 위한 것이다. 연필은 무엇을 쓰기 위한 것이다. 그리고 도구는 반드시 목적들의 지시연관의 전체 안에서 그 존재의미가 있다. 예컨대 톱은 나무를 자르기 위한 것이다. 나무는 책장을 짜기 위한 것이다. 책장을 짠다는 것은 현존재가 책을 훼손되지 않게 가지런히 잘 보관하기 위한 것이다. 따라서 톱은 나무를 지시하며, 나무는 궁극적으로 책을 잘 보존하려는 현존재의 관심을 지시한다. 모든 도구적 존재자는 이러한 목적연관의 전체 안에서 자신의 존재의미를 획득하고, 이러한 목적연관의 체계 내에서 자신을 드러낸다. 이처럼 톱은 나무를 자르기 위해, 나무는 책장을 짜기 위해 하는 식으로 그 목적이 되는 무엇을 계속 거슬러 올라가면 나중에는 **목적이 되는 무엇**인 현존재에 이르게 된다. 따라서 현존재가 없다면 도구의 존재의미도 없는 것이다. 이렇게 결국 현존재에서 끝나는 도구연관의 전체를 하이데거는 **환경으로서의 세계**라고 부른다.

그런데 우리가 살고 있는 세계에는 도구만 존재하는 것이 아니다. 다른 현존재, 즉 **타인**도 존재하고 있다. 제 정신을 가진 사람이라면 나 혼자만 이 세계에 존재한다고 생각하지 않을 것이다. 그러나 이전의 후설과 같은 데카르트주의자들은 자율적이고 고립된 주관으로부터 철학을 시작했기 때문에, 타인의 마음의 실재성에 대해서 회의적인 태도를 취해 왔다. 반면에 하이데거는 처음부터 타인을 고려한다. 하이데거에 의하면 모든 현존재는 이미 문화가 우리에게 제공하고 있는 가능성의 공간 안에 있다. 숙련되게 상황에 대처하는 방식, 가능한 공동의 무엇 등을 공유할 때에만 우리는 현존재가 되거나 우리 안에 현존재를 갖게 된다는 것이다. 현존재는 언제나 이미 타인과 함께 살아가는 **함께 있음**(공동존재)이라는 것이다. 현존재는 저마다 일반적으로 사회 안에서 누구나 하는 바로 그 일을 하고 있다. 우리 문화에서 나는 다른 보통사람들이 김치를 먹기 때문에 김치를 먹는다. 나는 우리나라 사람들이 한국어를 사용해 왔기 때문에 한국어를 사용하게 되었다. 나는 다른 교수들이 가르치는데 분필을 사용하기 때문에 분필을 사용한다. 그래서 하이데거는 인간은 통상적 **규범**으로부터 거리를 둘 수 없다고 말한다. 통상적 규범에 꼭두각시처럼 순응하는 것이 현존재를 구성한다고 할 수 있다. 그러면서 우리는 언제나 이 타인에 대해 마음을 쓰면서 살아간다. 하이데거는 이처럼 타인을 고려하면서 타인과 함께 살아가는 세계를 **공동세계**라고 한다.

그런데 하이데거는 대개의 경우 공동세계 속에서 만나는 타인과 내가 본래의 자기가 아니라 평균화·획일화되어 있는 **세상사람**에 불과하다고 한다. 그래서 하이데거는 이런 평균적인 세상사람을 독일어의 부정 인칭 대명사의 대문자인 das Man으로 표기한다. 실제로 "man saft……"를 번역할 때 우리는 구체적인 누구를 지칭하지 않고 "…라고들 한다"라고 해석한다. das Man은 어느 누구라도 괜찮고, 또 어느 누구도 아닌 혹자이다. 하이데거는 평균적인 일상인이 본래의 자기가 가려져 있는 비본래적인 방식으로 살아가고 있다고 보고, 그런 모습을 퇴락한 상태라고 표현한다. 퇴락한 상태로 살아간다는 것은 깊이와 전체성이 결여된, 얄팍하고 산만한 삶을 살아간다는 것을 뜻한다.

예컨대 현대를 살아가는 우리 주변 사람들의 하루 생활모습을 추적해 보자. 일상인의 삶은 대개 마치 자동인형과 같은 차원에서 영위된다. 사람들은 무엇을 위한 것인지도 모르고 그냥 습관적으로 아침에 일어나 세수를 하고, 화장을 하고, 차를 몰고 직장에 나간다. 동료들과 무덤덤하게 인사를 나누고, 책상 위의 컴퓨터를 켜고 자판을 두드린다. 점심때가 되면 통상적인 메뉴로 식사를 하고, 커피를 마시며 잡담을 나누기도 한다. 근무가 끝나면 집에 돌아와 식사를 한 후, 텔레비전을 켜고 가십거리가 없나 채널을 돌리다가 얄팍한 호기심으로 스포츠 중계나 연예가 소식을 보다가 잠자리에 든다. 비본래적 삶이란 이렇게 일상의 정형화된 틀에 아무 생각 없이 순응하면서 기계적으로 살아가는 모습을 말한다. '화장을 하는 것', '차를 운전하는 것', '직장에 출근하는 것', '컴퓨터를 사용하는 것'은 모두 처음에는 그 목표와 절차를 의식하고 기획활동에 의해 수행한 행동이었다. 그러나 이런 행위가 반복되어 습관이 되면, 그 본래적인 의미를 모두 잊게 된다. '자동차', '컴퓨터'가 원래 가지고 있는 사물의 존재의미를 잊어버린다. 비본래적인 퇴락한 삶은 이처럼 순응자가 되어 통상적 규범에 따라 살아가는 삶이다. 공동생활의 익명성에 자신을 숨기면서 그럭저럭 살아가는 것이다. 이러한 삶은 사물이나 타인에 대한 진정한 애정이나 관심을 보여 주지 않는다. 삶에 통일성과 깊이가 결여되어 있어서 공허감과 **권태**에 시달린다. 그리고 그것을 잊기 위해 쾌락적·감각적인 오락거리를 찾아 나선다. 틈만 나면 무리지어 돌아다니면서 외로움을 잊으려고 한다.

그렇다면 평균적인 세상 사람은 왜 이런 비본래적이고 퇴락한 삶에 그냥 자기를 내맡기고 있는 것일까? 그것은 바로 **불안**을 잊기 위해, 또 불안에서 도피하기 위해서이다. 그러면 현존재에게 불안이 찾아드는 이유는 무엇일까? 하이데거에 의하면 모든 현존재는 이 세계에 들어와 존재하는 방식이 근거가 없다는 것을 어렴풋하게나마 알고 있다. 인간은 Dasein, **거기에 있는 자**이다. 이것은 인간현존재가 어디로부터 와서 어디로 가는지 알지 못한 채 이 세계 속에 내던져져 있다는 것을 의미하기도 한다. 과연 인간은 태어난 이유도 모르면서 살아가는 존재이다. 어느 날 갑자기 정신을 차리고 보니까 그냥 세상에 살고 있었던 것이다. 근원도 모르고, 뿌리도 없고, 돌아갈 곳도 모르면서 우연히 세계 속에 내팽개쳐진 것이다. 하이데거는 이런 현존재의 조건을 **피투성**이라는 말로 표현한다. 이것은 애초부터 인간의 **본질**이 없었다는 것을 뜻한다. 하이데거에 의하면 바로 현존재의 이러한 **무근거성**이 우리를 불안하게 한다. 현존재는 안주할 곳이 없다. 불안은 근본적으로 안주할 수 없다는 것에 대한 현존재의 반응이다. 불안은 곧 현존재의 순전한 **무규정성**에 현존재가 압도당할 수밖에 없다고 느꼈을 때 나타나는 기분이다. 하이데거에 따르면 우리는 불안이라는 현존재의 이 근본정조를 떨쳐버릴 수 없다. 불안은 안주할 곳 없는 인간에게는 숙명적인 것이다. 그런데도 대개의 경우 사람들은 이 불안을 부정하기 위해 자기가 처한 진정한 상태를 외면하고 살고 있다. 사람들은 일상생활에서 이 불안을 잊으려고 애를 쓰지만, 그것은 본래의 실존에서 퇴락한 사람들이 하는 짓이다. 그들은 잠시 불안을 잊을 뿐이지 결코 그것에서 벗어나지 못한다.

게다가 불안은 인간이 죽을 수밖에 없는 존재, 즉 죽음에 이르는 존재, 또는 종말에 이르는 존재라는 사실을 자각시켜 준다. 불안 속에서 인간은 회피할 수 없는 죽음과 세계의 허망함을 마주하게 된다. 물론 여기서 죽음은 일종의 생물학적 죽음이 아니라 **실존적 죽음**이다. 실존적 죽음은 현존재가 시간제약성 속에 존재하고 있음을 말해주고 있다. 하이데거에 의하면, 죽음은 현존재를 "가장 고유하고 고립된, 더 이상 관계 지을 수 없고, 더 이상 넘을 수 없는 극단적인 기능성"으로 내던지는 섯이다. 우리가 살아있을 때 죽음은 목격될 뿐 경험할 수 없다. 나는 언젠가는 죽어야 하지만 언제 죽을지 모르기 때문에, 죽음은 언제나 절박한 가능성으로 존재하고 있다. 또 죽음은 경험도 예측도 할 수 없기 때문에 우리에게 알려질 수 없다. 그러나 죽음은 우리 각자의 가장 내밀하고 개인적인 사건이며, 가장 가능한 것인 동시에 내 모든 가능성을 일거에 무화시켜 버리는 것이다. 앞으로 다가올 나의 죽음은 어느 누구도 대신 맡아 해 줄 수 없는 가장 외로운 체험인 것이다. 그래서 장켈레비치는 이러한 내 죽음을 1인칭 죽음이라고 했다. 1인칭의 죽음은, "너는 죽는다, 너는 죽었다, 너는 죽을 것이다"와 같이 2인칭 죽음의 3시제로 서술될 수 없다. 또 에피쿠로스가 말했듯이 "나는 죽었다"고 하는 것도 불가능하며, "나는 죽는다"는 것은 불확실하고 명확하지도 않다. 1인칭의 죽음은 과거형으로는 표현될 수 없고, 현재형으로는 명확하게 생각될 수 없지만, 미래형으로는 확실하게 말할 수 있다. 현재시점에서 "나는 죽었다"는 불가능한 명제이지만 "나는 죽을 것이다"는 확실한 명제이다.

그러나 우선 그리고 대부분의 경우 현존재는 가차 없는 가능성인 죽음의 짐을 짊어지려 하지 않고 그것으로부터 도피한다. 이 가차 없는 가능성에 대해서 계략을 꾸미려 하거나 "나는 아직 젊다, 나는 아직 건강하다"라고 하면서 피해 보려는 구실을 찾는 것은 허망한 짓이다. 하이데거가 말하듯이 사람은 태어날 때에 죽을 수 있을 만큼 충분히 늙었다. 또 이탈리아 소설가 디노 부자티의 말처럼 나는 "남이 모르는 노인"일 뿐이다. 한 시간 후에 트럭과 충돌해서 몸이 부서질 30대의 자동차 운전자는 아주 늙었고, 내일이면 심장마비로 죽어버릴 40대의 사람도 아주 늙었고, 10일 후에 익사할 소년도 아주 늙었다. 그런데도 현존재는 "사람들은 언젠가는 죽지만 나는 아직 죽지 않았다(아직 아니다)"라고 자기를 안심시킨다. 그러면서 죽음을 토론의 대상으로 삼기도 하고, 마치 평범하고 일상적인 사건인 것처럼 취급한다. 죽음의 실제적인 의미를 왜곡하고 정면으로 대결하기를 거부하는 이러한 일상인의 죽음의식을 장켈레비치는 **3인칭의 죽음**이라고 표현하였다.

그러나 하이데거는 "죽음 없이는 현존재가 본래적으로 존재할 수 없다"고 한다. 죽음은 현존재가 본래적으로 존재할 수 있는 가능성을 마련해 주는 유일무이한 사건이다. 죽음은 현존재의 진정한 자기 발견과 세계의 근원적인 개시를 가능하게 해 주는 통로이다. 과연 죽음은 우리에게 엄숙하고 진지한 결단은 요구하는 사건이다. 죽음 앞에서 우리는 의미 있다고 착각하고 집착해 왔던 모든 것이 사실은 상대적이고 허망한 것들이라는 사실을 깨닫는다. 죽음 앞에서는 권력, 재산, 명예 등 모든 세상적인 것들이 한낱 피상적 가치들로 물거품처럼 스러져 버리고 만다는 것을 우리는 경험한다. 죽음은 이러한 외면적·표피적인 가치들이 사실은 비본래적인 것이었다는 것을 자각하게 한다. 이것을 깨달음으로써 현존재는 자기의 가장 고유한 존재 가능성을 확인하게 된다. 결국 현존재의 죽음이라는 극단적인 가능성은 다른 모든 가능성들에게 위계와 질서를 부여하고 이를 통해 실존의 전체성과 통일성을 가능하게 해 주는 가능성인 것이다. 따라서 우리는 죽음의 경험으로부터 도피하지 말아야 한다. 죽음을 경험한다는 것은 현존재가 항상 이미 죽음 앞에 내던져져 있다는 사실을 깨닫는 것이며, 그것을 통해 현존재의 실존방식이 전적으로 뒤바꾸는 것을 의미한다. 이렇게 죽음 앞에서 물러서지 않고 당당하게 직면하는 것을 하이데거는 **죽음에로의 선구**(das Vorlauf zum Tode)라고 했다.

죽음에로의 선구는 현실적으로는 살아 있지만, 사유의 차원에서 죽음을 향해 먼저 뛰어가 보는 것이다. 죽음에 대한 선구는 현존재에게 새로운 지평을 열어 준다. 그것은 현존재가 죽음에 이르는 존재라는 유한성의 자각, 다시 말해 인간이 영원히 살 수 없는 시간적 존재라는 자각에서 나오는 **결단**이다. 인간이 영원히 산다면, 성실하게 살아야 한다든가 올바르게 살아야 한다는 말이 대체 무슨 의미가 있겠는가? 우리가 시기를 놓치지 않고 학창시절에 시간에 쫓겨 가면서 열심이 공부하는 것이 무슨 소용이 있겠는가? 보브와르도 말했듯이 인간의 시간은 조작될 수 있는 시기와 순간의 연속으로 분절되어 있다. 그 이유는 바로 우리가 영원을 소유하지 않았기 때문이다. 비록 영원히 존재한다 하더라도 그 영원은 자신의 유한성에서 자신의 의미를 찾아내는 우리의 현재 삶과는 아무런 관계가 없는 것이다. 인간이 예고도 없이 죽을 수밖에 없는 존재라는 유한성의 자각은 현존재의 현실적인 삶의 구조를 변경하고 새롭게 조명할 수 있는 계기를 마련해 준다. 그리하여 삶의 목적을 막연한 미래로 미루지 않고 바로 현재의 삶에서 충분한 의미 실현이 이루어지도록 살아가게 만든다.

따라서 현존재는 이제 그저 던져진 존재에 그치지 않고 미래를 향하여 기획하고 계획하는 삶을 살아가게 된다. 하이데거는 이처럼 자기를 미래를 향해 내던지는 것을 **기투성**(Entwerfen)이라고 한다. 던져져 있음, 즉 피투성이 과거적 **필연성**이라면 내던짐, 즉 기투성은 미래적 **가능성**이다. 이 세계는 현존재가 자신을 위해 기투해야 할 세계이기도 한 것이다. 이제 우리는 던져져 있는 과거적 필연성에 밀리기만 하거나 아무 하는 일 없이 막연히 미래를 기다리는 것이 아니라 진지하게 나의 미래를 스스로 결정하면서 살아나가야 한다. 하이데거에 의하면 그것은 **양심**의 소리에 따름으로서만 가능하다. 양심이란 세상사람의 일상성 속에 파묻혀 잊혀져 있던 본래의 자기가 자기 자신을 되찾으려는 부르짖음이다. 이 양심의 소리에 따라 본래의 자기가 된다는 것은 "던져져 있으면서 앞으로 내던지는" 실존으로 있다는 것을 의미한다. 궁극적인 존재가능으로서의 죽음에 대해서도 앉아 기다리거나 불안에 허덕이고만 있는 것이 아니라 스스로 앞질러 죽음을 떠맡기로 결의하는 것이다. 그리고 그 때 **죽음의 불안**은 오히려 **죽음에의 자유**가 된다. 죽음은 어떻게 살아야 하는가 라는 윤리적 계기를 인간의 의미관련 속에 부가하는 것이다. 이처럼 하이데거는 죽음을 통해 실존의 근원적 한계를 설정함으로써 우리들의 삶에 통일성을 부여하고자 하였다.

5) 현대적 의의

하이데거의 『존재와 시간』은 참혹한 제1차 세계대전을 겪고 난 당시 유럽인들의 지적 고뇌와 불안, 어두운 시대상황을 반영하고 있다고 할 수 있다. 하이데거는 삶이 아니라 죽음에서 인간실존의 구성계기를 찾았기 때문이다. 하이데거는 인간의 죽음의 문제를 그 어느 철학자보다도 심도 있게 천착한 인물이다. 죽음의 비극적 의미를 밝히려는 작업은 이미 소크라테스 시대부터 시작되었다. 플라톤의 대화편 『파이돈』에서 우리는 '철학은 죽음의 연습'이라는 구절을 발견한다. 죽음이 언제 닥쳐오더라도 그것에 굴하지 않고 당당하게 맞아들일 수 있는 철저한 사생관을 확립하는 것이 철학의 한 가시 목직이 된다는 뜻이다. 하이데거의 전기 철학은 죽음에 대한 사색이 삶의 가치를 깨우쳐 준다는 점을 시사하고 있다. 실제로 자신이 죽을 것이라는 의식은 타자를 위해 또 자기 자신을 위해 예사로 인생을 살지 말라는 자기 권유가 될 수 있는 것이다. 그런 점에서 죽음에 대한 사유와 삶에 대한 사유는 배타적이 아니라 보완적이다. 삶만을 생각하는 것은 죽음에 비극적인 성격을 부여한다. 죽음만을 생각하는 것은 삶을 귀중하고 연약한 것으로 생각하게 만든다. 그러나 충만하게 삶을 살아가는 사람은 죽음의 위험을 적극적으로 의식하고 수용한다. 그래서 칼 융은 이렇게 말했다. "그 순간이 닥쳐와도 죽음을 가장 평온하게 받아들이는 사람은 가장 충만하고 가장 행복한 실존을 향유한 사람이다."

3. 사르트르의 인간관

1) 사상적 배경

사르트르(Sartre, 1905-1980)는 1905년 프랑스 파리에서 태어났다. 한 살 때 해군 장교였던 아버지가 베트남에서 열병으로 세상을 뜨자 어머니가 친정으로 돌아갔기 때문에, 그 후 10년 동안 사르트르는 외가 쪽의 조부모 밑에서 성장하였다. 외조부는 알버트 슈바이처 가문의 사람으로서 뛰어난 독일어 교사·독서가·장서가였으므로, 어린 사르트르는 자연히 책을 가까이 대하는 습관을 몸에 지니게 되었다.

1917년 사르트르의 어머니가 재혼을 하게 되는데, 어머니의 재혼은 사르트르에게 일종의 배반으로 느껴져 상당한 충격을 주었다. 이때 느꼈던 소외감은 의부에 대한 의식적 반항으로 이어진다. 나중에 사르트르는 자신이 12살 때인 이 당시에 이미 신이 존재하지 않는다고 단정해 버렸으며, "그 후 내 생각은 전혀 달라진 것이 없다"고 술회하였다.

사르트르 (1905-1980)

하나의 전체로서의 세계에 대한 사르트르의 가장 중요한 주장은 신의 존재에 대한 거부이다. 그는 이 부정적인 결론에 도달하기 위한 논의는 하지 않고 있다. 다만 신을 논의하는 것은 그 자체가 자기모순이라고 주장할 뿐이다. 그는 니체처럼, 신의 부재가 우리 모두에게 가장 중대한 것이라고 주장한다. 즉 무신론자는 단지 형이상학적인 면에서 기독교인과 다른 것이 아니라, 인간 존재에 관해서 깊이 있는 다른 견해를 가져야만 한다는 데 있어서 다르다는 것이다. 신이 존재하지 않는다면 모든 것이 허용된다. 인간의 삶에는 궁극적인 목적이나 의미가 내재하지 않는다. 이런 의미에서 삶은 **부조리**하다. 우리는 이 세계 내에서 우리 자신들을 전적으로 스스로를 돌보게끔 **버림받은**, **내던져진** 존재인 것이다. 사르트르는 가치 기준의 유일한 토대는 인간의 **자유**이며, 그러므로 누군가가 채택하려고 결정한 가치 기준은 외적인 그리고 객관적인 것에 의해서 정당화 될 수 있는 그런 것이 아니라고 주장한다.

2) 세계에서의 인간의 위치

사르트르는 처음에 후설의 현상학에 영향을 받은 현상학자로서 『구토』라는 기념비적인 소설을 썼다. 그 후 하이데거의 저서를 읽고 그의 실존주의 철학을 받아들인다. 그렇게 해서 나타난 철학적 저작이 『존재와 무』이다. 『존재와 무』는 따라서 후설의 현상학과 하이데거의 실존주의 철학을 접목시킨 책이라고 할 수 있다. 실제로 『존재와 무』는 후설의 현상학에 따라 개별적인 의식 주관을 기초로 해서, 하이데거가 말하는 죽음, 불안, 존재와 무 등에 관해 이야기한다. 하이데거의 입장에서 볼 때 이런 서술방식은 자기의 철학을 완전히 곡해한 것이다. 하이데거는 인간의 의식주관을 강조했던 후설의 철학, 즉 데카르트적 가정에서 벗어나려 했던 사람이기 때문이다. 하이데거철학의 전공자인 미국의 드레퓌스 교수가 하이데거를 방문했을 때 『존재와 무』 독일어 번역판이 책상 위에 있어서 그 책을 읽고 있느냐고 물었다. 하이데거는 "어떻게 이런 쓰레기를 읽는단 말입니까?"라고 대답하였다. 사르트르가 하이데거의 철학을 왜곡하여 **세계-내-존재**를 **의식-내-존재**로 만들어 버렸기 때문이다. 그러나 어쨌든 『존재와 무』는 오늘날에도 실존주의 철학을 대표하는 책으로 자리 잡고 있다.

모든 실존철학이 그렇듯이 사르트르철학의 근본적인 관심사도 인간의 실존방식을 해명하는 데 있다. 전통적으로 철학자들은 인간의 **본질규정**에 따라, 즉 인간의 종차에 따라 정의하여 왔다. 인간은 이성적 동물이라느니, 인간은 사회적 동물이라느니, 상징적 동물이라느니 하는 식으로 정의하는 것이다. 그러나 사르트르가 알고자 하는 것은 인간의 이러한 본질규정이 아니라 먹고, 자고, 느끼고, 생각하고, 사랑하고, 교제하고, 놀이하는 구체적인 인간이다. 우선 사르트르는 헤겔의 용어를 빌려 존재를 두 가지 양식으로 나눈다. 그는 대상으로서의 존재를 **즉자**라 하고, 의식으로서의 존재를 **대자**라고 한다. 즉자와 대자는 고정된 존재 자체가 아니고 존재양식을 의미한다. 왜냐하면 인간과 같은 존재는 경우에 따라 즉자로서도, 대자로서도 존재할 수 있기 때문이다.

즉자는 외적 주관의 세계, 내 외부에 있는 세계 전체의 존재양식을 말한다. 즉자는 우리 **의식**의 대상이 된다. 이 즉자의 존재양식은 충족된 것으로서 그냥 그대로 존재한다. 즉자는 스스로에 대한 의식도 없고, 단순하며 달걀처럼 그 자체로 충족되어 있다. 즉자는 가능하지도 않고 필연적이지도 않다. 즉자는 아무 근거도 없이 그냥 **우연**적으로 존재할 따름이다. 예컨대 산, 물, 이 책상 등은 그냥 그대로 우연히 있다. 내 주위에 있는 대상의 현재모습이 반드시 현재와 같아야 할 **필연**적인 이유는 없다. 내 앞에 있는 이 책상은 얼마든지 다른 모습으로 존재할 수 있었다. 이 교실의 모습도 반드시 문이 둘이어야 할 필요가 없었으며, 얼마든지 다른 모습으로 장식될 수 있었다. 우리 눈앞에 펼쳐진 존재의 세계가 반드시 지금과 같아야 할 필연적인 이유는 없다. 이처럼 사르트르는 인간 아닌 모든 존재는 즉자에 속한다고 주장한다. 그냥 존재하는 것, 아무 이유도 목적도 없이 존재하는 즉자는 대자의 관점에서 볼 때 구역질이 난다. 왜냐하면 즉자는 그냥 그대로 아무 의미 없이, 우연적으로 존재하기 때문이다. 이것이 사르트르의 소설 『구토』의 의미이다.[69]

『구토』의 주인공 로캉탱은 조약돌과 같은 사물과의 만남을 통해 갑자기 사물의 **우연성**과 **무의미성**을 극명히 인식한다. 어느 날 돌연 사물들이 인간이 부여한 의미를 벗어 버리고 그 본래의 모습을 드러내면서, 그 자체로 충족되어 있는 상태로 나타날 때, 우리는 당황하게 되고 구역질을 느끼게 된다. 이 때 구토는 대상의 맹목적인 존재를 설명할 그 어떤 근거도 없다는 것을 깨달았을 때 느끼는 감정이다. 그리고 그것을 통해 로캉탱은 자신의 존재 또한 정당화될 수 없는 잉여물이라는 것을 깨닫게 된다. 『구토』에서 사르트르는 로캉탱의 다양한 구토경험을 묘사하면서, 모든 존재의 우연성을 드러내 보이려고 한다. 존재에 앞서 있는 존재의 이유가 없으며, 대상이 그저 거기에 우연히 있을 뿐이라는 로캉탱의 경험은 **부조리**한 경험이다. 로캉땡이 인식한 부조리는 우연성이라는 부조리이다. 즉 모든 대상의 존재를 설명할 수 없으며, 세계가 전혀 아무런 의미 없이 존재한다는 어이없음이다.

이와 반대로 **대자**는 의식으로서의 인간만이 가질 수 있는 존재방식이다. 인간과 같은 의식적 존재는 자신을 위한 존재, 즉 대자적 존재이다. 의식은 결코 대상이 될 수 없다. 그냥 의식으로 남을 뿐이다. 사르트르의 이 대자(의식)는 마치 후설의 **선험적 자아**와 같은 것이다. 즉 **지향성**에 의해 모든 것에 의미를 부여하는 개별적 **주관**과 같은 것이다. 그런데 충족되고 완결된 상태로 그냥 존재한다는 점이 즉자의 근본적인 특징인 반면에, 대자의 근본적인 특징은 충족되지 못한 채로 존재한다는 것이다. 그래서 사르트르는 즉자를 **존재**라 하고 대자(의식)를 **무**라고 한다. 결핍으로서의 대자는 근본적으로 불만에 차 있을 수밖에 없다. 따라서 대자는 그 결핍을 채워 무를 메꾸고 존재가 되려고 한다. 인간의 소유욕, 애무행위는 이런 원리에서 나온다. 예컨대 사랑하는 남녀가 서로를 포옹하고 입맞춤을 하는 애무행위는 서로를 아무 생각 없이 멍하게 만든다. 포옹과 키스는 상대의 의식을 제거하기 위한 수단이다. 의식을 제거한다는 것은 대자

69) 이윤일, 『현대의 철학자들』, p. 184.

로서의 상대의 존재를 부정하고 상대방을 의식이 없는 존재인 즉자로 만들어 버리는 것이다. 상대방을 멍하게 만들어 상대를 자기 사랑의 대상으로 삼아야 하기 때문이다. 인간이 인간을 소유할 수 없으므로 상대방을 즉자로 만들어야만 상대방을 소유할 수 있기 때문이다. 그러나 사물의 소유는 대자가 즉자가 되기 위한 수단에 불과하다. 결여로서의 대자는 항상 불만스럽고 그 불만을 채우려고 애쓰며, 따라서 불안할 수밖에 없다.

3) 인간의 본성

인간은 의식적 존재, 즉 대자로서 존재하지만 또한 자기가 태어난 시대와 장소, 사회적 조건을 떠나서는 존재할 수 없다. 사르트르는 이것을 **여건** 또는 **상황**이라고 한다. 그런데 이와 같은 여건은 인간의 **자유**를 부정하는 기능을 한다. 나는 20세기 후반에 태어났다. 따라서 나는 내가 존경하는 칸트를 만나 대화를 할 자유가 없다. 나는 남자로 태어났다. 따라서 나는 시집갈 자유가 없으며, 아이를 낳을 자유가 없다. 나는 한국인으로 태어났다. 따라서 나는 안중근 의사를 좋아하고 이토 히로부미를 싫어할 수밖에 없다. 눈이 먼 나는 화가가 될 자유가 없고, 두 손이 잘린 나는 피아니스트가 될 자유가 없다. 그러나 그 어떤 경우에도 나는 즉자로서 존재하지 않고 대자로서 의식을 갖고 그 주어진 제한된 조건하에서 어떤 행동을 선택할 자유가 주어져 있다. 사르트르에 의하면 가장 고통스럽고 가장 강압적인 상황 속에서조차, 우리에게는 여전히 무엇인가를 선택할 수 있는 자유가 남아 있다. 쇠사슬에 묶인 노예일지라도 나는 주인에게 맹목적으로 비굴하게 복종할 수도 있고, 당당하게 반항할 수도 있는 것이다. 나는 그러한 자유가 있을 뿐만 아니라 그러한 자유를 버릴 수도 없다. 이처럼 어떠한 여건에서도 완전히 결정될 수 없는 대자의 힘을 사르트르는 **초월**이라고 한다. 이 말은 주어진 여건을 넘어선다는 뜻이다. 미래의 계획에 따라서 현재의 상황을 넘어서는 것이며, 인간이 외적인 조건에 의해 완전히 결정되지 않았다는 말이다. 그래서 적어도 자유로서의 인간에게 "실존은 본질에 앞선다"는 것이다. 왜냐하면 한 인간의 **운명**은 자기 자신의 자유로운 **선택**에 의해서만 결정될 수 있기 때문이다. 이 때 **자유**란 끊임없이 상황을 부정하고 그것을 극복하려고 하는 인간의 근본적인 **본성**을 말하는 것이다.

그러면 실존은 본질에 앞선다는 말이 무슨 의미인지를 알아보기로 하자. 실존은 본질에 앞선다는 말이 마치 실존주의 철학을 대표하는 말처럼 인구에 회자되어 오고 있지만, 사실은 사르트르와 같은 **무신론적 실존주의** 철학에서만 의의를 가지는 말이다. 우선 도구와 같은 존재가 생겨나는 과정을 생각해 보자. 도구는 무슨 도구든지 무엇에 쓰려고 만든다. 그릇은 무엇을 담기 위해 만든다. 칼은 무엇을 베려고 만든다. 시계는 시간을 측정하기 위해 만든다. 또 이런 도구를 만드는 사람은 그 도구가 쓰이는 용도, 목적, 제작 과정, 재료 등을 다 알고 만든다. 예컨대 책상은 내게 나무로 만든다. 책상은 공부하는 데 쓰기 위해 만든다. 책상은 나무를 알맞은 길이에 따라 톱으로 썰고 못을 박고, 사포로 나뭇결을 갈고, 페인트로 칠을 해서 완성한다. 이 때 책상의 용도, 목적, 제작과정이 책상의 개념, 책상의 **본질**을 구성한다고 할 수 있다. 그런 점에서 책상과 같은 도구는 사람들이 먼저 머릿속으로 만들고자 하는 본질을 생각한 다음, 그 본질에 따라 만드는 것이다. 도구의 본질은 그것이 **실존**하기 전에 이미 결정되어 있다. 이처럼 도구는 본질이 먼저 있고 그 존재, 실존은 나중에 출현한다. 그러므로 도구적 존재에서는 본질이 실존에 앞선다.

그런데 유신론자들은 신이 마음속에 인간에 관한 개념을 간직하고 인간을 창조했다고 믿는다. 신이 인간을 창조하기 전에 머릿속으로 인간은 이러이러한 모양(신의 형상대로)을 하고 있고, 이러이러한 성향을 가지고 있고, 이러이러한 행동을 해야 한다고 미리 규정해 놓았다. 이러한 신이 자기의 생각대로 인간의 **본질**을 미리 규정하고 그에 따라 만들었다면, 인간은 도구와 마찬가지로 본질이 실존에 앞설 것이다. 그러나 사르트르는 무신론자이다. 사르트르는 후설의 현상학으로부터 **지향성**이라는 중요한 생각을 배웠다. **의식**은 본질적으로 지향적이라는 것이다. 그런데 현상학은 현상 너머의 것을 부정한다. 그래서 사르트르는 니체의 '배후세계의 망상'이라는 말을 빌려 타세계적인 것, 내세적인 것을 부정한다. 따라서 사르트르에게는 현상세계 전체가 그대로 세계 전체이다. 이런 무신론자인 사르트르에게 인간의 존재에 앞서는 본질이란 있을 수 없다. 인간은 도구처럼 본질이나 목적이 실존에 앞서 있는 것이 아니다. 이처럼 인간이 본질에 앞서는 실존적 존재라고 주장하는 것은 인간이 이 세계에 우연히 존재하게 되고 아울러 우연히 나타나게 되었다는 것을 의미한다.

이 세계에 존재하는 모든 것이 그냥 우연적으로 존재하게 되었다는 생각은 사르트르가 젊은 시절부터 깊이 사로잡혀 있었고, 또 해명하고 싶어 했던 화두였다. 인간도 예외가 아니다. 인간은 먼저 이 세계 속에 아무 이유도 없이 내동댕이쳐졌다. 우리는 우리의 의지로 이 세상에 태어난 것이 아니다. 우리는 우리가 선택하지 않은 세상, 우리가 선택하지 않은 얼굴, 우리가 선택하지 않은 조건을 가지고 이 세상의 삶을 시작했다. 물론 죽을 때도 우리의 의지로 이 세상을 떠나는 것이 아니다. 그렇다면 우리의 본질은 과연 어떻게 만들어지는 것일까? 그것은 우리가 일단 이 세상에 태어나서 우리가 어떤 행위를 하고 어떤 선택을 하며 살아가느냐에 따라 결정되는 것이다. 이 때의 본질은 전 인류에 공통적으로 적용되는 유적 본질이 아니라 각 개인의 가능성이 완결된다는 의미에서의 본질이다. 소크라테스가 날 때부터 철학자가 되기 위한 본질을 가지고 태어난 것은 아니다. 소크라테스는 아버지의 직업을 이어받기 위해 조각가가 되기 위한 훈련을 받았다. 그리고 카리스 여신상과 같은 작품이 소크라테스가 조각한 작품으로 추측되고 있는 것을 보면 얼마간 조각가라는 직업을 영위했다고도 보인다. 그러나 그는 철학의 길로 들어서기로 결심한 후로는 일생 동안 철학자로서의 사명을 이루기 위해 전력을 다했다. 결국 소크라테스가 철학자라는 이름을 얻은 것은 그 자신의 선택에 의한 것이었고, 그가 세상을 떠나는 순간, 최종적으로 철학자라는 이름으로 규정된 것이다. 우리도 마찬가지이다. 우리도 앞으로 어떤 선택을 하느냐에 따라 앞으로 우리들은 위대한 예술가도 될 수도 있고, 뛰어난 과학자가 될 수도 있고, 빛나는 철학자가 될 수도 있다. 결국 우리는 자신이 선택하는 인간상을 강조하는 것이고, 우리가 우리 자신을 선택함으로써 인간을 선택하는 것이나 다름없다. 이런 점에서 볼 때 인간은 먼저 실존의 세계 속에 내던져진 다음 스스로의 행동에 의해 자기 자신을 만들어 가는 자유로운 존재이다. 인간은 자기를 결정하고 자기를 만들어 나아가고 자기에게 본질을 부여한다. 내가 선택하는 것이 바로 나의 본질, 내가 존재하는 특정한 방식이다. 다시 말해 실존이 본질에 앞서 있는 것이다.

무신론자인 사르트르에게는 이처럼 인간에게 지시를 내릴 신은 존재하지 않기 때문에 인간의 본성은 태어날 때부터 자유로우며 완전히 비결정적이다. 이제 인간은 신에 의지해야 할 것이 아니라 자기 자신에 의지해야 한다. 신은 시대착오적인 가정이기 때문이다. 신이 존재하지 않는 상황에서 내 자유는 전면적이고 무한하게 주어졌다. 우리는 실존적 상황 속에서 끊임없이 무엇인가를 자유롭게 선택하면서 살아가야 할 처지에 놓이게 되었다. 심지어 선택을 하지 않기로 작정하는 것도 일종의 선택이다. 아무 것도 하지 않겠다고 버티는 것도 내 결정이다. 나는 아무 것도 하지 않은 책임을 추궁당할 수 있다. 그래서 사르트르는 심지어 "나는 자유의 형벌에 처해졌다"라고까지 한다. 그렇지만 인간은 이제 자기가 한 모든 일에 책임을 지면서 스스로 **결단**을 내려야 한다. 그리고 사르트르에 의하면 우리의 **책임**은 우리가 전제할 수 있는 것보다 훨씬 더 크다. 왜냐하면 우리의 책임은 알게 모르게 인류 전체를 구속하기 때문이다. 모든 사람은 인류 전체에 대해 책임이 있다. 예컨대 내가 사랑하는 사람과 결혼해서 아이를 낳기를 원한다면, 그 결혼이 내 형편, 내 감정, 내 욕구에 의한 것일지라도, 나는 그러한 행동을 통해 나 자신뿐만 아니라 인류 전체를 일부일처제로 구속하는 것이다. 그래서 나는 나 자신에 대해서뿐만 아니라 모든 사람에 대해서 책임이 있다.

그러나 사르트르에 따르면, 인간은 이러한 내던져진 실존의 상태 속에서 **고독**과 **불안**과 **절망**을 경험하게 된다. **자유**가 피할 수 없는 것인 한, 인간은 자유의 무거운 짐을 체험하지 않을 수 없다. 내 자유를 제한하는 한계는 나의 **죽음**뿐이다. 인간은 자유에 따르는 강렬한 책임의식 때문에 불안과 고독과 절망을 느끼게 된다. 불안은 실존의 기본현상이다. 불안은 인간이 곧 자유 자체라는 결과에서 파생하는 것이며, 공허와 절망의 감정이고, 사르트르의 표현을 빌리자면 "무의 심연에서 느끼는 어지러움"이다. 우리는 자신의 불안을 감추면서, 우리의 목적이 마치 다른 사람이나 사회 또는 신에 의해 결정되는 것처럼 행동하려고 한다. 그런 방식으로 불안으로부터 도피하려고 한다. 그러나 사르트르에 의하면 우리에게는 자신을 불안으로부터 해방시킬 능력이 없다. 우리가 바로 불안이며 우리가 바로 불안이어야만 한다. 그렇지 않으면 우리는 우리의 자유나 우리 자신의 존재를 의식할 수 없다. 사르트르의 실존주의 철학을 **비합리적 자유의 윤리학**이라고 하는 이유도 여기에 있다.

4) 인간과 사회

하이데거는 우리가 타인과 더불어 살고 있는 세계를 **공동세계**라고 했다. 사르트르도 **타자**가 우리에게 주는 의미를 천착해 들어간다. 의식으로서의 대자는 또 하나의 대자, 즉 다른 인간과도 접촉하면서 살아간다. 그리고 한 주체로서의 대자의 눈에는 또 하나의 대자가 타자로서 나타난다. 그러나 타자의 입장에서 보면 나라는 대자가 곧 타자가 된다. 여기에서 갈등이 생겨난다. 한 대자가 상대방 대자를 바라볼 때, 즉 의식할 때 양자는 주체로서의 의식과 객체로서의 대상과의 관계를 맺게 된다. 말하자면 내게 타자는 마치 하나의 사물처럼, 즉자처럼 보이게 된다. 우선 타자는 응시의 대상으로 나타난다. 메두사의 응시 속에서 인간이 돌덩어리가 되었던 것처럼, 타자의 응시 속에서 인간은 마치 하나의 대상으로, 즉 즉자로 등장한다. 아무도 없는 텅 빈 강의실에서 책상에 편한 자세로 앉아 책을 보기도 하고 상상의 나래를 펼치고 있는데, 갑자기 누군가가 문을 벌컥 열고 들어와 나를 쳐다본다고 생각해 보자. 아무도 나를 보고 있지 않다고 생각하고 있다가 갑자기 누군가가 나를 보고 있다는 것을 알게 되면 나에게는 변화가 일어난다. 편안한 자세를 고쳐 앉게 되고, 나의 동작도 갑자기 어색해지고, 목소리도 달라진다. 심지어는 내 상상도 끊어지고 생각마저도 전과는 달라진다. 쉽게 말해 타자는 우리를 자극시킨다. 타자는 우리를 당황스럽게 하고 부자연스럽게 만든다. 예컨대 넓은 식당이나 다방에 들어가 손님이 아무도 없을 때 우리는 정중앙에 앉으려 하지 않고 흔히 벽을 등 뒤에 대고 구석에 앉으려는 경향이 있다. 가운데 있는 자리는 별로 인기가 없다. 그래서 이런 현상을 잘 관찰한 주인들은 벽감을 많이 만든다. 벽을 최대한으로 확대하기 위해 임시 칸막이도 설치한다. 타인의 시선이 차단된 밀폐된 공간에서 우리는 아늑함과 편안함을 느끼게 되는 것이다. 사람들은 누군가가 자기를 보고 있다는 것을 알고는 있지만, 자기를 뒤나 옆에서 보는 것을 원하지 않다. 누가 자기를 보고 있는지를 자신이 확인·통제할 수 없기 때문이다. 누군가가 자신을 반드시 보아야만 한다면 정면에서 보기를 원하는 것이라고 할 수 있다. 그럴 경우 정면으로 우리를 보고 있는 사람을 우리도 정면으로 볼 수 있다는 장점이 있다. 여기에서 응시의 결투가 일어나게 되고 먼저 시선을 피하는 사람은 패배자가 된다. 패배자는 대상으로 남게 된다. 이처럼 타자는 나에게 응시로서 등장한다는 것이다. 타자가 나를 응시하지 않을 때 타자는 한낱 물건, 사물에 불과하다. 반대로 타자의 응시는 나를 그의 대상으로 만든다. 타자는 자기 마음대로 응시 대상인 내게 의미를 부여한다. 그러한 의미는 대게 나에게 알려지지 않는다. 나는 타자가 지금 나에 대해 어떤 생각을 하고 있는지 알 길이 없다. 따라서 타자의 자유는 나에게 위험하다. 결과적으로 내가 타자의 대상이 되기 때문이다. 나는 하나의 즉자로 고정되고, 타자에 대한 무방비한, 자유를 박탈당한 노예가 된다. 이처럼 타자는 나 자신의 주체성을 부인하는 적이 된다. 그래서 사르트르에게 두 대자 간의 관계는 마르틴 부버가 주장하는 것처럼, **너와 나**의 융화될 수 있는 관계가 아니라, 주인과 노예의 관계같이 갈등을 면할 수 없는 관계이다. 그래서 사르트르는 『유폐된 방』이라는 연극에서 우리가 늘 타자의 고문을 당하고 있다고 보고 다음과 같이 선언한다. "대형 석쇠가 따로 없다. 지옥, 그것은 바로 타자들이다" 타자가 바로 지옥이라는 것이다.

이와 같은 존재조건 속에서 인간에게는 두 가지 태도가 가능하다고 사르트르는 말한다. 첫째는 자신의 자유를 피하여 **자기기만**, 즉 **불성실**에 빠지는 길이다. 불성실하게 행동하고 불성실하게 살아간다는 것은 사르트르에게는 인간적 **책임**을 포기하고 인간성을 구성하는 **자유**를 부정하며, 스스로 의미와 가치를 찾는 일로부터 도피하는 것이다. 만일 인간이 자신의 행위를 결정론적인 원인에 기인한 것이기 때문에 자신에게 책임이 없다고 변명한다면, 그는 비겁한 사람이다. 인간은 하나의 쓸데없는 수난이며, 인간은 불합리하고 무의미한 **파리떼**에 지나지 않는 것이다. 또 인간은 자유롭도록 운명이 정해진 하나의 비극이다. 이 근본적으로 주어진 자유를 부정하는 것은 곧 자기기만이며, 자기기만은 인생에 대한 불성실한 태도이다. 사르트르에 의하면 불성실하게 살아가는 사람은 정형화된 생활방식만을 추구하거나 고정된 역할만을 하는 사람이다. 삶의 의미나 가치를 선택해야 하는 책임을 회피하고, 기존에 정해져 있는 역할을 받아들임으로써 탈출구와 표면적인 안락을 구하는 사람이다. 그런 사람은 자유를 경험하는 주체로 사는 것이 아니라, 미리 정해져 있는 기능을 가진 대상이나 사물처럼 취급될 뿐이다. 또 불성실하게 행동하는 사람은 경직된 정신 속에서 사는 사람이다. 경직된 정신 속에 사는 사람은 정형화된 가치와 의미가 객관적으로 있다고 믿고 곧이곧대로 받아들이다. 예컨대 내가 예술작품을 경직된 마음으로 본다면 나는 작품에 대해 내 스스로 부여하는 가치판단의 자유를 외면하고, 대신 그 안에 구현되어 있다고 믿는 가치를 열심히 찾을 것이다.

둘째는 자기의 **자유**를 인정하고 그에 대한 행동에 철저히 **책임**을 지는 태도이다. 사르트르는 이러한 태도를 **진정성**이라고 하고, 그러한 인간생활이 불합리하게 실존하는 인간의 본모습을 인정하는 정직한 생활이라고 보았다. 사르트르는 자신의 철학에 **염세주의**라는 딱지가 붙는 것을 불편해했다. 완전히 자유로워진 인간은 더 이상 사물에 있는 의미를 쉴 사이 없이 찾으려 하지 않고 명랑함과 모험심을 가지게 된다는 것이다. 그래서 그는 "어떤 사상도 이 사상보다 더 낙관적일 수 없다. 인간의 운명은 그 자신 안에 있다"고 한다.

5) 현대적 의의

사르트르가 『존재와 무』를 통해 보여 주려고 한 것은 인간의 **자유**이다. 그래서 가장 인간다운 충실한 인생은 자유로운 인생이라는 결론이 나온다. 그러나 실제로 노예의 자유와 주인의 자유가 똑같다고 할 수 있는가라는 문제가 여전히 남아 있다. 존재론상으로 볼 때 주인과 노예는 똑같이 자유롭다. 그러나 배가 고프고 사슬에 묶여 있는 노예의 자유는 배가 부르고 사슬에 묶여 있지 않은 주인의 자유와 비교해 보면, 한낱 심리적이거나 관념적인 자유에 불과하다. 노예에게는 구체적인 또는 실천적인 자유가 없다. 『존재와 무』가 개인적인 실존을 연구해서 인간의 존재론적 자유를 밝혀 주었다면, 『변증법적 이성비판』은 집단적인 실존을 연구해서 인간의 실천적 자유가 사회 속에서의 인간의 존재방식을 통해 어떻게 나타나는가를 보여주고자 한다.

그런데 사르트르의 후기 철학은 **마르크스주의**에 경도되었다. 즉 사르트르는 마르크스주의와 인간의 자유에 대한 자신의 신념을 종합하려 하는데, 그래서 그의 후기 철학을 **실존주의적 마르크스주의**라고도 한다. 사르트르는 『존재와 무』에서 펼쳐진 자기 사상의 약점이 비역사적인 인간관에 있다는 점을 자각한다. 그래서 마르크스주의가 **역사**에 대해 가치 있는 해석을 제공한다고 보고 역사성을 끌어들인다. 역사를 인간의 자유가 회복되는 장으로, 혁명적인 실천으로 자기주장을 하는 장으로 본 것이다. 이제 사르트르는 마르크스주의가 우리 시대가 완전히 지나가기 전에는 결코 폐기되지 않을 기본적인 진리라고 생각한다. 그리고 실존철학은 마르크스주의 철학을 보조하는 부차적인 역할을 해야 한다고 생각한다. 그는 고전적 마르크스주의 중에서 **변증법적 유물론**에 대해서는 반대하였지만 **역사적 유물론**에는 항상 찬성하였다. 변증법적 유물론은 **물질**개념을 통해 모든 것을 설명하려는 일종의 형이상학적 유물론이다. 변증법적 유물론은 따라서 인간역사와 관련하여 의미 있을 뿐인 변증법적 법칙을 자연 전체로 확대 적용시키려고 하기 때문에 인간역사를 하나의 자연현상으로 환원시켜 놓은 오류를 범하고 있다. 결과적으로 변증법적 유물론은 인간의 **진보**를 이해하는 길잡이가 되는 것이 아니라, 인간의 진보에 관한 일종의 기계론적인 의사과학으로 변질되었다고 사르트르는 생각한다. 반면에 역사적 유물론은 초월적이거나 영적인 존재의 역할을 인정하지 않으면서 인간이 가시적이고 분명한 세계와 구체적으로 관여하고 있다고 보는 유물론이다. 인간은 자연대상이 아니라 역사적 존재이므로 인간의 행동은 자연대상의 움직임과는 다른 차원에서 이해되어야 할 것이다.

사르트르에 의하면 인간은 살기 위해 여러 가지 **물질**을 필요로 한다. 만일 인간이 필요로 하는 물질이 공기나 바닷물처럼 충분하게 존재한다면, 각 인간은 사회생활을 할 필요를 느끼지 않을 것이다. 사회생활은 모든 사람이 다같이 필요로 하는 물질의 희소성 때문에 생긴다. 물질이 희소한 상황에서 인간 각자는 서로에게 위협으로 나타나게 된다. 왜냐하면 남들은 내가 필요로 하는 물질을 약탈해 가는 존재로 나타나기 때문이다. 여기서 인간은 자신의 개인적인 욕구를 충족시키기 위해 행동하는 존재이다. 그러면서 인간은 자신과 다른 사람들이 이미 만들어 놓은 기존의 상황에 알맞게 행동해야 한다는 사실, 즉 우리가 역사의 일부라는 사실을 깨닫게 된다. 또 자신의 욕구를 충족시키기 위해 행동하는 과정에서 세계에 관여하며, 나아가 우리 자신과 마찬가지로 욕구를 충족시키기 위해 부지런히 행동하는 타인들과도 접촉하게 된다. 사르트르는 이러한 개인 간의 이해관계를 합리적으로 해결하기 위해 사회와 사회질서가 필요하게 되었다고 생각한다. 말하자면 우리는 **역사적 존재**로서, 우리가 살고 있는 세계에 대한 우리의 관계는 무관심하거나 관조적인 관계가 아니다. 인간은 실천 속에서 미래를 조명하고 자신이 처한 상황을 초월하는 방법을 창안하는 존재라는 것이다. 이처럼 사르트르의 후기 철학에서 인간은 **세계-내-존재**에서 **사회적-세계-내-존재**로 바뀌게 된다.

제 6 장

철학적 인간학의 인간관

1920년대 독일에서 창시된 철학적 인간학은 실존철학의 극복이 문제되자 새로운 관심을 끌게 되었다. 철학적 인간학에서는 인간에 관한 다른 특수과학들이 자명한 것으로 전제한 인간의 본질을 문제 삼는다. 인간의 본질의 징표가 무엇이며 그것이 사회와 역사 안에서 어떻게 나타나는가? 인간의 삶의 문화 속에서의 본질적인 형태가 어떤 것이며 사회와 역사 속에서의 연관구조가 어떠한 것인가? 그리고 인간존재가 기성물이 아니라 미완성의 존재라면 그 최고의 가능성은 무엇인가? 인간이 실현하고자 하는 최고의 이념은 무엇인가? 이러한 문제들이 철학적 인간학의 직접적인 관심사들이다. 이러한 철학적 인간학의 창시자로 간주되고 있는 막스 셸러는 이미 제1차 세계대전 전에 「인간의 이념에 대하여」라는 글에서 “철학의 모든 중심문제들은 바로 이해하면 언제나 인간이란 무엇인가라는 하나의 문제에 귀결된다”라고 했으며, 그 후 그가 노년에 이르렀을 때 그는 우리 시대가 그 해결을 절실히 요구하는 하나의 철학적 과제가 있다면 그것은 철학적 인간학이라고 말하고 그는 철학적 인간학을 인간의 본질과 본질형상을 다루는 기본학이라고 말했다.

철학적 인간학에는 인간 현존재의 총체 현상의 철학적, 현상학적 분석이 문제되며, 그리고 인간 현존재의 형이상학적 존재론의 투입과 정초가 문제된다. 셸러 이후의 철학적 인간학은 크게 두 가지 입장으로 갈라지는데 그 하나는 개별 과학이 탐구한 광범위한 자료를 가지고 철학적 인간관의 종합을 시도하는 입장이고 다른 하나는 현상학적으로 인간의 자기 경험을 분석하고, 이로써 인간의 본질을 정초시키려고 하면서 상대적으로 경험과학과는 독립해서 근원적으로 철학적 실마리를 풀어나가는 입장이다. 현대의 대표적인 철학적 인간학자로는 셸러, 겔렌, 플레스너, 카시러, 그리고 란트만을 꼽을 수 있다.

1. 셸러의 인간관

1) 사상적 배경

셸러(Max Scheler, 1874-1928)는 후설 다음으로 비중이 큰 현상학자로서 프랑스와 스페인의 철학계에 현상학적 학설을 급속히 파급시킨 장본인이었다. 그의 활동은 세 단계로 나누어질 수 있다. 즉 그의 스승 루돌프 오이켄의 영향을 반영하고 있기도 한, 칸트 사상에 동조적인 시기, 윤리적·유신론적·기독교적 저술을 강조한 시기, 그리고 베르그송의 입장과 다를 바 없는 진화론적 자연철학에 경도된 범신론적 견해들의 과도기(54세의 일기로 사망함으로써 이 시기는 끝을 맞았다)가 그것이다.

셸러에게 있어서 철학적 인간학이란 인간 및 세계와 사회 안에서의 인간의 위치에 관심을 두는 철학을 의미한다. 그의 철학적 활동의 중기에 그는 **사랑**과 **인격주의**를 강조하였으며, 우주에서의 인간 본연의 직분을, 정신적·종교적 가치들의 견지에서 신을 좇아 스스로를 가꾸어 나가야 하는 것으로 보았다. 그 이후 그는 다윈주의, 베르그송주의, 그리고 프로이트주의의 편에 서서 **유신론**적 견해를 버리고 **범신론**적 견해를 취하였다.

셸러 (1874-1928)

그의 주저인 『우주에 있어서의 인간의 위치』(*Die Stellung des Menschen im Kosmos*, 1928)에서 셸러는 인간의 특수한 위치를 종래와는 다른 방법으로 규정하려고 했다. 그는 정신적, 인격적 존재의 특징과 인간의 특수 위치를 세계와 삶의 전체 속에서 밝히려고 한다. 요컨대 그는 인간의 행동과 동물의 행동을 비교하고, 인간의 **세계 개방성**을 동물의 **환경의 구속**과 구별하며, 인간의 특수 위치의 근거를 **정신**에 둔다. 그는 정신적 인간을, 프로이트가 그랬던 것처럼, 단지 순화된 동물적 유기체로 기술한다. 이때 순화된 동물적 유기체로서 인간의 더욱 저차적이고 비천한 성격은 그의 더욱 고차적인 정신적 성격에 힘을 불어 넣어주는 역할을 한다. 한편 신은 생성의 과정 중에 있는 것이다. 인간은 신과 협력하여 신성을 발현하게 하고 그것을 완성으로 이끈다. 그 이전의 니체처럼 셸러도 "신은 죽었기" 때문에 인간은 **자기신격화**를 향해 돌진해야 한다고 믿게 되었다. 또한 그는 **우주**란 "신들을 만들어내는 기계"이며 이것이 인간의 일차적인 과제라는 점에 대해서 베르그송에 동의하였다.

2) 세계에서의 인간의 위치

셸러는 먼저 두 가지의 인간개념을 말한다. 그 하나는 인간이 형태학적으로 척추동물 및 포유동물의 하위 종으로서 갖고 있는 특징들을 포함하고 있는 **자연주의적 인간개념**이며, 다른 하나는 인간이 다른 동물과 예리하게 구별되는 성질들의 총화를 가리키는 **본질적 인간개념**이다. 그리고 셸러는 이러한 두 가지 인간개념의 대립을 극복하려고 한다. 그리하여 인간에게 생명을 지닌 종의 어떠한 다른 지위와도 비교할 수 없는 하나의 특수지위를 부여하는 이러한 두 번째의 인간개념이 과연 정당하게 성립하는가의 여부를 검토하는 것이 셸러의 철학적 인간학의 주제가 된다.

셸러는 먼저 인간의 특수지위를 제시하기 위해서 생명계 전반에 대한 현상학적 연구에 착수한다. 왜냐하면 인간의 특수지위는 그것에 의해서만 비로소 밝혀질 수 있다고 믿었기 때문이다. 셸러에 있어서 심적인 것은 생명적인 것과 완전히 일치한다. 따라서 생명이 있는 일체의 것은 심적 형상을 나타내는 것으로 이해된다. "동일한 생명이 그의 내면에 있어서는 심적 형상을 소유하며, 타자에 대한 그의 존재에 있어서는 신체적 형상을 소유한다." 즉 심과 신은 동일한 생명의 두 측면이다. 그리고 셸러에 의하면 생명계 전반에 일정한 단계가 있는데 그것을 탐구하는 것이 그의 인간학의 한 과제이다.

생명의 최하 단계인 첫 번째의 **본질형식**은 식물들의 무의식적인 **감각충동**이다. 이것은 본능과 감각이 구별되기 전의 형식으로서 여기에는 지각도 의식도 없다. 이러한 감각충동은 식물에 있어서는 유일한 원리인데 이것은 또한 모든 높은 정신작용 속에까지 내재해 있다. 셸러에 의하면 식물은 스스로 움직일 필요가 없기 때문에 지각이 없다고 한다. 그리고 지각이 없으니 기억이 없고 따라서 습득능력도 없다고 한다. 그러나 동물은 지각과 기억과 습득능력이 있어서 외부 세계와 대결한다. 동물의 본능적인 생활은 영양의 충동과 생식의 충동이 지배하고 있는데 이러한 충동들은 모두 감각충동에서 일어나는 것이다. 식물의 감각충동은 외면적이고 아주 단순한 표현들을 갖고 있다. 그리고 이러한 것은 역시 내적인 상태의 표현들이다. 이러한 가장 단순하고 본원적인 생명현상에 있어서는 아직 니체가 말한 **힘의 의지**나 실용주의가 주장하는 **실용원리**는 나타나지 않는다. 식물의 형태들의 다양성은 실용적인 원리에 의한 것이라기보다는 미지의 생명의 근원 속에 있는 환상적이고 심미적인 원리를 입증하는 것이라고 보아야 한다. 그리고 셸러는 다른 고등 생명들이 그들의 기관의 조직과 기능의 분화를 통하여 하나의 기계적인 구조에 가까워지고 있지만 식물은 그 생명기능이 아직 분화체계를 이루지 못하고 우주적인 전체적 생명현상에 직접 뿌리박고 있다는 점에서 기계주의에서 가장 멀리 떨어져 있다고 생각한다.

이러한 감각충동의 바로 상부구조인 두 번째의 본질형식은 **본능**이다. 이것은 합목적적인, 어떤 확고한 리듬에 따라 진행되는, 생득적이며 유전적인 태도 또는 행동의 능력이다. 본능은 비록 종적으로 자주 반복되기는 하나, 역시 어떤 특수한 환경적 요인에 향해져 있으므로, 막연하고 일반적인 감각충동이 특수화된 것으로 볼 수 있다. 이 능력은 식물에게는 없고 동물에게서만 볼 수 있다.

이러한 본능적 행동으로부터 생명의 제3의 형태로서의 세 번째 본질형식인 **습관적 행동**내지 **연상적 기억**이 구별된다. 이 능력 역시 분명 식물에게는 없다. 셸러는 이 능력을 그의 행동이 이전에 행한 같은 종류의 행동에 근거해서 시행착오의 원리에 따라 삶에 유용한, 따라서 합목적적인 방법으로 서서히 그리고 부단히 변경되기 때문에, 그의 행동이 합목적적으로 되어 가는 정도가 이른바 시행의 회수에 엄밀하게 의존하는, 그러한 생명체에 인정하고 있다. 말하자면 연상적 기억은 오랜 그리고 의미를 가진 본능의 움직임의 결과로 이루어지는 것이다. 그리고 이 연상적 기억의 원리에 의해서 그 생물의 전연 새롭고 특수한 상황에의 적응이 가능하게 된다.

생명의 네 번째 본질형식은 **실천적 지능**이다. 이것은 돌연적인 반복회수에 의존하지 않는 의미를 가진 행동으로서 특수상황에 적응하는 유인원에게서 나타나는 본질형식이다. "한 생명체가 시행착오 없이 그 종에 전형적인 것도 아니고 그 개체에 전형적인 것도 아닌 새로운 상황에 대해, 그것도 갑자기 그리고 무엇보다도, 충동적으로 규정된 문제를 해결하기 위해 이전에 행한 시행의 회수와 독립해서 합목적적인 행위를 수행할 때, 그것은 **지능적으로** 행동하는 것이다"라고 셸러는 말한다. 그리고 셸러는 동물의 행동이 모두 본능과 연상과정으로부터 도출될 수 없고, 오히려 어떤 경우에는 순수 지능적 행동이 나타나 있다는 것이 **쾰러**의 동물실험을 통해서 입증되었다고 믿는다. 셸러에 의하면 동물 역시 갖고 있다고 생각되는 선택행위도 역시 지능적인 것이라고 한다. 이렇게 볼 때 동물은 결코 단순한 충동의 기계가 아니다. 그리하여 셸러에 의하면 경우에 따라서 지능적으로 행동할 수 있는 동물과 예컨대 에디슨이나 지멘스같은 가장 지능이 높은 인간 사이에는 **본질적인 차이**가 있는 것이 아니라 다만

정도의 차이가 있을 뿐이라는 것이 증명된 셈이다. 그리하여 셸러는 "**인간** 자신은 생명계의 **주인**이요 **왕**이라기보다는 오히려 그 **첫째 시민**이다"라고 말한다.

결국 **감각충동**으로부터 **실천적 지능**에 이르기까지의 이 모든 단계적 능력들은 인간과 동물에 공통되는 것이다. 즉 동물이 본능을 가지고 있다면 인간도 본능을 가지고 있으며, 인간이 지능을 가지고 있다면 동물도 지능을 가지고 있는 것이다. 그러나 이러한 단계도식은 하나의 위험에 직면하게 된다. 그것은 즉 인간을 동물화하고 동물을 인간화하는−즉 인간에게 동물적 본능을 인정하고 동물에게 인간적 지능을 인정함으로써 생기는−위험이다. 그리하여 그의 단계적 도식에 따라 인간과 동물을 똑같이 생명계의 최고 단계, 즉 실천적 지능에까지 끌고 왔던 셸러로서는 생명계 전반과는 전적으로 다른 어떤 새로운 영역에서 인간의 고유성과 존엄성을 찾을 수밖에 없었다.

3) 인간의 본성

만약 동물에게도 **지능**이 있다면 인간과 동물 사이에는 정도상의 차이 외에 다른 차이는 없는 것일까? 즉 본질적인 차이는 없는 것일까? 셸러에 의하면 인간과 동물 사이에는 정도상의 차이가 아니라 본질적인 차이가 있는데, 이것은 하나의 새로운 생명적 층에서는 찾을 수 있는 것이 아니다. 그는 "이 새로운 원리는 우리가 **삶**이라고 부를 수 있는 모든 것을 벗어나 있다. 인간으로 하여금 **인간**으로 되게 하는 유일한 것은 삶의 새로운 한 단계가 아니라 일체의 생명에 대립되는 원리이다"라고 말한다. 이 새로운 원리가 바로 **정신**이다.

그렇다면 이 새로운 원리로서의 **정신**이란 과연 무엇일까? 셸러에 의하면 정신의 소극적 규정은 그것이 생명적인 것 전반으로부터 벗어나 있음이라고 한다. 동물은 철두철미하게 **충동**과 **환경**에 구속되어 있는 반면에, 정신적 존재는 환경으로부터 자유롭고 세계를 향해 개방되어 있다. 그러한 정신적 존재는 스스로가 환경에 대립할 수 있으며 환경 내의 저항의 중심들을 대상화할 수 있다. 그리하여 환경이 세계로 되고, 환경 내의 저항의 중심들이 대상으로 된다. 이들 대상을 **본질직관**에 의해 그 순수 상재(Sosein)에 있어서 파악하는 것이 정신의 과제이다. 그리하여 **대상의식**은 정신의 첫 번째 본질징표가 된다. 그것을 통하여 환경에 대립되는 **외계**가 우선 주어진다. 여기에서 셸러에 의해 처음으로 도입된 개념인 **환경으로부터의 해방**과 **세계개방성**(Weltoffenheit)이라는 개념은 그 이후의 철학적 인간학의 발전에 있어서 중추적 역할을 하게 된다.

그리고 정신의 힘으로 이 **인간**이라는 정신적 존재는 자기 자신의 생리학적 심리학적 제 성질과 개개의 심리적 체험들 및 개개의 생명적 기능들 일체를 다시금 대상화할 수 있다. 그리하여 외계와 대립되는 **내계**가 주어진다. 정신의 두 번째 징표는 **자기의식**이다. 이처럼 정신적 존재는 환경 내의 저항의 중심 내지 반응의 중심과 자기 자신의 마음의 내용을 대상화할 수 있지만 그러나 자기 자신을 대상화할 수는 없다. "정신은 스스로는 대상화될 수 없는 유일한 존재이다. 그것은 순수하고 순전한 활동성이고 그의 활동을 자유롭게 수행하는 가운데서만 존재할 수 있는 것이다." 셸러는 이와 같은 유한한 존재 영역 내에서 정신이 나타나는 활동의 중심을 **인격**이라고 부른다. 그리고 이것이 바로 정신의 세 번째 본질징표이다.

정신은 삶 또는 생명에 대립되는 원리이고 우리가 삶이라고 부를 수 있는 일체의 것의 바깥에 있는 것이므로, 삶에 속하는 일체의 것을 대상으로 삼을 수 있다. 정신은 그것으로부터 그의 외부에 있는 일체의 것을 현상학적 환원과 본질직관을 통하여 그 본질형식과 본질구조에 있어서 파악할 수 있는 **선험적 점**과도 같은 것이다. 그리하여 정신은 **이념화**의 능력을 가진다. 그리고 정신은 그것을 넘어서 또한 그렇게 파악된 순수 상재에 의해 스스로 규정될 수 있는 능력도 또한 가진다. 전자는 정신을 이론적 측면에서 본 것이라 한다면,

후자는 정신을 실천적 측면에서 본 것이라 할 수 있다. 그리하여 정신적 존재로서의 인간은 그의 충동적 삶에 따라서가 아니라 그 고유의 권리를 갖고 있는 사태연관 내지 가치연관에 따라서 행위하는 존재이다. 그리고 그렇게 할 수 있기 위해서 인간은 무엇보다도 일체의 충동적 삶을 부정하지 않으면 안 된다. 바로 이것이 인간을 언제나 삶에 관련된 현실을 긍정하고 그것으로부터 거리를 취할 수 없는 동물로부터 구별시켜 주는 점이기도 하다. "인간은 그를 강력한 힘으로 휘어잡고 있는 삶에 대해 원칙적으로 금욕적 태도를 취할 수 있는 생명체이다! 현실에 대해 언제나 긍정만을 하는 동물과 비교할 때 인간은 **부정을 할 수 있는 자**이며, **삶의 금욕자**이며, 모든 단순한 현실에 대한 영원한 저항자이다." 여기에서 우리는 인간존재의 이원론, 즉 정신과 생명의 이원론을 발견할 수 있다.

4) 인간과 사회

셸러는 이 세계 안에서의 인간의 특수한 위치를 **정신**이라고 하는 하나의 새로운 종류의 본질형식을 통해서 주장할 수 있다고 믿었다. 셸러는 그의 인격론에서는 정신과 자연을 구별할 수 없는 본원에서 인격존재를 찾으려고 했는데 여기에서는 정신과 일반적인 생명을 본질적으로 구별한다. 동물은 가장 지능적인 것이라도 언제나 일정한 환경구조 속에서만 움직이고 있다. 이 환경구조에 적합한 본능중심의 반사기구가 동물에게 있어서는 그의 요구와 그의 반발을 통제한다. 그러나 정신은 유기적인 생명체의 이러한 압력에서 자유로우며 그 좁은 환경세계를 초월한다. 따라서 정신에 있어서는 환경의 제약을 벗어나는 자유가 있다. 이것을 셸러는 **세계개방성**이라 불렀다. 이러한 세계개방성으로서의 자유로 말미암아 비로소 사물은 관찰자의 본능상태에 의존하지 않는 상태에 있어서 파악된다. 이것이 셸러의 현상학적 방법이다. 여기에서 우리는 이념적인 **본질의 세계**를 바라볼 수 있다. 이 본질의 세계는 곧 셸러에 의하면 절대자의 세계를 바라볼 수 있는 창문이다.

그런데 정신은 셸러에 의하면 하나의 순수한 힘에 지나지 않기 때문에 그것만으로는 하나의 존재층이 될 수 없다. 정신은 유기적인 생명층의 맹목적이고 적극적인 힘들에 대해서 제약적이고 통제적인 기능을 행사할 수 있을 뿐이다. 높은 본질형식인 정신은 낮은 본질형식들의 힘에 비하면 약하다. 그러므로 인간의 특수한 위치는 인간이 낮은 본질형식들의 힘을 억제하고 약한 정신적인 힘을 통해서 삶을 이끌어 나감으로 보존된다고 셸러는 믿는다.

셸러에 있어서 낮은 본질형식들의 힘이 강하고 본원적이고 창조적인 것이라는 것은 그의 철학이 역시 **삶의 철학**이라는 것을 뜻하며, 그가 그의 특수한 정신개념을 발전시킨 것은 그의 기독교적 신앙의 산물이다. 셸러가 이와 같이 가장 단순한 유기적인 생명체로부터 인간에 이르기까지의 존재계층들을 단계적으로 구별한 것과 정신이라는 개념으로서 인간존재의 특수한 위치를 보존하면서도 인간존재가 낮은 계층들을 그 속에 함께 갖고 있다고 본 것은 그의 인간관의 특징이라 할 수 있다. 그런데 보다 흥미로운 것은 셸러에 의하면 감각충동에서 정신에 이르기까지의 본질형식들에 의한 존재계층에 있어서 보다 높은 계층으로 올라 갈수록 그 존재는 보다 개성적이고 역사적인 존재라는 것이다. 따라서 정신이라는 본질형식을 통해서 특수한 위치를 갖는 인간은 셸러에 의하면 철저히 **역사적 존재**인 것이다.

셸러는 정신을 삶과 대립되는 원리로서 명시하였다. 정신은 삶에 속하는 모든 것을 넘어서 있어, 자기밖에 있는 모든 것을 삶과 충동으로부터 독립해서 그 본질형상과 본질구조에 있어서 순수하게 인식할 수 있다. 정신적 존재로서의 인간은 셸러에 의하면 모든 생명적인 것을 부정할 수 있는 자, 삶에 대한 금욕자, 모든 단순한 현실에 대한 영원한 저항자였던 것이다. 그러나 그럼에도 불구하고 삶과 정신이라는 두 가지 원리는 인간에 있어서 서로 조화되어 있다. 정신은 순수이념과 가치를 표상할 수 있는 반면, 그 자체 아무런 힘도 에너지도 없다. “낮은 것이 원래 강력하고, 높은 것은 무력하다.”[70)]

그런데 정신은 최고의 원리이므로 전혀 무력한 것이다. 그런데도 고전적 이론은 정신에다가 힘과 세력을 귀속시킴으로써 커다란 오류를 범하였다고 셸러는 주장한다. 그와 반대로 삶은 매우 강력한 힘과 세력을 갖고 있으나 일체의 이념과 가치에 대해서는 맹목이다. 이것이 바로 정신과 삶의 두 대립된 원리가 서로 보완하지 않을 수 없는 이유이다.[71)] “정신은 삶을 이면화한다. 그러나 정신을 …… 활동시키고 실현시키는 것은 삶만이 할 수 있다.” 이 정신은 프로이트의 **승화이론**과 다르다. 셸러에 있어서는 정신은 그 존재가 아니라 다만 그 힘과 에너지만을 충동(또는 삶)에 의존하고 있기 때문에, 양 입장 간에 엄연한 차이가 있다고 한다. 충동의 승화에서 정신이 발생되어 나온다는 프로이트의 이론은 정신 자체에 힘을 인정하는 고전적 이론과 마찬가지로 잘못된 것이다. 왜냐하면 정신은 셸러에 의하면 삶과 삶의 충동으로부터 독립해서 그 자신의 존재성을 갖고 있기 때문이다.

셸러의 승화 과정을 보다 자세히 살펴볼 때, 그것이 정신에 의한 충동의 **조종**(Lenkung)과 **지도**(Leitung)라는 두 가지 기능으로 이루어져 있음을 알 수 있다. 즉 그것으로 인해 충동이 이념과 가치를 얻게 되고 정신이 힘과 세력을 얻게 되는 승화과정은 사실은 정신에

---

70) “모든 더 높은 존재 형태는 더 낮은 존재 형태와의 관계에서 상대적으로 무력하다. 따라서 더 높은 존재 형태는 그 자신의 힘에 의해서가 아니라 더 낮은 존재형태의 힘에 의해서 실현된다. 생명과정은 그 자체로 고유한 구조를 가지고 있는 시간 속에서 형성된 과정이지만, 오로지 무기적 세계의 질료와 힘에 의해서만 실현된다. 정신은 생명에 대해 이와 비슷한 관계에 있다. 정신은 순화과정을 통해 힘을 얻을 수 있다면, 생명충동은 정신이 생명충동을 주도적으로 안내하는 정신의 법칙성과 또 그 이념구조와 의미구조에 참여할 수 있으며, 개인과 역사에로 이러한 참여와 침투를 하는 도중에 정신에 힘을 부여할 수 있다. 그러나 정신 그 자체는 원래 근원적으로 아무런 고유한 에네르기를 가지고 있지 않다.”(진교훈, 『철학적 인간학 연구』(Ⅱ), 경문사, 1996, p. 62.)

71) 허재윤, 『인간이란 무엇인가?』, 이문출판사, 1986, pp. 32-33.

의해 일으켜지는 것이다. 원래 무력했던 정신이 충박으로부터 힘과 세력을 얻게 되고 원래 이념과 가치에 대해 맹목이었던 충박이 이념과 가치를 그 앞에 가질 수 있게 되는 이 과정은 셸러에 있어서는 또한 세계사였다. 이리하여 셸러에 있어서 역사와 사회에 있어서의 두 근본요인으로서 실재적 요인과 이념적 요인이 말해지고 있으며, 이 두 요인들의 상호침투 또는 상호규정 방식이 각 사회의 형식과 특성을 규정하게 된다고 한다. 그리하여 또한 셸러에 있어서, 대중의 충박과 엘리트의 이념이 언급되고 있으며 이 두 요인들의 상호침투 또는 상호규정이 이상적인 것으로 부각되고 있다. 그런데 이러한 과정은 결국 세계근거 자체의 자기실현 과정이다. 세계 근거 또는 근원적 존재자 자체가 셸러에 의하면 정신과 충박 또는 삶의 이원성을 나타내고 있다고 한다. 결국 인간에게서 발견되는 정신과 충박의 대립은 원래 세계근거 자체에 있음을 알 수 있다. 정신과 충박의 상호침투 또는 상호규정은 세계사의 진행과정임과 동시에 신생성(神生成) 과정인 것이다. 그런데 이러한 과정이 일어나는 곳은 어딘가? "이 자기실현의 장소, 다시 말해서 자기 스스로에 의한 존재, 세계근거가 그것을 추구하고 있고 또 그것의 형성 때문에 세계를 역사로서 감수하는, 저 자기신화(自己神化)의 장소가 바로 인간이며, 인간의 자아이며 인간의 심정이다." 정신적 존재 및 생명적 존재로서의 인간을 통해서 인간의 역사를 통해서 세계근거 또는 자기 스스로에 의한 존재는 자기 자신을 실현하며 그렇게 함으로써 또한 자기 자신을 의식하게 된다. 이리하여 인간은 신생성에 관여하고 세계근거와 더불어 자기 자신 안에서 또는 자기 자신을 통해서 신을 생성케 하는 독특한 존재이다. 여기에서 우리는 인간의 자기의식이 최고 절정에 도달해 있음을 볼 수 있다.[72]

72) ibid., p. 35.

5) 현대적 의의

만약 신성이 실현되어지는 것이라면, 인간 역시 실현되어지는 것이다. 즉 인간에 있어서도 인간화가 말해질 수 있는 것이다. 그렇다면 이 인간 형성은 어떤 방향에서 이루어져야 할 것인가? 정신적 존재 및 생명적 존재로서의 인간은 정신과 충박의 상호침투의 세계과정이 수행되는 유일한 장소이다. 그러므로 인간은 자신 속에서 또는 세계 속에서 이 상호침투 과정을 최대한으로 완성시키도록 노력해야 한다. 이 경우 인간형성, 세계 형성 및 신형성은 동일한 방향에서 진행된다. 그러나 주목해야 할 것은 이 상호침투 활동은 정신과 충박의 동화 내지 동일화를 의미하는 것이 아니고 두 대립원리의 조화와 균형화를 의미한다는 사실이다. 셸러의 이상적 인간은 그의 모든 최고로 발전된 정신적 및 충박적 성질들과 활동들 간의 최대의 긴장을 최대한으로 조화시킨 인간이다. 인간의 사회와 문화에 대해서도 동일한 평가기준이 적용된다. **조화**란 개념이야말로 셸러에 있어서 모든 영역에 있어서의 모든 문제를 해결해 줄 수 있는 것이다. 이 조화의 사상은 셸러의 **진화** 또는 **발전**의 사상을 고려할 때 한층 더 심각해진다. 왜냐하면 "발전이 곧 진보인 것은 아니고 그것은 또한 언제나 퇴보이기도 하기 때문이다." 모든 종류의 새로운 발전-예컨대 동물에서 인간에로의, 또는 원시인에서 문명인에로의 또는 아이에서 어른에로의 발전 등-과 옛것의 보존 또는 재현의 종합이, 비로소 이상으로 통용되어야 할 것이다. 왜냐하면 발전의 각 국면이 그 독자적 가치를 갖고 있고, 본질적으로 고유한 것이고 따라서 대체 불가능한 것이기 때문이다. 그런데 셸러가 의도하는 바와 같은 종합 또는 조화는 현실적 인간으로서는 거의 불가능한 것으로 생각된다.[73]

73) ibid., pp. 36-37.

2. 겔렌의 인간관

1) 사상적 배경

겔렌(Arnold Gehlen, 1904-1976)은 독일의 사회심리학자인 동시에 철학자로서 라이프치히 대학에서 유기적 철학 **생기론**의 입장에 선 H. 드리슈 교수 지도하에 공부하였다. 그는 철학자로 출발했으나 점차 사회학으로 옮겨 철학적, 사회학적, 사회심리학적으로 인간의 생물계에 있어서의 특수한 지위를 연구하여 독자적인 인간학을 수립하였다. 그는 인간을 **생각하는 존재**도 아니고, 동물적 자연적 본능에 좌우되는 존재도 아니고, 자각적으로 **문화를 창조하는 존재**라고 보는 인간관에 입각해서 새로운 철학적 인간학을 제창하였다. 그리고 현대 사회에서의 특징적인 산업 및 기술의 시대를 이해하기 위해서 자유와 소외 문제에 대한 심리학적 연구를 하기도 했다. 그의 저서로는 『국가와 철학』(1935), 『인간－그 본성과 세계에 있어서의 위치』(1940), 『인간학적 탐구』(1961), 『기술 시대에 있어서의 인간』(1969) 등이 있다.

겔렌 (1904-1976)

겔렌에 의하면 인간을 파악하는 방법에는 두 가지 방향이 있는데, 그 하나는 **사변적, 선험적 도식에 의한 파악**－예컨대 신학적, 형이상학적 입장에서의 인간 파악－이고, 다른 하나는 **경험적, 과학적 파악**－예컨대 생물학, 생리학, 해부학 등의 신체중심의 고찰과 심리학, 인식론, 언어학 등의 심중심의 고찰－이다. 그러나 겔렌은 경험적 입장에 서면서도 인간에 관한 통일적이고 포괄적인 해석의 가능성을 모색하고 있다. 즉 그는 인간을 연구함에 있어서 일체의 형이상학적 태도를 배격하고 경험적인 방법에 집착하면서 인간이 나타내 보이는 일체의 경험적 현상을 그의 독자적인 입장에서 통일적으로 해석한다. 그리고 이때 **인과적** 설명방식은 지양하고 **연쇄적** 설명방식을 취한다. 그리하여 그는 동물과의 비교를 통한 형태학적, 생태학적 고찰에 입각해서 인간을 미완성의 존재, **결함존재**로 규정하고서는, 자신을 완성시키고 자기의 결함을 보충해 나가는 인간의 **행위** 또는 활동에서 인간의 특수성을 찾고 있다. 말하자면 형태학상 여러 가지 점에서 불완전한 존재인 인간은 어떤 특수한 조건들 하에서만 생존해 나갈 수 있는데, 이러한 조건을 스스로 마련하기 위해서 행위 해야만 한다는 점에서 인간은 **행위하는 존재**라고 정의된다. 그러므로 **행위**라는 개념은 겔렌의 인간학에 있어서 중추적 원리가 된다. 그리고 겔렌에 의하면 인간은 또한 문화를 창조하며 반드시 일정한 문화세계, 일정한 **사회제도** 안에서 그 생존을 영위하고 있으므로 인간은 **문화적 존재**, **사회적 존재**라고 한다.

2) 세계에서의 인간의 위치

인간은 주관적인 **세계**를 소유하고 있다. 인간이 그때마다 발견되는 자연조건을 예견하고 계획적으로 변경시켜 가는 것이 인간에게는 자연적인 생존조건이다. 인간은 예외 없이 이에 따라 살아간다. 그러나 계획을 세우는 능력이란 그때마다 찾아낸 임의의 개별성을 **표상**에 의해 시, 공간적으로 옮겨 놓고, 표상에 의해 어떤 다른 것 위에 중첩해서 쌓을 수 있다는 것을 의미한다. 그리하여 야만인은 나무를 보고 장래의 보드를 생각해 내며, 회교도들에게 있어서는 그들이 있어야 할 곳은 언제나 동쪽에 있는 메카(Mekka)이다. 산 너머 비록 보이지는 않지만 마을이 있다는 것을 알며, 강물의 흐름이 구불구불한 것은 고쳐야 한다고 생각하고 곧 강줄기를 바로 잡는다. 또한 장차 후세들을 위해 미래의 삶의 터전을—그곳이 비록 다른 대륙이라 할지라도—확보하기 위해 전쟁을 일으킨다. 인간을 문제 삼을 때 간과해서는 안 되는 것은 인간이 **표상**하고 **지각**하는 존재라는 것, 그것도 고도로 표상하는 존재이고, 표상에 의해 살아간다는 점이다. 지각될 수 있는 조건들의 조합—물론 이 조건들 자체가 임의적인 것이다—은 모두 표상의 활동에 의해 돌파되어 버린다. 그리고 인간이 이 표상된 사태에 따라 행동한다는 것은 미리 발견된 사태에 따라 행동하는 것과 조금도 다르지 않다. 하나의 생물에 충만된 공간과 시간이 개방되어 있다면, 이 생물은 **세계**를 가진 것이지 **환경**을 가진 것은 아니다.

이로써 우리는 다음과 같이 말할 수 있다. 즉 인간은 유기적으로 특수화되어 있지 않으며, 모든 자극에 개방되어 있고, 어떤 특수한 자연적 배치에 적응하고 있는 것도 아니다. 어떤 형태의 자연 속에서도 눈앞에 있는 것을 계획적으로 변경시키고, 방향을 확장하여—해명, 해석, 표상에 의한 새로운 조합 등을 통하여—스스로를 유지해 간다. 따라서 인간은 또한 주관적 세계를 지니고 있다. 이 세계는 곧 확대시킬 수 있는 것이며, 오직 부분적으로만 지각될 수 있는 것이며, 시간과 공간 속에서 표상되는 것에 포괄된 전체이다.

한편 동물의 환경을 통찰하고 인식할 수 있는 가능성은 이미 세계를 소유할 수 있는 능력이 있다는 것을 증명한다. 생물학적인 환경 개념에서 말하는 바에 따르면 연구대상이 되는 동물은 가능한 내용 가운데 그저 하나의 **편린** 속에서 살아가고 있으며, 가능한 내용 가운데 그저 특정한 것만이 그 동물에게는 자연적, 실천적 혹은 감각적으로 유의미할 뿐이다. 유의미한 내용은 동물에게 하나의 체계, 즉 정말로 특수한 환경을 이루고 있다. 다람쥐와 거미는 같은 나무에 살면서도 서로를 알아보지 못하며 상호간에는 상대방이 없는 것과 같다. 환경이 단편적이란 사실은 규정상으로도 중요한 것이고, 따라서 베버의 정의에서 볼 때, 주변과 환경의 관계로 나타나는 것처럼 보인다. 나아가 환경은 전이될 수 없고 동물의 종은 언제나 자신의 환경 속에 감금되어 있다는 것이 본질적이다. 그렇다면 인간의 환경은 본래 어디서 유래하는 편린인가? 이 물음에 대해 인간은 **세계**를 소유하고 있다는 점을 간과하면 아무 대답도 할 수 없다. 인간의 환경에 대해 정의 내리려면, 우리는 표상을 통해 환경을 완전히 장악하고, 우리 자신에게 세계가 주어지거나 아니면 우리의 **환경**을 그와는 다른 환경으로 전이시켜 이로부터 환경을 묘사하지 않으면 안 될 것이다. 그 어느 쪽을 취한다고 해도 인간이 동물과 같은 의미에서 환경을 가지고 있다는 명제는 모순이 된다.

아무튼 우리는 인간을 생물학적으로 고찰하여 인간의 **태도**를 간과해서는 안 된다. 그리고 인간의 태도는 매우 구체적으로 말하면 단순히 지각될 수 있는 것뿐만 아니라 표상된 것, 아니 “지각될 수 없는 것으로 표상된 것”에 관계한다. 그렇다면 바로 **문화권**이 인간에게는 자연권이고, 한정될 수 없는 것으로 주어지는 영역, 즉 세계로부터 생겨나는 하나의 편린이 아닐까?

3) 인간의 본성

(1) 형태학상 인간의 특수 지위

환경이란 개념은 일종의 상관개념이다. 이 상관성을 상세하게 규정하려면, 주어진 환경을 자신의 환경으로 삼고 살아가는 동물 또는 동물의 특수한 기관적 장비를 가지고 그 환경에 **적응**해 가는 동물의 종류를 열거하지 않으면 안 된다.

인간은 환경을 가지고 있지 않고 단지 세계만을 가지고 있다면, 당연히 이에 상응하는 **적응**이란 사태를 충족시킬 수 있는 것이 인간에게는 아무 것도 없다는 점을 생각하지 않을 수 없다. 따라서 인간은 **특수화**되지 않은 존재이고, 이러한 의미에서 **원시적** 생물이다. 여기서 원시적이라 함은 모든 인간의 특징을 이루는 기관과 기관형성이 한편으로 계통 발생적으로 볼 때는 원초적이거나 무정부주의적이고, 다른 한편으로 개체 발생적으로 볼 때는 원시적인, 즉 태아형태를 그대로 유지하고 있음을 의미한다. 특수화란 발전경향, 혹은 보다 적절하게 말한다면, 발전이 진행된 후의 종국적인 양상을 나타내며, 이것은 많은 가능성 가운데 다른 가능성을 희생시켜 환경에 적합한 것 가운데 한두 개만이 고도로 진화하여, 이에 따라 특수화되지 못한 기관 속에 잠재해 있고, 많은 가능성을 쓸모없게 만들어 버리는 것을 말한다. 인간에 관해 체계적이고 결정적으로 중요한 이 명제는 경험적인 사례를 광범하게 들어서 입증할 수 있다.

다시 한번 동물과 비교를 계속해 간다면, 인간은 동물의 측면에서 볼 때 헤르더가 이미 말했듯이 **결핍존재**이다. 그것은 단순히 인간에게는 털이 돋아나 있지 않고, 기후의 변화에 대한 자연적인 보호망이 결핍되어 있다든가, 거북의 등과 같은 갑각(甲角)이나 특수한 도망갈 수 있는 능력과 같은 일반적으로 적대적인 자연에 대한 보호기관이 없다는 것만을 의미하는 것이 아니다. 뿔이나 발톱과 같은 공격기관도 없고 무기도 갖추고 있지 않고, 감각의 예민함도 극히 제한적이고, 개별적인 기관을 보더라도 기관이 특히 발달한 동물에는 못 미친다. 그것은 순수본능, 즉 확실한 성과를 거둘 수 있는 생득적인 운동의 형태, 일정한 행동도식에 정확하게 자신을 맞추는 운동의 형태를 전혀 가지고 있지 않고, 이 결핍 때문에 생명의 위험까지도 느끼지 않을 수 없다는 것을 의미한다. 포유류의 반사운동조차도 본능적 행동으로 간주한다면, 그 역할은 불확실한 것이다. 이 결핍은 나아가 **태아적** 전체 습성에 관련되어 있다. 이 점을 대가의 필치로 그려낸 것이 볼크의 이론이다. 이 습성은 인간에게는 성장 및 발달의 시기가 놀랄 만큼 길게 연장되어 있고, 그 동안 보호를 필요로 한다는 사실을 포함하고 있다. 자연적이고 원시적인 조건 아래 방치

되어 있었더라면, 인간은 순수 생물학적인 생활능력자로서 자신의 기관적 장비면에서 볼 때, 아주 교활하게 도망치는 동물과 가장 무서운 맹수들 사이에서 땅을 딛고 살아가는 까닭에 이미 오래 전에 전멸하고 말았을 것이다.

여기서 되돌아보면 우리는 앞에서 인간의 행동을 어떤 신체적 특징을 갖춘 생물이 자기 자신의 생명을 유지해 가는 방법이라고 파악했다. 이제 우리 견해의 각 항이 서로 상대편을 설명할 수 있을 것이다. 여기 있는 것은 기관적으로 결핍된 존재이며, 믿을 수 있는 본능이 완전히 결핍되어 있고, 개방된 세계의 규정되지 않은 풍부한 내용에 자신의 몸을 내맡기고 있으며, 세계는 이러한 생물이 적응해야 할 것을 설명해 주지도 않고, 적어도 부분적으로 눈을 감아버린다. 예견을 통해 이 세계를 활동적으로 변경시켜 이 생활에 기여하게끔 함으로써 이 생물은 겨우 자신의 생존을 영위해 갈 수 있을 따름이다.

그런데 겔렌은 다음과 같은 항의를 받은 적이 있다 : 인간은 물론 형태학상으로 특수화되어 있지 않고 원시적인 형태를 그대로 유지하고 있다. 그러나 바로 인간의 두뇌는 특수화의 극치에 이르고 있다. 즉 인간은 **특수화된 두뇌동물**이다. 여기에 대해서 겔렌은 다음과 같이 답변한다.

> 그렇지만 두뇌를 지성의 기관이라 정의 내리는 것은 서투른 짓이다. 두뇌가 행하는 불명료하고 식물적으로 통제하는 기능을 별도로 생각해 본다면, 오히려 두뇌는 예견하는 행위의 기관, 다음과 같이 말해도 좋다면, **심적 운동**의 기관이라고 하는 편이 훨씬 더 정확할 것이며, 따라서 양손이 그렇듯이, 인간은 지향행위 위에 설정된 유기체라는 사실을 이른바 구체적으로 나타내고 있다. 왜 그런가? 그 대답은 이미 위에서 주어졌다. 필요한 것은 두뇌를 감각기관, 언어능력과 사고능력, 특히 인체의 전혀 비동물적인 극단적·총체적 운

동능력, 무한히 다양한 상호 대응하는 가능한 운동형태와 더불어 종합적으로 고찰하는 것이고, 그 밖에 이러한 것을 필요로 하는 유기체는 어떠한 성질을 가지고 있는가를 묻지 않으면 안 된다. 이것이야말로 바로 위에서 말한 **태아적**, **기관적**으로 비전문화되어 있고, 본능적으로 결핍된 유기체이며, 이 유기체는 개방된 세계를 충족시키기 위해 자신을 드러낸다. 두뇌에서 대표되는 것은 무한한 가능성으로 가득 찬 태도이며, 이러한 의미에서 두뇌는 고도로 발달해 있지만, 결코 특수화되어 있지는 않다. 왜냐하면 특수화는 많은 가능성을 잃게 하기 때문이다. 즉 두뇌는 **모든 목적을 위한** 기관이다.

(2) 생태학상 인간의 특수성

형태학적 고찰의 결과는 인간이 특수화되지 못한 동물, 원시적 상태에 머물러 있는 동물, 따라서 **결함생물**이라는 명제로 요약된다. 이제 겔렌의 인간학의 문제지평은 인간의 전혀 비동물적인, 특수한 생존방식의 고찰로 바뀌게 된다. 형태학적 특수성은 필연적으로 생태학적 특수성과 손잡게 되는 것이다. 왜냐하면 이러이러한 기관장비를 갖춘 생물은 이러이러한 방식으로만 살아갈 수 있기 때문이다. 형태학상으로 보아 다른 동물과 비교해서 그 특수성이 밝혀졌던 인간은 생태학상으로도 동물계에서 무비무류(無比無類)의 특수성을 갖고 있는 것이다. 그리하여 인간은 전혀 일회적인, 아직까지 결코 시험해 보지 못했던 자연의 특수기획물, 아마도 자연의 변덕에서 나온 산물인지도 모른다.74)

모든 생물은 고도로 특수화된 기관을 가지고 태어나서 **본능**에 따라 그 종 특유의 환경에 적응하면서 살아간다. 일정한 동물은 반드시 일정한 환경에 적응해서 살아가고 있는데 이것은 곧 일정한 환경 속에서는 일정한 종류의 동물밖에 살 수 없다는 것이 된다. 동물과

---

74) 허재윤, 『인간이란 무엇인가?』, pp. 79-80.

환경의 이러한 대응관계는 어떤 동물도 그 종 고유의 환경을 떠나서는 살 수 없고 태어나서 죽을 때까지 그 환경에 속박되어 있다는 사실을 분명하게 보여준다. 일정한 종의 동물이 일정한 환경에 적응해 있다는 **적극적** 사실의 이면에는 그 동물이 그 환경에 묶여 있고 그것을 떠나서는 살 수 없다는 **소극적**인 의미가 포함되어 있다.

동물의 환경 안에서의 일정한 동물의 삶에 필요한 모든 요소는 그 동물에게 알려져 있고 친숙한 것이며, 그러한 것들에 대해서 그 동물은 본능에 따라 **반응**하고 움직이다. 그에게는 본능이 가르쳐 주는 대로의 먹이가 있고, 길이 있고, 동료가 있고, 적이 있으며-이러한 것들을 **의미담지자**라 한다-이러한 것들에 대해서 그는 본능이 지시하는 바의 행동양식으로 반응한다. 자연세계의 동물에게는 그의 생존에 필요한 의미담지자만이 의미가 있는 것이고 따라서 동물은 그 종 특유의 의미담지자를 식별하는 데 필요한 최소한의 형태, 색깔, 냄새, 소리만을 지각하고 있을 뿐이다. 자연은 모든 동물에게 그들의 의미담지자를 지각할 수 있는 기관을 부여해 주었고 그리고 다만 그 기관만을 부여해 주었다. 따라서 모든 동물의 경우 그의 지각세계에 들어오는 모든 것은 그의 생존에 필요한 본능적인 것이며, 그러한 의미에서 친숙한 의미담지자이며, 이것에 대해서 그는 기계적으로 반응한다. 여기서 우리는 동물의 **지각세계**와 **행동세계**의 심한 편협성 내지 국한성을 발견할 수 있다. 모든 동물은 자기에게 본능적으로 필요한 것 또는 필요한 정도 이외의 지각요인에 대해서는 무관심하고 무감각하며 맹목적이고, 마치 그러한 것들이 그들에겐 존재하지 않는 것과도 같다. 그리고 본능에 대해서 낯선 상황에 마주치게 되면 대부분의 동물은 그것을 무시하거나 또는 그것으로부터 도망을 치는데, 이러한 사실은 그들의 행동권의 편협성을 입증하는 것이다. 이러한 특징들을 한마디로 요약하면 **동물의 지각 및 행동권이 환경에 의한 폐쇄성**이라고 표현할 수 있을 것이다.

4) 인간과 사회

인간에게는 동물처럼 그 속에 적응해서 살 수 있는 자연적 생존조건으로서의 **환경**이란 것이 없다. 이것은 인간에게는 커다란 **부담**이 된다. 말하자면 인간에게는 다른 동물처럼 적응해서 살 수 있는 자연적 환경이 없던가 아니면 다른 동물과 동일한 조건의 자연이 주어져 있지만 인간은 그 기관의 미분화와 본능의 약화로 말미암아 거기에 적응할 수가 없는 것이다. 다른 동물은 고도로 분화되고 발달된 기관장비를 갖추고서 정확하고 엄밀한 본능의 지시에 따라 은혜로운 자연의 배려로 그 종에게 주어진 자연환경에 적응해서 살아가기만 하면 되지만 유독 인간에게만 이러한 자연의 호의적 배려가 거부되어 있다. 그리하여 인간은 **자연의 버림받은 고아**이고 그의 원생적 상태에 있어서는 무의지와 절망과 비참의 상태에 놓여 있다. 따라서 형태학상 기관장비의 불비와 본능의 불완전은 생태학적 환경의 부재와 더불어서 인간의 **결함적 존재**를 규정하는 계기가 된다.

그렇다면 자연적 생존조건으로서의 환경이 거부되어 있는 인간이 살 수 있는 길은 **제2의 자연**을 스스로의 힘으로 만들어 내는 길밖에 없다. 그리하여 인간은 그의 예견과 계획에 의한 **행위**를 통하여 자신의 인위적 생존조건을 만들어 내지 않으면 안 된다. 이러한 인위적 생존조건의 총체가 바로 **문화**인 것이다. 문화란 인간학적으로 볼 때 인간이 살 수 있는 생태적 조건에 불과한 것이다. 따라서 동물이 본능적인 행동에 의하여 살아가는데 반해서 인간은 그러한 본능의 도식이 없이, 통제되고 조종된 행위에 의하여 살아가기 때문에 인간은 **행위적 존재**인 동시에 **문화적 존재**인 것이다. 그리하여 동물이 자연적으로 주어져 있는 **환경** 속에서 살고 있다면 인간은 스스로 만들어낸 **문화의 세계** 속에서 살고 있는 것이다.

인간에게는 적응할 수 있는 환경이 없다는 사실은 두 가지 측면에서의 고찰이 가능하다. 그 하나는 주어진 자연적 생존조건의 **결여**라는 측면이고 다른 하나는 자연환경에의 동물적 포박으로부터의 **해방**이라는 측면이다. 전자의 측면에 대한 고찰은 **문화적 존재, 행위적 존재**로서의 인간정의에로 귀착되었다. 그렇다면 후자의 측면, 즉 자연적 환경의 구속으로부터의 해방은 인간학적으로 어떠한 의미를 가지는 것일까?

동물이 환경에 유기적으로 적응해 있다는 것은 뒤집어서 보면 환경세계에 묶여서 그것을 떠날 수 없다는 폐쇄성을 나타내고 있다. 그러나 인간에게는 환경이 없으므로 인간을 포박하고 있는 폐쇄체가 없다. 따라서 인간은 대상세계에 대하여 활짝 열려 있는 존재라 할 수 있다. 이것을 나타내는 말이 곧 **세계 개방성**[75]이라는 개념이다.

이러한 세계개방성은 우선 소극적인 의미에서 인간에게 **부담**으로서 작용한다. 지각세계의 무한한 내용 풍부성, 다양성 및 가능성은 인간에게 처음에는 당혹감으로 체험된다. 밀물처럼 거침없이 쏟아져 들어오는 **지각의 홍수** 앞에서 인간은 그것을 어떻게 받아들이고 세계를 어떻게 바라보아야 할지 그 방향정위에 있어 당황할 수밖에 없는 것이다. 그리고 세계에 대해서 어떤 태도와 어떤 방식의 행위로 교섭해야 할지를 모르게 된다. 그리하여 인간은 지각의 홍수 앞에서 당황하고 본능과 같은 고정된 행동도식의 결여에서 더욱 당황하게 된다. 이렇게 볼 때 세계개방성은 처음에는 소극적 의미에서 체험되고 따라서 하나의 엄청난 부담이 된다.

그리하여 인간은 이 세계개방성이 주는 부담의 감면을 시도하게 된다. 당혹감 속에서 인간을 압도하는 이 엄청난 짐을 우선 덜어야 하는 것이다. 그리고 나서 인간은 이 부담감면의 단계에서 한 걸음 더 나아가 스스로의 힘으로 이 부담적인 면을 오히려 인간 고유의 삶을 위한 적극적인 조건으로 변화시켜 나간다. 이렇게 볼 때 인간의 모든 **행위**는 원초적 상태에서의 부담을 덜면서 거기서 인간의 생

75) 이러한 세계개방성의 구체적인 측면은 세 가지로 나누어 볼 수 있다. 즉 그것은 "지각세계의 개방성", "표상세계의 개방성" 및 "행위세계의 개방성" 등이다.

존조건을 스스로 형성해 나가는 과정이라고 할 수 있다. 따라서 인간의 행위는 **부담감면** 및 **생존조건의 적극적 형성**이라는 기능과 의미를 가지고 있다.

5) 현대적 의의

겔렌의 인간학에 있어서 인간은 형태학상 결함생물로서 그 조직기관이 미발달, 비특수화되어 있고 그 본능이 퇴화되어 있는 존재로 규정되고 있다. 이러한 사태를 표현하고 있는 것이 막스 셸러 이후 인간의 본질적 징표로 인정되고 있는 **세계개방성**이라는 개념이며 특히 본능의 퇴화는 욕구의 만성적·장기적 성격과 충동과잉 상태를 수반한다. 따라서 인간은 이러한 원초적 불안정성을 안정화에로 훈육시켜야 할 **도야적 존재**로 표상되고 있다. 이때 **도덕**은 내면적 안정화의 핵으로서 작용하고 **제도**는 안정화의 외적 지주로서 기능하고 있다는 것이 겔렌의 분석이다.

겔렌은 인간을 본능으로부터 풀려 나온 **충동과잉의 존재**로서 위험시하였다. 그대로 내버려두면 화산처럼 폭발해 버릴 것처럼 보았던 것이다. 그리하여 인간의 이러한 원시적인 내면적 불안정성과 불확실성을 어떻게 해서든지 안정화·확고화 하는 것이 겔렌의 지상의 과제였다. 겔렌은 도덕이 어느 정도 이러한 안정화 작용을 수행하기는 하지만 그것으로는 미흡하고 사회제도라는 외적 방파제가 필요하다고 생각한 것이다. 그러면 왜 사회제도라는 외적 지주가 필요한 것일까? 그것은 인간의 직접적 욕구와 행위의 동기 사이의 직접적 연속을 단절하기 위해서 이다. 주관적 욕구가 아니라 제도의 객관적 의무내용이 행위의 동기를 규정하게끔 하면 제도란 것이 안정화·지속화되어 있는 실체이니까 인간의 내면세계의 안정화·확고화가 성취되리라고 겔렌은 생각하였던 것이다.

아무튼 겔렌에 있어서 철학적 인간학은 인간에 관한 제 개별과학의 연구성과를 하나의 철학적 근본직관 즉 행위의 관점에서 통일하는 것이었다. 그러나 이 **행위**라는 개념은 가만히 음미해보면 철학적 **직관**에서 얻은 것이 아니고 오히려 개별 과학적·경험적 탐구에서 얻어 온 것임을 알 수 있다. 즉 인간에 관한 개별과학, 특히 형태학, 생물학 등이 인간이 동물과 다른 기관구조와 기능을 갖고 있다는 점을 밝혀내었고, 그리고 이 때문에 인간은 그의 특수한 행위에 의해서 살아가야만 한다는 것을 밝혀내었던 것이다. 이렇게 볼 때 겔렌 자신의 표명에도 불구하고 철학적 인간학에 있어서 과학과 철학의 관련은 여전히 불명료한 채로 남아있다.

한편 겔렌에 있어서의 **행위**는 습관화·제도화·자동화된 것일 뿐이고, 반성에 의해서 매개된 것은 아니라는 지적이 있다. 겔렌은 반성에 의한 주관적 동기결정을 배제하고 동기형성을 제도의 의무내용에로 전가시켜서 인간을 제도의 명령을 수행하는 **반자동기계**로 보고 있다는 것이다. 그것은 전체주의 체제에 가장 잘 영합하는 사회 이론이 된다. 아무리 삶의 영위와 유지가 중요한 과제라고 할지라도, 이처럼 비반성적인 삶이 과연 정당화 될 수 있을 것인가? 여기에 대해서는 이미 소크라테스가 "음미되지 않은 삶은 살 가치가 없다"고 단호하게 말한 바 있다.

그리고 겔렌은 제도가 인간의 삶의 유지에 유효한 적극적인 측면은 보았지만 제도 속의 인간의 비리와 부조리 등은 전혀 고려하지 않았다는 지적이 있다. 현대사회의 인간의 비리, 부조리 등은 인간이 비반성적 자동기계화한데서 나온 필연적 귀결로서 소외문제와도 관련된다. 이러한 측면을 가장 예리하게 부각시킨 것은 실존주의의 공적이었다. 실존주의자들은 현대사회에서의 무반성적 삶 가운데서 반성적 자각적 태도를 뚜렷하게 부각시켰던 것이다.

3. 플레스너의 인간관

1) 사상적 배경

플레스너(H. Plessner, 1892-1985)에 의하면 자연과학의 발달은 인간의 자연주의적 해석을 가져왔으며 이것은 종래의 선험적 이성적 인간관과 격심한 대립을 일으키게 되었고 그리하여 이제 인간의 지위에 관한 새로운 연구, 즉 철학적 인간학이 절박하게 필요해 졌다고 한다.

인간에 관한 연구에는 두 가지 가능한 방법이 있다. 그 하나는 **유물론적·경험주의적 방법**이고 또 하나는 **관념론적·선험주의적 방법**이다. 전자는 경험적 현실성을 존중한다는 장점이 있는 반면에 의식과 정신의 고유성을 소홀히 하고 후자는 인간의 통일적 해석이 용이하다는 장점을 위해서 지각과 신체현상 등의 현실성을 소홀히 한다는 희생을 치르고 있다. 그리하여 문제는 하나의 근본적 관점에서 이 두 입장을 통일하는 것이다. 그런데 플레스너에 의하면 이 근본적 관점은 하나의 형성적인, 자연과 정신을 포괄하는, 존재와 의식을 창조적으로 관통하는 힘, 즉 **삶**에 의해서 가능하다고 한다. 여기서 우리는 플레스너의 인간학의 생물학적 연관을 알 수 있다. 그런데 플레스너는 상기한 두 입장 중 경험주의적 입장을 신랄하게 비판하고 있다. 그것은 필연적으로 순환에 빠지기 때문이다. 즉 지성의 범주는 자연에서 규정되는 것이지

플레스너 (1892-1985)

만, 거꾸로 자연을 탐구하기 위해서는 지성의 범주를 사용하지 않을 수 없다는 것이 그가 이해하고 있는 자연주의의 순환이다.

플레스너는 베르그송과 슈펭글러의 생철학을 비판한다. 그는 첫째로 정신적, 도덕적 존재로서의 인간을 신체적, 자연적 존재로서의 인간과 동일한 방향에서, 즉 통일적으로 고찰할 수 없었다는 것과 둘째로 인식원천으로서의 지성을 부정하고 합리적 인식을 무시했다는 점을 들고 있다. 하지만 그들의 공적으로서 이전의 모든 철학, 즉 한편으로 유물론, 자연주의, 경험주의, 그리고 다른 편으로 유심론, 관념론, 선험주의 등이 부딪혀서 좌절했던 "다양한 근본국면과 경험방향의 양극적 분열 앞"에서 "근본국면과 경험방향의 동질성의 통일성"을 착상, 시도했다는 점을 들고 있다.

나아가서 플레스너는 그의 탐구대상인 인간을 이렇게 규정해 놓는다. "자연과학의 대상이 되는 물체로서도 아니고 심리학의 대상이 되는 심과 의식의 흐름으로서도 아니고, 논리학의 법칙, 윤리학과 미학의 규범이 타당하는 추상적 주관으로서도 아니고 오직 심·신구별에 무관심한 또는 중립적인 삶의 통일체로서 인간은 즉자적·대자적으로 존재한다." 이것은 경험과학적 도식의 저 편에서 심신 중심적인 입장에서의 삶의 통일체로서 인간을 탐구하려는 것이다.

플레스너에 의하면 인간의 탐구와 병행해서 인간과 본질적으로 공존하고 있는 존재일반에 대한 탐구도 필요하다고 한다. 이 문제를 해결하는 데는 두 방향이 있다. 그 하나는 **수평적 방향**이고 다른 하나는 **수직적 방향**이다. 전자는 인간의 문화적·역사적 세계에 대한 관계의 탐구를 통해서 나아가는 것이고, 후자는 세계 내 유기체의 서열 속에 자리 잡고 있는 하나의 자연적 유기체로서의 인간 탐구를 통해서 나아가는 길이다. 수평적 방향에서는 인간을 문화담지자로 본다. 즉 인간을 구체적인 삶의 통일체로서 보고 문화는 이 삶의 통일체의 표현으로 본다. 여기에서 인간존재의 양면, 즉 신체적·감각적 면과 정신적·문화적 면을 하나의 관점에서 보고 그 상호의존성, 그

공존의 본질적 법칙을 탐구하는 것은 정신의 감각화, 또는 감각의 정신화의 방법으로 이루어진다. 이것을 정신의 **감성론**이라 한다. 수직적 방향에서는 유기체의 서열 속에 있는 유기체로서의 세계내의 인간의 자연적 생존을 문제 삼는다. 여기서는 생물체로서의 인간적 인격의 심신 중심적인 통일성이 관심의 초점이 된다. 다시 말해서 동·식물과 연결되어 있으면서도 그의 특수한 존재방식을 갖고 있는 생물체로서의 인간이라는 문제설정은 정신적 의미 부여와 무관하고 또 경험적 자연과학으로서도 다를 수 없는 것이다. 인간이 현존재의 어떤 층과 본질적 공존관계에 있는가, 인간이 어떻게 삶의 통일체로서 자신과 세계를 경험해 나가는가 하는 등의 문제는 경험과학의 저편에 있는 현상학적 방법에 의해서만 비로소 탐구될 수 있다. 위의 두 방향의 연구가 결국은 동일한 인간의 철학에 기여함은 물론이다.

플레스너는 그의 철학적 생물학의 기본 개념으로서 **위상성**(Positionalität)이라는 개념을 도입하고 식물의 위상성으로서 개방적 형상성을, 동물의 위상성으로서 폐쇄적 형상성을 들고, 이어서 인간을 위상적으로 보아 **탈중심성**(Exzentrizität)으로 규정한다.

2) 세계에서의 인간의 위치

플레스너는 인간을 연구함에 있어서는 두 방향이 있다고 한다. 그것은 즉 **수평적 방향**과 **수직적 방향**이다. 수평적 방향에서는 역사적, 문화적 존재로서의 인간을 대상으로 하며, 수직적 방향에서는 인간을 자연적 존재 또는 생물체로 보고 유기체의 서열 속에서 인간이 차지하는 지위 또는 유기체로서의 인간의 특수성을 규명한다. 그런데 이 두 가지 방향의 연구는 인간에게 원래 근본적인 양 국면이 있기 때문에 나온 것이다. 즉 자연적 인간의 국면과 문화적 인간의 국면이 곧 그것이다. 하나는 **감성적** 면이고 다른 하나는 **정신적** 면이라 할 수 있다. 이러한 국면들은 각자가 서로 구별되는 독자적인 현상성을 갖고 있어서 그 중 어느 한 쪽을 다른 쪽에 환원시켜서 설명해서는 안 된다. 그리하여 데카르트의 이원론이 등장한다. 이것은 인간에게서 나타나는 지워버릴 수 없는 이 두 현상적 차이성을 형이상학적으로 궁극화시키는 것이다. 이 입장에서는 물과 심, 정신과 신체는 완전히 독립된 것이고 이질적인 것이므로 상호간에 교섭도 영향도 있을 수 없다. 데카르트에 의하면 인간은 신체와 마음의 우연한 결합물에 불과하며, 신체적 현실과 정신적 현상은 인간에 있어서 하등의 교섭과 영향이 없이 따로 따로 독립해서 나타난다고 한다. 그러나 이것은 현실적인 하나의 인간을 온전히 설명하는 것이 못된다. 인간의 양면성을 설명하는 유일한 방법은 "그의 현존재의 양면을 지양하거나 매개하지 않고 하나의 근본입장에서 파악하는 것"이다.

위상성과 탈중심성을 설명하기에 앞서 플레스너의 **유기적 생명체**에 대한 정의를 살펴보기로 하자. 플레스너는 생명현상의 모든 특수성을 내·외의 양면성이라는 개념에서 설명하며 이 내·외의 양면성의 근거는 유기체가 자신 속에 내·외 방향의 절대적 단초인 **한계**를 자신의 성질로서 갖고 있기 때문이라 한다. 이 점을 상세히 설명하기 위해서 물체(무기체와 유기체 포함)와 그에 연접한 매체와의 관계를 살펴보기로 하자. 여기에는 두 가지 경우가 있다. 하나는 한계가 물체 자체에도 또한 연접한 매체에도 속하지 않는 순수한 공허한 중간 또는 잠재적 중간으로서 어느 한쪽으로부터 다른 쪽으로의 이행의 단순한 가능성을 의미하는데 반하여 다른 하나의 경우는 이 한계가 두 인접체 중의 어느 한 쪽, 즉 물체에 실제로 속하고 있는 경우이다. 전자는 무기체의 경우이고 후자는 생명체의 경우이다. 그런데 한계를 자신 속에 지니고 있는 물체의 존재방식은 "자기 자신을 넘어나가는 것"이다. 그리고 한계는 두 인접체의 상대적 관계를 조정하므로 한계를 자기 속에 지니고 있는 물체의 존재방식은 또한 "자기 자신에 대립하는 것"이다. 그러므로 한계를 자기 속에 지니고 있는 물체는 "자기 자신을 넘어나가는 것"과 "자기 자신에 대립하는 것"의 양면성을 필연적으로 지니게 된다. 생명체가 **외적 방향**과 **내적 방향**, 즉 내·외의 양면성을 나타내는 것은 여기에 근거한다.

그런데 자기 자신을 넘어나가면서 자기 자신에 대립해 있다는 것은 그것이 자기 자신과 구별되고 자기 자신과 어떤 관계에로 들어서게 된다는 것을 의미한다. 그리하여 생명체는 그냥 그저 있는 것이 아니라 **조정된 존재**가 된다. 생명체가 갖고 있는 이러한 성질을 플레스너는 **위상성**이라 한다.[76]이러한 그의 위상적 성격은 과정과 체계의 양상 속에서 실현된다. 이때 과정은 역동적 형상의 발전에 있어서의 생성과 지속의 매개이며 그의 부분의 전체에로의 매개에 있어서 유기체의 통일이다. 유기체가 그의 부분을 전체에로 매개해 가는 과정에서 타자에 의한 보족을 필요로 한다는 사실은 플레스너에 의해 다음과 같은 명제로 표현된다 : "진체로서 유기체는 그의 생명의 다만 반분일 따름이다"[77]유기체의 생명과정의 전체에서 나머지 반분은 이른바 **주위영역**이고 이 주위영역과의 교섭에서 생명체는 자기 자신을 조정해 감으로서, 그리고 이 조징성이 위상성을 규정하는 한에서, 이 주위영역을 플레스너는 **위상영역**이라고도 한다. 플레스너가 생명현상의 본질형상을 유기체에서만 찾지 않고 유기체와 환경에 공통으로 속해 있는 생명계획 또는 생명범주에서 찾고 있음을 여기에서 상기할 필요가 있다. 플레스너의 **위상성**이란 개념을 다소 통속화시키면 다음과 같이 규정된다 : 위상성은 유기체가 주위영역과의 교섭을 통하여 자기를 형성해 나가고 살아가는 방식 또는 양상이다.

그리하여 플레스너는 생명적 존재가 그 자신을 조정해 나가는 방식, 또는 생명작용의 형상을 식물, 동물, 인간의 순서로 고찰하고 있다. 먼저 플레스너는 **개방적 형상**을 다음과 같이 정의한다 : "유기체를 모든 그의 생명연관에 있어서 직접적으로 그의 주위영역에 귀속시키고 또한 그것을 그에 상응한 생명권의 비독립적 부분으로 되게끔 하는

76) ibid., p. 129.
77) ibid., p. 194.

형상은 **개방적**이다."[78] 그런 다음에 그는 식물적 생명작용이 생명체로서의 독립성이 희박하고 주로 환경적 요인에 따라 진행되고 있음을 바로 이 개방적 형상이란 개념으로 파악하고 있다. 그런데 동물의 유기작용은 **폐쇄적 형상**의 이념에 따라 진행된다고 한다. "유기체를 그의 모든 생명표현에 있어서 간접적으로 그의 주위영역에 귀속시키고 그를 그에 상응한 생명권의 독립적 부분으로 되게끔 하는 형상은 **폐쇄적**이다."[79] 이것은 동물이 환경과의 교섭에서 생명체로서의 독립성을 지니면서 그의 유기적 작용을 전개시켜 나가는 것을 폐쇄적 형상이란 개념으로 파악한 것이다. 그렇다면 어떻게 해서 이러한 형상의 차이가 있게 되는 것일까? 플레스너에 의하면 생명체의 중심 또는 **중추기관**의 존재여부로 그 유기작용의 형상상의 차이가 나타난다고 한다. 즉 식물이 개방적 형상을 나타내는 것은 중추기관의 결여에 말미암은 것이고 반면 동물이 폐쇄적 형상을 보이는 것은 중추기관이 있어서 이것이 유기작용을 통해 통제·조정하므로 생명적 독립성과 환경에 대한 간접적 의존성을 가능케 하였기 때문이다.

3) 인간의 본성

동물적 유기작용의 한계는 자기 자신의 존재가 그에게 은폐되어 있다는 것이다. 왜냐하면 자기 자신의 신체 및 주위영역이 그의 위상적 중심, 즉 절대적인 **지금·여기**에 관련되어 있지만 자기 자신이 직접 거기에 관계하지 않기 때문이다. 왜 자기 자신이 거기에 직접 관계할 수 없는 것일까? 동물은 이 지금·여기의 위상적 중심 속에 해소되어 살아가기 때문에 거기서 한 발자국도 빠져 나올 수 없고 따라서 거기서 그 자신을 구별하고 거기에 대해서 거리를 취할 수 없기 때문이다.

---

78) ibid., p. 219.
79) ibid., p. 226.

우리는 식물에서 동물로, 그리고 인간에로 이르는 유기적 형상의 발전단계에 주목할 필요가 있다. 식물에서도 **내적 방향**과 **외적 방향**의 양면성이 있으므로 그 유기작용의 기능상 상대적 성격을 갖고 있음이 사실이지만 그 구조상의 개방성으로 말미암에－이것은 중추적 통제기관의 결여 때문이다－온전한 위상성이 실현되어 있지 않다. 그러나 동물에 이르러서 그의 중추기관을 중심으로 한 그 폐쇄적 형상으로 말미암아 위상성이 실현된다. 식물에 있어서 한낱 기능적 원리 또는 이념에 불과했던 것이 이제 적극적으로 동물의 구성원리로 된 것이다. 마찬가지로 인간에 이르러서 동물에게는 불가능한 **완전한 반성성**, 즉 자기 자신의 존재가 명백히 주어지고 의식된다는 것이 실현되어 있다. 완전한 반성성은 위상적 중심이 자기 자신에 대해서 거리를 갖게 될 때 가능한 것이고 동물은 이 위상적 중심에 해소되어 있어 거기에 대해서 거리를 취할 수 없으므로 동물에서는 불가능한 것이다. 그리고 자기를 조정된 존재로 한다는 위상성의 원리는 완전한 반성성에서 완전히 실현되는 것이다.

동물의 환경세계 및 자신의 신체가 위상적 중심, 즉 생명적 중심에 관련되어 있듯이 인간은 이 위상적 중심 자체가 그 자신으로부터 구별되고 자신과 거리를 유지하게 됨으로써 전적인 반성성이 성립하게 된다. 이 제2의 중심은 **순수자아, 대상화될 수 없는 자아**이며 이것이 있음으로 해서 비로소 인간은 자기 자신을 소유하고 인식하고 체험할 수 있다. 반면에 동물 역시 주위영역 및 자기의 신체를 지배하고 체험하고 자기를 형성할 수 있지만 자기 자신을 체험할 수는 없다. 그것을 가능하게 하는 제2의 중심, 순수자아가 없기 때문이다. "동물의 삶이 중추적이라 한다면, 인간의 삶은 중추성을 깨뜨리지 않으면서 동시에 그것으로부터 벗어나서 탈중추적(탈중심적)이다."[80] 그리하여 **탈중심성**은 생명권을 이탈하여 그것과 마주 설 수 있는 인간 특유의 존재방식이 된다.

---

80) ibid., p. 291.

이 절대적 중심점, 즉 제2의 중심, 순수자아에서 인간 자신은 **신체적 삶**과 **마음**의 양면성으로서 나타난다. 이 양면성을 플레스너는 다음과 같이 구상적으로 설명한다.

> 나는 나의 의식과 더불어 산책한다. 이때 신체는 의식의 담지자이고 신체의 그때그때의 위치에 따라 의식의 내용과 퍼스펙티브가 달라진다. 그리고 나는 나의 의식 속에서 산책한다. 이때 자신의 신체는 그의 위치 변경과 더불어 의식권의 내용으로서 나타난다.[81]

이 서로 대립하고 있는 인간존재의 양면성은 지양되거나 매개될 것이 아니라 하나의 근본 입장으로부터 파악되어야 한다. 그리하여 전체로서의 인간은 위상적으로 볼 때 다음과 같은 삼중성을 나타낸다 : "그 생명체는 신체이고, 신체 속에 내면생활 또는 마음으로서 있으며, 신체 바깥에 있고 거기서부터 그것이 양자인 바의 관점으로서 있다."[82] 이 세 가지를 나타내는 개체를 **인격**이라 하며 이 인격은 인간이 수행하는 일체의 것, 즉 인식, 의욕, 체험 등 모든 것의 주체이다. 이러한 인간의 삼중적 위상성에 따라 세 가지 세계－외계, 내계 및 공동세계－가 대응한다.

먼저 **외계**는 시간·공간적으로 존재하는 물의 세계이다. 그런데 이 역시 탈중심성 때문에 다음과 같은 양면을 나타낸다. 하나는 세계를 주위영역으로 보고 인간을 그 한 가운데 있는 신체로서 보는 입장이다. 그리고 다른 하나는 세계를 외적 세계로 보고 인간을 다른 사물과 나란히 있는 한낱 물체로서 보는 입장이다. 전자는 **목적론적 세계관**을 그리고 후자는 **기계론적 세계관**을 형성한다. 이 양국면의 대립은 철저한 것이어서 지워버릴 수 없고 그대로 병존한다. 오직 탈중심적 점에서만 상호 매개되어서 통일적 고찰이 가능할 뿐이다.

---

81) Plessner, *Philosophische Anthropologie*, Frankfurt, 1970, p. 44.
82) Plessner, op. cit., p. 32.

다음으로 **내계**를 살펴보면, "자기 자신과 거리를 취함으로써 생명체는 스스로 내계로서 주어진다"고 한다. 이 때 내계란 것은 신체와 구별된 주위영역의 외계와 대립해서 사용된 개념이다. 그러므로 내계는 **신체 속의 세계**이며 **생명체 자체**이다. 그런데 인간존재의 구성원리인 탈중심성은 이 내계에서도 양면성을 나타나게 하는 데 그것은 **마음**과 **체험**이다. 마음은 소질의 이미 주어진 현실성이며, 체험은 지금·여기에 있어서 자기 자신의 형성적 현실성이다. 소질의 이미 주어진 현실성으로서의 마음은 우리의 체험을 그 방향, 내용, 성격에 있어서 규정한다. 반면에 작용하고 체험하는 주체는 심리적 현실을 능동적으로 형성하고 따라서 대상화되어 있는 내면세계로서의 심적 현실성을 제약한다. 형성하면서 있는 국면과 형성되어 있는 국면, 자유로운 자발성과 필연적인 강제성, 이 양국면의 대립 역시 철저한 것이어서 그 자체로서 지울 수 없는 것이다. 그런데 내부관점에 주어지는 것이 곧 자기 자신이라는 생각, 즉 내계=자기존재라는 생각은 잘못된 것이다. 자기의 위상적 중심 속에 조정되어 있고 그 속에서 다해지는 동물에게는 그것이 타당할지 모르나 탈중심성의 위상이 지배하는 인간에게는 그렇지 않다. 인간은 그의 직접적인 **지금·여기의 존재**로 다해지지 않고 또한 그것을 벗어나 있기 때문이다. 자기 자신의 존재를 바라보기 위해서는 내성이 아니라 자기 자신의 위상의 영점, 즉 지금·여기의 존재를 벗어난 **탈중심적 위상의 점**에 설 수 있어야 한다.

다음으로 내가 다른 사람과 더불어 있는 **공동세계**, 즉 **우리의 세계**를 살펴보면, 무엇보다도 먼저 문제가 되는 것은 타자의 존재이다. 그 자신의 탈중심적 위상형상으로 말미암아 인간에게는 공동세계의 현실성이 보장되어 있다. 원래적인 의미에 있어서의 공동세계는 그 속에서 인격들이 상호 관계하고 있는 권역이다. 공동세계는 **정신**의 세계이다. 여기서 정신(Geist)을 마음(Seele)과 의식(Bewusstsein)과 구별해야 한다. **마음**은 인격의 내면적 실존, **의식**은 인격적 실존의 탈중심성에 의해서 제약된, 그리고 그 속에서 세계가 제시되는 국면인데, **정신**은 인간 특유의 탈중심적 위상형상에 의해서 형성되고 존립하는 권역이다. 따라서 그 자체 독자적으로 실재하지 않고 오직 공동세계 내에서 실현될 수 있을 따름이다.

그런데 정신은 인간의 탈중심적 위상형상에 의하여 성립하므로 양면적 대립성 또는 역설을 증시한다. 즉 그것은 세계 속에 있으면서 세계와 대립하며 자신 속에 있으면서 자신과 대립하며 또한 주관이면서 객관이다. 인간이 자기 자신과 외계를 대상화할 수 있음도 이러한 정신의 원리에 의해서이다. 이 정신의 원리 위에 성립하는 세계, 또는 정신이 그 안에서 실현되는 장이 곧 공동세계이다. 공동세계 내에서 인간은 그 상대적 입장상의 차이가 없어지고 모든 사람이 모든 사람과 더불어 함께 있다. 또는 모든 사람이 모든 사람과 서로 개방적으로 만난다. 그리하여 공동세계 내에서 모든 사람은 근원적으로 결합된다.

4) 인간과 사회

플레스너의 인간학의 근본법칙은 세 가지이다. 즉 그것은 **자연적 인위성**의 법칙, **매개된 직접성**의 법칙, **유토피아적 입장**의 법칙이다.

먼저 **자연적 인위성**의 법칙부터 살펴보기로 하자. 다른 동물은 그의 생물학적 삶의 중심 속에 완전히 해소되어 있으나 인간의 존재방식은 그의 탈중심적 위상형상으로 말미암아 조정의 중심으로부터의 수행이다. 그리하여 "인간은 삶을 영위해 나감으로써만이 살아갈 수 있다."[83] 다른 동물은 그의 본능의 확실성으로써 자연성의 적나라 속에서 직접적으로 살아가면 된다. 그러나 인간은 지식과 예견에 근거한 행동을 통해서 인위적 사물의 간접적 우회로를 거쳐 살아갈 수밖에 없다. 그리하여 인간은 그 본성상 **인위성**에 지향되어 있는 존재이다.

83) ibid., p. 310.

> 탈중심적 존재로서 균형 잡혀 있지 않고 시간상 공간상 자리가 없어 무 속에 서 있으며 구조상 고향 상실되어 있으므로 인간은 그 무엇으로 되어야 하고 스스로 균형을 이룩해 나가지 않으면 안 된다. 이것은 비자연적 보조물, 인위물을 통하여 이루어진다. 그러므로 인간은 그 자연적 본성상 인위적인 것이다.

인간은 그 본성상 탈중심적 존재이므로 생래적으로 부족함을 안고 있고 균형을 잃고 있는 까닭에 도저히 다른 동물처럼 자연적인 적나라 속에서 직접적으로 살 수는 없고 인위적 수단을 통하여 간접적으로 살아갈 수밖에 없는 존재이다.

다음으로 인간학의 두 번째 근본법칙인 **매개된 직접성**의 법칙을 살펴보기로 하자. 이것은 인간이 세계와 교섭하는 방식을 법칙화한 것이다. 인간의 생존방식은 매개된 직접성이다. 즉 생물학적 삶을 살아가는 한에 있어서는 동물처럼 직접적 생존이지만 인간은 나아가서 **지금·여기**의 점, 동물적 삶의 중심에서 일탈된 탈중심의 존재이다. 그러므로 자신의 현존의 직접성은 자기 자신 위에 놓여 있는 또는 자기 자신 바깥에 놓여 있는 점, 즉 탈중심적 중심점에서 의식되고 매개된 것이다. 그리하여 인간의 존재방식은 이 두 계기를 포함하고 있는 하나의 개념, 매개된 직접성 아래에서 파악되어진 것이다. 플레스너는 인간의 모든 수행, 표현, 창작, 넓게 말해서 인간의 문화창조 활동은 이 법칙에 따라 진행된다고 본다. 인간의 창조활동의 기초는 언제나 이미 현실적으로 주어져 있는 사태이다. 그런데 이 사태는 다만 찾아내고 발견되어야 하는 것이지 만들어 낼 수는 없다. 플레스너는 이것을 다음과 같이 표현한다 : "인간은 그가 발견하는 한에서만 발명한다." 또는 "인간은 이미 자체적으로 존재하는 것만을 만들 수 있을 뿐이다." 그러나 현실적으로 주어져 있는 것을 그냥 그대로 받아들이지 않고－그렇게 해서는 직접성만이 존재한다－그것을 가공하고 변형시키고 형성해 나간다－여기에서는 매개성이 지배한다.

그리하여 인간의 문화 창조활동에는 매개된 직접성이 지배한다고 할 수 있다. 인간과 외부세계와의 관계가 직접적인 것이라면 창조니, 실현이니 하는 따위가 애당초 불가능하다. 피차간의 연속적인 상호작용이 거기서 성립하는 현상의 전부일 것이다. 이 직접적 관계가 일단 단절되고 인간의 매개를 통해서 다시 연결되어진다는 이 매개적 직접성의 법칙을 통해서 비로소 표현이 가능해진다. 이렇게 볼 때 매개적 직접성의 법칙은 인간의 세계에 대한 관계를 규정하는 근본법칙이 된다.

마지막으로 인간학의 제3의 근본법칙인 **유토피아적 입장**의 법칙을 살펴보기로 하자. 인간의 구조상의 무근저성, 즉 탈중심성으로 말미암아 인간은 어쩔 수 없이 자기 자신과 세계에 대한 허무감을 품게 된다. 이 허무감 속에서 인간은 그의 일면성과 개별성 및 이 세계의 개별성을 의식한다. 그리하여 그는 현존재 전반의 절대적 **우연성**을 통절하게 의식하게 되고 이것을 통하여 인간은 종내에는 그 자체 속에 머물러 있는 필연적 존재, 즉 절대자, 세계근거, 또는 **신의 이념**에 도달한다. 인간은 이렇게 볼 때 그 구조 본성상 **유토피아**를 절실하게 필요로 하는 존재임을 알 수 있다. 모든 **종교**의 본질은 여기에 있다. 종교는 자연과 정신이 인간에게 줄 수 없는 것, 즉 궁극적인 것을 인간에게 준다. 인간에게 궁극적 결속과 공속, 자기 자신의 삶과 죽음의 장소, 아늑함, 운명과의 화해, 세계관, 고향을 주는 것은 종교뿐이다. 반면 정신에 의한 문화현상은 탈중심성 위에서 성립하는 것임은 앞에서 서술한 바와 같다. 탈중심성은 대립시키고 분열시키고 해체시키는 힘이다. 그리하여 종교와 문화 간에는 어쩔 수 없는 적대관계가 있다. 정신만을 의지하는 자는 고향에 돌아갈 수 없고, 종교에 귀의함으로서 비로소 고향과 아늑함을 얻을 수 있다. 그러나 인간존재의 탈중심성은 신, 세계근거에 까지 그의 의심을 뻗친다. 인간은 그의 탈중심성으로 말미암아 이 절대자를 통한 완전한 존재의 균형에서 벗어나려 하고 절대자를 부정하려 하고 세계를 해체하려 한다.

세계근거는 그리하여 다만 신앙될 수 있을 뿐이다. 결국 인간은 그 구조 본성상의 탈중심성, 존재균형의 상실로 말미암아 **신앙**을 필요로 하는 존재, **유토피아**를 바라보고 동경하여야 하는 존재이다.

5) 현대적 의의

플레스너의 **탈중심적 위상**이란 인간이 자기 자신에 대해서 거리를 가진다는 것을 표현하고 있다. 여기서 자기 자신이란 자연적 존재로서의 자기, 즉 생물학적 생명의 중심에 위치해 있는 자기이며, 거기에 대해서 거리를 취하는 자기는 정신적 존재로서의 자기, 즉 탈중심적 중심에 서 있는 자기이다. 아무튼 신체적 현상과 정신적 현상의 대립상을 공정히 인정하되 그것을 탈중심성이란 근본입장에서 매개적으로 통일시켜서 보고자 하는 것이 플레스너의 의도이다.

탈중심성은 위상적으로 매우 불안정한, 균형을 잃은 상태이다. 그러므로 균형을 찾아나가고 안정을 이룩해 나가야할 필요성이 나온다. 그러나 성취된 균형 속에 안주할 수 없는 것이 인간이다. 애써 이룩된 존재의 균형에서 다시 내던져지고 이리하여 다시 균형의 획득을 위해서 노력하는 인간이야말로 알 수 없는 존재이다. 인간은 그의 구조 본성상 그렇게 하지 않으면 안 될 필연적 숙명을 가지고 있으며 그러면서도 "자기존재와 자기이해의 모든 가능성 앞에서 엄숙한 책임을 져야 하는 존재"이다.

요컨대 철두철미하게 현상성의 차원에 충실하고 따라서 초월적 입장에로의 비약을 금기하는 반면, 경험 과학적 문제지평에로 뛰어드는 것, 그리고 인간을 어디까지나 인간의 편에서 보려는 것이 플레스너 인간학의 장점인 동시에 한계점이라 할 수 있다.

4. 카시러의 인간관

1) 사상적 배경

카시러(Ernst Cassirer, 1874-1945)는 베를린 대학과 하이델베르크 대학 등에서 철학을 공부했으며 함부르크 대학, 예일 대학, 콜럼비아 대학 등의 교수를 역임하였다. 그는 신칸트학파의 한 분파인 마르부르크 학파[84]의 최후를 장식한 뛰어난 철학자였다. 그의 저서로는 『실체개념과 함수개념』(*Substanzbegrift und Funktionsbegrift*, 1910), 『아인슈타인의 상대성 원리에 대하여』(*Zur Einsteinschen Realtivitätstheorie*, 1921), 『상징형식의 철학』(*Philosophie der Symvolischen Formen*, 1923) 등이 있다.

카시러 (1874-1945)

카시러는 인간을 **이성적 동물**로 규정하는 것은 너무 좁다고 생각하고 인간을 **상징적 동물**로 규정할 것을 주장한다. 그러나 이것은 비이성주의를 경계하면서 인간을 이성적 존재로 본 고전적인 인간관을 부정하는 것이 아니라 다만 그것을 확대해야 한다는 주장이다.

---

84) 리프만(O. Liebmann)이후에 상당한 지위를 확립한 신칸트학파는 칸트를 공동지반으로 가지면서도 그 특성에 있어서 서로 다른 두 개의 학파로 대별된다. 마르부르크학파와 바덴학파라고도 불리는 서남학파가 그것이다. 코헨(H. Cohen)에 의해 창시된 마르부르크학파는 나토르프와 카시러가 계승한다. 코헨은 칸트에 있어서의 직관과 사유의 이원론적 대립을 순수사유의 일원론으로 극복시켜, 그것의 자발성과 구성작용이 객관적 존재의 세계를 선택, 개념화하고 창조 산출한다고 주장한다.(강영계 편, 『인간과 세계문제에 관한 탐구』, 제일출판사, 1987, p. 74.)

왜냐하면 모든 인간적 활동에는 고유한 이성적 성격이 있을 뿐만 아니라 고대의 철학자들은 이성을 이론적 기능으로만 생각한 것이 아니고 윤리적 이념으로서 요청한 것이기 때문이다.

카시러도 셸러와 마찬가지로 올바른 인간관의 수립은 현대인의 절실한 과제라고 말하면서 현대의 특수과학들은 인간에 관한 많은 지식을 제공하지만 하나의 종합적이고 철학적인 인간관을 제시하지는 못한다는 것을 지적한다. 생물학, 의학, 심리학, 인류학, 사회학 그리고 역사학은 인간관을 위한 많은 재료를 제공하지만 이것들을 종합 정리할 하나의 원리 또는 실마리가 없다는 것이다. 그리하여 그는 이러한 실마리로서 **상징**이라는 개념을 제시한다. 그는 란트만과는 또 다른 측면에서 인간을 상징적 동물로 규정하면서, 인간은 수용체계와 운동체계 사이에 제3의 **상징체계**를 갖고 있다고 주장한다. 이 상징체계를 통해서 인간의 삶의 세계는 아주 특이한 양상을 갖게 된다. 인간은 자연적인 세계에 살지 않고 상징적인 우주 속에 살고 있다는 것이다. 언어와 신화와 예술과 종교는 상징의 세계를 구성하는 부분들이다. 인간은 이 상징체계라는 매개를 통하지 않고서는 아무것도 보지도 듣지도 못한다. 그러나 인간은 이 상징능력을 통해서 무한한 자유의 세계를 개척할 수 있었다. 카시러는 상징능력이란 우리 인간과 실재 사이의 제2의 **중간 세계**를 형성하는 능력이라 규정한다. 그러므로 기호·언어, 그 밖의 상징들은 실재에 대한 인위적 대용품이라 할 수 있다. 이로써 인간은 새로운 높은 차원의 세계, 즉 문화적인 세계에 살게 된 것이라고 카시러는 말한다. 이와 같은 상징적 동물로서의 인간 파악은 **공작인**(homo faber)[85]보다 포괄적이라 할 수 있다. 카시러의 **상징적 존재**라는 것은 곧 **문화적 존재**라는 뜻

85) 1907년 베르그송에 의해서 제안되었다. "지성은 예술품을 제작할 수 있는 능력, 특히 도구를 만들기 위한 연장들을 생산할 수 있고 동시에 그것의 생산방식을 무제한적으로 변화시킬 수 있는 능력이다."(K. 로렌츠/ 강학순 역, 『현대의 철학적 인간학』, 서광사, 1997, p. 91.)

인데, 문화의 본질은 그 역사성에 있다. 그러나 란트만이 인간을 철두철미하게 **역사적 존재**로 이해한 데 비해서 카시러는 철저하게 인간을 역사적 존재로 규정하지는 않는다. 여기에 카시러와 란트만의 인간학이 구별된다.86)

2) 세계에서의 인간의 위치

카시러에 의하면 모든 동물은 각기 그들의 본능적인 작용들이 미칠 수 있는 일정한 **환경**을 갖고 있는데 인간은 그의 **상징**을 통해서 다른 동물들의 환경과는 본질적으로 다른 차원을 갖고 있다는 것이다. 카시러는 여기에서 생물학자 요하네스 웍스퀼(Uexküll)의 **환경설**에 의존한다. 웍스퀼은 매우 교모하고 독창적인 생물학적 세계의 도식을 전개하였다. 그는 동물의 생명에 대한 유일한 열쇠는 비교 해부학의 사실들 속에서 우리에게 주어진다고 주장한다. 만일 우리가 어떤 동물의 종의 해부학적 구조를 알면 그 때 우리는 그 특별한 경험양식을 재구성하는 데 필요한 모든 자료를 가지고 있는 것이다. 그 동물의 신체구조, 그 감관의 수, 성질 및 분포를 주의 깊게 연구하면 그 유기체의 내부와 외부 세계의 완전한 형상이 우리에게 주어진다. 웍스퀼은 그 조사연구를 가장 하등의 유기체로부터 시작하여 점차적으로 모든 형태의 유기적 생명에까지 확장하였다. 생명은 어디에서나 완전하다. 그것은 가장 큰 집단에서와 마찬가지로 가장 작은 집단에서도 그러하다. 모든 유기체는 가장 하등한 것이라 하더라도 그저 막연한 의미에서 그 환경에 순응하도록 되어 있을 뿐만 아니라, 또한 완전히 그 환경에 적합하도록 되어 있다. 그 해부학적 구조에 따라 그것은 일정한 **메르크네츠**(Merknetz)와 **비르크네츠**(Wirknetz), 즉 **수용계통**과 **운동 계통**을 소유하고 있다. 이 두 계통의 협동과 평

---

86) K. 로렌츠, ibid., p. 267.

형이 없으면 유기체는 살아남을 수 없었을 것이다. 그것에 의하여 생물학적 종이 바깥의 자극을 받아들이는 수용계통과 또 그것에 의하여 이 바깥의 자극에 반응하는 운동계통은 어떤 경우에나 밀접하게 얽혀 있다. 이 두 가지는 윅스퀼이 동물의 **기능고리**(Funktionskreis)라고 기술한 하나의 동일한 연쇄의 연결물들이다.

그런데 이러한 도식을 인간세계의 기술과 그 특성의 묘사에 이용하는 것이 가능한 일일까? 명백히 인간세계도 다른 모든 유기체를 지배하는 생물학적 법칙에 대해서 예외가 아니다. 그러나 인간세계에서 우리는 인간생활의 특수한 표적으로 나타나는 하나의 새로운 특징을 발견한다. 즉 인간의 **기능고리**는 다만 양적으로 확대되어 있는 것이 아니라 그것은 또한 질적 변화를 거친 것이다. 말하자면 인간은 자기 자신을 그 환경에 적응시키는 하나의 새로운 방법을 발견하였다. 모든 동물의 종에서 볼 수 있는 수용계통과 운동계통 사이에서 우리는 인간에게 있어 **상징계통**이라 할 수 있는 제3의 연결물을 본다. 이 새로운 획득물은 인간 생활 전체를 변형시킨다. 다른 동물들에 비하여 인간은 다만 보다 넓은 현실 속에서 살고 있는데 그치는 것이 아니다. 이를테면 인간은 현실의 하나의 **새로운 차원** 속에서 살고 있다. 생물의 **반동**과 인간의 **반응** 사이에는 의심할 여지없는 차이가 있다. 첫째 경우에는 외부로부터의 자극에 대해서 직접적이고 즉각적인 응답이 주어진다. 둘째 경우에는 응답이 지체된다. 이 때의 응답은 느리고 복잡한 사고 과정에 의하여 중단되고 늦어진다. 언뜻 보기에 이와 같은 지체는 신통치 못한 소득으로 보일지 모른다. 많은 철학자들이 이 가장된 진보에 대하여 인간에게 경고하였다. 루소는 "사유하는 인간은 타락한 동물이다"라고 말한다. 유기적 생명의 한계를 넘어서는 것은 인간성을 개량하는 것이 아니라 도리어 악화시킨다는 것이다.

하지만 자연 질서의 이러한 전도를 고칠 수 있는 약은 없다. 인간은 자기 스스로가 이루어 놓은 것에서 빠져 나올 수 없다. 인간은 그 자신의 생활의 조건들을 채택하는 수밖에 다른 도리가 없다. 인간은 다시는 한갓 **물리적 우주**에 살지 않고 **상징적 우주**에서 산다. 언어, 신화, 예술 및 종교는 이러한 상징의 우주를 이루고 있는 것들이다. 이것들은 상징의 그물을 짜고 있는 가지각색의 실이요, 인간 경험의 엉클어진 거미줄이다. 사고와 경험에 있어서의 인간의 진보는 이 그물을 개량하고 또 강화한다. 인간은 이제 다시는 현실에 직접적으로 부딪칠 수 없으며, 또 마치 얼굴을 맞대는 것처럼 그것을 볼 수 없다. 물리적 현실은 인간의 상징적 활동이 전진하는 데 따라 뒤로 물러가는 것처럼 보인다. 인간은 사물들 자체를 다루는 대신, 어떤 의미에서는 끊임없이 자기 자신과 이야기하고 있다. 인간은 언어 형식, 예술적 심상, 신화적 상징 혹은 종교적 의식에 깊게 둘러싸여 있으므로 이러한 인위적 매개물의 개입에 의하지 않고서는 아무것도 볼 수 없고 또 알 수 없다. 인간의 이러한 형편은 이론의 영역과 실천의 영역이 마찬가지이다. 실천의 영역에서만 하더라도 인간은 딱딱한 사실들의 세계에 살지 않으며, 혹은 그의 직접적 요구와 욕망을 따라 살지 않는다. 오히려 정동의 한 가운데에서, 희망과 공포 속에서, 환상과 환멸 속에서, 또 공상과 꿈속에서 산다. "인간으로 하여금 당황하고 놀라게 하는 것은 사물들이 아니라, 사물들에 관한 그의 억견과 공상이다"라고 에픽테토스는 말하였다.

이상의 사실들을 바탕으로 해서 우리는 인간에 대한 고전적 정의를 수정하고 확대할 수 있다. 현대의 **비합리주의**의 온갖 노력에도 불구하고 **이성적 동물**이라는 인간의 정의는 그 힘을 잃지 않았다. 그런데 인간을 이성적 동물이라고 정의한 위대한 사상가들은 경험론자들이 아니었으며 또한 그들은 결코 인간의 본성을 경험적으로 설명하려고 하지도 않았다. 그와 같은 정의에 의하여 그들은 오히려 하나의 근본적인 도덕적 명령을 표현하고 있었던 것이다. 그리하여 카시러는 **이성**이란 말은 인간의 문화생활의 여러 형태를 그 모든 풍부함과 다양성에 있어서 전체적으로 이해하는 데는 매우 부적절한 개념이라고 한다. 인간의 문화생활의 모든 형태는 **상징적** 형태이다. 그러므로 인간을 이성적 동물로 정의하는 대신 **상징적 동물**로 정의하지 않으면 안 된다는 것이다. 이와 같이 함으로써 우리는 인간의 특수한 차이점을 지적할 수 있으며 또 인간에게 열려진 새로운 길, 즉 문명에의 길을 이해할 수 있다는 것이다.

3) 인간의 본성

상징적 사고와 상징적 행동이 인간 생활의 가장 특색 있는 면들 가운데 하나라는 것, 그리고 인간 문화의 진보 전체가 이 조건들에 기초하고 있다는 것은 부인할 수 없는 사실이다. 그러나 우리는 이 것들이 다른 모든 유기적 존재에는 주어지지 않고 오직 인간에게만 특별히 주어진 것이라 할 수 있을 것인가?

카시러는 인간의 상징적 태도를 동물의 왕국을 통해서 볼 수 있는 상징적 행동의 여러 다른 형태와 구별하기 위해서 인간의 상징적 태도를 보다 구체적으로 기술하고 있다. 동물들이 자극에 대하여 언제나 직접적으로 반동을 나타내는 것은 아니며, 그들 역시 간접적인 반동을 할 수 있다는 것은 여러 동물실험의 결과를 통해서 입증되고 있다. 울프(J. B. Wolfe)의 실험 결과, 여러 가지 상징적 과정이 유인원의 행동에서도 일어난다는 것이 증명되었다. 그러나 동물과 인간을 구별해주는 진정한 경계표는 우선 **언어**에서 나타난다고 카시러는 주장한다. 언어를 우리가 **정동적 언어**와 **명제적 언어**로 구분할 때 동물세계에는 정동적 언어는 있지만 명제적 언어는 없다는 것이다. 볼프강 쾰러(W. Koehler)에 의하면 정동적 언어와 비슷한 것과 또 그것에 비길만한 것은 동물세계에서도 무척 많이 발견된다고 한다. 침팬지들은 몸짓을 통해 상당한 정도의 표현을 하고 있으며, 이와 같은 방식으로 노여움, 공포, 절망, 슬픔, 욕망, 심술, 쾌감 등이 쉽사리 표현된다는 것이다. 그럼에도 불구하고 인간의 언어에 없어서는 안 될 한 가지 요소가 빠져 있는데 그것은 객관적인 지시 대상이나 의미를 가진 **기호**를 찾아볼 수 없다는 점이다. 쾰러는 말한다.

> 그들의 음성 전체가 완전히 **주관적**인 것으로서 정동만을 표현할 수 있지 절대로 객체를 지적하거나 기술할 수는 없다는 것은 확실히 증명되었다고 할 수 있을 것이다. 그러나 그들이 인간 언어에도 있는 음성의 요소를 매우 많이 가지고 있음에도 의미 있는 말을 또렷하게 말하지 못하는 이유가 이차적 제한(혀와 입술) 때문이라고 할 수는 없다. 그들이 짓는 얼굴 표정이나 몸짓 역시 그들이 소리로 나타내는 표현과 마찬가지로 절대로 객체(사물)를 지적하거나 **기술**할 수는 없는 것이다.

우리는 유인원이 몇 가지 상징적 과정의 발달에 있어서 중대한 전진을 했다는 것을 인정할 수는 있지만, 그러나 유인원이 인간세계의 문턱에는 도달하지 못했다고 카시러는 주장한다. 이 점을 분명히 하기 위해서 카시러는 **신호**와 **기호**의 구별을 제시하고 있다. 말하자면 동물들의 행동 속에서 제법 복잡한 신호의 체계를 발견할 수 있지만 그러나 기호의 체계는 발견되지 않는다는 것이다. 기호는－이 말의 고유한 의미에 있어서－단순히 신호로 환원될 수 없는 것이다. 신호와 기호는 서로 다른 두 개의 논의의 세계에 속하는 것으로서, 신호는 물리적 존재 세계의 일부요, 기호는 인간의 의미의 세계의 일부이다. 신호는 **조작자**(operaters)이고 기호는 **지시자**(designaters)이다. 신호는 신호로 이해되고 사용 될 때에도 역시 일종의 물질적 혹은 실체적 존재이며, 기호는 다만 기능적 가치를 가지고 있을 따름이다.

이러한 차이점을 염두에 둘 때, 우리는 가장 논쟁이 활발했던 문제들 가운데 하나를 해결하는 길을 발견하게 된다. 동물의 **지능**(intelligence)에 관한 문제는 항상 철학적 인간학의 가장 큰 수수께끼들 가운데 하나였다. 이 문제를 해결하기 위하여 사고와 관찰에 있어서 막대한 노력이 기울여졌다. 그러나 **지능**이라는 말 자체의 애매성과 막연성이 언제나 명쾌한 해결에 방해가 되었다. 만약 **지능**이라는 것이 직접적인 환경에 대한 적응이나 환경에 순응하면서 그것을 변용시키는 것을 의미하는 것이라면, 확실히 동물들은 비교적 고도로 발달한 지능을 가지고 있다고 보아야 할 것이다. 그리고 동물의 모든 행동이 직접적 자극의 현존에 의하여 지배되는 것이 아니라는 데 대해서도 양보하지 않으면 안 될 것이다. 동물은 그 반동에 있어서 온갖 우회가 가능하다. 동물은 장치를 **사용**하는 일뿐만 아니라, 나아가 자기의 여러 가지 목적을 위하여 도구를 **발명**하는 일까지 배울 수 있다. 그리하여 일부 정신 생물학자들은 동물에 있어서의 창조적 혹은 구성적 상상력에 관하여 말하기를 주저하지 않는다. 그렇지만 이러한 동물의 지능이나 상상력은 그 어느 것이나 특별히 인간에게만 있는 유형을 가지고 있지 않다고 한다. 말하자면 동물에게는 실제적인 상상력과 지능은 있지만, 인간이 발전시킨 새로운 형태, 즉 **상징적 상상력**과 **지능**은 갖추고 있지 않다는 것이다.

상징성의 원리는 그 보편성, 타당성 및 일반적 적용성과 더불어 특별히 인간적인 세계, 인간 문화의 세계에 접근할 수 있게 하는 마술어, 즉 "열려라 참깨!"인 것이다. 인간이 이 마술의 열쇠를 가지게 되면 앞으로의 진보는 더욱 확실하다. 이와 같은 진보는 분명히 감각적 소재의 그 어떤 결핍에 의해서도 방해되거나 불가능해지지는 않는다. 고도의 정신 발달과 지적 교양에 도달한 헬렌 켈러의 경우는 인간 존재가 그 인간 세계의 구성에 있어 그의 감각적 소재의 질에 의존하고 있지 않다는 것을 우리에게 명백하게 그리고 반론의 여지 없이 보여준다.[87] 인간은 가장 빈약하고 보잘것없는 재료를 가지고서도 그의 상징적 세계를 만들어 낼 수 있다. 더할 수 없이 중요한 것은 하나하나의 벽돌과 돌이 아니라, 이것들이 가지는 건축 형식으로서의 일반 **기능**이다. 말의 영역에 있어서 재료가 되는 신호들에

87) 헬렌 켈러보다 크게 못한 로라 브리지만의 경우도 예를 들어 설명했다.

생명을 주고 그것들로 하여금 말하게 하는 것은 그것들의 일반적인 상징적 기능이다. 생명을 주는 이 원리가 없으면 인간 세계는 언제까지나 귀머거리와 벙어리의 상태로 있었을 것이다. 이 원리가 있으면 귀머거리와 벙어리와 소경인 아이의 세계도 가장 고도로 발달한 동물의 세계와 비교가 안 될 정도로 더 넓고, 더 풍부해질 수 있다.

카시러는 만약 인간에게 **상징성** 없었다면 인간의 생활은 마치 저 유명한 플라톤의 비유 가운데 있는 동굴 속의 죄수들의 그것과 다를 바 없었을 것이라고 말한다. 즉 인간의 그의 여러 가지 생물학적 요구와 실제적 관심의 한계 속에 국한되었을 것이며, 그리고 종교, 예술, 철학, 과학에 의하여 다른 측면들로부터 그에게 열려져 있는 **이상적 세계**에의 길을 찾지 못했을 것이라고 한다.

4) 인간과 사회

공간과 시간은 모든 현실이 관계를 가지고 있는 틀이다. 우리는 공간과 시간의 조건하에서가 아니라면 그 어떤 현실적인 사물의 개념도 가질 수 없다. 공간과 시간이 인간 경험에서 갖는 특별한 성격을 기술하고 분석하는 것은 인간학적 철학의 가장 흥미 있고 중요한 과제들 가운데 하나이다. 공간과 시간이 모든 유기적 존재에 대해서 하나의 동일한 것으로 보인다는 것은 유치하고 근거 없는 추측일 것이다. 우리는 명백히 하등동물도 인간과 같은 종류의 공간 지각을 가지고 있다고 말할 수 있다.

우리는 인간 세계에서의 공간과 시간의 참된 성격을 발견하기 위하여 인간 문화의 여러 형태를 분석하지 않으면 안 된다. 이러한 분석에 의해 최초로 분명해지는 것은 근본적으로 서로 다른 여러 가지 유형의 공간적 및 시간적 경험이 있다는 것이다. 가장 낮은 층은 **유기적** 공간과 시간이라고 할 수 있을 것이다. 고등 동물에 가까이 이르면 우리는 **지각적** 공간이라 이름 붙일 수 있는 하나의 새로운 형태의 공간을 발견한다. 이 공간은 단순한 감각의 소여 사실이 아니다. 그것은 매우 복잡한 성질을 가진 것으로서, 서로 같지 않은 온갖 종류의 감각경험－시각, 촉각, 청각, 근육 감각－의 요소들을 포함하고 있다. 유기적 공간, 즉 행동의 공간에 관해서 인간은 여러 가지 측면에서 동물보다 못하다. 지각적 공간의 기원과 발전을 천착하느니보다 오히려 우리는 **상징적** 공간을 분석하지 않으면 안 된다. 인간은 직접적으로가 아니라 한 가지 매우 복잡하고 어려운 사고과정에 의하여 **추상적** 공간의 관념에 도달하는데, 인간에게 하나의 새로운 지식의 분야뿐만 아니라 그 문화생활의 전혀 새로운 방향에로의 길을 닦아주는 것은 바로 이 관념이다.

칸트는 공간은 우리들의 **외적 경험**의 형식이요, 시간은 우리들의 **내적 경험**의 형식이라고 단언한다. 자기의 내적 경험을 해석하는데 있어 인간은 새로운 문제들에 부딪쳤다. 시간도 처음에는 인간 생활의 특유한 하나의 형식으로서가 아니라 유기적 생명의 일반적 조건으로 생각되었다. 유기적 생명은 오직 그것이 시간 속에서 진전하는 한에 있어서만 존재한다. 그것은 하나의 물건이 아니라 하나의 과정이요, 절대로 정지함이 없는 연속적 사건의 흐름이다. 우리는 여기서 이 문제의 형이상학적 측면에 관심을 가지고 있지 않다. 우리의 목표는 인간 문화의 현상학이다. 그러므로 우리는 논점을 인간의 문화생활에서 얻은 구체적인 예로써 예시하고 해명하려고 노력해야 한다.

인간 생활의 구조에 있어서 보다 더 중요하고 또 보다 더 특색이 되는 듯한 또 다른 한 면이 있다. 이것은 시간의 제3의 차원이라 할 수 있는 것인데, 곧 **미래의 차원**이다. 우리의 시간 의식에 있어서 미래는 없을 수 없는 하나의 요소이다. 우리는 여러 가지 회상이나 혹은 여러 가지 회의와 공포, 장래에 관한 여러 가지 불안과 희망 속에서 살고 있다. 이것은 다른 모든 피조물에게는 인연이 먼 불확정성의 요소를 인간 생활에 집어넣는 것이기 때문에 얼핏 보면 인간의 시원찮은 자질로 여겨질지 모른다. 만일 인간이 환상적인 관념, 미래라는 이 신기루에서 벗어난다면, 훨씬 더 현명하고 또 더욱 행복하게 될 것 같다. 미래의 일을 생각하며 미래에 사는 것은 인간성의 어쩔 수 없는 부분이다. 미래에 대한 이론적 관념–즉 인간의 모든 고등한 문화생활의 전제 조건이 되는 관념–은 이와 아주 다른 종류의 것이다. 그것은 한갓 기대에 그치는 것이 아니라, 인간 생활에 있어서 하나의 명령이 된다. 그리고 이 명령은 인간의 직접적인 실제 요구들을 훨씬 넘어서는 것이며, 그 최고의 형태에 있어서는 인간의 경험적 생활의 여러 한계를 넘는 곳에 도달한다. 이것이 다름 아닌 상징적 미래인바, 인간의 상징적 과거에 대응하며 또 완전히 유사한 것이다.

플라톤이 "너 자신을 알라"라는 격언을 전혀 새로운 의미에서 해석했을 때 그것은 그리스 문화와 그리스 사상의 전환점을 이루는 일이었다. 인간은 그 개인 생활에 의하여 연구될 것이 아니라, 그 정치생활과 사회생활에 의하여 연구되어야 한다.

상징 형식의 철학은 만일 인간의 본성 혹은 **본질**에 관한 그 어떤 정의가 있다면 이 정의는 오직 **기능적**인 것으로 이해될 수 있고 실제적인 것으로서 이해될 수는 없다는 가정에서 출발한다. 우리는 인간을 그의 형이상학적 본질을 구성하는 그 어떤 내재적 원리에 의해서도 정의할 수 없고, 또 경험적 관찰로써 찾아낼 수 있는 그 어떤 선천적 능력이나 본능에 의해서도 정의할 수 없다. 인간의 두드러진 특색, 그의 독특한 성질은 그의 형이상학적 혹은 자연적 성질이 아니라, 그가 행하는 바 그의 일이다. **인간성**의 범위를 정의하고 한정하는 것은 이 일이며, 인간 활동들의 체계이다. 언어, 신화, 종교, 예술, 과학, 역사는 이 범위의 요소들이며 그 갖가지 부분들이다. 그러므로 **인간에 관한 철학**은 이 인간 활동들의 하나하나의 근본구조를 우리로 하여금 들여다보게 하는, 그리고 그와 동시에 우리로 하여금 이 활동들을 하나의 유기적 전체로서 이해하게 할 수 있는 철학이어야 한다. 언어, 예술, 신화, 종교는 고립되어 있거나 제멋대로 만들어진 것이 아니다. 이것들은 하나의 공통적인 유대에 의하여 결합되어 있다. 그러나 이 유대는 스콜라 철학의 사상에서 생각되고 기술된 바와 같은 **실제적 결합**이 아니라 오히려 **기능적 결합**이다. 언어와 신화와 예술과 종교의 근본 기능이야말로 우리가 이것들의 헤아릴 수 없이 많은 형태와 표현의 배후 깊숙이 찾아 들어가야 할 바로 그것이며, 또 최후의 분석에서 우리가 하나의 공통 기원에까지 거슬러 올라가려고 시도하지 않으면 안 될 바로 그것이다.

언어, 신화, 종교, 예술 및 과학의 구조를 설명하는 데 있어 우리는 끊임없이 심리학의 술어를 쓸 필요를 느낀다. 우리는 종교적 **감정**, 예술적 혹은 신화적 **상상**, 논리적 혹은 합리적 사고를 운운한다. 그리고 우리는 건전한 과학적 심리학의 방법 없이 이 여러 세계에 뚫고 들어갈 수 없다. 아동심리학은 인간 언어의 전체적 발달을 연구하는 데 있어서 우리에게 여러 가지 소중한 단서를 준다. 더욱더 소중하게 생각되는 것은 우리가 일반 사회학에서 얻는 도움이다. 우리는 원시 사회의 형태들을 고려하지 않고서는 원시시대의 신화적 사고의 형태를 이해할 수 없다. 그리고 더욱 시급한 것은 역사적 방법들을 사용하는 일이다. 언어와 신화와 종교가 '어떤 것이냐'에 관한 문제는 이것들의 역사적 발전에 대한 투철한 연구 없이는 해결될 수 없다. 언어학자와 예술사가가 그들의 **지적 자기보존**을 위하여 근본적인 구조적 범주를 가지지 않으면 안 된다면 이와 같은 범주는 인간 문명의 철학적 기술에 더욱더 필요한 것이 아닐 수 없다. 철학은 인간 문화의 개별적 형식들을 분석함으로써 만족할 수 없다. 철학은 모든 개별적 형식을 포함하는 하나의 보편적이고 종합적인 견해를 추구한다. 철학적 종합에서 우리가 추구하는 것은 결과들의 통일이 아니라 행동의 통일이며, 소산들의 통일이 아니라 창조적 과정의 통일이다. **인간성**이란 말에 무슨 의미가 있다면, 그것은 그 갖가지 형식들 가운데 존재하는 차이들과 대립들에도 불구하고 이 형식들은 모두 하나의 공통되는 **목적**을 향하여 움직이고 있다는 점이다.

인간 문화의 사실들을 이처럼 조직하는 일은 이미 여러 특수 과학 -언어학, 신화와 종교의 비교 연구, 예술사-에서 시작되고 있다. 이 과학들은 모두 몇 가지 원리, 일정한 **범주들**, 즉 그것에 의하여 종교와 예술과 언어의 현상들을 하나의 체계적 질서 속에 정돈할 수 있는 원리와 범주를 찾고 있는 중이다. 만일 이 일을 위하여 먼저 과학들 자체에 의한 선행적 종합이 이루어지지 않는다면, 철학은 그 출발점을 전혀 갖지 못할 것이다. 한편 철학은 여기에 머물러 있을 수 없다. 철학은 더욱더 집약과 집중을 성취하지 않으면 안 된다. 한없이 많고 또 가지각색으로 다른 신화적 심상, 종교적 교리, 언어 형태, 예술 작품 속에서, 철학적 사고는 이 모든 창작물이 그것에 의하여 한데 결합되어 있는 하나의 일반적 기능의 통일을 밝힌다. 신화, 종교, 예술, 언어, 심지어 과학까지도 이제 하나의 공통되는 뿌리에서 뻗어 나온 여러 지엽으로 생각되게 되는 바, 철학의 임무는 이 뿌리를 뚜렷이 볼 수 있고 이해할 수 있도록 하는 것이다.

5) 현대적 의의

문화철학은 인간 문화의 세계가 단지 흩어져 있고 고립되어 있는 사실들의 집합이 아니라는 전제에서 시작한다. 그것은 이 사실들을 하나의 체계, 하나의 유기적 전체로서 이해할 것을 추구한다. 사실들은 여러 형식으로 환원되고 또 이 형식들 자체는 내적 통일을 가지고 있는 것으로 생각된다. 그러나 우리는 이러한 본질적인 점을 증명할 수 있는가? 우리의 개개의 분석은 이와 정반대되는 것을 우리에게 보여주는 것은 아닌가? 이는 우리가 여러 가지 상징 형식-신화, 언어, 예술, 종교, 역사, 과학-의 독특한 성격과 구조를 제각기 강조하지 않으면 안 되었기 때문이다. 우리의 탐구의 이 측면을 염두에 두면 우리는 아마 인간 문화의 불연속성과 근원적 이질성의 주장을 옳게 여기는 쪽으로 기울어진다고 느낄지도 모른다.

인간을 **사회적 동물**이라고 한 아리스토텔레스의 정의는 충분히 모든 것을 포괄하는 것은 못 된다. 그것은 유개념을 우리에게 보여주지만 종차는 없다. **사회성**은 인간에게만 있는 특징도 또 인간만의 특권도 아니다. 소위 동물의 나라에서, 꿀벌과 개미들 사이에서 우리는 확연한 분업과 놀랄 만큼 복잡한 사회 조직을 볼 수 있다. 그러나 인간의 경우에는 동물들 사이에서처럼 행동의 사회만이 아니라, 또한 사고와 감정의 사회를 볼 수 있다. 언어, 신화, 예술, 종교, 과학은 이보다 높은 사회 형태의 요소들이며 구성 조건들이다. 이것들은 우리가 유기적 자연에서 볼 수 있는 사회생활의 여러 가지 형태를 하나의 새로운 상태, 즉 사회의식의 상태로 발전시키는 수단이다. 인간의 사회의식은 이중의 행위, 즉 일치와 차별의 행위에 의존한다. 인간은 사회생활을 매개로 하지 않고서는 자기 자신을 찾을 수 없고, 자기의 개성을 깨달을 수 없다. 그러나 인간에게 있어서 이 매개는 외부에서 결정하는 힘 이상의 것을 의미한다. 인간은 동물들처럼 사회의 규칙들에 복종하지만 또한 사회생활의 여러 가지 형태를 만들어 내는 데 있어 적극적으로 참여하며, 이 형태들을 변화시키는 적극적인 힘을 가지고 있다. 인간 사회의 원시적 단계에서는 아직 이와 같은 활동을 거의 알아볼 수 없다. 그것은 극히 적어 보인다. 그러나 우리가 더욱 진보할수록 이 면은 더욱 분명히 드러나고 또 의미 있는 것이 된다. 천천히 이루어지는 이러한 발전은 인간 문화의 거의 모든 형태에서 발견될 수 있다.

동물 사회에서 수행되는 많은 행동이 인간이 하는 일과 동등할 뿐 아니라 어떤 점에서는 그것보다 낫다는 것은 주지의 사실이다. 꿀벌이 그 집을 짓는 데 있어 완벽한 기하학자처럼 행동하여 고도의 정확성과 정밀성을 성취한다는 것은 가끔 지적되어 온 바이다. 이와 같은 활동은 매우 복잡한 조직을 가진 조정과 협동을 필요로 한다. 그러나 이 모든 동물의 동작에 있어서 우리는 개체적 차이를 전혀 발견할 수 없다. 이 모든 동작은 동일한 방법으로 또 변함없는 동일한 규칙을 따라 일어난다. 개체의 선택이나 능력에는 전혀 자유가 없다. 동물생활의 보다 높은 단계에 이르러서 비로소 우리는 몇몇 개체화의 최초의 자취를 더러 보게 된다. 쾰러의 유인원에 대한 관찰은 이 동물들의 지능과 재주에 많은 차이가 있다는 것을 증명하는 것처럼 보인다. 이 유인원들 가운데 어떤 것은 다른 것이 풀지 못하는 문제를 풀 수 있다. 그리고 여기서 우리는 개체적 **발명**을 말할 수도 있다. 그러나 동물 생활의 일반적 구조에 있어서는 이 모든 것이 부적절한 말이다. 이 구조는 일반적인 생물학적 법칙에 의하여 결정되어 있다. 이 법칙에 의하면 습득된 성격은 유전적 전달이 불가능하다. 어떤 유기체가 그 개체적 생활의 과정에서 획득할 수 있는 모든 완성은 그 자체의 생존에 국한되며, 종의 생명에 영향을 주지는 않는다. 인간도 이 일반적인 생물학적 규칙에 있어서 예외일 수 없다. 그러나 인간은 자기의 생활을 표현하지 않고서는 살아갈 수 없다. 이 표현의 갖가지 양식은 하나의 새로운 영역을 구성한다. 그것들은 그것들 자신의 생명을 가지고 있다. 이 생명은 일종의 영원한 생명이다. 이것으로 말미암아 그 여러 표현 양식은 인간의 개인적이고 일시적인 생존이 그친 뒤에도 그 명맥을 유지해 간다. 인간의 모든 활동에서 우리는 근본적인 양극성을 볼 수 있는데, 이것은 여러 가지 방법으로 기술할 수 있다. 우리는 **안정화**와 **진화** 사이의 긴장, 즉 고정되고 안정된 생활 형태로 나아가는 경향과 이 엄격한 틀을 깨뜨리려는 또 하나의 다른 경향 사이의 긴장을 논할 수 있다. 인간은 이 두 경향 사이에서 두 갈래로 찢기고 있는데, 이 경향 가운데 하나는 낡은 형태들을 존속시킬 것을 추구하는데 반하여 다른 하나는 새로운 형태들을 만들어 낼 것을 추구한다. 전통과 혁신, 재현적 세력과 창조적 세력 사이에는 간단없는 투쟁이 있다. 이 이원성은 문화생활의 모든 영역에서 찾아볼 수 있다. 차이점은 대립하고 있는 두 인자의 비율이다. 어떤 때에는 이 인자가 또 어떤 때에는 다른 인자가 우세해 보인다. 이 우세함이 고도화되면 하나하나의 형태의 성격을 결정하고 또 개개의 형태에 그 독특한 특징을 부여한다.

인간 문화는, 이를 하나의 전체로 볼 때 인간의 점차적 **자기해방**의 과정이라 할 수 있다. 언어, 예술, 종교, 과학은 이 과정의 갖가지 국면이다. 이것들 모두에 있어서 인간은 하나의 새로운 힘을 발견하고 증명한다. 그것은 인간이 그 자신의 세계, 하나의 **이상적** 세계를 건설하는 힘이다. 철학은 더 이상 세계에 있어서의 근본적 통일의 탐구를 단념할 수 없다. 그러나 철학은 이 통일을 단순성과 혼동하지 않는다. 철학은 인간의 갖가지 힘 사이의 긴장과 마찰, 강렬한 대립과 심각한 투쟁을 간과하지 않는다. 이것들은 하나의 공통분모에 환원될 수 없다. 이것들은 서로 다른 방향으로 나아가려 하며 또 서로 다른 원리를 따른다. 그러나 이 다양성과 이질성은 불화와 부조화를 나타내는 것이 아니다. 이 모든 기능은 서로를 완전케 하고 보충한다. 그 하나하나가 새로운 시야를 열어 주고 또 인간성의 새로운 측면을 우리에게 보여 준다. 부조화는 그 자신과의 조화 속에 있으며, 반대물들은 서로 배타적인 것이 아니라 상호 의존적인 것이다. 실로 그것은 "악궁과 칠현금의 경우에서처럼 반대 속의 조화이다."[88)]

---

88) 에른스트 카시러, 최명관 역, 『인간이란 무엇인가』, 서광사, 1991, p. 343.

5. 란트만의 인간관

1) 사상적 배경

란트만(Michael Landmann, 1913-1984)은 인간의 삶의 표현이자 인간존재의 형성과정으로서의 문화의 본질과, 인간의 삶의 규범으로서 인간을 규제하는 전통의 본질 및 그 역사성에 대한 연구에 몰두하였다. 그리하여 그는 인간을 **문화의 창조자**이며 동시에 **문화의 피조물**이라고 주장한다. 그런데 그에게 있어서는 인간의 창조성이 피조성보다 더 근본적인 것이 된다. 인간은 문화를 창조했기 때문에 비로소 그의 삶의 형성에 있어서 그 문화에 의존하는 것이다. 만약 우리가 소우주로서의 인간과 인류, 그리고 민족을 관찰하면 문화의 창조자로서의 인간의 모습을 엿볼 수 있다. 그러나 관점을 바꾸어 일정한 문화권내에 있는 개인을 관찰하면 우리는 그 문화를 통해서 제약되고 그 문화를 통해서 형성된 존재로서의 인간을 발견하게 된다. 보는 관점에 따라서 인간의 창조성이 나타나기도 하고 인간의 피조성이 나타나기도 한다. 그러나 이러한 창조성과 피조성은 인간존재의 나타난 양면이지만 인간의 본질 깊은 곳에서는 하나인 것이다.

란트만 (1913-1984)

란트만의 주저인 『문화의 창조자이며 또한 문화의 피조물로서의 인간』(*Der Mensh als Schöpfer und Geschöpfer der Kultur*, 1961)은 확실히 철학적 인간학에 있어서 위대한 공헌이라 할 수 있다. 왜냐하면 여기에서 란트만은 종래의 개인적 인간학의 전통으로부터 역사적·사회적 인간학에로의 전환을 보여 주고 있기 때문이다. 란트만에 의하면 인간은 그의 존재의 결정적인 차원에 있어서 **사회적 존재**이며 **역사적 존재**이며 따라서 **문화적 존재**이라고 한다. 그리고 인간의 특이성은 그가 문화의 창조자인 동시에 문화의 피조물이라는 사실에 있다고 한다.

2) 세계에서의 인간의 위치

란트만은 문화적 인간학이야말로 최초로 인간을 그의 자연적인 삶의 세계로부터 인위적으로 분리시키지 않고, 이 삶의 세계와의 상호작용 가운데서 그것을 짊어지고 있는 자로서, 그리고 또한 그것에 의해 짊어지워져 있는 자로서 파악한다고 주장한다. 인간의 삶의 세계는 그의 문화의 세계이다. 그리하여 문화적 인간학이 비로소 전체적 인간을 파악할 수 있게 된다.

인식 장비에 관한 인간의 **비특수화**는 적극적으로 해석할 때 **세계개방성**을 의미한다. 비특수화는 여기시는 비결정성으로서 나타난다. 그러나 그것은 적극적인 측면에서 다음과 같은 것을 의미한다.

① 인간은 자기의 행동방식을 스스로 결정할 수 있다. 즉 인간은 창조적이다.
② 인간이 창조적일 수 있음은 인간이 또한 동시에 자유롭기 때문이다. 인간이 자유롭다는 것은 두 가지 의미에서 이다. 그것은 "무엇으로부터－즉 본능에 의한 조종으로부터의－자유"라는 의미에서, 그리고 "무엇에로의－즉 생산적인 자기 규정에로의－자유"라는 의미에서이다.[89)]

비특수화는 불완전성이다. 우리에게 원래 주어져 있는 것은 그 자체 속에 결함을 지니고 있다. 그의 행동을 스스로 숙고하고 고안해

89) 미카엘 란트만, 허재윤 역, 『철학적 인간학』, 형설출판사, 1989, p. 219.

내는 인간의 자유로운 창조 활동은 이 결함을 보완해 준다. 말하자면 동물의 경우 이미 그 특수화가 부여해 주고 있는 것을 만회하는 역할을 한다. 그러므로 인간에 있어서의 비특수화와 **창조성**은 함께 합쳐서 동물의 특수화와 같은 값어치를 지니게 된다. 우리는 동물이 본디 인간보다 훨씬 더 완성되어 있다고 말할 수 있다. 동물은 자연의 손에서 완성되어 나왔으므로 다만 자기 속에 주어져 있는 것을 실현시켜 나가면 될 뿐이다. 이와 반대로 자연은 인간을 말하자면 어중간하게 세상에 내놓았다. 자연은 인간을 어느 정도 미규정 상태로 내버려두었다. 그러므로 인간은 그때그때 스스로 자기 자신을 어떤 특정한 것으로 완성시켜 가야만 하고, 그 자신의 노력으로써 바로 자기 자신이라는 과제를 해결하려고 시도하지 않으면 안 된다. 인간은 창조할 수 있을 뿐만 아니라 또한 창조하여야만 한다. 창조는 결코 소수인의 소수 활동에 국한된 것이 아니다. 그것은 인간 자체의 존재 성질 속에 필연적으로 뿌리박고 있다. 그러나 인간의 **자기완성**이 곧 강조된 의미에 있어서의 **완전화**를 의미하는 것은 아니다.

인간은 자기 자신에게 높은 형상을 줄 수도 있고 낮은 형상을 줄 수도 있으며 풍요한 형상을 줄 수도 있고, 빈약한 형상을 줄 수도 있다. 그의 존재가 자기 자신의 결정에 좌우되어 있으므로 그는 사람들이 말했듯이 자기 자신으로부터의 위험 속에 놓여 있는 존재이다. 동물은 자기 자신을 자기의 수중에서 좌우할 수 없으므로 자연으로부터 주어진 그의 형상을 넘어설 수 없지만, 그렇다고 해서 그 아래로 떨어질 수도 없다. 이와 반대로 인간은 하나의 경간(徑間)에서 있다. 고대인들이 통찰하였듯이 인식과 덕의 가능성은 또한 오류와 악덕의 가능성을 내포하고 있다. 인간은 신에로 까지 고양될 수도 있다. 그러나 “가장 훌륭한 것이 타락하면 또한 가장 추악한 것으로 된다.”(아리스토텔레스) 인간은 또한 그의 자기 형성능력을 “어떤 동물보다도 더욱 동물적으로 되기 위해서” 사용할 수도 있다. 인간의 존재는 모험이다. 그것은 찬스이기도 하고 또한 위험이기도 하다.

3) 인간의 본성

인간은 그의 삶의 전형을 스스로 **선택**하여야 하고(Platon) 보다 나은 것을 **취택**하여야 한다는 것은 이미 오래된 철학적 유산이다. 그러나 고대인들은 이 사상을 윤리라는 좁은 영역에 국한했고 보편적으로 인간학적으로 문화철학적으로 관철시키지는 않았다. 그리고 그들에 의하면 우리가 그 중에서 결정해야 할 것, 그리고 그것을 위해 결정해야 할 것이 이미 이념적 규정으로서 주어져 있다. 인간은 **결정의 자유**는 갖고 있지만 보다 더 근본적인 **창조적 자유**, 즉 우리가 해야 할 것을 또한 내용적으로 생각해 내는 자유는 갖고 있지 않았다. 이 창조적 자유는 서양의 근세에서 비로소 알려진 것이었다.

그러므로 근세 초기의 인간은 새로운 **자아** 감정을 갖고 모든 존재에 마주 섰으며 그 자신에 대해서 하나의 예외적 지위를 요구하였다. 신이 모든 존재에 그의 확고한 서열을 지정해 준 그 영원한 질서 속에서 인간만이 홀로 가동적이고 자기 자신에게 스스로 자기의 서열을 지정한다. 피코 델라 미란돌라(Pico della Miandola)의 『인간의 존엄성에 관해서』라는 책에 의하면, 가장 경탄할 만한 존재로서 인간을 부러워하는 자는 동물뿐만이 아니고 또한 천체계의 정령 역시 그러하다고 한다. 왜냐하면 오직 인간만이, 그 외의 다른 부분에서는 이미 결정되어 있는 세계 속에서, 자기규정을 해 나갈 수 있기 때문이다. 그러나 이 은총은 동시에 유혹을 숨기고 있기도 하다. 신은 아담을 창조한 뒤에 그에게 이렇게 말하였다.

> 나는 네가 스스로 원하는 장비를 가지고 소유할 수 있도록 하기 위하여 너에게 어떠한 형상도 어떠한 특별한 유산도 부여하지 아니하였다. 모든 다른 존재자들에 대해서는 그들을 특정한 법칙에 따르게끔 하였다. 그러나 너만은 결코 편협되어 있지 않고 네가 너의 의지에 따라 결정한 것을 스스로 취하고 선택할 수 있다. 네 자신

이 너를 위하여 네 자신의 창조자가 되고 형성자가 되어야 한다. 너는 동물로 퇴화할 수도 있고 가장 높은 신의 왕국까지 올라갈 수도 있다. … 인간은 그가 원하는 대로 될 능력이 있다. 동물은 그들이 언제나 소유하고 있을 것을 나면서부터 모두 소유한다. 정령은 태초부터 그들이 영원히 그러할 모습 그대로였었다. 아버지인 신은 어떠한 행위도 할 수 있는 씨앗과 어떠한 삶도 영위할 수 있는 싹을 유독 인간에게만 심어 주었다. 누구라서 카멜레온과도 같고 프로테우스 해신과도 같은 이 조화능력에 감탄하지 않을 것인가?

피치노(Ficino)와 브루노(Giordano Bruno)에 의하면, 이제 무한한 것으로 체험되어진 세계를 거울 속의 영상처럼 반복하고 있는 인간은 하나의 단일한 가능성이 아니라 무한히 많은 가능성을 실현하여야 한다. 인간은 그가 일단 거기에 도달하면 거기서 정지하고 거기에 고정해도 될 그러한 **확정적 형상**을 갖고 있지 않다. 인간은 언제나 이미 도달한 한 형상에서 다음의 형상에로 계속 자기를 형성해 나가지 않으면 안 된다. 인간은 영원히 자기 자신에 대한 추구의 도상에 있다. 그 본성상 부단한 운동 속에 휩싸여 있는 인간에게는 언제나 불만족성이 뒤에 남는다. 쿠사누스(Cusanus)에 있어서, 세계의 살아 있는 **모상**인 인간의 인식이 결코 완성되지 못하고 객관적인 무한성을 다만 무한적인 시간 속에서 근근히 표상해 내듯이, 인간은 또한 삶 속에서도 완결될 수 없는 생성자요 노력자이다. 그리하여 인간에게는 여기에서 저 부단성과 역동성이 르네상스 이래로 비로소 의식적인 시대정신으로까지 강화되었고, 슈펭글러(Spengler)이래로 그의 괴테적 상징에 따라 즐겨 **파우스트적**이라고 불리는 저 충박적인 동경이 주어졌던 것이다.

계속 전진함에 따라 그는 고뇌와 행복을 발견한다
그는 어떤 순간에도 만족함이 없는 자이다 !

헤르더(Herder)에 있어서 동물은 등이 굽은 노예에 불과한 반면에, 인간은 자유롭게 풀려 난 최초의 피조물이며, 자유롭게끔 그 신체 기관이 조직·구성되어 있으며, 이제 더 이상 자연의 손안에 맡겨져 있는 틀림없는 기계가 아니라, 그 자신이 스스로 가공의 목적이자 목표가 된다. 여기에는 위대함도 있지만 위험도 있다. "자연이 그처럼 연약한 인간이라는 지상의 생명체에게 이성과 자유를 부여했을 때, 그는 말하자면 얼마나 큰 모험을 했던가를 생각해 보라. 선과 악, 진과 위의 저울이 그에게 있다. 인간은 선택하여야 한다." 완전화의 가능성과 타락화의 가능성이 그에게는 동시에 주어져 있다.

이와 반대로 칸트와 쉴러(Schiller)는 다시금 고대의 보다 약한 자유개념으로 후퇴하였다. 칸트의 자유는 이미 존재하고 있는, 그리고 이성을 통하여 인식되어질 수 있는 선에로의 자유이지 자기 규정적, 임의적인 것에로의 자유는 아니다. 쉴러의 『우미와 존엄성에 관해서』라는 책에는 다음과 같이 쓰여 있다.

> 자연은 동물과 식물에게는 다만 규정(사명)을 부여하였을 뿐만 아니고 그것을 단독으로 수행하기조차 한다. 그러나 인간에게는 자연은 다만 규정(사명)을 부여할 뿐, 그 실현은 인간에게 맡기고 있다.

그러나 그렇게 함으로써 인간의 전형을 보여주는 것은 역시 **자유**이다. 인간은 그것을 다만 실현하기만 하면 된다. 그가 그것을 실현하고자 하느냐 않느냐는 것은 물론 그의 자유에 맡겨져 있다. 다만 동물이건 신이건 간에, 다른 존재들은 그렇게 **하지 않으면 안 되는데** 반하여, 오직 인간만이 그렇게 하고자 한다. 그러나 그럼에도 불구하고 역시 그것은 하나의 제한된 자유이다.

키에르케고르에 의하면 각 개인은 자기 자신에 대한 책임을 짊어지고 있다. 우리는 우리를 주어진 것으로서 받아 들여서는 안 되고 우리를 의식적으로 떠맡고 **선택**하지 않으면 안 된다. 그러나 그 사이에서 키에르케고르의 선택이 행하여지는 위대한 "이것이냐, 저것이냐"는 그 자체 이미 우리의 앞에 현존하고 있다. 그것은 그리스도와 아담 사이의, 또는 영원한 구원과 지상의 행복사이의 이미 오래 된 종교적 선택에 불과하다. 그리하여 키에르케고르 역시 기존의 제가치 사이의 결정의 자유만을 알고 있었지, 가치 자체를 형성하는 자유는 몰랐었다.

그러나 19세기의 다른 두 위대한 사상가 마르크스와 니체의 경우는 사정이 전혀 다르다. 즉 마르크스에 의하면 사회적 존재, 계급적 처지는 다만 부분적으로만 의식을 규정한다. 그것은 이차적인 철학적·이데올로기적 의식에 대해서만 타당하다. 마르크스에 있어서는 인간은 이미 그의 자연적 욕망에 있어서 자연적 존재가 아니다. 인간은 그의 외적 생활조건을 스스로 산출하고 도구를 발명하고 상품을 생산함으로써만이 동물과 구별되는 것이 아니다. 오히려 인간은 그의 생활조건과 더불어 또한 자기 자신을 변경하고 창조한다. 인간만이 **노동**을 해야만 하는 유일한 존재라는 것은 다만 하나의 불쾌한 강제에 불과한 것이 아니라 그것은 하나의 자기실현이다. 예술적 대상이 비로소 미의 향수능력이 있는 대중을 산출하듯이 경제적 생산이 비로소 소비 즉 특수한 욕망자체를 산출해 낸다. 생산은 "주관에 대하여 대상을 산출할 뿐만 아니라 대상에 대하여 주관을 생산한다." 생산이 욕구를 충족시킴으로써 생산은 욕구를 비로소 환기시킨다. 인간의 본성처럼 보였던 것이 사실은 이미 인간 자신의 자발적 활동의 결과인 것이다. 그리고 인간이 자기 자신을 경제적 주체로서 부각시키고 **완성**시키듯이 경제 외적인 것에 있어서도 또한 그러하다. 마르크스는 직립보행조차도 의지의 작용에로 환원시켰던 것이다.

니체의 인간에 관한 근본 체험은 그의 무제한한 **가변성**의 체험이다. 인간은 언제나 새로운 형식을 받아들일 수 있으며 스스로에게 형식을 부여하는 자이다. "인간에게는 피조물과 창조자가 합일되어 있다." 미켈란젤로가 대리석 덩어리 속에서 장차 나오게 될 조각상이 잠자고 있는 것을 보았듯이 니체에 있어서도 인간 속에는 자기 자신의 상이 잠자고 있다.

> 아, 그대들 인간들이여, 돌 속에 하나의 상이, 나의 모습의 상이 잠자고 있도다! 아, 그 상이 가장 단단하고 가장 흉칙한 돌 속에 잠자고 있지 않으면 안 된다는 것이여!(『짜라투스트라』 Ⅱ 2)

인간이 그것에로 스스로를 명백히 규정해 나간 어떠한 존재방식도 확정적인 것이 못되며, 모든 존재방식은 미래를 위하여 다시금 깨뜨려지지 않으면 안 된다.

> 인간은 인간이외의 어떠한 동물보다도 더 불확실하고 변화가 많으며 불확정적이다 … 인간은 모든 다른 동물을 합친 것보다 더 큰 모험을 한 것이고 더 새로워진 것이고 더 큰 반항을 한 것이고 더 한층 운명에 도전한 것이다. 인간은 자기 자신에 대한 거대한 실험자이며, 동물과 자연과 신들과 더불어 최후의 지배권을 다투는 만족할 줄 모르는 자이며 한이 차지 않는 자이다. (『짜라투스트라』 Ⅶ 431)

현대에서는 베르그송이 우리들 자신의 내면을 세계의 사물들의 척도에 따라서 이해하는 것에 대하여 경고한 바 있다. 왜냐하면 세계의 사물들은 불변하게 윤곽 지워져 고정되어 있기 때문이다. 그것들은 측정될 수 있고 계산될 수 있다. 이와 반대로 우리들 자신의 영혼의 근저는 아무런 윤곽도 없이 미래에 대해 개방되어 있는 흐름이다. 우리는 우리들 자신에 대한 우리의 이해를 야스퍼스가 요구하였듯이 비물상화 하지 않으면 안 된다. 그 때야 비로소 우리는 우리 자신을 개방된, 미리 결정되지 않은 가능성으로서 인식한다. 우리는 매순간 우리들의 존재에 대해 자유로이 **결정**하지 않으면 안 된다. 따라서 하이데거 역시 우리들 자신을 미래 속으로 앞질러 가면서 **기투**

하게 된다. 이때 우리는 너무나 쉽게 자기의 각자성을 간과해버리고 단지 외부에서 세인을 통하여 우리에게 덧붙여진 것만을 파악한다. 우리들 스스로가 내려야 할 결단을 우리에게서 박탈해버리는 세인의 상태에 추락해서 멍청하게 그리고 무책임하게 그럭저럭 살아가는 상태로부터, 실존철학은 우리를 각성시켜 내려고 한다. 실존철학은 우리들 속에 있는 고유한 자기에게 그리고 자기에게만 적합한 가능성을 발굴해내라는 호소를 우리에게 하려는 것이다.

사르트르는 보다 더 근본적인 것을 요구한다. 식물과 동물은 다만 각기 그의 종의 법칙을 실현하면 될 뿐이다. 하나의 도구적 대상은 이미 그 제작자의 정신 속에 들어 있는 계획에 따라 생산되어진다. 이와 반대로 인간은 그 어떠한 플라톤적 **본질**도 그의 **실존**에 앞설 수 없는 유일한 존재자 이다. 신이 인간을 자기의 모습에 따라 각인한 것도 아니며, 인간의 초시간적 본질이 이성 속에 이미 그려져 있는 것도 아니다. 인간의 **본성**(자연)을 언급하는 것 자체가 도대체 잘못된 것이다. 다만 인간의 **조건**만이 있을 따름이다. 그러므로 "인간은 인간을 발명한다." 인간의 근저에는 어떠한 계획도 없으므로 그는 그 자신을 스스로 구상하고 계획한다. 인간은 도대체 자기 자신의 **초월** 가운데 **있지** 않다. 인간은 그가 스스로 되고자 하는 대로 **된다**. 그러므로 인간은 자유에로 선고되어 있고 자유롭지 않으면 안 된다는 필연성 아래 놓여 있다. 자유는 그가 받을 수도 있고 물리칠 수도 있는 그러한 선물이 아니다.

> 인간은 자유에로 저주되어 있다. 자유가 비록 인간의 존엄성의 근거가 되는 하지만 그것은 동시에 책임의 무거운 짐을 그에게 지우고 있다. 그러므로 인간은 그에게 지워져 있는 책임으로부터 벗어나고자 언제나 다시금 애를 써 본다. 즉 인간은 신의 충고에 의지하려고 하지만 신은 존재하지 않는다. 혹은 성격상의 소질과 외적 사정에 의거하려고 해도 이것들은 모두가 한낱 요인의 힘은 되어

> 도 결정적인 힘은 못된다. 인간이 자신의 운명을 무엇으로 만들어 가는가, 어떻게 형성해 가는가, 그리고 그것을 이제 더 이상 형성해갈 수 없을 때에는 그것이 자신의 내면에게 무엇을 의미하는가 하는 것은 오직 자신에게 달려 있는 것이다.

우리가 인간과 동물을 신체적, 심리적 지평에서 비교할 때는 뚜렷한 구별을 발견할 수 없다. 즉 동물은 이러한 성질을 가지고 있고 인간은 저러한 성질을 가지고 있을 따름이다. 그런데 인간이 동물보다 우월한 것은 단순한 성질 이상의 것이다. 인간으로 하여금 그 생존을 유지케 하는 것은 그것과는 전혀 다른 어떤 것이다.

인간은 매순간마다 다시 처음부터 시작하고 인식을 통하여 세계의 사물들 속으로 침투해 들어가고 자기 자신의 행동을 결정하는 것이 아니다. 각 개인은 **경험**을 쌓아가고 각 집단에서도 또한 경험이 전승되어 진다. 그러므로 저축된 지식이 언제나 사용될 수 있게끔 미리 마련되어 있다. 인간에게 결여되어 있는 자연에의 적응성을 보완해 주는 기술적 발명 및 보존된 윤리적, 사회적 조직제도의 경우도 역시 마찬가지이다. 이들은 모두 창조되지 않는다 해서 다시금 몰락하지 않고, 제 민족에 수반되는 지속적인 소유물로 된다. 그것을 창조하는 능력 외에 우리는 또한 그것을 보존하고 그것을 확고한 조직질서로, 전통의 자산으로 되게끔 하는 능력도 갖고 있다. 현재의 현실적 창조 외에 객관적 형태로 고정되어 있는 과거의 창조물이 또한 있는 것이다.

우리는 인간의 창조활동의 고정된 침전물을 **객관적 정신**이라고 부른다. 여기에다 인간에 의해 획득되기는 하지만 창조되지는 않는 지식소유를 첨가해서 우리는 **객관적 문화**라 한다. 아무리 문화가 인간에게서 나온 것이고, 그것이 생명력이 있는 것이기 위해서 인간이 사용하고 그것으로써 자기 자신을 충실하도록 되어있다고 해도, 역시 **문화**는 인간 외부에 자립적 존재와 같은 요소를 갖고 있다. 이것은 문화가 서로 교체될 수 있고 또 이 담지자에서 저 담지자에로 전가될 수 있다는 사실에서 이미 증명된다. 그런 의미에서 문화는 이미 주어져 있는 자연 세계와 마찬가지로 우리 앞에 마주 서 있다. 우리는 자연의 세계에 의존하듯이 문화에 의존하고 있는 것이다. 따라서 인간을 단지 심리학적, 윤리학적 입장에서 자유로운 결단 위에 올려놓는 것은 일면적 고찰이 된다. 이것 못지않게 인간학적으로 중요한 것은 결단이 삶 속에서 아무런 효력 없이 사라질 필요가 없고 오히려 그 기초 위에서 그리고 그 결과로서 자신의 존재형상이 더욱 공고해 질 수 있다는 사실이다. 처음에는 단지 한 개인이 체험하고 산출했던 것이 후세대인의 감정과 행위에 의하여 모방되고 준수되는 규범으로 될 수 있는 것이다. 창조적 인간은 문화의 창조물 속에서 영원화 된다. 인간의 창조의 개선(凱旋)은 문화 창조이다.

문화는 사람들이 이제껏 알았던 것보다 더 넓은 범위를 갖고 있으며 더 깊이 나아간다. 우리가 역사를 통해서, 자연인이 존재하지 않는다는 것, 최초의 인간이 이미 하나의 특징적으로 각인된 문화 속에 있었다는 것을 알았다고 한다면, 인간학을 통해서는 가장 기본적이고 가장 필요한 것－즉 우리가 어떻게 먹고 살아가며 자녀를 낳는가, 우리가 우리의 공동세계에 대해서 어떤 관계에 있는가, 우리가 어떻게 우리의 자녀를 양육하는가, 어떻게 세계를 바라보며 행위 하여야 하는가 등 우리가 동물과 더불어 갖고 있는 이러한 모든 것들이, 동물에 있어서는 자연에 의해서 규제되지만, 인간에 있어서는 그 자신의 규제에 맡겨져 있다는 것－을 알게 되었다. 우리가 마주치는 어떠한 규정에 있어서도 자연의 처방에 의지할 수는 없다. 결혼에 대해서도 공동생활에 대해서도, 자연으로부터는 저러한 형태가 아니고 바로 이러한 형태가 옳다는 것의 근거를 찾을 수 없다. 우리의 모든 규정은 비자연적이며 인위적이다. 그것은 소피스트들의 말을 빌리면 **피지스**가 아니라 **노모스**에 의거해 있고 습관과 규약에 의거해 있다. 자연 자체가 우리를 문화에로 강제한다. 우리가 이미 동물적인 것의 영역에서 우리의 삶의 영위방식을 자유로이 쟁취하고 우리가 문화를 창조하지 않으면 안 된다는 것이 우리의 **자연**(본성)이다. 이미 이러한 지평이 인간에 있어서는 문화적 지평이다. 여기에서 다시금 다음과 같은 것이 증명된다. 즉 인간은 그 기초 위에서 인간 특유의 것이 비로소 세워지는 그러한 동물이 아니다. 인간적인 것은 철저하게 침투되어 있고 저 밑에서부터 시작된다.

물론 우리는 먹고살아야 하고 우리와 같은 다른 인간들과 관계하여야 한다. 다만 그 속에서 우리가 이것을 행하는 **형식**만을 우리가 규정할 수 있을 뿐이다. 그러므로 여기에서 그것을 행한다는 사실자체는 자연에 뿌리박고 있으며, 다만 그것을 어떻게 행하느냐 하는 것이 우리에게 맡겨져 있을 따름이다. 여기에서 **필연**과 **자유**의 공동산물이 성립한다. 그러나 일단 문화창조의 힘이 인간 속에 놓여지면 인간은 그것을 필연의 영역까지도 넘어서 사용하면서 문화형상을 창조한다. 이 문화형상은 말하자면 미리 주어져 있는 것이 아니고 또 거기에서는 그것을 어떻게 창조하느냐 하는 것뿐만 아니라 그것을 창조한다는 사실 자체도 인간 자신의 자유로운 행위에 의거해 있다. 인간은 다만 자연필연적 영역에 형상을 부여할 뿐만 아니라 이 영역 자체를 창조한다는 의미에서 2중의 창조를 한다.

프랭클린(Franklin)이 인간을 **도구를 만드는 동물**이라고 명명했을 때 그는 다만 진리의 극히 일부분만을 말한 데 불과하다.[90] 인간은 도구를 생산할 뿐만 아니라 지식적 전통, 세계관, 기술, 풍습, 사회적 질서, 의사소통수단, 양식 등 그 밖에도 많은 것을 생산한다.

---

90) 도구 그 자체는 동물도 알고 있다. 거미의 그물을 보라! 그러나 거미는 언제나 똑같은 그물을 짤 수밖에 없고 또 그것을 자기 자신으로부터 짜내지 않으면 안 된다. 자연적 소질이 없으면 다만 도구의 단초에 머물 따름이고 또 그러한 상태에 머물러서는 전승되지 않는다. 원숭이에게 그가 건너고자 하는 개울 옆에 판자를 놓아주어도 그것을 판자 다리로 사용할 줄 모른다. 그에게는 판자 다리의 내면적 형상을 생각해 낼 상상력이 없기 때문이다. 이와 반대로 인간은 그의 도구를 발명하고 여기에서는 이것을 저기에서는 저것을 생각해 낸다.

4) 인간과 사회

인간을 **사회적 존재**라고 할 때 그것은 인간이 단순히 사회 안에서 공간적으로 이웃과 함께 서로 관계하면서 존립한다는 것을 의미하는 것이 아니다. 그것은 우리의 사회적 삶 속에서 역사적·문화적 전통이 나의 존재와 본질적으로 그리고 구성적으로 결합되어 있다는 것을 뜻한다. 인간을 사회적 존재라고 규정할 때의 사회는 문화와 역사의 주체를 뜻한다. 그러므로 란트만은 우리가 인간을 **문화적 존재**로 파악하기 위해서는 인간을 **사회적 존재**로 이해해야 한다고 말한다. 그리하여 **사회적 인간학**만으로는 구체적인 인간의 본질에는 미치지 못하기 때문에 란트만은 그의 인간학을 **문화적 인간학**이라고 주창한다.

란트만에 있어서의 **문화**라는 개념은 우리말로 **문화생활**이라는 문화, 즉 인간의 본질과는 상관이 없는 인간의 삶의 피상적인 표면을 덮고 있는 그러한 장식을 말하는 것이 아니다. 카시러가 **상징**이라는 개념으로 표현하려고 했던 우리의 **인간됨**의 가장 깊은 곳, 다시 말해서 인간의 본질을 구성하는 것을 란트만은 **문화**라고 하였다. 이러한 의미의 문화를 통해서 인간은 동물과 본질적으로 구별된다.

생물학자들의 발견에 의하면 동물은 그의 감각기관과 신체구조가 특수화되어 있어서 그의 일정한 **환경**에 적합하고 그의 모든 **행동**은 타고난 **본능**에 의해서 규제된다. 동물은 자연의 품으로부터 이미 고정적으로 특수하게 형성된 통각방식과 습성들을 가지고 태어난다. 그러나 인간은 처음부터 이러한 환경에 대한 **적합성**과 특수하게 형성된 **본능**을 가지고 있지 않다. 따라서 인간은 자기 자신을 자연적인 소질에만 내맡길 수가 없다. 그리하여 인간은 자신의 생존에 적합한 환경을 스스로 개척하게 되었고 그것이 바로 **문화의 세계**이다.

인간은 동물이 갖지 않은 것을 가지고 있다. 동물은 그의 기관들의 특수화를 통하여 그가 적응할 수 있는 일정한 좁은 환경의 세계를 가졌지만 인간은 세계에 대해서 개방적이다. 인간은 이러한 **개방성**을 통해서 사물을 비교적 객관적으로 그리고 다면적으로 관찰하고 이를 이용한다. 고정적으로 형성된 본능 대신에 인간은 **꿈**과 **자유**를 갖고 있어서 자기의 행동을 스스로 결정하고 자기의 삶을 스스로 형성한다. 따라서 인간은 자연의 상태에서는 불완전한 미완성의 상태로 태어나서 문화를 간직한 인간세계에서 완성되어 가는 존재이므로 인간은 결국 자연적 존재가 아니라 **문화적 존재**인 것이다.

인간은 결코 그 자신으로부터만은 이해될 수 없고 자신을 떠받치고 있는 그리고 자신을 휘감고 있는 문화적 소여로부터만 이해될 수 있다는 것은 분명한 사실이다. 우리가 문화일반이 아니라 역사적으로 특수화된 문화를 산출하듯이 문화의 반작용적 영향이 우리를 그때그때 역사적 특수자로 만든다. 역사에로의 자유는 역사 속으로의 속박과 상쇄되고 한편에서의 생산성은 다른 편에서의 가소성－이것으로 인하여 인간 역시 변전하는 문화적 환경과 더불어 변화한다－과 상쇄된다. 인간은 자신의 주위문화 속에서 그때그때 이미 체험된 것을 모방할 따름이며, 심지어 인간의 산출물도 그 문화의 전체적 양식에 의해서 잉태된다. 소질적 요인 보다 훨씬 강하게 문화적 요인이 인간을 결정한다.91)

문화의 영원한 전형상(典型像)이 없듯이 인간의 영원한 전형상도 존재하지 않는다. 인간은 각 문화 내부에서 각기 다른 형상을 취함으로서 최고의 당위적 형상에서 이탈하는 것이 아니다. **변양성**은 문

---

91) Rothacker의 예를 빌린다면, 바하의 일란성 쌍둥이 형제가 이질적인 문화권에서 자란다면 바하가 될 수 없을 것이다. 그리고 일본에서 성장한 회화의 재질이 있는 유럽인은 일본식 그림을 그린다. 그때그때에 따라 다른 과거를 우리들 속에 받아들이면서, 우리 자신이 다른 사람으로 되어간다. 모든 문화는 원래 인간이 그것을 형성하고 난 뒤에는 그것의 편에서 다시 인간을 형성하며, 인간은 그리하여 간접적으로 자기 자신을 그 속에서 형성한다. 그러므로 오늘날 여러 가지 문화들이 "헬레니즘적 인간", "고딕적 인간", "프로테스탄트적 인간" 따위의 표제를 가진 책 속에서 인간학적 관점에서 즐겨 다루어진다.(란트만, 『철학적 인간학』, p. 244.)

화의 법칙이기도 하면서 인간의 법칙이기도 하다. 오직 그것이 인간의 법칙이기 때문에 그것이 또한 문화의 법칙으로도 되는 것이다. 역사성은 다만 외부영역에서만 연출되는 반면에 인간은 자기 속에 건드릴 수 없는 항구불변적 존재를 지니고 있지 않다. 기도와 사랑과 같이 가장 자발적이고 외견상 가장 역사와 독립된 것처럼 보이는 것에 대해서도 우리는 그것을 어떻게 할 것인가에 대한 확고부동한 근거를 가지고 있지 않다. 가장 내면적인 핵심에 이르기까지 우리는 역사적 변화의 운명에 맡겨져 있다. 인간의 근본적인 불명확성은 그때그때 그가 서 있는 역사적 시점을 통하여 비로소 명확화 된다. 역사가 비로소 그로부터 형성해 내었던 것도 자연이 이미 그를 그렇게 만들었던 것에 못지않게 인간 자신이다. "나는 자연인인 것과 똑 같이 또한 역사이다."(딜타이) "인간은 자연(본성)을 갖고 있지 않고 다만 역사만을 가지고 있다."(오르테가 이 가세트) 그러나 이 두 가지 주장은 대립된 것이 아니다. 이미 데모크리토스가 정식화했듯이, 교육은 인간을 변형하면서 또한 그것으로 말미암아 스스로 다시금 자연(본성)을 창조한다.

그러나 인간이 그렇게 변전 무상하게끔 되어 있다면 인간의 항구적 본질은 어디에 있는 것일까? 우리는 인간을 어떻게 정의할 수 있는가? 아니면 인간 존재의 통일성은 지리멸렬하는 것인가? "인간의 전형은 **역사**의 과정 속에서 용해된다"고 딜타이는 말한다. 그리고 "인간이 무엇인가라는 것은 그 자신에 대해서 곰곰이 음미함으로서가 아니라 다만 역사를 통해서만 체험할 수 있다"고 그는 결론 내린다. 인간은 다만 역사적으로 특수화된 존재로서만 존재하고 확고한 윤곽을 얻게 되므로, 인간의 특수화된 모습의 무한한 재고목록을 우리의 안전에 펼쳐 보이는 역사의 증언에 의지하는 수밖에 별 도리가 없다. 역사가 인간에 관해서 가르쳐주고 있는 것 이상으로 우리는 인간에 관해서 모른다. 이와 반대로 그 언명이 인간일반에 대해 타당한, 따라서 인간에 관한 역사과학에 선행하는 그러한 하나의 보편적 철학적 인간학은 환상적인 것처럼 보인다. 낭만파 이후 객관적 문화고찰에 있어서도 체계적 원리 대신 역사적 원리가 등장했듯이, 인간 자신에 대해서도 체계적 고찰이 역사적 고찰에 자리를 양보해야만 하는 것처럼 보인다. 실존철학에 있어서 개인이 그러하듯, 여기에 있어서도 역사가 추상적인 인간에 반항한다.

그러나 인간의 역사적 현상방식들의 차별상에도 불구하고 거기에는 이 모든 것을 결속하고 있는 인간의 불변적 **본질**과 같은 어떤 것이 근저에 있지 않으면 안 된다. 인간이 자기 자신에게 부여하는 모든 역사적 제 면모는 확실히 무상하고 가역적인 것이다. 그 면모들 가운데 어느 하나를 인간에 적합한 유일한 것으로 간주하는 자－이전에는 그런 사람이 있었지만－는 그것의 다양성과 대등성에 주목해야 한다. 그러나 인간이 일반적으로 궁극적인 무정형성 속에서 자기 자신에게 언제나 다시금 면모를 부여할 수 있고 또 부여하지 않으면 안 된다는 것, 비완성성, 가소성 그리고 자기형성의 사명 등의 착종은 모든 변화를 통해서 연면하게 지속되는 인간적 특성임이 증명된다.

5) 현대적 의의

동물은 자연으로부터 이미 완전히 형성된 존재이지만 인간은 자연으로부터 아직 완전히 형성되지 못한 존재이다. 그런 의미에서 란트만은 인간을 **미완성 심포니**라고 말한다. 그 대신 자연은 인간에게 스스로 자신의 존재를 완성할 수 있는 창조의 힘을 주었다. 그러므로 인간은 자기 자신을 형성해 나가야 할 사명을 갖고 있는 유일한 존재이다.

그런데 인간은 자기의 존재의 형식과 삶의 형식을 늘 스스로 창조하는 것은 아니고 이미 역사적으로 객관화된 형식들을 이어받고 이 형식들을 이용해서 그의 존재와 삶을 형성한다. 인식영역에 있어서도 모든 개인이 같은 경험을 되풀이해야 하는 것이 아니고 인간의 사회는 이미 많은 축적된 경험들을 가지고 있어서 개인은 그것을 이용할 수가 있다. 그리고 실천적 영역에 있어서도 마찬가지이다. 이러한 축적된 경험을 우리가 **전통**이라고 한다면 이 전통은 자연이 미완성으로 남겨 둔 인간 존재를 점차적으로 형성해 가는 것이다. 란트만의 표현을 빌리면 자연이 미완성으로 남겨 둔 **심포니**를 우리가 계속 작곡해 나가는 것이다. 따라서 인간은 자기의 존재와 삶을 형성해 가는 표현으로서 문화를 창조하는 존재인 동시에 또한 인간은 그의 존재와 삶을 전통을 통해서 형성하는 전통적 존재이기도 한 것이다.

[참고문헌]

1. 허재윤, 인간이란 무엇인가?, 이문출판사, 1986.
2. 카시러/최명관 역, 인간이란 무엇인가?, 서광사, 1991.
3. 남기영, 인간이란 무엇인가, 민음사, 1997.
4. 로저 트리그/정철호 역, 인간이란 무엇인가, 이론과 실천, 1993.
5. 로저 트리그/최용철 역, 인간의 본성에 관한 10가지 철학적 성찰, 자작나무, 1997.
6. 스티븐슨/임철규 역, 인간의 본질에 관한 일곱 가지 이론, 종로서적, 1989.
7. 나이절 워버턴/최희봉 역, 철학의 근본문제에 관한 10가지 성찰, 자작나무, 1997.
8. S. E. 프로스트/서배식 역, 열 가지 주제로 읽는 철학 이야기, 현암사, 1992.
9. 알렉시스 카렐/류지호 역, 인간, 그 미지의 존재, 문학사상사, 1998.
10. 란트만/허재윤 역, 철학적 인간학, 형설출판사, 1994.
11. 에머리히 코레트/진교훈 역, 철학적 인간학, 종로서적, 1990.
12. 하워드 P. 카인즈/정연교 역, 철학적 인간학, 철학과 현실사, 1996.
13. G. 해프너/김의수 역, 철학적 인간학, 서광사, 1996.
14. O. F. 볼노브/이을상 역, 현대의 철학적 인간학, 문원, 1994.
15. K. 로렌츠/강학순 역, 현대의 철학적 인간학, 서광사, 1997.
16. 진교훈, 철학적 인간학연구(Ⅰ),(Ⅱ), 경문사, 1990, 1994.
17. 이규호, 사람됨의 뜻 : 철학적 인간학, 제일출판사, 1991.
18. A. 겔렌/이을상 역, 인간학적 탐구, 이문출판사, 1998.
19. 암기무웅/이양기 역, 현대의 인간관, 학연사, 1986.
20. 반 퍼슨/손봉호 역, 몸·영혼·정신, 서광사, 1985.
21. R. 테일러/문정복 역, 형이상학, 형설출판사, 1981.
22. 이규호, 현대철학의 이해, 대영사, 1980.
23. A. 베르제, D. 위스망/남기영 역, 인간학·철학·형이상학, 정보여행, 1996.
24. B. 몬딘/허재윤 역, 인간 : 철학적 인간학 입문, 서광사, 1996.
25. R. D. Nye/이영만 외 역, 프로이트·스키너·로저스, 중앙적성출판사, 1991.
26. 스티븐 프리스트/박찬수 역, 마음의 이론, 고려원,1995.
27. 에리히 프롬/황문수 역, 인간의 마음, 문예출판사, 1990.
28. P. 페도세예프 외/이종철 역, 마르크스주의 인간론, 이성과 현실, 1991.

29. 진교훈 외, 오늘의 철학적 인간학, 경문사, 1997.
30. 이윤일, 현대의 철학자들, 선학사, 2002.
31. 강영안, 강교수의 철학이야기, IVP, 2001.
32. 사무엘 스텀프/이광래 역, 서양 철학사, 종로서적, 1983.
33. 윌리엄 사하키안/권순홍 역, 서양 철학사, 문예출판사, 1991.
34. B. 러셀/한철하 역, 서양 철학사, 대한교과서주식회사, 1989.
35. 리하르트 다비트 프레히트/백종유 역, 나는 누구인가?, 21세기북스, 2008.

■ 저자 약력

현재 안동대학교 사범대학 윤리교육과
교수로 재직중이다.
한국윤리교육학회 편집이사
한국동서철학연구소 감사
새한철학회 이사
대한철학회 운영위원
범한철학회 운영위원을 맡고 있다.
영남대학교 문과대학 철학과를 졸업하고
동대학원에서 「G. Ryle의 마음의 철학에 관한 연구」란
논문으로 박사학위를 받았다(1990)
대구·경북 국민윤리학회 총무이사
새한철학회 총무이사를 역임하였다.

〈저 서〉

[윤리학의 이해](공저, 형설출판사, 2000)
[철학의 이해](공저, 중외출판사, 2000)
[가치론의 문제와 역사](정림사, 2001)
[응용윤리학의 제문제](형설출판사, 2001)
[서양 근세 윤리학](공저, 형설출판사, 2002)
[서양 고·중세 윤리학](공저, 중외출판사, 2003)
[논리학의 이해](공저, 세종출판사, 2003)
[기초 윤리학](정림사, 2003)
[현대윤리학](세종출판사, 2004)
[현대철학](공저, 중외출판사, 2004)
[인간·철학·윤리](공저, 세종출판사, 2006)
[논리와 논술](공저, 학진출판사, 2008)
[공학윤리](공저, 새문사, 2008) 등이 있다.

인간이란 무엇인가

초판인쇄 / 2009년 2월 11일
초판발행 / 2009년 2월 25일

지은이 / 이 대 희
발행인 / 이 승 엽
펴낸곳 / 도서출판 **정림사**
대구광역시 중구 대봉1동 47-13
대 표 전 화 • (053) 424-1661
주문 및 전송 • (053) 424-1665

• 잘못 만들어진 책은 구입처에서 교환해 드립니다.
• 저자와 협의하여 인지 첨부를 생략합니다.

ISBN 978-89-6064-025-2

〈값 12,000원〉